임동석중국사상100

한비자

韓非子

1/5

韓非 撰 / 林東錫 譯註

〈韓非子〉

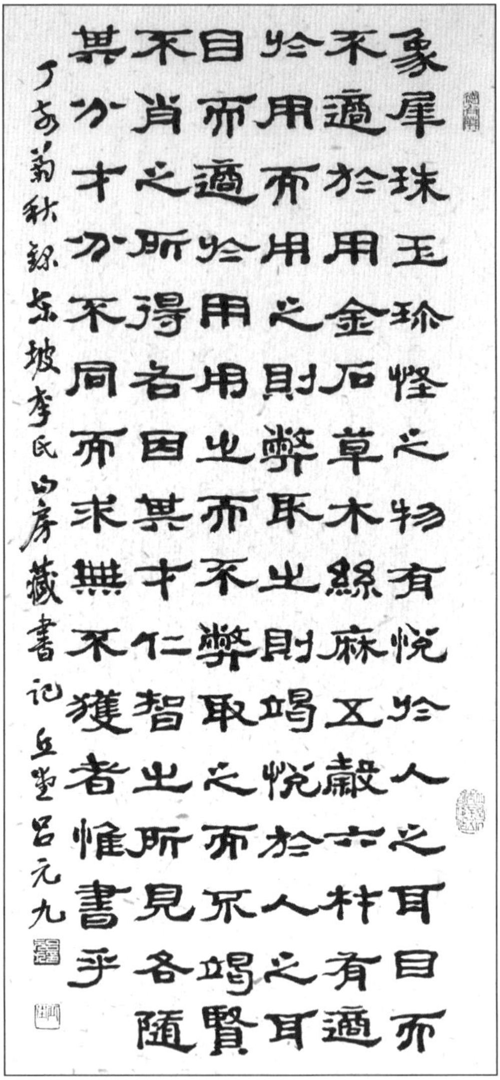

"상아, 물소 뿔, 진주, 옥. 진괴한 이런 물건들은 사람의 이목은 즐겁게 하지만 쓰임에는 적절하지 않다. 그런가 하면 금석이나 초목, 실, 삼베, 오곡, 육재는 쓰임에는 적절하나 이를 사용하면 닳아지고 취하면 고갈된다. 그렇다면 사람의 이목을 즐겁게 하면서 이를 사용하기에도 적절하며, 써도 닳지 아니하고 취하여도 고갈되지 않고, 똑똑한 자나 불초한 자라도 그를 통해 얻는 바가 각기 그 자신의 재능에 따라주고, 어진 사람이나 지혜로운 사람이나 그를 통해 보는 바가 각기 그 자신의 분수에 따라주되 무엇이든지 구하여 얻지 못할 것이 없는 것은 오직 책뿐이로다!"

《소동파전집》(34) 〈이씨산방장서기〉에서 구당(丘堂) 여원구(呂元九) 선생의 글씨

책머리에

이 책의 역주를 마치고 나서 '한비는 천재'라는 느낌으로 표현하고 싶다. '인간을 부리는(驅使) 방법'에서 말이다. '그 당시 어쩌면 이런 생각을 했을까' 그 발상에 놀라움을 금치 못하고 있다. 더구나 잔인殘忍할 정도의 관점에서 통치를 보는 눈은, 오늘 같은 법치 시대가 결국 출발이 그런 것이었나 할 만큼 두려움까지 앞선다. 말더듬이 한비는 그러한 사상을 언변으로 내놓기 어려우니 글쓰기에 매달렸을 것이다. 그 글은 정말 대단하고 충격적이다.

한비의 사상은 '성악설'에 기초를 두고 있다. 이익이 없이는 그 어떤 일도 시킬 수 없으며, 사람은 이익만을 위해 일을 한다는 대전제는 지금 이 시대의 현실을 보는 것만 같다. 부모자식 사이에도 강제와 이익이 없이는 움직이게 할 수 없다는 극단적 기준을 세우고 있는데 이해타산으로 맺어진 임금과 신하 사이에 무슨 인간적 호소가 필요하겠는가? 나아가 지배를 받는 백성이 어찌 지배자의 은덕이라는 기준에 의해서 움직이겠는가? 그러니 힘이 필요하고 칼이 필요하고 공포가 필요한 것이다. 그것을 직접 쓰면 폭군이요 악인이 되는 것이니 법이라는 거창한 그물을 만들어 명분으로 하되 위세와 권력, 나아가 생사여탈권을 그대로 집행할 수 있는 칼자루까지 쥐고 통치해야 한다는 주장이다. 따라서 자신의 말대로 움직였고 나아가 그로 인해 공적을 이루었다면 반드시 상을 내려야 하며, 이 두 가지가 병행될 때만이 군주는 그 자리를 잃지 않게 된다는 뜻이다.

인간이 너무 영악해졌다는 전제가 깔려 있다. "나라에 정책이 있으면 개인에게는 대책이 있다"고 자신하는 피지배자들에게, 유가에서 말하는 인의도덕

따위는 허울 좋은 하소연일 뿐 아무런 효과를 발휘할 수 없다고 하였다.

유가나 법가가 언필칭 들먹이는 법고法古는 앞으로만 흐르도록 되어 있는 시간의 논리에 전혀 맞지 않으며 다가올 미래밖에 없는 시간에서 창신創新만이 그 줄에서 떨어지지 않을 수 있는 절대적 가치라고 보는 것이다. 그 창신이 바로 법치요, 술수요, 궤휼詭譎이며 권병權柄이라는 것이다.

도가는 그 밑바탕에 세상의 네거티브 요소, 즉 결여성缺如性을 깔고 고차원적인 논리로 우리를 수긍하게 하는 맛이 있다. 그러한 도가에 근원을 두고 있는 법가는 이를 직접 실행에 옮기도록 강요하면서 효율의 극대화를 꾀하는 행동대원인 셈이다.

그 때문에 뒷사람들은 "도가·황로술·법가 셋은 모두가 같은 뿌리로서 한결같이 '인忍'이라는 대원칙에서 출발하였으나 그 '인'의 갈래가 다를 뿐이다. 그리하여 '인내忍耐'의 길을 터득한 자들은 노장老莊의 학술로 발전하였고, '은인隱忍'의 방법을 터득한 자들은 황로술의 일파로 흘렀으며, '잔인殘忍'으로 변질된 원리를 터득한 자들은 한비와 같은 법술法術로 변화하였다" 이르는 것이리라.

이 때문에 법가의 유가나 묵가는 마치 전쟁터에서 적군에게 인의를 부르짖는 것과 같으며 사람은 싸움을 싫어하지만 피할 수 없는 싸움이라면 어떤 술수를 써서라도 이기는 것이 옳다는 것이다. 이러한 논리를 한비는 아주 뚜렷하게 분석하고 있다. 그리고 이런 논리체계를 군주의 통치에 두어 그 때문에 그의 이론을 '군주론'이라 한다. 그러나 군주만을 위한 것이 아니다. 만물의 원리를 그에 맞추어보면 어디에나 잘 맞다. 다만 소은少恩이라는 것에 대한 당송 이래 많은 문인, 나아가 유가를 신봉하는 이들은 격렬하게 이를 비판하고 나섰지만 이는 단장취의斷章取義한 것일 뿐이다. 시대가 바뀌면 일을 처리하는 방법도 달라야 한다. 전국시대 그 난마 같은 정세, 참혹한 생존 속에 어찌 인의도덕만 외우며 참고 또 참고 꿇어앉아만 있을 수 있겠는가?

물론 파괴적인 삶만을 강요한 것은 아니다. 뒤집어보면 해결책이 있다는 주장이다. 뒤집어보려고도 하지 않는 세태를 안타까워한 것이리라.

자! 이제 한비의 논리가 어떤 것인지 차분히 일독해 보기를 권한다. 그리하여 도리어 사람에 따라서는 반면교사의 지혜도 얻을 수 있으며 처세의 바른 길을 터득할 수도 있으리라. 고전은 큰 저수지와 같다. 그 물을 쓰는 자, 그리고 그 물을 뜨러 나선 자의 그릇의 크기, 나아가 왜 그 물이 필요한지에 따라 얻는 소득과 효용, 떠가는 양이 저마다 다르리라.

莎浦 林東錫이 負郭齋에서 적다

일러두기

1. 이 책은 《韓非子集解》(王先愼, 新編諸子集成本, 中華書局 2010 北京)와 《韓非子集釋》(陳奇猷. 河洛圖書出版社 1974 臺北)을 저본으로 하여 전체를 완역한 것이다.
2. 현대 백화어 역주본도 수집하여 참고하였으며 큰 도움을 받았다. 특히 《韓非子今註今譯》(邵增樺 臺灣商務印書館 1995 臺北)과 《韓非子全譯》(張覺 貴州人民出版社 1992 貴陽) 등은 구체적인 주석이 세밀하여 번역에 많은 참고가 되었음을 밝힌다.
3. 총 762장으로 나누었으나 이는 절대적인 것이 아니며 필자가 임의로 나눈 것이다. 아울러 매 장마다 일련번호를 매기고 괄호 안에 해당 편별 번호도 제시하여 찾아보기 쉽도록 하였다.
4. 각 편별로 전면에 간단한 해제를 실어 이해에 도움이 되도록 하였다.
5. 각 장마다 제목을 달았으나 이는 그 장의 전체를 아우를 수 있는 것은 아니며 필자가 임의로 작성하여 읽기 편하도록 한 것일 뿐이다.
6. 해석은 되도록 직역을 위주로 하였으나 일부 의역한 곳도 있다.
7. 한글 번역을 먼저 싣고 원문을 제시하였으며 원문은 줄바꾸기 등을 통하여 시각적으로 잘 통하도록 구성하였고, 문장 부호는 중국 현대 표점법을 따랐다.
8. 주석은 인명, 지명, 사건명, 역사 내용 등을 위주로 하되 이미 거론한 표제어도 반복하여 실었으며 이는 읽는 이로 하여금 다시 찾는 번거로움을 피하기 위한 것이다.
9. 매 장마다 여러 전적에 전재되거나 혹 이미 실려 있는 고사, 문장, 내용 등은 여러 사서史書 및 제자서諸子書, 유서類書 등에서 일일이 찾아내어 해당 부분 끄트머리 「참고 및 관련 자료」 난에 실어 대조와 연구에

도움이 되도록 하였다.

10. 부록으로 서발序跋 등《韓非子》관련 자료를 되도록 모두 찾아 실어 연구에 도움이 될 수 있게 하였다.
11. 해제에는 전국시대 법가의 개황과 한비자의 인물됨, 서적의 교주 상황 등을 실어 이해에 도움이 되도록 하였다.
12. 이 책의 역주에 참고한 문헌은 대략 다음과 같다.

◉ 참고문헌

1. 《韓非子集解》淸, 王先愼(撰) 鍾哲(點校) 新編諸子集成 中華書局(活字本) 2010 北京
2. 《韓非子集解》淸, 王先愼(撰) 新編諸子集成 世界書局(活字本) 1978 臺北
3. 《韓非子集釋》陳奇猷(校注) 河洛圖書出版社 1974 臺北 臺灣
4. 《韓非子》四庫全書(文淵閣本) 子部 法家類 臺灣商務印書館 印本 臺北 臺灣
5. 《韓非子》四部叢刊(本) 初編 子部
6. 《韓非子今註今譯》(上下) 邵增樺(註譯) 臺灣商務印書館 1995 臺北 臺灣
7. 《韓非子全譯》(上下) 張覺(譯注) 貴州人民出版社 1992 貴州 貴陽
8. 《韓非子》(上下)〈漢籍國字解全書(本)〉早稻田大學出版部 明治 44년(1911) 東京
9. 《韓非子》百子全書(本) 岳麓書社 1993 湖南 長沙
10. 《韓非子集釋》續修四庫全書本

11. 《春秋左傳注》 楊伯峻(編) 中華書局 2009 北京
12. 《戰國策》 林東錫(譯註) 東西文化社 2010 서울
13. 《老子》 林東錫(譯註) 東西文化史 2010 서울
14. 《諸子平議》(兪樾) 新編諸子集成 世界書局(活字本) 1978 臺灣 臺北
15. 《群書治要》 唐, 魏徵(等) 四部叢刊本
16. 《北堂書鈔》 唐, 虞世南(等) 學苑出版社(印本) 1998 北京
17. 《意林》 唐, 馬總(撰) 四部備要本
18. 《初學記》 唐, 徐堅(等) 鼎文書局(活字本) 1976 臺北
19. 《藝文類聚》 唐, 歐陽詢(等) 文光出版社(印本) 1977 臺北
20. 《白孔六帖》 唐, 白居易(編) 四庫全書本
21. 《太平御覽》 宋, 李昉(等) 中華書局(印本) 1995 北京
22. 《事類賦》 宋, 吳淑 廣陵古籍刻印社(印本) 1989 揚州 江蘇
23. 《老子》 林東錫(譯註) 東西文化史 2010 서울
24. 《商君書解詁》 朱師轍 鼎文書局 1979 臺北
25. 《史記》, 《漢書》 등 二十五史 鼎文書局(活字本) 臺北
26. 《尙書》, 《詩經》, 《周易》, 《禮記》, 《公羊傳》, 《穀梁傳》, 《管子》, 《墨子》, 《莊子》, 《列子》, 《愼子》, 《公孫龍子》, 《吳越春秋》, 《越絶書》, 《國語》, 《韓詩外傳》, 《說苑》, 《新序》, 《晏子春秋》, 《論衡》, 《淮南子》, 《呂氏春秋》, 《孫子》, 《吳子》 등
27. 기타 工具書는 기재를 생략함.

해제

I. 先秦諸子學과 法家

1. 戰國시대 諸子學

서주西周 말 유왕幽王 때에 이르러 포사褒姒로 인해 신후申侯와 서융西戎의 난이 일어나고 이에 나라가 망하자 태자 宜臼(東周 平王)가 洛邑으로 도읍을 옮겨 다시 주나라를 일으켜 동주東周가 되면서 왕실의 위세는 급격히 저하되었고, 제후들 또한 패권 다툼에 여념이 없는 시대로 변질되고 말았다. 추상적이며 형식적이었던 예禮에 의해 소위 '봉건제封建制'라는 주나라 특유의 제도는 무너지고 오로지 힘에 의해 천하 질서가 겨우 유지되던 시기가 되었던 것이다. 그리하여 천하 권력은 제후 가운데 힘이 센 자에 의해 강압적으로 국제 질서를 이끌어가던 '패자霸者'에게 주어지게 되었고, 이 또한 불안전한 변화를 겪었지만 그나마 기치旗幟는 '존왕양이尊王攘夷'를 내걸었었으며, 중원中原의 제후국들은 명분도 지켜 '公'을 칭하기는 하였으나 이미 무너진 예교禮敎는 필연적 시대 변화에 따라 돌이킬 수 없게 되었다.

이를 한탄한 공자孔子가 '예교 회복'의 구호를 외치며 육경六經을 정리하고 주유천하의 길에 나섰으나 대세는 이미 기울고 만 상황이었다. 이에 난신적자亂臣賊子를 가려 포폄褒貶과 미언대의微言大義를 기준으로 《춘추春秋》를 저술하는 작업으로 생을 마치게 되었고, 이 기간, 즉 노魯 은공(隱公, B.C.722) 원년부터 애공哀公 17년(B.C.478)까지 242년간을 역사적으로는 속칭 '춘추시대'라 일컫게 되었다.

그러나 춘추 말에 이르러 각 제후국조차 경卿, 대부大夫들이 각기 자신들의 군주를 시해하고 왕권을 찬탈하며 이웃 약소국을 겸병하여 격심한 투쟁의 길로 들어서게 된다. 즉 중원의 진晉나라는 육경六卿의 발호 끝에 결국 삼진(三晉: 韓, 魏, 趙)으로 쪼개지고, 노魯나라는 삼환三桓, 송宋나라는 대씨戴氏의 난, 제齊나라는 진씨(陳氏, 田氏)의 찬탈 등을 거쳤으며, 그 밖에 소국들도 내부 혼란과 강대국의 공격을 견뎌내지 못하고 결국 역사 속으로 사라지면서, 남은 일곱 나라를 중심으로 국제 정세가 판도를 확정한 소위 전국칠웅戰國七雄의 시대가 진시황秦始皇의 천하통일 때까지 이어진다. 이 시기에 종주국 주나라는 아무런 실권은 물론 명분조차도 없는 존재로 전락하였고, 제후국들은 누구나 '王'을 참칭하며 심지어 한때 제帝를 칭하고자 국제 관계에서 명분 싸움의 알력까지 벌인 경우도 있었다.

이 시대의 기록은 유향劉向이 정리한 《전국책戰國策》에 자세히 나타나 있어 역사적으로 흔히 '전국시대'라 부른다. 따라서 동주의 전반기는 '춘추', 후반기는 '전국'시대인 셈이다.

특히 전국시대는 미증유의 치열한 전쟁과 복잡한 국제 관계, 온갖 사기와 궤휼詭譎이 난무하는 '상상할 수 있는 모든 일이 실제로 있었던' 시대였다.

이처럼 나라는 물론 개인들조차 온갖 참혹한 고통에 시달리자 선각자들은 저마다 자신들의 철학을 내세워 어떻게 하든 그러한 국면은 해결되어야 하고 인간을 그러한 질곡에서 구제해야 한다는 사명을 가지고 나서게 되었다. 이들은 집단을 이루어 자신들의 주의주장을 널리 알리기도 하고 제후 왕들을 찾아다니며 유세를 하기도 하였으며 도제徒弟들을 모아 교육과 실행에 온 힘을 기울이기도 하였다. 제자들은 그 스승을 '子'라 불렀으며 그들의 이론이나 언행을 기록하여 제목을 역시 '子'라 불렀다. 그 때문에 뒷날 이들의 학술을 흔히 '제자학諸子學', '선진제자학先秦諸子學'이라 한다. 이들 제자학은 중국 학술 분류의 '經史子集'에서 '子'에 해당하며 '文史哲'로 나눌 때는 철학에 속한다. 그러나 그 철학은 '순수철학'이라기보다 전국시대 특유의 국제 정세에 따른 천하관天下觀과 통치관統治觀을 나름대로 주창主唱한 '정치철학'이며 예교까지 무너진 상황을 수습하고자 나선 규범정립의 사회철학이다.

한대漢代에 들어서서 유씨부자(劉向, 劉歆)에 의해 이러한 제자학을 유가儒家, 도가道家, 묵가墨家, 명가名家, 음양가陰陽家, 종횡가縱橫家, 법가法家, 소설가小說家, 잡가雜家, 농가農家의 열 가지로 나누되 그중 농가는 정치적 주의주장이 약하다고 보아 열 번째의 '家'라 하여 흔히 '구류십가九流十家'로 불렀다.

즉 예교와 인의를 숭상하여 요堯, 순舜, 우禹, 탕湯, 문文, 무武, 주공周公을 종지로 삼고 공자를 지성선사至聖先師로 모시고 맹자孟子, 순자荀子로 이어져 오늘날까지 중국은 물론 동양 사상의 근간을 이룬 것이 유가이며, 자연과 무위를 종지宗旨로 황제黃帝와 노자老子를 모시고 열어구列禦寇와 장주莊周 등이 이어받아 뒤에 종교로까지 발전한 것이 도가이다.

그리고 겸애兼愛와 각고刻苦, 애타적 평화만이 전국시대 혼란을 해결할 수 있다고 믿었던 부류가 묵적墨翟을 시작으로 한 묵가이며, 사물의 이름과 명분이 정확하기만 하면 정치도, 국제정세도 해결될 수 있다고 주장한 공손

룡자公孫龍子, 혜시惠施 등의 주장이 명가이며 이는 인명학因名學이나 나집학(邏輯學, Logic)으로 발전하기도 하였다.

음양오행을 기본으로 한 천지 자연의 순환을 바탕으로 길흉화복을 내세워 난국타파의 길을 찾고자 했던 부류가 추연鄒衍을 중심으로 한 음양가이며, 국제정세가 서쪽 진나라와 산동육국山東六國의 대립관계로 변질되자 합종(合縱: 六國聯合)과 연횡(連橫: 각국 개별적으로 秦과 우호관계 조성)을 주장하여 외교가를 풍미했던 소진蘇秦과 장의張儀의 주장이 종횡가이다.

무엇보다 본업(農事)을 권장하여 생산량을 늘리고 경제정책이 바로서면 나라 사이에 분쟁도 없어진다는 주장을 편 것이 허행許行 등의 농가이며, 일반 백성의 여론을 수렴하여 이를 정책 결정에 적극 반영하여야 한다는 주장이 소설가이고, 이상의 모든 제자들 주장을 발췌하여 종합적으로 재구성하여 통치의 자료로 삼고자 한 것이 여불위呂不韋를 중심으로 한 잡가이다.

2. 법가(法家)

그러나 이상 여러 학설이나 주장은 그 어느 것도 '오로지 힘만이 정의'였던 전국시대를 해결할 열쇠는 되지 못하였다. 예컨대 이것들이 개인 생활이나 통치, 수양과 우주관, 사물에 대한 인식론 등에 많은 영향은 미쳤다 할지라도 전국시대 국제정세를 해결하기에는 너무나 무력한 논리들이었다. 더구나 현실적으로 눈앞에 닥친 난제, 죽고 사는 절박한 상황이 간단間斷없이 압박하고, 국파신망國破身亡의 변화가 나날이 벌어지고 있던 그 무렵, 공리허담空理虛談의 이론은 아무런 도움도 되지 못하였다.

이에 오로지 강력한 법으로써 무자비할 만큼 실행함으로써만이 통치를 이룰 수 있고 나아가 전국시대 국제정세 속에서 패자의 면모를 실천하며 끝내 천하통일까지 이룰 수 있다는 생각을 가진 급진적 개혁 사상을 가진 이들이 등장하게 된다. 인의도덕과 예교가 무너진 상태에서 더 이상 강제적 수단을 쓰지 않고는 그 어떤 일도 해낼 수 없다는 절박함과 이익에 의해 움직이는 인간 군상群像을 부릴 수 있는 것은 그 어떤 다른 인간적 호소로도 통하지 않는다는 인식이 팽배한 것이다. 법이란 치사治事의 준칙으로 만인에게 공리公理로 인정되기만 하면 통치, 법치의 정치도구로서 가장 강한 힘을 발휘한다고 믿은 것이다.

이러한 법을 빈틈없이 제정하고 사사로움 없이 적용, 평등을 추구하여 낭비요소를 없애며 효율성을 극대화하자는 중법(重法思想)이 바로 법가의 주장이었던 것이다. 그 때문에 사마담司馬談은 〈논육가요지論六家要旨〉에서 "法家嚴而少恩; 然其正君臣上下之分, 不可改矣"라 압축하여 정의를 내렸던 것이다.

이러한 법가 사상의 기원은 매우 일찍 시작되었다. 일반적으로 이 법가는 도가道家에서 비롯된 것으로 보고 있다. 즉 도가에서 '忍'이 분화되어 노장老莊은 '인내忍耐'로, 한대漢代의 황로술黃老術은 '은인隱忍'으로, 법가는 '잔인殘忍'으로 각기 갈 길을 달리했다는 것이다. 이에 대해 임윤林尹은 《中國學術思想大綱》에서 "皆基于忍之一道, 忍之流別不同. 於是得其'忍耐'之途者, 遂成爲'老莊'之學; 得其'隱忍'之方者, 乃流爲'黃老'一派; 得其'殘忍'之變者, 遂有韓非之法術"이라 하였다.

이 때문에 사마천도 《사기史記》에서 도가와 법가를 하나로 묶어 '老莊申韓列傳'으로 처리하였으며 아울러 "韓非者, 喜刑名法術之學, 而其歸本於黃老"라 하였던 것이다.

물론 그러한 법가의 이론은 춘추시대 제齊 환공桓公을 보필하여 패자로 만들었던 관중管仲으로부터 시작되었다. 즉 동주시대가 시작되면서 이미 예교가 무너져 패자의 시대가 되었기 때문이다. 그 뒤를 이어 이회李悝는 《법경法經》을 지어 본격적인 체계를 세우기 시작하였고, 상앙商鞅에 이르러서는 드디어 진나라에서 직접 법치를 실행해 보였으며, 한비에 이르러 대성을 이룬 것이다.

한편 이러한 법가 사상이 유독 진秦나라에서 성공을 거두게 된 이유는, 사회 변화의 기본 원리대로 법가 역시 중원 각국 중에서도 가운데 있는 위衛나라나 한韓나라로부터 싹이 텄지만 이들 나라에는 이미 각기 자신들의 토종 사상이 뿌리를 내리고 있었고, 기득권 세력과 수구 권신들의 반발로 빛을 볼 수가 없었다. 이에 도리어 지나친 급진 사상이라 배척을 받게 되자 그러한 반발이 전혀 없었던 무주공산無主空山의 진나라에서 마음놓고 자신들의 이론을 펼쳐 실행에 옮겨 볼 수 있었으며, 진나라 역시 이러한 통치 방법을 필요로 하고 있었다. 이로써 마침내 진나라로 하여금 천하통일의 대권을 이룰 수 있도록 해 주었던 것이다.

이러한 법가 사상은 《한서漢書》 예문지藝文志에 "法家者流, 蓋出於理官. 信賞必罰, 以輔禮制. 《易》曰「先王以明罰飭法」, 此其所長也. 及刻者爲之,

則無敎化, 去仁愛, 專任刑法而欲以致治, 至於殘害至親, 傷恩薄厚"라 하여 그 장점과 폐단을 함께 논하고 있다.

따라서 마땅히 신상필벌信賞必罰로써 친소親疎나 귀천貴賤에 관계없이 법 앞에 일률평등一律平等이었으며, 효율의 극대화, 군주의 통치력 제고, 나아가 성악설性惡說에 바탕을 둔 강제성, 이익을 미끼로 한 유도, 공구恐懼를 무기로 구사驅使하는 방법이었다. 따라서 유가의 관점에서 송대에 이르도록 비판이 심했으나 결국 시대에 부응하여 혼란을 마무리 한 공의 일면도 없지 않다.

《한서》 예문지에 의하면 아래 목록에서 보듯이 그 무렵까지 법가 관련 전적은 다음과 같이 무려 10가家 217편篇이나 실려 있으며, 특히 《관자管子》(管仲, 86편)는 도가의 유위파有爲派로 소속시켰으나 《수서隋書》 경적지經籍志에는 법가로 보았으며 이제는 대체적으로 누구나 법가로 보고 있어 실제로는 11가에 201편이나 되는 셈이다.

《李子》三十二篇(名悝, 相魏文侯, 富國强兵).

《商君》二十九篇(名鞅, 姬姓, 衛后也, 相秦孝公, 有《列傳》).

《申子》六篇(名不害, 京人, 相韓昭侯, 終其身諸侯不敢侵韓).

《處子》九篇.

《愼子》四十二篇(名到, 先申, 韓, 申, 韓稱之).

《韓子》五十五篇(名非, 韓諸公子, 使秦, 李斯害而殺之).

《遊棣子》一篇.

《鼂錯》三十一篇.

《燕十事》十篇(不知作者).

《法家言》二篇(不知作者).

이상의 여러 법가는 그 주장과 주의에 따라 다시 5파로 분류하기도 한다.

(1) 첫째, 부강富强을 도모하고 실업實業을 장려하며 무용武勇을 권장한 이회李悝와 관중을 대표로 하는 상실파尙實派이다. 대표 저술로는 《관자》가 전하고 있으며 《사기》 관안열전管晏列傳을 참고할 수 있다.

(2) 둘째, 신상필벌과 엄격한 법치, 연좌법連坐法 등을 만들어 실질적인 통치에 적용한 상앙商鞅을 대표로 하는 상법파尙法派이다. 《상군서商君書》가 전하고 있으며 《사기》 상군열전을 참고할 수 있다.

(3) 셋째, 군주가 실권을 잃지 않도록 술術을 사용해야 하며 법집행의 중심을 군주에게 실어준 신불해申不害를 대표로 하는 상술파尙術派이다. 저술은 전하지 않으며 《사기》 노장신한열전을 참고할 수 있으며 《한서》 예문지에 《신자申子》가 저록되어 있었으나 전하지 않는다.

(4) 넷째, 군주는 위세威勢로써 그 위치를 지키되 법을 최대한 활용해야 한다고 여겨 '군주론君主論' 쪽으로 기울기 시작한 신도愼到를 대표로 하는 상세파尙勢派이다. 《한서》 예문지에 《신자愼子》 42편이 저록되어 있으나 지금은 사라지고 청대 엄가균嚴可均이 《群書治要》을 근거로 집일輯佚한 《愼子》7편가 있으며 전희조錢熙祚의 교정본이 〈제자집성諸子集成〉에 실려 있다.

(5) 다섯째, 법法과 술術을 중시하고 세勢와 이利를 채찍과 당근처럼 사용하여 절대 권위를 이루어야 한다는, 종합적 대작을 이룬 한비를 대표로 하는 대성파大成派이다. 한대漢代에는 《한자韓子》, 송대 이후에는 《韓非子》라 일컬었으며 55편 그대로 전하고 있다.

Ⅱ. 韓非(B.C.280~B.C.233)

1. 생애

유물주의唯物主義 철학자이며 법가法家 대성파의 완성자이다. 그는 전국 말 한韓나라 서얼 공자이며 그의 아버지는 아마 한나라 이왕釐王이거나 환혜왕桓惠王이었을 가능성이 있으나 구체적으로는 알 수 없다. 그는 전국말 가장 극심한 국제 정세와 특히 진秦나라의 세력이 곧 천하를 집어삼킬 시기에 태어났다. 그는 그러한 상황에서 앞서 법치를 주장했던 관중管仲, 자산子産, 오기吳起, 상앙商鞅 등의 주장이었던 형명법술刑名法術 이론에 심취하였고, 특히 신불해申不害가 자신의 조국 한나라 소후昭侯를 도와 치국강병을 이루었던 시절을 역사적 교훈으로 삼고 싶어 하였다. 그리하여 뒤에 남쪽 초楚나라에 가서 그 무렵 큰 스승이었던 순자荀卿에게 공부하였으며 그 무렵 초나라 출신 이사李斯와 함께 배웠던 것으로 알려져 있다. 이사는 한비에 비하여 훨씬 낮은 재능을 가지고 있었지만 곧바로 진나라로 들어가 여러 단계를 거쳐 높은 지위에 오르게 된다. 한비는 귀국하고 나서 여러 차례 한왕韓王에게 법치를 실행하여 부국강병을 이룰 것을 주장하였으나 한왕은 귀담아 듣지 않았다. 한비는 본래 말더듬이(口吃)로서 언담에는 자신이 없었고 게다가 그 무렵 권신들조차 그의 주장을 배척하던 터라 아예 글로써 자신의 의견을 피력하고자 하였다. 그리하여 한비는 이미 〈고분孤憤〉, 〈오두五蠹〉, 〈내저설內儲說〉, 〈외저설外儲說〉, 〈세림說林〉, 〈세난說難〉 등 10여 만언萬言의 글을 저술하여 세상에 널리 퍼뜨렸다. 그 글이 마침 진왕秦王 정(政, 뒤의 진시황)에게 들어가 이를 읽은 진왕은 “내 능히 이러한 글을 쓴 사람을 만나 함께 교유할 수 있다면 죽어도 여한이 없으리라!”(嗟乎, 寡人得見此人與之游, 死不恨矣! -《史記》)라며 자신의 뜻과 일치함을 감탄하였다. 이를 들은 이사가 그 자가 한비라고 일러주었고, 뒤에 진왕이 한나라를 공격하자 한왕은 한비를 진나라에 사신으로 파견하여 진나라의 공격을 늦추고자 하였다. 진왕 13년(B.C.234) 진나라 함양咸陽에 도착한 한비는 진왕으로 하여금 한나라는 존속시키고 대신 조나라를 치는 것이 진나라에게 유리할 것임을 설득, 유도하면서 진나라 대신들의 오류도 함께 지적하였다. 그 때에 요가姚賈라는 인물도 자연스럽게 거명하게 되었다. 진왕은 한비의 계책을 따를 참이었다. 마침 한비를 마음속으로 기피하고 있던 이사는 한비가 진나라에서 중용重用되면 자신의 위치까지 악영향을 미칠 것임을 직감하고 요가와 결탁, 한비를 모함하기 시작하였다. 나아가 진왕에게 한비는 자신의 나라를 위해 온 것이지 결코 진나라를 돕기 위한 것이 아님을 강조하고 나섰다. 그리하여 진왕에게 한비를 법으로 처리할 것을 강력하게 건의하여 마침내 진왕도 그를 법관에게 넘기는 상황이 벌어지고 말았다. 이 틈을 이용한 이사는 몰래 한비에게 독약을 보내어 자살하도록 협박하였고, 한비는 견디다 못해 운양(雲陽, 지금의 陝西 淳化縣) 옥중에게 자살하고 말았다. 뒤에 진왕이 자신의 결정을 후회하고 한비를 다시 찾았을 때 한비는 이미 죽은 뒤였다. 이상의 내용은《史記》韓非子傳(老莊申韓列傳)에 자세히 실려 있다.

2. 학설

그때까지의 제자학은 그 나름대로 전국시대의 얽히고설킨 국제 관계와 국내 혼란을 해결하고자 하는 역사 인식에 대해 대체로 두 가지 방향의 기본 견해를 가지고 있었다.

하나는 하夏, 은殷, 주周 삼대 개국 군주들의 덕치와 왕도를 이상으로 여겨 그 시대로 돌아갈 것을 주장하는 법고파法古派이다. 유가와 묵가가 대표적이며 하나의 보수주의인 셈이다.

다른 하나는 아예 새롭게 틀을 짜야 한다는 창신파創新派이다. 법가를 대표로 하며 개혁, 진보주의인 셈이다.

한비는 바로 이러한 창신파의 이론을 총결하였으며 그는 인류 사회의 진화와 변화는 피할 수 없는 것으로 시대에 적응해야 하며 그에 따라 법치 사회로 옮아가는 것은 필연이니만큼 먼 옛날을 그리워하고 본받고자 한다는 것은 논리에 맞지 않을뿐더러 그렇게 할 수도 없다는 주장을 가졌던 것이다.

그에 따라 한비는 "하후 때인데도 그 전 수인씨 때처럼 나무를 비비거나 뚫어 불을 지피려 한다면 곤이나 우가 웃을 것이요, 은주 시대인데 치수를 덕치로 삼는다면 탕, 무가 웃을 것이다. 마찬가지로 전국시대 지금 요, 순, 우, 탕, 무의 통치방법을 훌륭하다고 떠들고 다닌다면 지금 사람들이 웃을 것이다. 세상이 바뀌면 일도 달라지게 마련이며 일이 달라지면 그 변화에 대비해야 한다"(今有搆木鑽燧於夏后氏之世者, 必爲鯀·禹笑矣; 有決瀆於殷·周之世者, 必爲湯·武笑矣. 然則今有美堯·舜·湯·武·禹之道於當今之世者, 必爲新聖笑矣. …時異則事異; 事異則備變 - 〈五蠹篇〉)라고 주장하였다.

그리하여 순경의 영향으로 성악설에 근거, 오로지 법만이 사람을 움직일 수 있으며 그러한 법을 강력하게 실행할 수 있는 조직이 바로 국가요, 그 국가를 바르게 쥐고 있어야 할 자가 왕이라는 구도를 설정하고 극단에 가까운 〈군주독제론〉, 〈군주론〉의 공포, 궤휼, 술術, 수數, 세勢, 위威, 권權, 병柄 등의 개념을 정립하게 된다. 그리고 그 실행방법은 신상필벌, 이익권의 독점, 임면권의 독단, 효율극대를 위해서는 인간성 소멸 등까지 내세워 유가와 묵가의 덕치나 예교, 혹 인간 본성에 호소하는 따위의 통치 방법에는 강한 거부감을 표시하였다.

그리하여 한비는 심지어 "명석한 군주의 나라라면 문자가 필요치 않으니 법을 교육 목표로 하면 되고, 선왕의 말씀도 필요치 않으니 관리가 스승이면 된다(明主之國, 無書簡之文, 以法爲教; 無先王之語, 以吏爲師 - 〈五蠹篇〉)"라고까지 하였다. 그 때문에 장태염章太炎 같은 이는 "한비의 눈에는 나라만 보이고 개인은 보이지 않았으며, 집단만 보이고 외로운 자는 보이지 않았다"(韓非有見於國, 無見於人; 有見於群, 無見於孑)라고 비판한 것이다.

한편 그는 군주의 통치로서 "법은 널리 알릴수록 효용성이 크고, 술은 감출수록 군주의 통치가 쉽다"(法莫如顯, 而術不欲見 - 〈難三〉)라는 논리를 내세워 금법禁法은 명시하여 많은 백성들로 하여금 지키기 쉽도록 하고, 자신의 통치술은 속으로 숨긴 채 드러내지 않고 이것으로써 신하를 부려야 권병을 지킬 수 있다고 하였다. 법法은 양陽이요 술術은 음陰으로서 음양陰陽이 조화를 이루어야 명군明君이 된다는 것이 '군주론'의 핵심 논리이다.

이러한 법가의 논리는 그대로 진나라에 적용되었고, 그로 인해 진시황은 난마亂麻 같던 전국시대를 마감할 수 있었던 것이다. 이처럼 법가는 시대 요청에 따라 필연적으로 대두된 학술이요, 그러한 국세를 최대한 활용한 것이 진나라였던 것이니, 지금의 입장에서 법가를 시비是非나 호오好惡, 장단長短, 우열優劣로 평가할 일은 아니다.

Ⅲ.《韓非子》

《한비자》 책은 송대 이전까지는 《한자韓子》라 일컬었으나 한유韓愈 역시 '韓子'로 일컫게 되면서 혼란을 피하기 위해 《한비자》라 부르게 되었다. 《한서漢書》 예문지藝文志에 《한자韓子》 55편이 저록되어 있고, 《수서隋書》와 《구당서舊唐書》 경적지經籍志, 《신당서新唐書》와 《송사宋史》 예문지 등에는 모두 20권으로 되어 있어 지금 전하는 것과 일치한다.

북위北魏 때 유병劉昞의 《한자주韓子注》가 있었다는 기록이 있으나 자세히 알 수 없으며, 《신당서》 예문지에 의하면 윤지장尹知章의 주注도 있었다 하나 이제는 모두 사라지고 없다. 이렇게 보면 당 이전에는 한비자에 대한 연구가 그리 활발하지 않았으나 당송唐宋 유서류類書類 편찬이 유행하면서 거기에 인용된 일부 문장들은 뒷날 한비자 연구에 많은 도움을 주고 있다.

이를테면 당대 《군서치요群書治要》(魏徵), 《북당서초北堂書鈔》(虞世南), 《意林》(馬總), 《初學記》(徐堅), 《藝文類聚》(歐陽詢), 《白孔六帖》(白居易)과 송대 《太平御覽》(李昉), 《事類賦》(吳淑) 등이 그렇다.

한편 지금 전하는 최고最古 역주본은 원元나라 때 하변何犿이 말한 이찬李瓚의 〈주본注本〉이 있었으며 이는 《태평어람太平御覽》, 《사류부事類賦》, 《초학기初學記》 등에 인용되어 있어 그 주문注文을 근거로 보면 이찬은 송대 이전 사람으로 보인다. 다만 주가 천루淺陋하고 오류도 많은 것으로 알려져 있다. 〈하변본〉은 원나라 지원至元 3년(1337)에 나온 것으로 되어 있으나 명대 조용현趙用賢의 교주본校注本은 그보다 앞선 〈송본宋本〉을 근거로 한 것으로 이 역시 탈락과 오류가 심하다. 이 조용현의 〈교주본〉과 명대 주공교周孔教의 〈대자본大字本〉은 일치하며, 청대 「사고전서四庫全書」의 《韓非子》는 이 주공교의 본을 싣되 조용현 본을 바탕으로 교정한 것이다. 다만 조용현 본은 연구 결과 억측과 원문을 고친 부분이 있는 것으로 밝혀졌다.

명나라 정통正統, 만력萬曆 연간에 〈도장본道藏本〉이 이루어지면서 그러한 오류 또한 바로잡지 않았으나, 대신 명나라 때 교정을 거치지 않은 것으로서 〈금본今本〉의 교수校讎 작업에는 상당한 가치를 지니고 있다.

한편 《한자우평韓子迂評》은 명나라 때 오군吳郡 사람 유씨兪氏 성의 문무자門無子라는 호를 가진 사람이 지은 것으로서 원나라 시대 하변의 〈교정본〉을 저본으로 하여 "구두를 찍고 글자를 알아볼 수 있도록 하고 간혹 하변의 주를 절충하였다"(句爲之讀, 字爲之品, 間取何氏注而折衷之)라고 밝혔으며 아울러 자신의 평론을 덧붙인 것으로 지금도 참고하고 있다.

청대 오자吳鼒는 다시 남송 〈건도본乾道本〉을 얻어 고광기顧廣圻의 《한비자지오韓非子識誤》에 부록으로 실어 출간, 지금 가장 뛰어난 작업으로 평가받고 있다.

그 뒤 《한비자》에 대한 연구는 점차 활발해져서 왕념손王念孫의 《독서잡지讀書雜誌》, 노문초盧文弨의 《한비자습보韓非子拾補》, 유월兪樾의 《한비자평의韓非子平議》, 손이양孫詒讓의 《찰이札迻》 등이 쏟아져 나왔으며, 왕선신王先愼이 마침내 이를 종합하여 《한비자집해韓非子集解》를 냄으로써 어느 정도 완성을 보게 된다. 그러나 왕선신의 이 작업 또한 대략적인 훈석訓釋에 그쳤으며 구주舊注의 오류를 바로잡지 못한 부분도 상당수에 이른다.

이에 다시 오여륜吳汝綸의 《한비자점감韓非子點勘》, 도홍경陶鴻慶의 《독한비자찰기讀韓非子札記》, 유사배劉師培의 《한비자각보韓非子斠補》, 윤동양尹桐陽의 《한자신석韓子新釋》, 고형高亨의 《한비자보전韓非子補箋》 등이 나오게 되었다. 그리고 진계천陳啓天은 이를 종합적으로 정리, 일본인들의 저작까지 참고하여 비교적 방대한 50만 자의 《한비자교석韓非子校釋》을 내어 문단을 나누고 표점을 가미하여 상세하게 작업하였다.

근대에 이르러 다시 진기유陳奇猷는 《한비자집석韓非子集釋》을 내어 널리 활용되기 시작하였고 양계웅梁啓雄의 《한비자천해韓非子淺解》 또한 널리 알려져 있다. 한편 대만臺灣 상무인서관商務印書館의 《한비자금주금역韓非子今註今譯》(邵增樺, 1995)은 진계천의 《한비자교석》을 바탕으로 하여 백화어로 작업하였으며 진계천의 교열을 거친 것으로 비교적 자세하나 목차의 순서가 아주 다르게 바뀌어 있다.

아울러 귀주인민출판사貴州人民出版社의 《한비자전역韓非子全譯》(張覺, 1992)은 세밀하게 주석을 달고 백화어로 번역하여 참고에 큰 도움을 주고 있다.

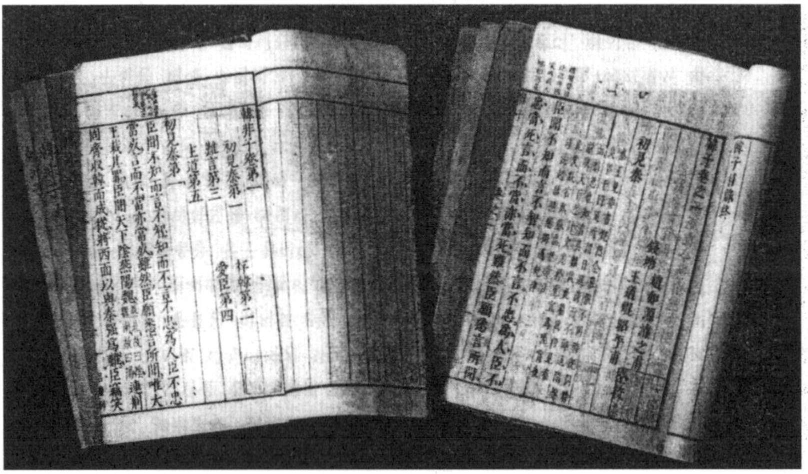

《韓非子》明 萬曆 6년(1578) 刊本

〈韓非〉 夢谷 姚谷良(畫) "國無常彊, 無常弱. 擧法者强則國彊, 擧法者弱則國弱."

韓非子卷一　　元 何犿 註

初見秦第一　存韓第二
難言第三　愛臣第四
主道第五

初見秦第一

臣聞不知而言不智知而不言不忠為人臣不忠當死言而不當亦當死雖然臣願悉言所聞唯大王裁其罪

臣聞天下陰燕陽魏(燕北故曰陰魏南故曰陽)連荆固齊收韓而成從將西面以與秦强為難臣竊笑之世有三亡而天下得之(知三亡者得天下)其此之謂乎臣聞之曰以亂攻治者亡以邪攻正者亡今天下之府庫不盈囷倉空虛悉其士民張軍數十百萬其頓首戴羽為將軍斷死於前不至千人皆以言死白刃在前斧鑕在後而却走不能死也非其士民不能死也上不能故也言賞則不與言罰則不行賞罰不信故士民不死也今秦出號令而行賞罰有功無功相事也出其父母懷衽之中生未嘗見寇耳聞戰頓足徒裼犯白刃蹈鑪炭斷死於前者皆是也夫斷死與斷生者不同而民為之者是貴奮死也夫一人奮死可以對十十可以對百百可以對千千可以對萬萬可以剋天下矣今秦地折長補短方數千里名師數十百萬秦之號令賞罰地形利害天下莫若也以此與天下天下不足兼而有也是故秦戰未嘗不剋攻未嘗不取所當未嘗不破開地數千里此其大功也然而兵

甲頓士民病蓄積索田疇荒囷倉虛四鄰諸侯不服霸王之名不成此無異故其謀臣皆不盡其忠也臣敢言之往者齊南破荆東破宋西服秦北破燕中使韓魏土地廣而兵强戰剋攻取詔令天下齊之清濟濁河足以為限長城巨防足以為塞齊五戰之國也(謂五破國也)一戰不剋而無齊(為樂毅破齊於濟西)由此觀之夫戰者萬乘之存亡也且聞之曰削迹無遺根無與禍鄰禍乃不存(言禍敗之迹削去本根則無禍敗言秦宜以齊為戒)秦與荆人戰大破荆襲郢取洞庭五

《韓非子》四庫全書 文淵閣本

欽定四庫全書

韓非子卷一　　元 何犿 註

初見秦第一　存韓第二

難言第三　愛臣第四

主道第五

初見秦第一

臣聞不知而言不智知而不言不忠為人臣不忠當死言而不當亦當死雖然臣願悉言所聞唯大王裁其罪

臣聞天下陰燕陽魏（燕北故曰陰魏南故曰陽）連荊固齊收韓而成從將西面以與秦強為難臣竊笑之世有三亡而天下得之（知三亡者得天下）其此之謂乎臣聞之曰以亂攻治者亡以邪攻正者亡今天下之府庫不盈囷倉空虛悉其士民張軍數十百萬其頓首戴羽為將軍斷死於前不至千人皆以言死白刃在前斧鑕在後而却走不能死也非其士民不能死也上不能故也言賞則不與言罰則不行賞罰不信故士民不死也今秦出號令而行賞罰

《韓非子》四庫全書 文淵閣本(電子版)

韓非子二十卷
四部叢刊子部

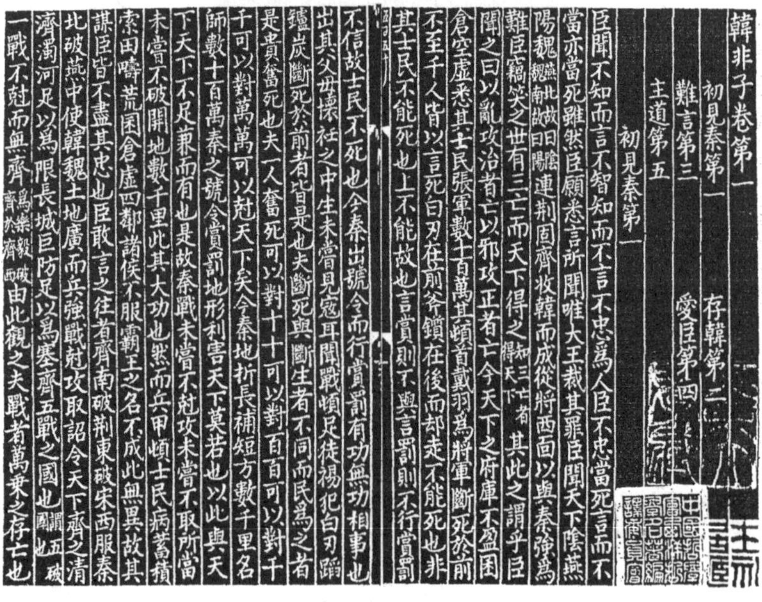
韓非子卷第一
初見秦第一　存韓第二
難言第三　愛臣第四
主道第五
初見秦第一
臣聞不知而言不智知而不言不忠為人臣不忠當死言而不
當亦當死雖然臣願悉言所聞唯大王裁其罪臣聞天下陰燕
陽魏(親燕北故曰陰親魏南故曰陽)連荊固齊收韓而成從將西面以與秦強為
難臣竊笑之世有三亡而天下得之(知三亡者得天下)其此之謂乎臣
聞之曰以亂攻治者亡以邪攻正者亡今天下之府庫不盈囷
倉空虛悉其士民張軍數十百萬其頓首戴羽為將軍斷死於前
不至千人皆以言死白刃在前斧鑕在後而卻走不能死也非
其士民不能死也上不能故也言賞則不與言罰則不行賞罰
不信故士民不死也今秦出號令而行賞罰有功無功相事也
出其父母懷衽之中生未嘗見寇耳聞戰頓足徒裼犯白刃蹈
鑪炭斷死於前者皆是也夫斷死與斷生者不同而民為之者
是貴奮死也夫一人奮死可以對十十可以對百百可以對千
千可以對萬萬可以剋天下矣今秦地折長補短方數千里名
師數十百萬秦之號令賞罰地形利害天下莫若也以此與天
下天下不足兼而有也是故秦戰未嘗不剋攻未嘗不取所當
未嘗不破開地數千里此其大功也然而兵甲頓士民病蓄積
索田疇荒囷倉虛四鄰諸侯不服霸王之名不成此無異故其
謀臣皆不盡其忠也臣敢言之往者齊南破荊東破宋西服秦
北破燕中使韓魏土地廣而兵強戰剋攻取詔令天下齊之清
濟濁河足以為限長城巨防足以為塞齊五戰之國也(謂五破國也)
一戰不剋而無齊(為樂毅破齊於濟西)由此觀之夫戰者萬乘之存亡也

《韓非子》四部叢刊本

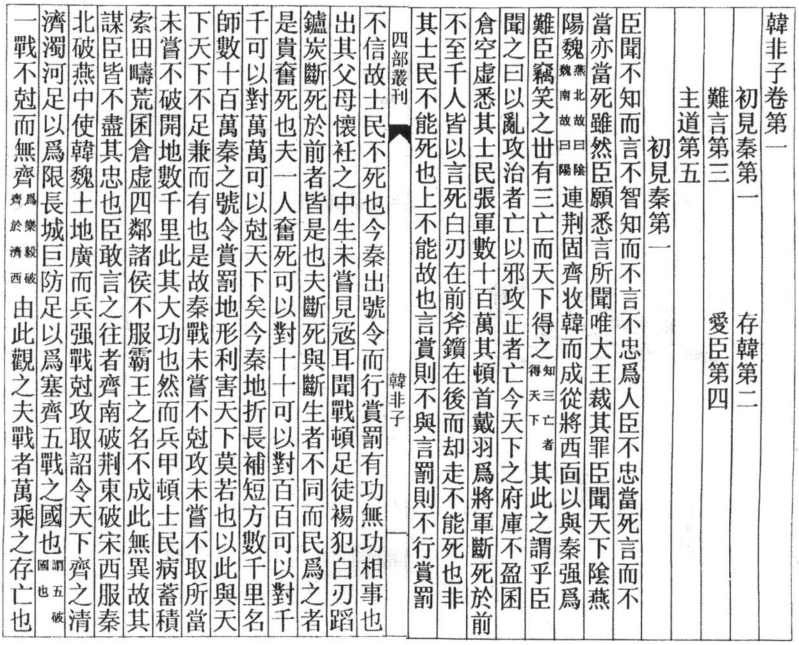
韓非子卷第一

初見秦第一　存韓第二

難言第三　愛臣第四

主道第五

初見秦第一

臣聞不知而言不智知而不言不忠爲人臣不忠當死言而不當亦當死雖然臣願悉言所聞唯大王裁其罪臣聞天下陰燕陽魏（燕北故曰陰魏南故曰陽）連荆固齊收韓而成從將西面以與秦强爲難臣竊笑之世有三亡而天下得之（知三亡者得天下）其此之謂乎臣聞之曰以亂攻治者亡以邪攻正者亡今天下之府庫不盈囷倉空虛悉其士民張軍數十百萬其頓首戴羽爲將軍斷死於前不至千人皆以言死白刃在前斧鑕在後而却走不能死也非其士民不能死也上不能故也言賞則不與言罰則不行賞罰

四部叢刊　韓非子

不信故士民不死也今秦出號令而行賞罰有功無功相事也出其父母懷衽之中生未嘗見寇耳聞戰頓足徒裼犯白刃蹈鑪炭斷死於前者皆是也夫斷死與斷生者不同而民爲之者是貴奮死也夫一人奮死可以對十十可以對百百可以對千千可以對萬萬可以尅天下矣今秦地折長補短方數千里名師數十百萬秦之號令賞罰地形利害天下莫若也以此與天下天下不足兼而有也是故秦戰未嘗不尅攻未嘗不取所當未嘗不破開地數千里此其大功也然而兵甲頓士民病蓄積索田疇荒囷倉虛四鄰諸侯不服霸王之名不成此無異故其謀臣皆不盡其忠也臣敢言之往者齊南破荆東破宋西服秦北破燕中使韓魏土地廣而兵强戰尅攻取詔令天下齊之清濟濁河足以爲限長城巨防足以爲塞齊五戰之國也（謂五破國也）一戰不尅而無齊（爲樂毅破齊於濟西）由此觀之夫戰者萬乘之存亡也

《韓非子》四部叢刊本(電子版)

韓非子集解二十卷

光緒丙申年十二月刊

韓非子集解卷第一　長沙王先愼

初見秦第一　存韓第二

難言第三　愛臣第四

主道第五

初見秦第一。顧廣圻曰戰國策作張儀說高誘注秦惠王也吳師道補注云張儀誤當作韓非非以韓王安五年使秦始皇十三年也今案吳依此是也先愼曰史記秦本紀六國表並以韓非使秦在始皇十四年韓世家屬之王安五年案秦攻韓紀表未書始皇十三年用兵於趙十四年定平陽武城宜安而後從事於韓則非之使秦當在韓王安六年紀表爲是吳師道以非爲韓王安五年使秦據世家言之不知作五年者史駁文也又案趙本篇目頂格下同不復出

臣聞不知而言不智知而不言不忠。先愼曰秦策言下並有爲字爲人臣不忠當死言而不當亦當死。盧文弨曰言而不當策作言不審雖然臣願悉言所

聞唯大王裁其罪。先愼曰爾雅裁度也罪即指上言而不當亦當死而言國策高誘注訓裁爲制失其義臣聞天下陰燕陽魏燕北故曰陰魏南故曰陽。先愼曰高注陰小陽大案舊注是高注非也此不過舉關東地形而言燕在陰魏在陽耳周禮柞氏疏引爾雅山南曰陽山北曰陰陰陽隨山水所指無庸取大小爲說連荆固齊收韓而成從。盧文弨曰策作收餘韓成從將西面以與秦強爲難。盧文弨曰策無強字此例當作強秦先愼曰盧說非彊音其兩切臣竊笑之世有三亡而天下得之知三亡者得天下。盧文弨曰天下得亡之形也舊注謬甚宋本三亡作二亡注同吳師道國策補注亦云韓子作二顧廣圻日策作三末多以逆攻順者亡一句或此脫張文虎曰三亡即下所云以亂攻治者亡以邪攻正者亡以逆攻順者亡於林鈸三端也天下二字承上臣聞天下來謂天下之攻秦者犯此三亡也先愼曰吳據誤本引作二亡盧說宋本即指吳所引而言乾道本作三張榜本趙本並同不當作二顧張說是其此之謂乎臣聞之曰以亂攻治者亡以邪攻正者亡以逆攻順者亡。先愼曰乾道本無以逆攻順者亡句張榜本有與策合是也上言三亡此不當少一句御覽三百十八引有以逆攻順者亡六字是宋人所見本不脫今據補今天下之

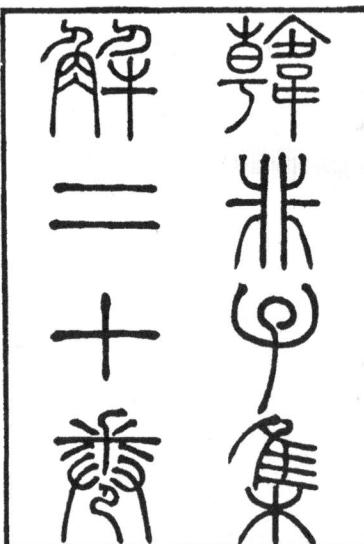

《韓非子》續修四庫全書本

韓非子卷第一

初見秦第一

臣聞不知而言不智知而不言不忠為人臣不忠當死言而不當亦當死雖然臣願悉言所聞唯大王裁其罪臣聞天下陰燕陽魏(燕北故曰陰魏南故曰陽)連荊固齊收韓而成從將西面以與秦強為難臣竊笑之世有三亡而天下得之(知三亡者得天下)其此之謂乎臣聞之曰以亂攻治者亡以邪攻正者亡今天下之府庫不盈囷倉空虛悉其士民張軍數十百萬其頓首戴羽為將軍斷死於前不至千人皆以言死白刃在前斧鑕在後而卻走不能死也非其士民不能死也上不能故也言賞則不與言罰則不行賞罰不信故士民不死也今秦出號令而行賞罰有功無功相事也出其父母懷衽之中生未嘗見寇耳聞戰頓足徒裼犯白刃蹈鑪炭斷死於前者皆是也夫斷死與斷生者不同而民為之者是貴奮死也夫一人奮死可以對十十可以對百百可以對千千可以對萬萬可以尅天下矣今秦地折長補短方數千里名師數十百萬秦之號令賞罰地形利害天下莫若也以此與天下天下不足兼而有也是故秦戰未嘗不尅攻未嘗不取所當未嘗不破開地數千里此其大功也然而兵甲頓士民病蓄積索田疇荒囷倉虛四鄰諸侯不服霸王之名不成此無異故其謀臣皆不盡其忠也臣敢言之往者齊南破荊東破宋西服秦北破燕中使韓魏土地廣而兵強戰尅攻取詔令天下齊之清濟濁河足以為限長城巨防足以為塞齊五戰之國也(謂五破國也)一戰不尅而不齊(為樂毅破齊於濟西)由此觀之夫戰者萬乘之存亡也且聞之曰削迹無遺根無與禍鄰禍乃不存([illegible])秦與荊人戰大破荊襲郢取洞庭五湖江南荊王君臣亡走東服於陳當此時也隨荊以兵則荊可舉荊可舉則民足貪也地足利也東以弱齊燕中以凌三晉然則是一舉而霸王之名可成也四鄰諸侯可朝也而謀臣不為引軍而退復與荊人為和令荊人得收亡國聚散民立社稷主置宗廟令率天下西面以與秦為難此固以失霸王之道一矣天下又比周而軍華下大王以詔破之兵至梁郭下圍梁數旬則梁可拔拔梁則魏可舉舉魏則荊趙之意絕荊趙之意絕則趙危趙危而荊狐疑東以弱齊燕中以凌三晉然則是一舉而霸王之名可成也四鄰諸侯可朝也而謀臣不為引軍而退復與魏氏為和令魏氏反收亡國聚散民立社稷主置宗廟令此固以失霸王之道二矣前者穰侯之治秦也用一國之兵而欲以成兩國之功(穰侯營私邑謀秦故非云兩國)是故兵終身暴露於外士民疲病於內霸王之名不成此固以失霸王之道三矣趙氏中央之國也雜民所居也(趙居邯鄲燕之南齊之西魏之北韓之東故曰中央雜四國人故曰雜)其民輕而難用也號令不治賞罰不信地形不便下不能盡其民力彼固亡國之形也而不憂民萌悉其士民軍於長平之下以爭韓上黨大王以詔破之拔武安當是時也趙氏上下不相親也貴賤不相信也然則邯鄲不守拔邯鄲筦山東河間引軍而去西攻脩武踰華絳上黨代四十六縣上黨七十縣不用一領甲不苦一士民此皆秦有也以代上黨不戰而畢為秦矣東陽河外不戰而畢反為齊矣中山呼沲以北不戰而畢為燕矣然則是趙舉趙舉則韓亡韓亡則荊魏不能獨立荊魏不能獨立則是一舉而壞韓

百子全書　韓非子一　一　掃葉山房

《韓非子》百子全書本

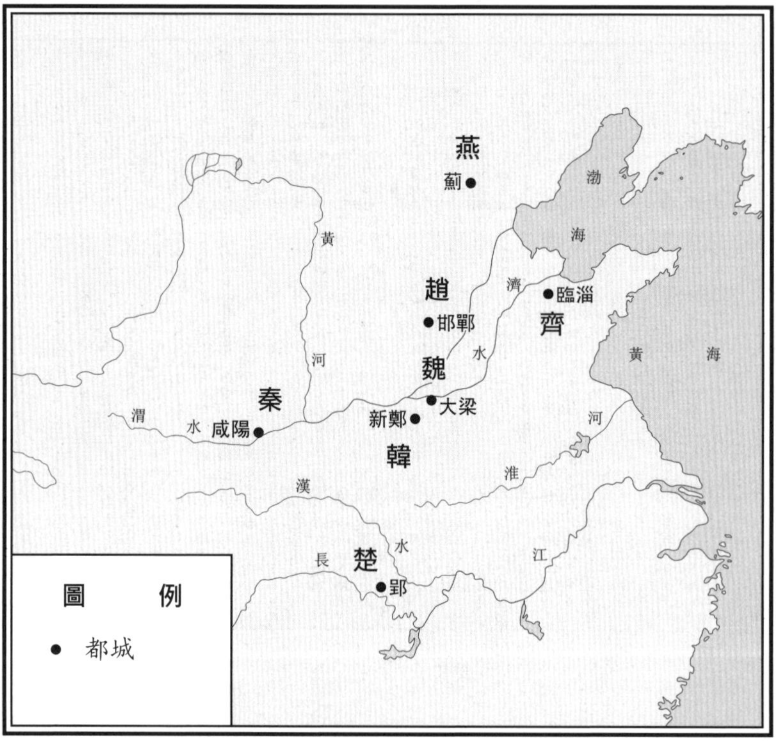

戰國時代 形勢圖

萬里長城(明 弘治年間 築城)

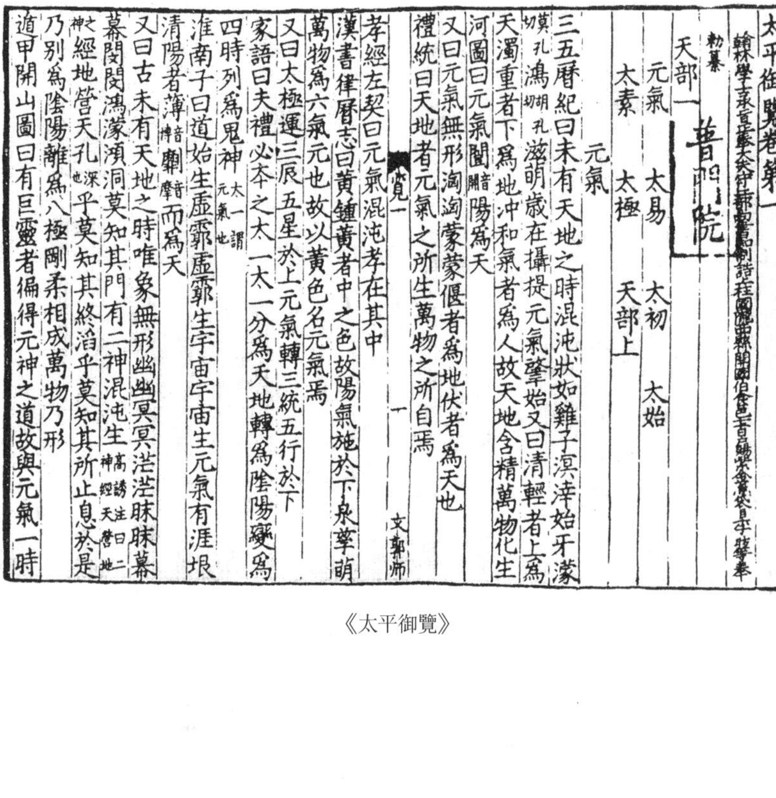

太平御覽卷第一

翰林學士承旨[illegible]李昉等奉

勅纂

天部一

元氣　太易　太初　太始

太素　太極　天部上

元氣

三五曆紀曰未有天地之時混沌狀如雞子溟涬始牙濛鴻(莫孔切 胡孔切)滋萌歲在攝提元氣肇始又曰清輕者上爲天濁重者下爲地冲和氣者爲人故天地含精萬物化生

河圖曰元氣闓(音開)陽爲天

又曰元氣無形洶洶蒙蒙偃者爲地伏者爲天也

禮統曰天地者元氣之所生萬物之所自焉

孝經左契曰元氣混沌孝在其中

漢書律曆志曰黃鍾黃者中之色故陽氣施於下泉孳萌萬物爲六氣元也故以黃色名元氣焉

又曰太極運三辰五星於上元氣轉三統五行於下

家語曰夫禮必本之太一太一分爲天地轉爲陰陽變爲四時列爲鬼神(太一謂元氣也)

淮南子曰道始生虛霩虛霩生宇宙宇宙生元氣有涯垠清陽者薄(音博)靡(音摩)而爲天

又曰古未有天地之時唯象無形幽幽冥冥茫茫昧昧幕幕閔閔鴻濛澒洞莫知其門有二神混沌生(高誘注曰二神經天營地之神)經地營天孔(深也)乎莫知其終消乎莫知其所止息於是乃別爲陰陽離爲八極剛柔相成萬物乃形

遁甲開山圖曰有巨靈者偏得元神之道故與元氣一時

覽一　一

《太平御覽》

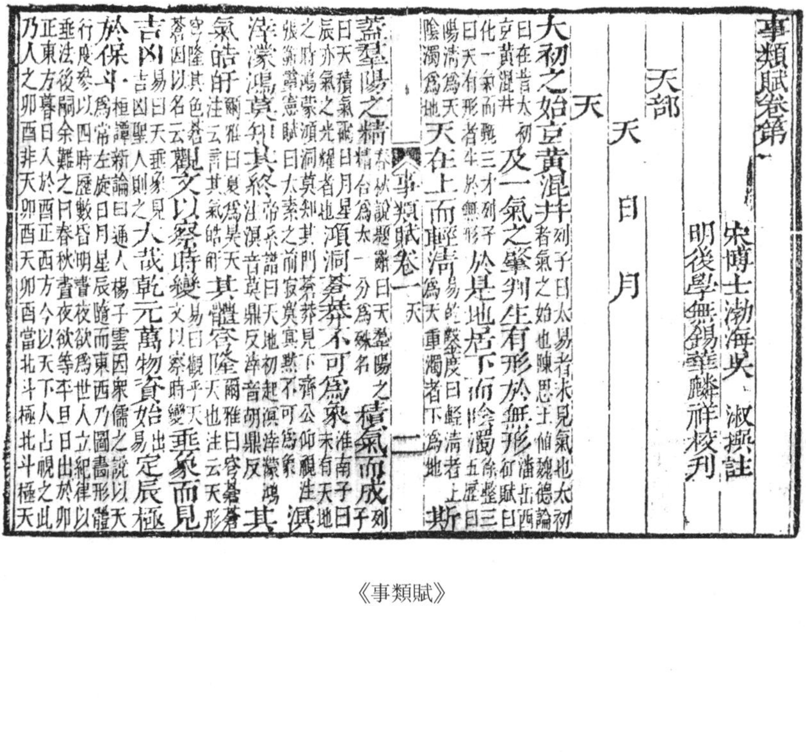
事類賦卷第一
宋博士渤海吳　淑撰註
明後學無錫華麟祥校刊
天部
天　日　月
天
大初之始玄黃混并列子曰太易者未見氣也太初者氣之始也陳思王植魏德論曰在昔太初玄黃混并及一氣之肇判生有形於無形潘岳西征賦曰化一氣而甄三才列子曰天有形者生於無形於是地居下而陰濁徐整三五歷曰陽清為天陰濁為地天在上而輕清易乾鑿度曰輕清者上為天重濁者下為地斯
事類賦卷一　天　二
蓋積陽之精春秋說題辭曰天積陽之精合為太一分為殊名積氣而成列子曰天積氣耳日月星辰亦氣之光耀者也澒洞蒼莽不可為象淮南子曰未有天地之時鴻蒙澒洞莫知其門蒼莽見下齊公仰視注張衡靈憲賦曰太素之前寂寞冥默不可為象溟涬濛鴻莫知其終帝系譜曰天地初起溟涬濛鴻注溟音莫鼎反涬音胡鼎反其氣皓旰爾雅曰夏為昊天注云言其氣皓旰其體穹隆爾雅曰穹蒼蒼天也注云天形穹隆其色蒼蒼因以名云觀文以察時變易曰觀乎天文以察時變垂象而見吉凶易曰天垂象見吉凶聖人則之大哉乾元萬物資始易出定辰極於保斗桓譚新論曰通人揚子雲因衆儒之說以天為常左旋日月星辰隨而東西乃圖畫形體行度參以四時歷數昏明晝夜欲為世人立紀律以垂法後嗣余難之曰春秋晝夜欲等平旦日出於卯正東方暮日入於酉正西方今以天下人占視之此乃人之卯酉非天卯酉天卯酉當北斗極北斗極天

《事類賦》

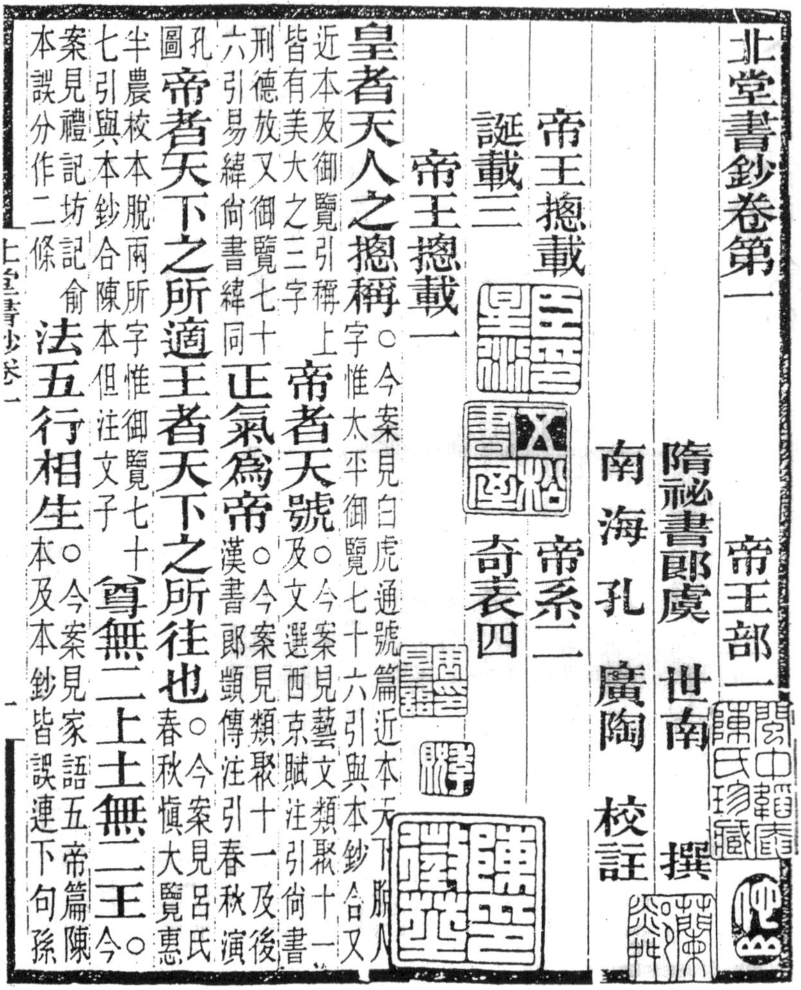

北堂書鈔卷第一　帝王部一

隋祕書郎虞世南撰

南海孔廣陶校註

帝王總載一　帝系二

誕載三　奇表四

帝王總載一

皇者天人之總稱○今案見白虎通號篇近本天下脫人字惟太平御覽七十六引與本鈔合又近本及御覽引稱上皆有美大之三字

帝者天號○今案見藝文類聚十一及文選西京賦注引尚書刑德放又御覽七十六引易緯尚書緯同

正氣爲帝○今案見類聚十一及後漢書郎顗傳注引春秋演孔圖

帝者天下之所適王者天下之所往也○今案見呂氏春秋愼大覽惠半農校本脫兩所字惟御覽七十七引與本鈔合陳本但注文子

尊無二上士無二王○今案見禮記坊記俞本誤分作二條

法五行相生○今案見家語五帝篇陳本及本鈔皆誤連下句孫

北堂書鈔卷一　一

《北堂書鈔》

차례

- 책머리에
- 일러두기
- 해제

Ⅰ. 先秦諸子學과 法家

Ⅱ. 한비(韓非: B.C.280~B.C.233)

Ⅲ.《韓非子》

韓非子 1

1. 초견진初見秦

001(1-1) 알면서 말하지 않은 것은 불충 ………… 78

002(1-2) 진나라의 현재 상황 ………… 80

003(1-3) 진나라가 패자의 기회를 잃은 이유 ………… 85

004(1-4) 되살아난 산동 육국 ………… 91

005(1-5) 천하통일 절호의 기회 ………… 97

2. 존한存韓

006(2-1) 한나라를 치는 것은 실책 ………… 104

007(2-2) 천하 제후들의 표적 ………… 106

008(2-3) 무기는 흉기 ········ 109
009(2-4) 이사李斯의 상서上書 ········ 113
010(2-5) 한비의 계략 ········ 116
011(2-6) 한왕을 부르십시오 ········ 117
012(2-7) 한왕에게 올린 이사의 글 ········ 120
013(2-8) 한나라를 먼저 공격할 것이다 ········ 123

3. 난언難言

014(3-1) 말하기 어려운 이유 ········ 130
015(3-2) 진언으로 재앙을 입은 사례들 ········ 134

4. 애신愛臣

016(4-1) 너무 친애하다가는 ········ 144
017(4-2) 군주가 시해를 당하는 이유 ········ 147

5. 주도主道

018(5-1) 도는 만물의 시작 ········ 152
019(5-2) 군주의 허정虛靜 ········ 156
020(5-3) 시우時雨 ········ 160

6. 유도有度

021(6-1) 부신구화負薪救火 ······ 164
022(6-2) 법에 맞추어 보기만 하면 ······ 169
023(6-3) 백리 밖 사람을 사귀지 않도록 ······ 173
024(6-4) 하루 종일도 모자라는 시간 ······ 178
025(6-5) 조금씩 달라지는 길 ······ 181

7. 이병二柄

026(7-1) 두 개의 칼자루 ······ 186
027(7-2) 옷을 덮어준 자 ······ 193
028(7-3) 군주가 근심해야 할 두 가지 ······ 196

8. 양권揚權

029(8-1) 대명大命 ······ 202
030(8-2) 각자의 능력 ······ 205
031(8-3) 명분 ······ 207
032(8-4) 지혜를 버려라 ······ 209
033(8-5) 형상이 없는 도 ······ 211
034(8-6) 의견 청취법 ······ 213
035(8-7) 호랑이가 개 모습을 하고 ······ 216
036(8-8) 하루에 백 번 싸우는 군신 사이 ······ 219
037(8-9) 형량을 직접 관장해야 ······ 222

038(8-10) 한 둥지의 두 마리 수컷 ········· 224
039(8-11) 사가의 가문에 사람이 몰려들면 ········· 225

9. 팔간八姦

040(9-1) 여덟 가지 간악함 ········· 230
041(9-2) 여색과 후궁 ········· 237
042(9-3) 청탁을 배제하라 ········· 241

10. 십과十過

043(10-1) 열 가지 과실 ········· 246
044(10-2) 소충小忠 ········· 248
045(10-3) 소리小利 ········· 253
046(10-4) 행벽行僻 ········· 260
047(10-5) 호음好音 ········· 265
048(10-6) 탐퍅貪愎 ········· 276
049(10-7) 여악女樂에 탐닉함 ········· 291
050(10-8) 도성을 떠나 멀리 유람하는 것 ········· 299
051(10-9) 충신의 말에 귀를 기울이지 않는 것 ········· 303
052(10-10) 국내의 힘을 헤아리지 않음 ········· 313
053(10-11) 약소국으로써 예가 없는 것 ········· 319

11. 고분孤憤

054(11-1) 지술지사와 능법지사 ······ 328
055(11-2) 당도지인 ······ 330
056(11-3) 사문私門 ······ 332
057(11-4) 멀리 있는 나라 ······ 336
058(11-5) 백이와 같은 품행 ······ 339
059(11-6) 측근이 너무 신임을 받으면 ······ 343

12. 세난說難

060(12-1) 유세의 어려움 ······ 348
061(12-2) 상대가 바라는 바 ······ 350
062(12-3) 비밀과 누설 ······ 352
063(12-4) 의심을 받지 않으면서 ······ 356
064(12-5) 이윤과 백리해 ······ 360
065(12-6) 일부러 딸을 주어 ······ 362
066(12-7) 애증지변 ······ 366
067(12-8) 역린逆鱗 ······ 370

13. 화씨和氏

068(13-1) 변화卞和와 화씨벽和氏璧 ······ 374
069(13-2) 임금에게 급한 것 ······ 378
070(13-3) 오기吳起와 상앙商鞅 ······ 381

14. 간겁시신姦劫弑臣

071(14-1) 임금을 마음대로 조종하는 신하 388
072(14-2) 간공簡公을 시해한 전성자田成子 390
073(14-3) 관중管仲과 상군商君 394
074(14-4) 이루離婁와 사광師曠 397
075(14-5) 정의가 비난을 받는 이유 402
076(14-6) 모함에 능한 춘신군의 애첩 405
077(14-7) 인의仁義와 혜애惠愛 409
078(14-8) 문둥병자가 임금을 불쌍히 여긴다 420

15. 망징亡徵

079(15-1) 나라가 망할 징조 430
080(15-2) 요나 걸이 동시에 둘씩이라면 441

16. 삼수三守

081(16-1) 반드시 지켜내야 할 세 가지 444
082(16-2) 협박의 세 종류 447

17. 비내備內

083(17-1) 잘못 믿으면 제압당한다 452
084(17-2) 아버지가 일찍 죽기를 바라는 아들 455
085(17-3) 요역이 많아지면 460

18. 남면南面

086(18-1) 명법明法 ········· 464
087(18-2) 유혹 ········· 467
088(18-3) 발언하지 않은 책임 ········· 469
089(18-4) 수입과 지출 ········· 471
090(18-5) 변혁과 불변 ········· 473

19. 식사飾邪

091(19-1) 미신迷信 ········· 480
092(19-2) 거북점 ········· 486
093(19-3) 법을 버려두고 ········· 491
094(19-4) 전투 중에 술에 취한 장수 ········· 494
095(19-5) 각 나라의 법률 ········· 500
096(19-6) 계산으로 맺어진 군신 관계 ········· 508

韓非子 ⑤

20. 해로解老

097(20-1) 가장 높은 덕은 덕이 아닌 것처럼 ········· 584
098(20-2) 무위無爲와 무불위無不爲 ········· 586

099(20-3) 최상의 인仁 ······ 588
100(20-4) 최상의 의義 ······ 590
101(20-5) 최상의 예禮 ······ 592
102(20-6) 도를 잃고 난 다음에야 ······ 595
103(20-7) 실질과 꾸밈 ······ 597
104(20-8) 전식前識 ······ 601
105(20-9) 대장부大丈夫 ······ 604
106(20-10) 화복은 서로 의지하고 있다 ······ 606
107(20-11) 재앙은 복의 근본 ······ 608
108(20-12) 누가 그 끝을 알겠는가 ······ 610
109(20-13) 미혹함 ······ 612
110(20-14) 방렴직광方廉直光 ······ 614
111(20-15) 총명예지 ······ 617
112(20-16) 미리 복종한다 ······ 620
113(20-17) 거듭된 적덕積德 ······ 622
114(20-18) 몸과 나라의 궁극 ······ 625
115(20-19) 뿌리를 견고하게 하라 ······ 627
116(20-20) 공인工人이 자주 직업을 바꾸면 ······ 630
117(20-21) 병을 만나야 의원이 귀한 줄 안다 ······ 633
118(20-22) 이웃한 적에게 원한을 품지 않는다 ······ 637
119(20-23) 암말까지 전투에 ······ 639
120(20-24) 욕심보다 더 큰 재앙은 없다 ······ 641
121(20-25) 털과 깃이 없으니 옷을 입는다 ······ 643
122(20-26) 허물로써 이득을 보려 한다면 ······ 645
123(20-27) 만물은 자연의 법칙에 따라 ······ 647

124(20-28) 죽은 코끼리 뼈 654
125(20-29) 상도常道 656
126(20-30) 태어났으니 죽는다 658
127(20-31) 호랑이도 발톱을 걸 데가 없으니 661
128(20-32) 자식 때문에 용감함 665
129(20-33) 겨울이 추울수록 667
130(20-34) 형체가 있기에 자를 수 있다 669
131(20-35) 세 가지 보배 671
132(20-36) 몸에 차고 다니는 예리한 칼 673
133(20-37) 강요된 취사선택 677

21. 유로喩老

134(21-1) 발 빠른 말 682
135(21-2) 아름답기에 화를 만났구나 684
136(21-3) 자족할 줄 몰라 얻은 재앙 687
137(21-4) 수극垂棘의 구슬 689
138(21-5) 족함을 아는 것이 족함 691
139(21-6) 모래와 자갈뿐인 땅 693
140(21-7) 경솔함과 조급함 696
141(21-8) 물고기가 물을 떠나면 699
142(21-9) 빼앗으려면 먼저 주어라 702
143(21-10) 작은 일부터 705
144(21-11) 편작扁鵲의 정치관 707
145(21-12) 중이重耳를 몰라본 정나라 711

146(21-13) 상아 젓가락 ········ 715
147(21-14) 수유왈강守柔曰强 ········ 718
148(21-15) 자한子罕 보물 ········ 722
149(21-16) 책을 불태워버린 왕수王壽 ········ 725
150(21-17) 정교한 상아조각 ········ 727
151(21-18) 구멍은 신명의 창문 ········ 730
152(21-19) 말 다루는 기술 ········ 732
153(21-20) 거꾸로 짚은 지팡이 ········ 734
154(21-21) 날지도 울지도 않는 새 ········ 737
155(21-22) 자신의 속눈썹은 볼 수 없으니 ········ 742
156(21-23) 스스로를 이기는 것 ········ 745
157(21-24) 아낄 것과 버릴 것 ········ 747

22. 세림상說林上

158(22-1) 천하를 거절한 무광務光 ········ 750
159(22-2) 두 가지를 겸하는 방법 ········ 753
160(22-3) 공자孔子를 송나라 태재太宰에게 소개한 자어子圉 ········ 755
161(22-4) 구리의 회맹 ········ 757
162(22-5) 포숙鮑叔의 책략 ········ 759
163(22-6) 잃어버린 구슬 ········ 761
164(22-7) 먼 나라로 도망간들 ········ 763
165(22-8) 지백의 욕심을 키우십시오 ········ 765
166(22-9) 누대 축조에 민력이 고갈 ········ 771
167(22-10) 오지 않는 구원병 ········ 773

168(22-11) 길은 빌려주되 ········ 775
169(22-12) 학택의 뱀 ········ 777
170(22-13) 온인溫人이 주周나라에 입국하며 ········ 780
171(22-14) 둘을 함께 등용하면 ········ 782
172(22-15) 술에 취해 잃어버린 나라 ········ 786
173(22-16) 늙은 말과 개미의 지혜 ········ 788
174(22-17) 불사약不死藥 ········ 791
175(22-18) 두 눈을 감은 장님 ········ 793
176(22-19) 헤엄 잘 치는 먼 나라 사람 ········ 795
177(22-20) 엄수嚴遂와 한괴韓傀 ········ 797
178(22-21) 뇌물의 효능 ········ 798
179(22-22) 아들을 삶은 국을 먹은 악양樂羊 ········ 800
180(22-23) 칼에 대한 감정 ········ 804
181(22-24) 상아 젓가락 ········ 806
182(22-25) 큰 나라에게 겁을 ········ 808
183(22-26) 날짜를 잊으면 ········ 810
184(22-27) 신을 잘 삼는 노나라 사람 ········ 812
185(22-28) 버드나무가 아무리 잘 살아난다 해도 ········ 814
186(22-29) 죽고 난 다음의 단계 ········ 816
187(22-30) 습사미隰斯彌의 예견 ········ 818
188(22-31) 잘 생긴 여자와 못생긴 여자 ········ 821
189(22-32) 딸을 시집보내면서 ········ 823
190(22-33) 측근에게 돈을 뿌렸더니 ········ 825
191(22-34) 선비를 좋아하여 ········ 827

23. 세림하說林下

192(23-1) 백락이 가르친 두 사람 832
193(23-2) 장군문자와 증자 835
194(23-3) 주주翢翢라는 새 837
195(23-4) 장어와 뱀장어 838
196(23-5) 어쩌다 그럴 수 있는 것 840
197(23-6) 뒤에 고칠 수 있는 것 842
198(23-7) 아는 것과 모르는 것 844
199(23-8) 살아남는 방법 846
200(23-9) 주인을 몰라보는 개 847
201(23-10) 아이가 위험한 활을 들고 있으면 849
202(23-11) 부富에 대한 욕심 851
203(23-12) 다시 다듬어 값을 천 배로 853
204(23-13) 말할 때 말을 해야 854
205(23-14) 노인의 지혜로운 말 855
206(23-15) 허유와 민가 사람 857
207(23-16) 이 세 마리 859
208(23-17) 입이 두 개 달린 뱀 861
209(23-18) 사람의 몸가짐 862
210(23-19) 표정 863
211(23-20) 머리카락을 잘랐다고 865
212(23-21) 기미가 보이면 867
213(23-22) 욕심에는 꺾이고 마는 법 869
214(23-23) 색부嗇夫의 사람됨 872
215(23-24) 나를 추천해 달라 874
216(23-25) 임금의 효성을 칭찬하라 876

217(23-26) 무함巫咸이 아무리 잘 빈다 해도 ········· 878
218(23-27) 점괘의 효용 ········· 881
219(23-28) 구유仇由의 멸망 ········· 884
220(23-29) 의상倚相의 판단 ········· 887
221(23-30) 열흘 내린 비 ········· 890
222(23-31) 화해를 위한 거절 ········· 892
223(23-32) 위조품 참정讒鼎 ········· 894
224(23-33) 말은 꾸며대기 나름 ········· 897
225(23-34) 해대어海大魚 ········· 899
226(23-35) 정세를 교묘히 이용 ········· 903
227(23-36) 사람을 익사시킬 때는 ········· 906
228(23-37) 주의를 주었다가 도리어 의심을 ········· 908

24. 관행觀行

229(24-1) 거울의 효용 ········· 910
230(24-2) 어쩔 수 없는 세 가지 ········· 913

25. 안위安危

231(25-1) 안전을 얻을 일곱 가지 ········· 918
232(25-2) 위도危道 ········· 920
233(25-3) 법이란 수레나 배와 같은 것 ········· 922
234(25-4) 통증을 참아야 ········· 925
235(25-5) 오자서와 같은 충신 ········· 927
236(25-6) 걸桀은 천자였음에도 ········· 930

237(25-7) 마당에 있는 것을 줍듯이 …… 932
238(25-8) 명주明主 …… 933

26. 수도守道

239(26-1) 임비任鄙같은 장사 …… 936
240(26-2) 살아날 수 없음을 알도록 해야 …… 939
241(26-3) 법을 버리고 사람을 잃으면 …… 942
242(26-4) 호랑이를 우리에 가두지 않고 …… 947

27. 용인用人

243(27-1) 얼음과 숯은 한 그릇에 담지 않는다 …… 952
244(27-2) 뛰어난 장인도 규구規矩가 없이는 …… 955
245(27-3) 속마음 알기 어려우니 …… 957
246(27-4) 임금이 사심이 없으면 …… 959
247(27-5) 일을 벌여놓고 근심이 없을 수야 …… 961
248(27-6) 백이伯夷와 도척盜跖이 함께 욕을 먹으면 …… 966
249(27-7) 남의 백성을 사랑한다면 …… 968
250(27-8) 마구 쏘아도 아무것이나 맞추기는 하되 …… 970
251(27-9) 소장蕭牆 안의 일 …… 972

28. 공명功名

252(28-1) 공을 세울 수 있는 네 가지 요인 …… 976
253(28-2) 세勢를 타지 못하면 …… 978

29. 대체大體

254(29-1) 대체大體와 소체小體 ········· 984

255(29-2) 태산은 바로잡을 수 없듯이 ········· 987

256(29-3) 하늘과 땅처럼 ········· 989

韓非子 三

30. 내저설상內儲說上 칠술七術

257(30-1) 칠술七術 ········· 1068

258(30-2) 참관參觀 ········· 1070

259(30-3) 필벌必罰 ········· 1073

260(30-4) 신상信賞 ········· 1077

261(30-5) 일청一聽 ········· 1080

262(30-6) 궤사詭使 ········· 1083

263(30-7) 협지挾智 ········· 1085

264(30-8) 도언倒言 ········· 1087

265(30-9) 꿈에 본 임금 ········· 1089

266(30-10) 여러 사람과 함께 하면 ········· 1092

267(30-11) 세 사람이 함께 하여 ········· 1094

268(30-12) 하수河水의 신 하백河伯 ········· 1096

269(30-13) 장의張儀와 혜시惠施의 논쟁 ········· 1098

270(30-14) 수우豎牛의 못된 계략 ········· 1101

271(30-15) 강을江乙의 재치 ······ 1106
272(30-16) 여이如耳와 세희世姬 ······ 1108
273(30-17) 방향만 알면 ······ 1111
274(30-18) 삼인성호三人成虎 ······ 1112
275(30-19) 아주 깊은 골짜기 ······ 1115
276(30-20) 자산子産과 유길游吉의 차이 ······ 1118
277(30-21) 십이월의 서리 ······ 1121
278(30-22) 길에 재를 버려도 처벌 대상 ······ 1123
279(30-23) 재를 버리는 자 그 팔을 자르리라 ······ 1125
280(30-24) 위엄이 있어야 ······ 1127
281(30-25) 공손앙公孫鞅의 법 ······ 1129
282(30-26) 가벼운 죄일수록 더 엄한 처벌 ······ 1130
283(30-27) 여수麗水의 금 ······ 1132
284(30-28) 적택積澤의 화재 ······ 1134
285(30-29) 차마 못하는 마음 ······ 1137
286(30-30) 나의 평판이 어떻던가 ······ 1139
287(30-31) 제나라의 후장厚葬 풍습 ······ 1141
288(30-32) 죄수를 사겠소 ······ 1144
289(30-33) 상벌은 이기利器 ······ 1147
290(30-34) 시험삼아 궁실에 불을 질러 ······ 1149
291(30-35) 수레 멍에 하나를 옮기는 자 ······ 1152
292(30-36) 활쏘기 연습 유도 ······ 1155
293(30-37) 상을 치르느라 죽는 사람들 ······ 1157
294(30-38) 수레에 맞서는 개구리의 기개 ······ 1159
295(30-39) 노한 개구리 ······ 1161

296(30-40) 다 낡아 해진 바지 1163
297(30-41) 장어와 뱀 1165
298(30-42) 두 나라의 합병 1167
299(30-43) 생황 연주 1169
300(30-44) 하나씩 저마다 연주하도록 1171
301(30-45) 동작과 표정을 살피고 1172
302(30-46) 두 가지 모두 후회 1174
303(30-47) 응후의 책략 1177
304(30-48) 방경의 행정 방법 1179
305(30-49) 대환의 치술 1181
306(30-50) 임금의 옥비녀 1183
307(30-51) 시장 밖의 쇠똥 1185
308(30-52) 잃어버린 손톱 1187
309(30-53) 남의 밭에 들어간 소 1189
310(30-54) 잃어버린 지팡이 1191
311(30-55) 어사의 독직瀆職 1193
312(30-56) 잃어버린 굴대 쐐기 1194
313(30-57) 거짓 비방 1195
314(30-58) 요치와 제왕 1196
315(30-59) 반란을 계획하면서 1197
316(30-60) 문틈으로 본 백마 1198
317(30-61) 진술을 거꾸로 1200
318(30-62) 문지기에게 뇌물을 1201

31. 내저설하內儲說下 육미六微

319(31-1) 여섯 가지 은미隱微한 사안 …… 1204
320(31-2) 권차權借 …… 1206
321(31-3) 이이利異 …… 1209
322(31-4) 사류似類 …… 1212
323(31-5) 유반有反 …… 1215
324(31-6) 참의參疑 …… 1218
325(31-7) 폐치廢置 …… 1222
326(31-8) 묘공廟攻 …… 1225
327(31-9) 세중勢重 …… 1228
328(31-10) 상벌賞罰 …… 1230
329(31-11) 정곽군靖郭君의 옛 친구 …… 1232
330(31-12) 진나라 육경六卿 …… 1234
331(31-13) 초나라 정사를 전횡한 주후州侯 …… 1238
332(31-14) 개똥 목욕 …… 1239
333(31-15) 난탕蘭湯 목욕 …… 1241
334(31-16) 아내의 속마음 …… 1244
335(31-17) 공자들의 이웃나라 벼슬 …… 1246
336(31-18) 소공을 협박하는 삼환三桓 …… 1248
337(31-19) 공숙公叔과 공중公仲 …… 1252
338(31-20) 적황翟璜 …… 1254
339(31-21) 토사구팽兎死狗烹 …… 1255
340(31-22) 두 개의 노魯나라 …… 1258
341(31-23) 사마희司馬喜 …… 1260
342(31-24) 여창呂倉 …… 1261
343(31-25) 송석宋石 …… 1262

344(31-26) 백규白圭 …… 1263
345(31-27) 회랑에 오줌을 눈 자 …… 1265
346(31-28) 제양군濟陽君 …… 1268
347(31-29) 계신季辛과 원건爰騫 …… 1270
348(31-30) 코를 베어라 …… 1271
349(31-31) 정수鄭袖의 계략 …… 1274
350(31-32) 비무극費無極과 극완郄宛 …… 1277
351(31-33) 서수犀首와 장수張壽 …… 1280
352(31-34) 중산中山의 천한 공자公子 …… 1281
353(31-35) 나이든 유자儒者와 제양군濟陽君 …… 1283
354(31-36) 제양군濟陽君의 소서자少庶子 …… 1284
355(31-37) 진수陳需 …… 1286
356(31-38) 기장 씨앗값 …… 1287
357(31-39) 지붕에 불을 지른 자 …… 1288
358(31-40) 익히지 않은 간 …… 1289
359(31-41) 욕조 속의 자갈 …… 1291
360(31-42) 머리카락이 얽힌 불고기 …… 1293
361(31-43) 미워하는 자의 소행 …… 1296
362(31-44) 동제東帝와 서제西帝 …… 1298
363(31-45) 여희驪姬 …… 1300
364(31-46) 부인에게 독살 당한 정鄭 도공悼公 …… 1302
365(31-47) 임금을 시해한 주우州吁 …… 1303
366(31-48) 전국 말의 동주東周 …… 1305
367(31-49) 성왕成王을 시해한 상신商臣 …… 1307
368(31-50) 상신商臣과 반숭潘崇 …… 1308

369(31-51) 한괴韓傀와 엄수嚴遂 …… 1312
370(31-52) 간공簡公을 시해한 전항田恒 …… 1316
371(31-53) 임금을 시해한 황희皇喜 …… 1319
372(31-54) 호돌狐突 …… 1320
373(31-55) 정소鄭昭의 대답 …… 1321
373(31-56) 비중費仲 …… 1323
375(31-57) 외국의 신임을 받는 자 …… 1324
376(31-58) 노나라를 떠난 공자孔子 …… 1326
377(31-59) 간상干象 …… 1329
378(31-60) 오자서伍子胥의 계략 …… 1333
379(31-61) 우虞나라와 괵虢나라 …… 1335
380(31-62) 숙향叔向과 장홍萇弘 …… 1337
381(31-63) 닭과 돼지 피 …… 1339
382(31-64) 진秦나라 주유侏儒 …… 1341
383(31-65) 업鄴의 현령 양자襄疵 …… 1342
384(31-66) 낡은 자리 …… 1344

32. 외저설좌상外儲說左上

385(32-1) 명석한 군주 …… 1348
386(32-2) 신하의 말을 듣는 방법 …… 1350
387(32-3) 책망을 감추고 …… 1354
388(32-4) 이익과 명성이 있는 곳 …… 1359
389(32-5) 궁행躬行 …… 1362
390(32-6) 신의信義 …… 1365

391(32-7) 선보單父를 맡은 복자천宓子賤 …… 1368
392(32-8) 매독환주賣櫝還珠 …… 1371
393(32-9) 묵자墨子가 만든 나무 솔개 …… 1374
394(32-10) 노래를 잘 하는 자 …… 1376
395(32-11) 양약고구良藥苦口 …… 1378
396(32-12) 대추나무 가시에 원숭이를 조각(1) …… 1380
397(32-13) 대추나무 가시에 원숭이를 조각(2) …… 1383
398(32-14) 백마비마白馬非馬 …… 1386
399(32-15) 맞추기야 하겠지만 …… 1388
400(32-16) 죽지 않는 법 …… 1391
401(32-17) 나이를 두고 다투는 두 사람 …… 1393
402(32-18) 지팡이에 그린 그림 …… 1395
403(32-19) 그리기 가장 쉬운 것 …… 1397
404(32-20) 너무 단단한 표주박 …… 1399
405(32-21) 우경虞卿의 집짓기 간섭 …… 1403
406(32-22) 무너진 집 …… 1405
407(32-23) 부러진 활 …… 1407
408(32-24) 이론만 밝아서야 …… 1409
409(32-25) 소꿉놀이 …… 1411
410(32-26) 이익이 되기에 …… 1413
411(32-27) 무도한 송군宋君 …… 1416
412(32-28) 무도한 오왕吳王 …… 1418
413(32-29) 환공桓公과 채녀蔡女의 물놀이 …… 1419
414(32-30) 병졸의 고름을 빨아준 오기吳起 …… 1422
415(32-31) 파오산播吾山의 글씨 …… 1424

416(32-32) 화산華山의 박희博戲 …… 1426
417(32-33) 사당을 짓는 자 …… 1428
418(32-34) 헌 바지 …… 1431
419(32-35) 주운 수레 멍에 …… 1433
420(32-36) 사냥을 돕는 자 …… 1435
421(32-37) 자라를 풀어준 사람 …… 1436
422(32-38) 어른들 술 마시는 모습 …… 1437
423(32-39) 흉내 …… 1438
424(32-40) 술 마시기 흉내 …… 1439
425(32-41) 잘못된 해석 …… 1440
426(32-42) 실질을 잃고 만 학자 …… 1442
427(32-43) 촛불을 올려라 …… 1444
428(32-44) 신발 치수 …… 1446
429(32-45) 중모中牟의 현령 임등任登 …… 1448
430(32-46) 숙향叔向의 참을성 …… 1451
431(32-47) 굴공屈公 …… 1453
432(32-48) 주보主父와 이자李疵 …… 1454
433(32-49) 보라색 옷의 유행 …… 1457
434(32-50) 몸소 실천하면 …… 1460
435(32-51) 간공簡公과 자산子産 …… 1462
436(32-52) 도적이 사라지고 …… 1464
437(32-53) 송양지인宋襄之仁 …… 1466
438(32-54) 안영晏嬰의 죽음 …… 1470
439(32-55) 위魏 소왕昭王과 맹상군孟嘗君 …… 1473
440(32-56) 임금은 그릇, 백성은 물 …… 1475

441(32-57) 갓끈 매기를 좋아한 추鄒나라 임금 ········· 1476
442(32-58) 사냥 결과물 ········· 1478
443(32-59) 한韓 소후昭侯와 신불해申不害 ········· 1479
444(32-60) 열흘 치의 식량 ········· 1481
445(32-61) 진晉 문공文公과 기정箕鄭 ········· 1485
446(32-62) 오기吳起의 식사 약속 ········· 1487
447(32-63) 우인虞人과의 사냥 약속 ········· 1489
448(32-64) 약속대로 돼지를 잡은 증자曾子 ········· 1491
449(32-65) 잘못 울린 북소리 ········· 1493
450(32-66) 불신의 결과(1) ········· 1495
451(32-67) 불신의 결과(2) ········· 1497
452(32-68) 진술을 거꾸로 ········· 1499
453(32-69) 뇌물을 주고 관문을 통과 ········· 1500

韓非子 3

33. 외저설좌하外儲說左下

454(33-1) 죄와 벌 ········· 1580
455(33-2) 세勢와 신信 ········· 1583
456(33-3) 스스로 신발 끈을 맨 문왕文王 ········· 1586
457(33-4) 요堯임금도 할 수 없는 일 ········· 1588

458(33-5) 겸비와 검약 ········ 1591
459(33-6) 공실公室이 낮아지면 ········ 1595
460(33-7) 공자孔子가 반란을 일으키려 ········ 1598
461(33-8) 발 잘린 형벌을 받은 자 ········ 1602
462(33-9) 전자방田子方과 적황翟璜 ········ 1603
463(33-10) 공에 맞는 대우 ········ 1606
464(33-11) 역사力士 소실주少室周 ········ 1609
465(33-12) 힘이 더 센 자 ········ 1611
466(33-13) 문 가운데 선 동곽아東郭牙 ········ 1613
467(33-14) 길을 잃은 기정箕鄭 ········ 1617
468(33-15) 양호陽虎 ········ 1619
469(33-16) 기夔는 발이 하나 ········ 1621
470(33-17) 기夔는 발이 둘 ········ 1623
471(33-18) 신발 끈을 맨 문왕文王 ········ 1625
472(33-19) 풀린 신발 끈 ········ 1627
473(33-20) 죽음을 당한 계손 ········ 1629
474(33-21) 계손이 죽음을 당한 이유 ········ 1631
475(33-22) 복숭아와 기장밥 ········ 1633
476(33-23) 모자는 아무리 낡았어도 ········ 1636
477(33-24) 비중費仲 ········ 1638
478(33-25) 유자가 도박을 하지 않는 이유 ········ 1640
479(33-26) 거鉅와 잔孱 ········ 1643
480(33-27) 임금의 측근을 섬긴 서문표西門豹 ········ 1645
481(33-28) 개가죽을 쓴 좀도둑의 아들 ········ 1648
482(33-29) 생선으로 파리를 쫓으면 ········ 1650

483(33-30) 벼슬자리는 모자란데 ········· 1652
484(33-31) 살이 찌지 않는 말 ········· 1654
485(33-32) 관리 배치 ········· 1656
486(33-33) 작록은 쓰라고 준 것 ········· 1660
487(33-34) 말에게 여물을 먹이지 않는 이유 ········· 1662
488(33-35) 관중管仲의 삼귀三歸 ········· 1665
489(33-36) 사치가 심한 관중管仲 ········· 1668
490(33-37) 지나친 검약 ········· 1670
491(33-38) 무슨 나무를 심느냐에 따라 ········· 1672
492(33-39) 원수를 추천한 조무趙武 ········· 1674
493(33-40) 조무趙武의 사람 됨됨이 ········· 1677
494(33-41) 원수를 추천한 해호解狐 ········· 1679
495(33-42) 공公과 사私 ········· 1682
496(33-43) 돼지 값 ········· 1684
497(33-44) 지나친 직언直言 ········· 1685
498(33-45) 자국子國과 자산子産 ········· 1687
499(33-46) 누나의 발을 자른 양거梁車 ········· 1689
500(33-47) 기오綺烏의 봉인封人 ········· 1691

34. 외저설우상外儲說右上

501(34-1) 신하를 다스리는 세 가지 방법 ········· 1694
502(34-2) 모두가 공유共有하고 있는 임금 ········· 1698
503(34-3) 술術을 행하지 못하는 이유 ········· 1701
504(34-4) 제거해야 할 자 ········· 1704

505(34-5) 사광師曠의 충언 …… 1705
506(34-6) 앞으로 누가 이 나라를 가질까 …… 1708
507(34-7) 사광師曠과 안자晏子 …… 1714
508(34-8) 잘라야 할 싹 …… 1717
509(34-9) 사사로운 시혜施惠 …… 1720
510(34-10) 두 은자隱者를 죽여 없앤 태공망太公望 …… 1724
511(34-11) 광율狂矞을 죽여버린 태공망太公望 …… 1729
512(34-12) 천금의 사슴이 없는 이유 …… 1731
513(34-13) 군주의 세勢를 빌려 …… 1734
514(34-14) 까마귀 길들이는 법 …… 1737
515(34-15) 총명함을 보이지 말아야 …… 1739
516(34-16) 말을 삼가라 …… 1741
517(34-17) 새사냥 …… 1743
518(34-18) 몸을 감추어야 …… 1745
519(34-19) 임금에게 미움을 받을 때 …… 1747
520(34-20) 먼저 일러주어 …… 1748
521(34-21) 옥고리로 왕의 의중을 …… 1749
522(34-22) 옥고리와 후실 결정 …… 1750
523(34-23) 정적政敵을 물리치는 법 …… 1752
524(34-24) 벽에 구멍을 뚫고 …… 1754
525(34-25) 바닥이 없는 술잔 …… 1758
526(34-26) 질그릇 술잔 …… 1760
527(34-27) 총聰과 명明 …… 1762
528(34-28) 맹구猛狗와 사서社鼠 …… 1764
529(34-29) 술집의 맹구猛狗 …… 1770

530(34-30) 나라의 사서社鼠 …… 1772
531(34-31) 곤鯀과 공공共工 …… 1775
532(34-32) 모문지법茅門之法 …… 1778
533(34-33) 법을 어긴 태자 …… 1781
534(34-34) 채구蔡嫗라는 무당 …… 1784
535(34-35) 신하로서의 박의薄疑 …… 1787
536(34-36) 노래 가르치기(1) …… 1789
537(34-37) 노래 가르치기(2) …… 1790
538(34-38) 아내의 바느질 …… 1791
539(34-39) 아내를 내쫓은 오기吳起 …… 1794
540(34-40) 신상필벌信賞必罰 …… 1796
541(34-41) 아픔이 심해야 치료에 나서는 법 …… 1804

35. 외저설우하外儲說右下

542(35-1) 군신이 상벌권을 공유하면 …… 1808
543(35-2) 치국治國과 강병强兵 …… 1811
544(35-3) 외국의 사례를 거울로 …… 1813
545(35-4) 수법책성守法責成 …… 1816
546(35-5) 사물의 이치를 따르면 …… 1819
547(35-6) 고삐와 채찍 …… 1822
548(35-7) 갈증을 참아내는 훈련 …… 1825
549(35-8) 악역을 자처한 사성자한司城子罕 …… 1827
550(35-9) 엄형嚴刑과 자애慈愛 …… 1830
551(35-10) 그렇게 훈련을 시켰건만 …… 1832

552(35-11) 말달리기 경주 1834
553(35-12) 살생의 권한을 쥔 자 1836
554(35-13) 진秦 소왕昭王이 병이 나자 1839
555(35-14) 소를 잡아 신에게 기도 1841
556(35-15) 큰 기근이 든 진나라 1845
557(35-16) 임금부터 위하라 1847
558(35-17) 아들에게 일러준 지혜 1848
559(35-18) 좋아하는 생선을 영원히 먹을 수 있는 방법 1849
560(35-19) 자지子之와 소대蘇代 1852
561(35-20) 자지子之에게 정권을 위임한 연왕 1856
562(35-21) 요堯임금처럼 되려고 1860
563(35-22) 은자隱者의 말 한 마디 1863
564(35-23) 임금이 가지고 있어야 할 거울 1865
565(35-24) 명의만 나라를 물려주는 것 1867
566(35-25) 위세를 포기하겠는가 1870
567(35-26) 권력을 남에게 빌려주어서야 1871
568(35-27) 혐오스러운 호랑이 눈빛 1873
569(35-28) 제후의 이름이 천자와 같다니 1875
570(35-29) 그물을 잡아당길 때 1877
571(35-30) 직접 하지 않는다 1879
572(35-31) 말은 채찍으로 다루는 것 1880
573(35-32) 쇠망치와 도지개 1882
574(35-33) 요치淖齒와 이태李兌 1883
575(35-34) 왕은 거론도 되지 않아 1885
576(35-35) 몰라도 듣고 있어야 할 업무 1887

577(35-36) 이태李兌에게 협박을 당한 이유 ········ 1889
578(35-37) 언덕의 손수레 ········ 1891
579(35-38) 세금의 경중輕重 ········ 1893
580(35-39) 후궁 여인을 모두 석방 ········ 1895
581(35-40) 늙도록 처를 얻지 못한 자 ········ 1898
582(35-41) 말 장식이 말을 찔러서야 ········ 1901
583(35-42) 나갈 수도 물러설 수도 없는 말 ········ 1903

36. 난일難一

584(36-1) 승리가 목적이라면 ········ 1906
585(36-2) 먼저 승리하고 나서 ········ 1910
586(36-3) 역산歷山에서 농사를 짓자 ········ 1914
587(36-4) 요堯는 어디 있었는가 ········ 1917
588(36-5) 수조豎刁, 역아易牙, 개방開方 ········ 1921
589(36-6) 수조豎刁와 역아易牙 ········ 1928
590(36-7) 고혁高赫이 상을 받은 이유 ········ 1933
591(36-8) 군신의 예를 지켰다고 ········ 1936
592(36-9) 임금을 친 사광師曠 ········ 1939
593(36-10) 두 사람 모두 실례失禮 ········ 1941
594(36-11) 소신직小臣稷이라는 처사 ········ 1943
595(36-12) 인의를 제대로 모른 환공桓公 ········ 1946
596(36-13) 미계靡笄의 전투 ········ 1949
597(36-14) 극헌자郤獻子와 한헌자韓獻子 ········ 1951
598(36-15) 삼귀三歸의 예우 ········ 1954

599(36-16) 장획臧獲일지라도 ………… 1957
600(36-17) 둘을 함께 등용하였다가 ………… 1960
601(36-18) 신하 둘을 등용하여 ………… 1962

37. 난이難二

602(37-1) 감형減刑의 이유 ………… 1966
603(37-2) 용踊 값이 비싸다고 ………… 1969
604(37-3) 관冠을 잃고 나서 ………… 1971
605(37-4) 수치를 씻어주었다고 ………… 1973
606(37-5) 포락지형炮烙之刑 ………… 1975
607(37-6) 유리羑里에 갇힌 까닭 ………… 1977
608(37-7) 누구의 힘 ………… 1979
609(37-8) 숙향叔向과 사광師曠의 대답 ………… 1982
610(37-9) 임금노릇 쉽도다 ………… 1989
611(37-10) 저절로 찾아오는 현자賢者들 ………… 1992
612(37-11) 사람 부리기가 힘들다 ………… 1995
613(37-12) 조언窕言과 조화窕貨 ………… 2001
614(37-13) 수입이 많은 것은 ………… 2003
615(37-14) 혁거革車 천 승乘 ………… 2007
616(37-15) 무리를 쓰는 방법 ………… 2011

韓非子 2

38. 난삼難三

617(38-1) 세 가지 잘못 ··· 2086
618(38-2) 계씨季氏에게 협박을 당한 노나라 ··· 2089
619(38-3) 시인寺人 피披 ··· 2091
620(38-4) 두 나라 제사가 끊어진 이유 ··· 2095
621(38-5) 수수께끼 ··· 2098
622(38-6) 세 가지 어려움 ··· 2100
623(38-7) 공자의 정치관政治觀 ··· 2104
624(38-8) 나라를 망하게 하는 대답 ··· 2107
625(38-9) 현능한 신하를 뽑으라고? ··· 2111
626(38-10) 재물을 절약하라고? ··· 2114
627(38-11) 아래 사정을 알고 있어야 ··· 2117
628(38-12) 아낙의 곡하는 소리 ··· 2119
629(38-13) 그토록 번거로운 단계를 거쳐서야 ··· 2121
630(38-14) 잘못된 판단 ··· 2124
631(38-15) 두 사람 모두 오류 ··· 2129
632(38-16) 눈앞에 보이는 상벌 ··· 2132
633(38-17) 편한 분위기 ··· 2134
634(38-18) 천하의 왕 ··· 2136
635(38-19) 법法과 술術 ··· 2137

39. 난사難四

636(39-1) 임금 뒤에 서려 하지 않으니 ··· 2140
637(39-2) 비록 두 가지 잘못이 있었지만 ··· 2142

638(39-3) 빼앗기는 이유가 있다 …… 2144
639(39-4) 양호陽虎와 삼환三桓 …… 2149
640(39-5) 천금지가千金之家의 아들 …… 2152
641(39-6) 인자함과 탐욕 …… 2155
642(39-7) 미움에 대한 앙갚음 …… 2158
643(39-8) 제압할 능력 …… 2161
644(39-9) 천하와 원수가 되는 짓 …… 2165
645(39-10) 위衛 영공靈公과 미자하彌子瑕 …… 2170
646(39-11) 아궁이 꿈 …… 2173
647(39-12) 앞에서 불을 쬔다 할지라도 …… 2175

40. 난세難勢

648(40-1) 용은 구름을 타고 …… 2180
649(40-2) 신자愼子의 논리에 반박 …… 2183
650(40-3) 호랑이에게 날개를 달아주지 말라 …… 2185
651(40-4) 요堯와 순舜이라 해도 …… 2188
652(40-5) 모순矛盾 …… 2191
653(40-6) 천년에 한번 나와도 …… 2195
654(40-7) 백일을 굶고 나서 …… 2198
655(40-8) 좋은 말과 튼튼한 수레 …… 2200

41. 문변問辯

656(41-1) 변론이 생긴 유래 …… 2204

42. 문전問田

657(42-1) 전구田鳩에게 묻다 ······ 2210
658(42-2) 당계공堂谿公과 한비韓非 ······ 2212

43. 정법定法

659(43-1) 신불해申不害와 공손앙公孫鞅 ······ 2216
660(43-2) 술術과 법法 ······ 2218
661(43-3) 공손앙公孫鞅의 연좌법連坐法 ······ 2220
662(43-4) 신불해申不害의 술術과 상군商君의 법法 ······ 2224

44. 설의說疑

663(44-1) 인의仁義와 지능智能 ······ 2228
664(44-2) 나라를 망친 여섯 사람 ······ 2230
665(44-3) 열두 사람의 잘못 ······ 2233
666(44-4) 간쟁에 지독했던 여섯 사람 ······ 2236
667(44-5) 신하로써 전횡을 부린 아홉 사람 ······ 2240
668(44-6) 신하의 직분을 다한 열다섯 사람 ······ 2243
669(44-7) 악행에 능했던 열두 사람 ······ 2248
670(44-8) 미천함을 부끄럽게 여기지 않고 ······ 2255
671(44-9) 난주亂主 ······ 2260
672(44-10) 군주가 쾌락에 빠지면 ······ 2268
673(44-11) 신하의 다섯 가지 간악함 ······ 2271
674(44-12) 나라를 위태롭게 하는 네 가지 유형 ······ 2274

45. 궤사詭使

675(45-1) 군주의 치도 세 가지 2278
676(45-2) 명名과 실實 2280
677(45-3) 다섯 가지 잘못 2282
678(45-4) 정치인 양 잘못 여기는 것들 2284
679(45-5) 본本과 말末 2287
680(45-6) 법法과 사私 2292

46. 육반六反

681(46-1) 위배되는 것들 여섯 가지 2296
682(46-2) 정치는 머리 감는 것과 같다 2300
683(46-3) 종기는 터뜨려야 2301
684(46-4) 행의行義 2302
685(46-5) 임금이 어질지 않아야 2304
686(46-6) 백금을 공개된 시장에 내걸면 2307
687(46-7) 중형重刑이 죄를 주기 위한 것이 아니다 2310
688(46-8) 좋은 말만 들먹일 뿐 2316
689(46-9) 제왕의 정치 2319
690(46-10) 모두가 눈을 감고 있으면 2321

47. 팔설八說

691(47-1) 상반되는 여덟 가지 인간상 2326
692(47-2) 존망과 치란 2328
693(47-3) 백성들이 모두 명찰한 것은 아니기 때문 2331

694(47-4) 추거椎車 …… 2336
695(47-5) 법은 공적을 이루기 위한 것 …… 2339
696(47-6) 자애로운 어머니와 연약한 자식 …… 2342
697(47-7) 공허한 옛 성인의 말 …… 2345
698(47-8) 지혜나 염려를 쓰지 않아야 …… 2347
699(47-9) 밥이나 얻어먹는 지위 …… 2349
700(47-10) 죽음을 싫어하지 않는다면 …… 2351
701(47-11) 협俠, 난亂, 교驕, 포暴 …… 2353
702(47-12) 귀신貴臣과 중신重臣 …… 2354

48. 팔경八經

703(48-1) 인정因情 …… 2356
704(48-2) 주도主道 …… 2359
705(48-3) 기란起亂 …… 2363
706(48-4) 입도立道 …… 2369
707(48-5) 참언參言 …… 2374
708(48-6) 청법聽法 …… 2377
709(48-7) 유병類柄 …… 2381
710(48-8) 주위主威 …… 2384

49. 오두五蠹

711(49-1) 수주대토守株待兎 …… 2388
712(49-2) 상고시대 …… 2393

713(49-3) 요堯임금 시대 ········ 2395
714(49-4) 인의仁義로 가능했던 시대 ········ 2401
715(49-5) 힘이 필요한 시대 ········ 2406
716(49-6) 고금이속古今異俗 ········ 2408
717(49-7) 공자孔子의 인仁 ········ 2411
718(49-8) 말을 듣지 않는 자식 ········ 2414
719(49-9) 공공의 이익 ········ 2418
720(49-10) 유가는 문으로써 법을 어지럽히고 ········ 2420
721(49-11) 창힐蒼頡이 문자를 만들 때 ········ 2424
722(49-12) 상지上智조차도 알기 어려운 것 ········ 2427
723(49-13) 농사짓고 공부하는 이유 ········ 2431
724(49-14) 법이 있어야 ········ 2435
725(49-15) 합종合縱과 연횡連橫 ········ 2437
726(49-16) 소맷자락이 길면 ········ 2442
727(49-17) 공민公民과 사인私人 ········ 2445
728(49-18) 본업本業과 말업末業 ········ 2447
729(49-19) 다섯 부류의 좀벌레 ········ 2449

50. 현학顯學

730(50-1) 유가儒家와 묵가墨家 ········ 2454
731(50-2) 묵가墨家의 장례葬禮 ········ 2460
732(50-3) 복지福祉의 허실 ········ 2467
733(50-4) 누구나 자신의 이익을 위해 ········ 2469
734(50-5) 용모와 말솜씨 ········ 2472

735(50-6) 허수아비가 백만 ········ 2477
736(50-7) 덕으로는 난동을 막을 수 없다 ········ 2479
737(50-8) 백성은 선량하지 않다 ········ 2481
738(50-9) 천성天性과 천명天命 ········ 2484
739(50-10) 천추만세를 누리게 해 주겠소 ········ 2487
740(50-11) 치안을 위한 네 가지 ········ 2489

51. 충효忠孝

741(51-1) 효제충순孝悌忠順 ········ 2496
742(51-2) 법은 높이고 현자는 낮추어야 ········ 2500
743(51-3) 충효를 알지 못한 순舜과 고수瞽瞍 ········ 2502
744(51-4) 상象은 순舜의 아우였건만 ········ 2505
745(51-5) 열사烈士 ········ 2509
746(51-6) 옛날 백성은 어리석어 ········ 2513
747(51-7) 합종연횡은 거짓 논리 ········ 2516

52. 인주人主

748(52-1) 파국신망破國身亡의 원인 ········ 2520
749(52-2) 법술지사法術之士와 당도지신當途之臣 ········ 2523
750(52-3) 관룡봉關龍逢, 비간比干, 오자서伍子胥 ········ 2525

53. 칙령飭令

751(53-1) 법이 엄정하면 ········ 2530

752(53-2) 공략하기 쉬운 나라 2532
753(53-3) 겸관兼官 2535
754(53-4) 이익은 한 구멍에서 나와야 2537

54. 심도心度

755(54-1) 욕망대로 하지 못하게 해야 2542
756(54-2) 사람의 본심 2545
757(54-3) 닫고 막아라 2547

55. 제분制分

758(55-1) 사력死力과 호오好惡 2550
759(55-2) 형벌刑罰과 포상褒賞 2552
760(55-3) 연좌법連坐法 2554
761(55-4) 수數와 술術 2556
762(55-5) 우愚, 겁怯, 용勇, 혜慧 2558

⊛ 부록

Ⅰ.《韓非子》考證 …………… 王先愼 …………………………… 2563

Ⅱ.《韓非子》佚文 …………… 王先愼 …………………………… 2567

Ⅲ.《韓非子》序·跋·引·提要·凡例·後語 …………………… 2570

Ⅳ. 歷代〈韓非論〉……………………………………………… 2602

Ⅴ.《史記》韓非子傳 …………… 司馬遷 ……………………… 2610

Ⅵ.《論衡》非韓篇 ……………… 王充 ………………………… 2613

Ⅶ.《韓非子》校注本 및 硏究書 목록 ………………………… 2620

1. 초견진 初見秦

'初見秦은 "처음 진나라에 가서 왕을 뵙다"의 뜻이다. 그러나 본 장은 《戰國策》 秦策(1)에는 張儀가 한 말로 되어 있으며 高誘 注에 "秦惠王也"라 하여 惠王에게 유세한 것으로 되어 있다. 한편 吳師道 〈補注〉에는 "張儀, 誤, 當作韓非. 非以韓王安五年使秦, 始皇十三年也"라 하였다. 《史記》 秦本紀와 〈六國年表〉에 의하면 韓非가 秦나라에 사신으로 간 것은 始皇 14년이며 韓世家에는 王安 5년으로 되어 있다. 진나라는 시황 13년 趙나라를 공격, 14년에 平陽, 武城, 宜安 등을 점령하였고 그 뒤를 이어 韓나라 공격에 나섰으며, 韓非가 秦나라에 사신으로 간 것은 韓 王安 6년(B.C.233)이다. 鮑彪는 《戰國策》 注에서 "彪謂: 此士論事, 深切著明, 孫卿不如. 秦所以取天下, 蓋行其說也. 而史失其人, 猥以張儀名之, 惜哉! 所稱謀臣, 范睢也. 正曰: 韓非, 師荀卿者也. 其術不主於卿, 卿論兵以附民爲要, 以仁義爲本, 以禁暴除害爲務, 非而有是言歟? 大意不過欲極威怒, 而務攻取耳. 鮑旣考之不精, 且謂卿不如, 謬矣. 補曰: 蘇氏論荀卿歷詆天下之賢人, 以自是其愚. 李斯以其學亂天下, 其高談異論, 有以激之也. 韓非此書歷詆秦之謀臣, 蓋指魏冉·范睢之徒. 他日謂申不害徒術無法, 公孫鞅徒法無術, 張儀以秦徇韓·魏, 甘茂以秦徇周, 穰侯·應侯攻他國以成其私封, 所詆者, 亦非一人. 其剛愎不孫, 自許太過, 則亦卿之風也. 終以忤李斯·短姚賈而殺其身. 太史公謂非知說之難, 而不能自脫, 可以爲騁說者之戒矣.』"라 평하였다.

그러나 일부 의견은 秦 昭王(B.C.306~B.C.251년까지 56년간 재위)에게 올린 글로 보고 있으며, 張儀는 秦 武王 원년(B.C.310)에 죽었으며 본 장의 내용은 주로 秦 昭王 때의 일로 張儀가 쓴 것도 아닌 것으로 판명되기도 하였다. 이에 어떤 사람은 范睢나 蔡澤의 글이었을 것으로 보기도 하며 太田方은 《韓非子翼毳》 序에 "余是以不取此二篇. …更附于卷端, 以〈難言〉爲首篇, 凡五十三篇, 附二篇"이라 하고 다섯 가지 이유를 들어 이를 자세히 고증하고 있다.

001(1-1)
알면서 말하지 않은 것은 불충

"제가 듣기로 '알지 못하면서 말하는 것은 지혜롭지 못한 것이요, 알고 있으면서도 말을 하지 않는 것은 충성되지 못한 것이다. 남의 신하가 되어 충성을 다하지 않은 것은 죽을죄에 해당하며, 말을 하였으나 정당하지 못하다면 이 또한 죽을죄에 해당한다'라 하더이다.

비록 그렇기는 하나 저는 제가 들은 바를 모두 말씀드리고자 하오니 오직 대왕께서 그 죄를 결정해 주시기 바랍니다."

「臣聞: 『不知而言, 不智; 知而不言, 不忠. 爲人臣不忠, 當死; 言而不當, 亦當死.』

雖然, 臣願悉言所聞, 唯大王裁其罪.」

【臣聞】 옛 속담이나 격언 등을 내세워 자신의 의견을 말할 때 쓰는 話法.

【當死】 津田鳳卿은 廖文英의 말을 인용하여 "處斷罪人曰當"이라 함.

【大王】 陳啓天은 "大王, 稱秦昭王, 下同. 本篇爲昭王時人作"이라 함. 秦 昭王은 B.C.306~B.C.251(혹 B.C.324~251)년 재위함. 그러나 《戰國策》 高誘 注에 "秦惠王也"라 하였고, 吳師道 〈補注〉에는 "張儀, 誤, 當作韓非. 非以韓王安五年使秦,

始皇十三年也"라 하였으며 《史記》 秦本紀와 〈六國年表〉에는 韓非가 秦나라에 간 것은 始皇 14년이며 〈韓世家〉에는 王安 5년으로 되어 있음.

【裁】 王先愼은 "《爾雅》: 裁, 度也"라 함.

참고 및 관련 자료

1. 《戰國策》 秦策(1)

張儀說秦王曰: 「臣聞之: 『弗知而言爲不智; 知而不言爲不忠. 爲人臣不忠當死, 言不審亦當死.』 雖然, 臣願悉言所聞, 大王裁其罪.

〈秦始皇〉像

002(1-2)
진나라의 현재 상황

"제가 듣기로 천하는 북쪽엔 연燕, 남쪽엔 위魏가 있으며 초楚나라와 연합하고 제齊나라를 견고히 하여, 한韓나라를 거두어 합종合從을 이루고는 서쪽을 향해 진秦나라와 견강하게 전쟁을 벌이려 한다 하더이다. 저는 속으로 이를 비웃었습니다. 세상에는 망하는 길이 세 가지 있는데 천하가 이런 형세를 얻었으니 이런 것을 두고 이른 것이겠지요!

제가 듣기로 '혼란에 빠진 자가 다스리는 자를 공격하면 망하고, 사악함을 가지고 정의로운 자를 공격하면 망하며, 역逆으로써 순順을 공격하는 자는 망한다'라 하였습니다.

지금 천하의 부고府庫는 차 있지 않으며, 균창囷倉은 텅 비어 있는데도 그 사민士民들을 다 모아 수십 백만의 군사로 확장하고 있으나 그중에는 머리를 조아리며 깃털을 머리에 꽂고 장군을 위하여 그 앞에서 죽기를 각오하겠다는 자는 천 명도 되지 않으면서, 누구나 죽음을 무릅쓰겠노라 하되 적의 흰 칼날이 앞에 있고, 독전督戰의 부질斧鑕이 그 뒤에 있어도 뒤로 달아나며 죽지 않는 것은 그 사민이 능히 죽지 못하는 것이 아니라 윗사람이 죽지 못하도록 하기 때문입니다.

말로 상을 내린다 하면서 주지 아니하고 말로는 벌을 내린다 하면서도 내리지 않으니 그 때문에 사민들은 죽지 않는 것입니다.

그러나 지금 진나라만은 호령을 내리고 상벌을 행하고 있어 공이 있는 자와 공이 없는 자를 서로 살펴 처리하고 있습니다.

그 부모의 품을 떠나 태어난 뒤로 적이란 본적도 없건만 전쟁이라는 말만 들어도 머리를 조아리며 맨몸으로 달려 나가 흰 칼날에 맞대들고 화로나 숯불도 밟고 나서며 그 앞에서 죽기를 무릅쓰니 모두가 이와 같습니다.

무릇 죽기를 무릅쓰는 자와 살아남겠다고 발버둥치는 자는 같지 않건만 백성들이 그렇게 하는 것은 분사奮死하는 것을 귀하게 여기기 때문입니다.

대체로 한 명이 분사하면 열 명을 상대할 수 있고, 열 명은 백 명을 상대할 수 있으며 백 명이면 천 명을, 천 명이면 만 명을, 만 명이면 가히 천하를 이겨낼 수 있습니다.

지금 진나라 영토는 절장보단折長報短하면 사방 수천 리는 될 것이고, 이름난 군사는 수십 백만은 될 것이며, 게다가 진나라의 호령과 상벌, 지형의 이해는 천하에 누구도 그와 같은 자가 없습니다.

이를 가지고 천하를 들어 친다면 천하를 모두 겸병하여 갖고도 모자랄 것입니다.

이 까닭으로 진나라는 싸워 이기지 못한 적 없었고, 공략하여 취하지 못한 적 없었으며 그에게 맞서는 자는 깨뜨리지 못한 적 없어 영토가 몇 천 리나 넓어졌으니 이것이 큰 공적입니다.

그렇건만 무기는 둔해졌고 사민은 병들어 지쳤으며 축적은 바닥나고 농토는 황폐해졌으며, 곡물 창고는 비었고, 사방 이웃나라 제후들은 복종하지 않으며, 패왕의 명성도 이루지 못하고 있으니 이는 다른 이유 때문이 아니라 그 모신謀臣들이 자신들의 충성을 다하지 않고 있기 때문입니다."

「臣聞: 天下陰燕陽魏, 連荊固齊, 收韓而成從, 將西面以與秦强爲難, 臣竊笑之.

世有三亡, 而天下得之, 其此之謂乎!

臣聞之曰:『以亂攻治者亡, 以邪攻正者亡, 以逆攻順者亡.』

今天下之府庫不盈, 囷倉空虛, 悉其士民, 張軍數十百萬, 其頓首戴羽爲將軍, 斷死於前, 不至千人; 皆以言死, 白刃在前, 斧鑕在後, 而卻走不能死也, 非其士民不能死也, 上不能故也.

言賞則不與, 言罰則不行, 賞罰不信, 故士民不死也.

今秦出號令而行賞罰, 有功無功相事也.

出其父母懷衽之中, 生未嘗見寇耳, 聞戰, 頓足徒裼, 犯白刃, 蹈鑪炭, 斷死於前者, 皆是也.

夫斷死與斷生者不同, 而民爲之者, 是貴奮死也.

夫一人奮死可以對十, 十可以對百, 百可以對千, 千可以對萬, 萬可以剋天下矣.

今秦地折長補短, 方數千里, 名師數十百萬; 秦之號令賞罰, 地形利害, 天下莫若也.

以此與天下, 天下不足兼而有也.

是故秦戰未嘗不剋, 攻未嘗不取, 所當未嘗不破, 開地數千里, 此其大功也.

然而兵甲頓, 士民病, 蓄積索, 田疇荒, 囷倉虛, 四鄰諸侯不服, 霸王之名不成, 此無異故, 其謀臣皆不盡其忠也.」

【天下】 여기서의 '天下'는 秦나라를 제외한 山東 六國 전체를 가리킴.

【陰燕陽魏】 陰은 북쪽을, 陽은 남쪽을 가리킴.

【連荊固齊】 초나라와 연계를 맺고 제나라를 공고하게 함. 荊은 楚나라의 다른 이름. 楚나라 선조 熊繹이 荊山을 개척하여 그 이름이 전수된 것임. 진시황의 아버지 子楚의 '楚'자를 避諱하여 '荊'이라 부른 것이라도 하나 시간의 앞뒤로

보아 맞지 않으며, 그 밖에 陳啓天은 "稱楚爲荊者, 蓋後人所改耳"라 함. 한편 楚나라는 미(芈)성으로 熊繹이 봉을 받아 국호를 楚라 하였으며, 丹陽(지금의 湖北 秭歸縣)에 도읍하였다가 뒤에 郢(지금의 湖北 江陵 서북 紀南城)으로 옮겼음. 춘추시대 莊王(B.C.613~B.C.591년까지 23년간 재위)이 春秋五霸의 패자가 되었으며 전국시대 七雄의 반열에 올라 남쪽의 대국으로 자리 잡았었음. 秦始皇의 천하 통일 때 멸망함.

【成從】 '從'은 '縱'과 같으며 合從(合縱)을 뜻함. "南北爲從"이라 함. 秦나라의 東進을 막기 위해 山東 六國이 맺은 동맹. 蘇秦의 주장에 의해 전국시대 이루어진 국제 관계 구조이며 이에 상대하여 張儀가 連衡(連橫)說을 주장함.

【與秦强爲難】 秦나라에 대하여 强하게 맞서 敵對함. '强'은 盡力, 竭力의 뜻. 전국시대 가장 치열했던 長平之戰(B.C.260) 뒤에 각 나라들이 위기를 느껴 강하게 결속을 다졌음.

【府庫·囷倉】 《戰國策》 吳師道 注에 "府庫, 藏財貨; 囷倉, 藏穀粟"이라 함. 囷은 둥근 곳간, 倉은 네모난 곳간이라 함.

【頓首】 머리가 땅에 닿도록 허리를 굽혀 공경을 표하는 것. 머리를 조아림. 周禮 注에 "頓首, 拜頭叩地也"라 함.

【戴羽】 '負羽', '被羽'와 같음. 兵士가 전투에서 표지로 삼기 위해 투구나 머리 등에 꽂는 깃털. 《後漢書》 賈復傳에 "被羽先登"이라 하여 선봉대의 용사를 뜻하는 것이 아닌가 함.

【斷死】 죽기를 각오함. '斷生'의 상대어. 高亨의 《韓非子補箋》에 "趨難而誓必死, 謂之斷死; 臨難而求必生, 謂之斷生"이라 함.

【斧鑕】 '鈇鑕'로도 표기하며 싸움터에 나갔다가 달아난 자를 처벌할 때 쓰는 刑具. 督戰을 위한 기구.

【相事】 서로 공과를 살피도록 하여 그에 따라 공평하게 처리함. 尹桐陽은 "相, 視也"라 하였고, 高亨의 《韓非子補箋》에는 "此言有功無功, 視事論定, 無所阿私也"라 함.

【懷衽】 품속과 옷깃. 아이가 부모 품속에 안겨 보살핌을 받음.

【頓足】 발을 구르는 모습. '踴躍'과 같은 뜻임.

【徒裼】 徒는 맨손이란 뜻. 裼은 웃옷을 벗어 알몸을 내놓는 것.

【鑪炭】 매우 뜨거운 불. '鑪'는 '爐'와 같음. 火攻에도 물러서지 않고 대듦.

【折長補短】 '截長補短'과 같음. 긴 것을 잘라 짧은 것에 보태어 반듯하게 함.

【名師】 이름을 떨치는 정예부대를 말함.

【利害】 아군에게는 유리한 지세이며 적에게는 불리한 要衝을 뜻함. 尹桐陽은 "在我爲利, 在人爲害"라 함.

【與天下】 '與'는 '擧'와 같음. 천하 제후를 들어 침. 陳啓天은 "與天下, 謂擧天下也"라 하였고, 陳奇猷는 "與, 擧通"이라 함.

【甲兵頓】 '頓'은 '鈍'과 같음. '甲兵'은 무기를 뜻함.

【索】《戰國策》高誘 注에 "索, 盡也"라 함.

【謀臣】 秦나라 重臣들을 가리킴.

참고 및 관련 자료

1.《戰國策》秦策(1)

臣聞: 天下陰燕陽魏, 連荊固齊, 收餘韓成從, 將西南以與秦爲難. 臣竊笑之. 世有三亡, 而天下得之, 其此之謂乎! 臣聞之曰:『以亂攻治者亡, 以邪攻正者亡, 以逆攻順者亡.』今天下之府庫不盈, 囷倉空虛, 悉其士民, 張軍數千百萬, 白刃在前, 斧質在後, 而皆去走, 不能死, 罪其百姓不能死也, 其上不能殺也. 言賞則不與, 言罰則不行, 賞罰不行, 故民不死也. 今秦出號令而行賞罰, 不攻無攻相事也. 出其父母懷衽之中, 生未嘗見寇也, 聞戰頓足徒裼, 犯白刃, 蹈煨炭, 斷死於前者比是也. 夫斷死與斷生也不同, 而民爲之者是貴奮也. 一可以勝十, 十可以勝百, 百可以勝千, 千可以勝萬, 萬可以勝天下矣. 今秦地形, 斷長續短, 方數千里, 名師數百萬, 秦之號令賞罰, 地形利害, 天下莫如也. 以此與天下, 天下不足兼而有也. 是知秦戰未嘗不勝, 攻未嘗不取, 所當未嘗不破也. 開地數千里, 此甚大功也. 然而甲兵頓, 士民病, 蓄積索, 田疇荒, 囷倉虛, 四鄰諸侯不服, 伯王之名不成, 此無異故, 謀臣皆不盡其忠也.

003(1-3)

진나라가 패자의 기회를 잃은 이유

“저는 감히 말할 수 있습니다. 지난날 제齊나라는 남으로 초楚나라를 깨뜨리고, 동으로 송宋나라를 깨뜨리고, 서쪽으로 진秦나라를 굴복시키고, 북으로 연燕나라를 깨뜨렸으며, 가운데로는 한韓나라, 위魏나라를 부려 토지는 넓고 무력은 강하여, 싸우면 이겼고, 공격하면 빼앗아 천하를 호령하였습니다.

그리하여 제나라는 맑은 제수濟水와 탁한 하수河水는 족히 경계가 될 수 있었고, 장성長城과 거방巨防은 족히 요새가 되었습니다.

제나라는 다섯 번 싸워 이긴 나라였지만 단 한 번의 싸움을 이기지 못하는 바람에 더 이상 제나라는 없게 되었으니, 이로 말미암아 보건대 무릇 전쟁이란 만승萬乘의 나라에게는 존망의 갈림길이 되는 것입니다.

또한 듣기로 ‘자취를 깎아 뿌리조차 남기지 않아야 하며 화근이 될 것과 이웃하지 말아야 재앙이 존재하지 않는다’라 하였는데 진나라는 초楚나라와 싸워 초나라를 크게 깨뜨려 그 도읍 영郢까지 습격하고 동정洞庭, 오호五湖, 강남江南을 취하여 초왕楚王과 군신들은 패주, 동쪽 진陳 땅에 보堡를 쌓고 겨우 버티었습니다.

바로 이때에 군사들이 초왕을 계속 추격하였다면 초나라를 멸망시킬 수 있었을 것이요, 초나라를 멸망시켰더라면 그 백성을 족히 탐낼 수 있었고, 그 땅은 족히 이익으로 삼을 수 있었을 것이며, 동쪽으로 제나라와 연燕나라를 약화시키고 중앙으로는 삼진三晉을 능멸할 수 있었을 것입니다.

그렇게 되었더라면 일거에 패왕의 명성을 얻어 성공할 수 있었을 것이며, 사방 제후들을 조공해 오게 할 수 있었을 것인데 모신謀臣들은 그렇게 하지 않은 채 군사를 이끌고 퇴각하여 초나라와 다시 화평을 맺고 말았습니다.

그리하여 초나라로 하여금 잃어버린 도성을 되찾고 흩어진 백성을 모아들여 사직의 신주를 세우며, 종묘를 설치하고 천하를 이끌어 서쪽으로 진나라에 맞설 수 있게 하였던 것입니다.

이것이 진실로 패왕의 길을 잃게 된 첫 번째 이유입니다.

천하가 다시 서로 연합하여 군대가 화양華陽 아래에 진을 치자 대왕께서는 조서로써 이를 격파하였으며, 그 군대가 대량大梁의 외곽 아래에까지 이르렀습니다.

그 때 대량을 포위하여 수십 일만 버티었더라도 대량은 함락시킬 수 있었을 것이고, 대량이 함락되면 위魏나라를 멸망시킬 수 있었을 것이며 위나라가 망하면 초나라와 조나라의 의지도 끊을 수 있었을 것이요, 초나라와 조나라의 의지가 끊어졌더라면 조나라는 위태로워졌을 것이요, 조나라가 위태로지면 초나라는 갈피를 잡을 수 없었을 것이며 동쪽으로 제나라와 연나라를 약화시키고 중앙으로는 삼진三晉을 능멸할 수 있었을 것입니다.

그렇게 되었더라면 일거에 패왕의 명성을 이루어 이웃 제후들이 조공을 해 오도록 할 수 있었을 터인데 모신들이 이렇게 하지 않고 군대를 이끌고 퇴각하여 위나라와 화평을 맺고 말았습니다.

그리하여 위나라로 하여금 잃었던 도읍을 되찾고 흩어진 백성들을 모아들여서 사직의 신주를 세우고 종묘를 세워, 그들로 하여금 (천하를 이끌고 서쪽으로 진나라와 맞서도록 하였습니다.)

이것이 진실로 패왕의 길을 잃게 된 두 번째 이유입니다.

지난날 양후穰侯가 재상이 되어 진나라를 다스릴 때 한 나라의 병력을 이용하여 두 나라의 공을 세우려 하였으므로 병졸은 목숨이 다할 때까지 밖에서 땡볕에 노출되어야 하였고, 사민士民들은 국내에서 지치고 병들어 패왕의 명성을 이루어낼 수 없었습니다.

이것이 진실로 패왕의 길을 잃게 된 세 번째 이유입니다."

「臣敢言之. 往者齊南破荊, 東破宋, 西服秦, 北破燕, 中使韓·魏, 土地廣而兵强, 戰剋攻取, 詔令天下.

齊之清濟濁河, 足以爲限; 長城巨防, 足以爲塞.

齊, 五戰之國也, 一戰不剋而無齊, 由此觀之, 夫戰者, 萬乘之存亡也.

且聞之曰:『削迹無遺根, 無與禍鄰, 禍乃不存.』秦與荊人戰, 大破荊, 襲郢, 取洞庭·五湖·江南. 荊王君臣亡走, 東服於陳.

當此時也, 隨荊以兵, 則荊可擧; 荊可擧, 則其民足貪也, 地足利也; 東以弱齊·燕, 中以凌三晉.

然則是一擧而霸王之名可成也, 四鄰諸侯可朝也; 而謀臣不爲, 引軍而退, 復與荊人爲和.

令荊人得收亡國, 聚散民, 立社稷主, 置宗廟; 令率天下西面以與秦爲難.

此固以失霸王之道一矣.

天下又比周而軍華下, 大王以詔破之, 兵至梁郭下.

圍梁數旬, 則梁可拔; 拔梁, 則魏可擧; 擧魏, 則荊·趙之意絶; 荊·趙之意絶, 則趙危; 趙危而荊狐疑; 東以弱齊·燕, 中以凌三晉.

然則是一擧而霸王之名可成也, 四鄰諸侯可朝也; 而謀臣不爲, 引軍而退, 復與魏氏爲和.

令魏氏反收亡國, 聚散民, 立社稷主, 置宗廟, 令(率天下西面以與秦爲難.)

此固以失霸王之道二矣.

前者穰侯之治秦也, 用一國之兵而欲以成兩國之功, 是故兵終身暴露於外, 士民疲病於內, 霸王之名不成.

此固以失霸王之道三矣.」

【詔令】 천자의 詔命과는 다른 뜻으로, 號令과 같음.

【淸濟濁河】 濟水 물은 맑은 물이며 河水는 탁한 물임을 말함.

【戰不剋】 齊 湣王 때 燕 昭王이 보낸 장수 樂毅에게 침공을 당하여 수도 臨淄가 짓밟히고 莒와 卽墨만 남았으며 민왕이 달아났던 치욕을 말함.

【削迹無遺根】《戰國策》에는 '削株掘根'이라 하였으며 〈迂評本〉 注에 "起下文秦破三國而不取, 復與爲和, 是不除根也"라 함.

【秦與荊人戰】 秦 昭襄王 29년에 白起가 楚 頃襄王 군대를 크게 무찌른 사건을 가리킴.

【郢】 楚나라 도읍. 지금의 湖北省 江陵.

【洞庭·五湖·江南】 洞庭은 지금의 湖南省 洞庭湖. 五湖는《巴陵舊志》에 "洞庭湖, 一名五湖"라 하였음. 한편《戰國策》에는 '五渚'로 되어 있음. 江南은 장강 남쪽 지역.

廿六年，皇帝盡幷兼天下諸侯，黔首大安。立號爲皇帝，乃詔丞相狀、綰，法度量則不一，歉疑者皆明一之。

〈秦나라 詔版과 판독문〉

【荊王】 楚 頃襄王을 가리킴. 楚 懷王의 아들이며 B.C.298~B.C.263년까지 36년간 재위하고 考烈王에게 이어짐.

【東服於陳】 陳은 지금의 河南省 淮陽 땅. '服'은 '堡'의 뜻.《史記》 楚世家에 "楚襄王兵散, 遂不復戰, 東北保於陳城"이라 함.

【擧】 拔과 같음. 공격하여 완전히 멸망시켜 버린다는 뜻.

【三晉】 春秋時代 晉나라에는 知(智), 韓, 魏, 趙, 范, 中行 등 여섯 씨족이 모두 卿에 올라 이들의 권세가 대단하였으며 국권을 좌지우지하였음. 마침내 뒤에 이들이 다툼을 벌여 韓, 魏, 趙가 승리, 흔히 이들을 '三晉'이라 부르며 晉나라는 망하고 이들 三晉이 戰國時代 七雄의 반열에 오르게 됨.

【比周】 偏黨을 지음. '比'는 '近', '周'는 '密'의 뜻. 가까운 자들끼리 친밀히 하여 이익을 공유하고자 하는 모임들. "結黨營私曰比周"라 함. 朋黨과 같음.

【軍華下】 華는 지금의 河南 新鄭縣 근처 땅. 軍은 진을 침. 진 昭襄王 34년 魏·韓·趙가 연합하여 華陽 성 아래까지 쳐들어왔던 사건.

【梁】 梁은 大梁. 魏나라는 도읍. 魏 惠王 때 이곳으로 천도하여 그 뒤는 '魏'를 흔히 '梁'으로도 부름. 지금의 하남 개봉. 郭은 外城.

【置宗廟, 令.】 이 구절은 뒤에 문장이 누락된 것임. 〈集解〉에 "先愼曰: 令, 下脫「率天下西面以與秦爲難」句"라 함. 이에 따라 풀이를 괄호 안에 더 넣음.

【穰侯】 魏冉. 원래 楚나라 출신으로 秦 昭襄王의 어머니 宣太后의 배다른 아우. 여러 차례 진나라 재상을 역임하였으나 昭襄王 41년(B.C.266) 范雎를 등용하면서 재상자리에서 쫓겨 남. 穰(지금의 河南 鄧縣) 땅을 封地로 받아 穰侯라 칭함. 《史記》에 전이 있음.

【用一國之兵而欲以成兩國之功】 穰侯는 자신의 봉지를 넓힐 욕심으로 군대를 혹사함. 二國은 穰侯의 또 다른 봉지 '陶' 땅을 '陶國'이라 부를 정도였음을 말함. 《史記》 范雎蔡澤列傳에 "穰侯使者操王之重, 決制於諸侯, 剖符於天下, 政適伐國, 莫敢不聽. 戰勝攻取則利歸於陶, 國獘御於諸侯; 戰敗則結怨於百姓, 而禍歸於社稷. 《詩》曰: 『木實繁者披其枝, 披其枝者傷其心; 大其都者危其國, 尊其臣者卑其主.』"라 하였고, 《戰國策》 秦策(3)에는 "秦客卿造謂穰侯曰: 「秦封君以陶. 藉君天下數年矣. 攻齊之事成, 陶爲萬乘, 長小國, 率以朝天子, 天下必聽, 五伯之事也; 攻齊不成, 陶爲鄰恤, 而莫之據也. 故攻齊之於陶也, 存亡之機也.」"라 함.

【暴露】 뜨거운 햇볕이나 비바람에 드러난 채 전장에서 고통 겪음을 말함.

참고 및 관련 자료

1. 《戰國策》 秦策(1)

臣敢言往昔. 昔者, 齊南破荊, 中破宋, 西服秦, 北破燕, 中使韓·魏之君, 地廣而兵强, 戰勝攻取, 詔令天下, 濟淸河濁, 足以爲限, 長城·鉅坊, 足以爲塞. 齊, 五戰之國也, 一戰不勝而無齊. 故由此觀之, 夫戰者, 萬乘之存亡也. 且臣聞之曰: 『削株掘根, 無與禍鄰, 禍乃不存.』 秦與荊人戰, 大破荊, 襲郢, 取洞庭·五都·江南. 荊王亡奔走, 東伏於陳. 當是之時, 隨荊以兵, 則荊可擧. 擧荊, 則其民足貪也, 地足利也. 東以强齊·燕, 中陵三晉. 然則是一擧而伯王之名可成也, 四鄰諸侯可朝也. 而謀臣不爲, 引軍而退, 與荊人和. 今荊人收亡國, 聚散民, 立社主, 置宗廟, 令帥天下西面以與秦爲難, 此固已無伯王之道一矣. 天下有比志而軍華下, 大王以詐破之, 兵至梁郭, 圍梁數旬, 則梁可拔. 拔梁, 則魏可擧. 擧魏, 則荊·趙之志絶. 荊·趙之志絶, 則趙危. 趙危而荊孤. 東以强齊·燕, 中陵三晉, 然則是一擧而伯王之名可成也, 四鄰諸侯可朝也. 而謀臣不爲, 引軍而退, 與魏氏和, 令魏氏收亡國, 聚散民, 立社主, 置宗廟, 此固已無伯王之道二矣. 前者, 穰侯之治秦也, 用一國之兵, 而欲以成兩國之功. 是故兵終身暴靈於外, 士民潞病於內, 伯王之名不成, 此固已無伯王之道三矣.

2.《意林》(1)

無與禍隣, 禍乃不存.

004(1-4)

되살아난 산동 육국

"조趙나라는 한가운데에 위치한 나라로 잡다한 백성들이 살고 있어 그들은 경박하며 부리기가 어렵습니다.

호령을 내려도 다스려지지 않고, 상벌도 믿음이 없으며 지형은 불리하고 아랫사람은 백성들의 힘을 모두 쓸 수 없습니다.

그 나라는 진실로 망국의 형세에 놓여 있으면서도 백성들은 걱정하지 않은 채 그 사민士民들을 모두 모은 뒤 장평長平 성 아래에 진을 치고 한나라 상당上黨을 두고 다툼을 벌였습니다.

이에 대왕께서 명령을 내려 이를 깨뜨리고 무안武安을 함락시켰던 것입니다.

이때 조나라는 위아래가 서로 친목하지 못하였고 귀천이 서로를 믿지 못하였습니다.

그렇다면 한단邯鄲은 지켜낼 수 없었던 것입니다.

한단을 함락시키고 산동山東의 하간河間을 포위한 뒤 군대를 이끌고 물러나 서쪽으로 수무修武를 공략하고, 양장羊腸을 넘어 상당을 항복시켰더라면 대代에 속한 36현과 상당에 속한 17현을 한 벌의 갑옷도 쓰지 않고 한 사람의 사민士民도 고생시키지 않은 채 모두 진나라의 것으로 만들 수 있었을 것입니다.

대와 상당 지방이 싸움을 하지 않아도 진나라 소유가 되었다면 동양東陽과 하외河外는 싸우지 않고도 도리어 모두가 제나라 소유가 되었을 것이며, 중산中山과 호타呼沲 이북 땅은 싸우지 않고도 모두 연燕나라 땅이 되었을 것입니다.

그렇게 되었다면 조나라는 일거에 멸망시킬 수 있었고, 조나라가 멸망하면 한나라도 멸망하였을 것이요, 그리고 나면 초楚나라와 위魏나라도 독립해 있기 어려웠을 것이요, 초나라와 위나라가 독립할 수 없게 되면 일거에 한나라를 무너뜨리고 위나라를 먹어 들어가며, 초나라를 뽑아 버리고, 동쪽으로 연나라와 제나라를 약화시킨 다음 백마白馬 나루의 물길을 터서 위나라에 쏟아부어 일거에 삼진三晉을 멸망시켜 합종을 깨뜨릴 수 있었을 것입니다.

그러면 대왕께서는 옷자락을 늘어뜨리고 두 손을 모아 기다리고 있기만 하여도 천하 제후들이 서로 묶어 복종해 오게 되어 가히 패왕霸王의 명성을 이룰 수 있었을 것입니다.

그러나 모신들이 그렇게 하지 않은 채 군대를 이끌어 퇴각하여 다시 조나라와 화평을 맺었습니다.

무릇 대왕의 명석하심과 진나라 병력의 강력함을 가지고도 패왕의 위업을 포기하시면서 땅은 조금도 얻지 못한 채 망할 나라로부터 속임을 당하고 있으니 이는 모신들의 졸렬함 때문입니다.

게다가 무릇 조나라는 당장 망할 나라이면서도 망하지 않았고, 진나라는 마땅히 패자가 되어야 함에도 패자가 되지 못한 채 천하 제후들이 진실로 진나라 모신들의 능력을 헤아려 볼 수 있었던 첫 번째 사례입니다.

그리하여 다시 사졸들을 모아 한단을 공격하도록 하였으나 함락시킬 수 없게 되자 갑옷과 큰 활을 버리고 전투에 두려움을 느끼며 퇴각하였으니 천하 제후들이 진실로 진나라의 역량을 헤아려 볼 수 있었던 두 번째 사례입니다.

병력을 이끌고 물러나서는 이하李下에 결집하자 대왕께서는 또다시 군사를 모아 그곳에 이르러 싸웠으나 능히 이길 수 없었고, 또한 돌아갈 수도 없게 되어 군사들은 지치고 말았으니 천하 제후들이 진실로 진나라의 힘을 헤아려 볼 수 있었던 세 번째 사례입니다.

안으로는 내 나라 모신들의 능력을 알 수 있도록 해 주었고, 밖으로는 내 나라 병력의 한계를 드러내 보인 것입니다.

이로 말미암아 보건대 저는 천하의 합종은 거의 어렵지 않을 것으로 여깁니다.

안으로 우리 무기는 둔해졌고 사민들은 병들어 지쳤으며, 비축해 두었던 것들은 바닥이 나고 농토는 황폐해졌으며, 곡물 창고는 텅 비었는데 밖으로는 천하 제후들이 단합할 뜻이 견고합니다.

원컨대 대왕께서는 깊이 생각함이 있으시기를 바랍니다."

「趙氏, 中央之國也, 雜民所居也, 其民輕而難用也.

號令不治, 賞罰不信, 地形不便, 下不能盡其民力.

彼固亡國之形也, 而不憂民萌, 悉其士民軍於長平之下, 以爭韓上黨.

大王以詔破之, 拔武安.

當是時也, 趙氏上下不相親也, 貴賤不相信也.

然則邯鄲不守. 拔邯鄲, 筦山東河間, 引軍而去, 西攻修武, 踰羊腸, 降上黨, 代四十六縣, 上黨七十縣, 不用一領甲, 不苦一士民, 此皆秦有也.

代·上黨不戰而畢爲秦矣, 東陽·河外不戰而畢反爲齊矣, 中山·呼沲以北不戰而畢爲燕矣.

然則是趙擧, 趙擧則韓亡, 韓亡則荊·魏不能獨立, 荊·魏不能獨立, 則是一擧而壞韓, 蠹魏·拔荊; 東以弱燕·齊, 決白馬之口以沃魏氏, 是一擧而三晉亡, 從者敗也.

大王垂拱以須之, 天下編隨而服矣, 霸王之名可成.

而謀臣不爲, 引軍而退, 復與趙氏爲和.

夫以大王之明, 秦兵之强, 棄霸王之業, 地曾不可得.

乃取欺於亡國, 是謀臣之拙也.

且夫趙當亡而不亡, 秦當霸而不霸, 天下固以量秦之謀臣一矣.

乃復悉士卒以攻邯鄲, 不能拔也, 棄甲兵弩, 戰竦而卻, 天下固已量秦力二矣.

軍乃引而退, 幷於李下, 大王又幷軍而至, 與戰不能剋之也, 又不能反運, 罷而去, 天下固量秦力三矣.

內者量吾謀臣, 外者極吾兵力.

由是觀之, 臣以爲天下之從, 幾不難矣.

內者, 吾甲兵頓, 士民病, 蓄積索, 田疇荒, 囷倉虛; 外者, 天下皆比意甚固.

願大王有以慮之也.」

【中央之國】 趙나라 도읍 邯鄲은 燕의 남쪽, 齊의 서쪽, 魏의 북쪽, 韓의 동쪽에 있었으므로 중앙에 처한 나라라 한 것임. 〈乾道本〉 注에 "趙居邯鄲, 燕之南, 齊之西, 魏之北, 韓之東, 故曰中央. 兼四國之人, 故曰雜"이라 함.

【民萌】 '民氓'과 같음. '萌'은 '氓'과 같음. 원래는 "土着曰民, 外來曰氓"이라 하였으나 《韓非子》 전체에서는 民衆, 百姓의 뜻으로 널리 쓰였음.

【長平】 長平은 趙나라 지명으로 지금의 山西省 高平縣 근처. 秦 昭襄王 47년, 秦나라 장수 白起가 趙나라 趙括의 군사 40만을 생매장시켰던 長平之戰은 전국시대 가장 치열했던 전투였음.

【上黨】 지금의 山西 長治縣 일대를 上黨이라 불렀음. 전국시대 趙나라와 韓나라 사이에 있었으며 국제적인 분쟁지역이기도 하였음. 秦나라가 韓나라를 공격하자 그 무렵 上黨太守 馮亭이 17개 城으로 趙나라에 항복, 趙나라 땅이 되었다가 뒤에 秦나라가 다시 상당을 공략하면서 長平之戰을 벌여 趙나라 군사

40만 명을 생매장하기도 하였던 곳임.

【武安】 지금의 河北 武安縣. 趙括이 封侯받은 땅. 《史記》 秦本紀에 "(秦昭王) 四十七年, 秦攻韓上黨, 上黨降趙, 秦因攻趙, 趙發兵擊秦, 相距. 秦使武安君白起擊, 大破趙於長平, 四十餘萬盡殺之. 四十八年十月, 韓獻垣雍. 秦軍分爲三軍. 武安君歸. 王齕將伐趙(武安)皮牢, 拔之"라 함.

【邯鄲】 趙나라 도읍으로 河北 邯鄲市.

【筦】 '管'과 같으며 '관리하다, 지배하다, 통치하다'의 뜻.

【山東河間】 '山東'은 太行山, 혹은 殽山(崤山) 函谷關 동쪽의 나라들로 戰國시대 六國, 齊·楚·燕·韓·魏·趙를 가리키며 서쪽 秦나라와 대치하고 있었음. '河間'은 지금의 河北 중부 漳水(永定河)와 河水 사이를 일컫는 지명으로 전국시대 趙나라 땅이었음.

【脩武】 '修武'로도 표기하며 지금의 河南 獲嘉縣.

【踰羊腸】 〈乾道本〉에는 '踰華'로 되어 있으나 〈迂評本〉에 의해 수정함. '羊腸'은 要塞 이름으로 지금의 山西 晉城縣 壺關 남쪽 太行山의 언덕길 산을 말함. 양의 창자 모양으로 심하게 구불구불하여 붙여진 이름.

【降上黨】 〈乾道本〉에는 '降'이 '絳'으로 되어 있으나 〈迂評本〉에 의해 수정함.

【代】 지금의 山西 동북부와 河北 蔚縣 일대를 일컫는 지역 명칭.

【東陽河外】 東陽은 趙나라 지명으로 지금의 河北 恩縣 근처. 河外는 黃河를 기준으로 하는 河內 지역에 대칭하여 그 바깥 일대. 그러나 戰國策 鮑彪 注에는 "河外, 滹沱河之外"라 함.

【中山】 中山은 전국시대 지금의 河北 定縣을 중심으로 있었던 나라. 白狄이 세웠던 나라로 趙나라와 접경을 이루고 있었으며 《戰國策》에 中山策이 있음.

【呼沲】 '滹沱', '滹沲' 등으로도 표기하며 山西 북부 繁峙縣에서 발원하여 河北 중부를 거쳐 지금의 天津에서 渤海로 흘러드는 물.

【蠹】 蠹는 좀벌레. 좀벌레가 나무를 갉아먹듯 야금야금 먹어들어감.

【白馬之口】 河南 滑縣 근처에 있었던 그 무렵 황하의 나루 입구.

【沃】 '注'와 같은 뜻으로 물을 터뜨려 쏟아 부음.

【垂拱】 옷깃을 늘어뜨리고 손은 팔짱을 낌. 아무 일을 하지 않아도 잘 이루어질 때 쓰는 말.

【須】 '須'는 '胥'와 같으며 '待'(기다리다)의 뜻. 《說文》에 "須, 待也"라 함.

【編隨】 서로 묶여 따름. 그렇게 조공을 해 올 것이라는 뜻.

【棄甲兵弩】 〈今本〉에는 '棄甲負弩'로 되어 있으나 王先愼은 "棄甲兵弩, 四字

不成文. 兵, 當作與"라 하여 '갑옷과 노'로 보았음. '弩'는 큰 돌을 쏠 수 있는 기계식 활.

【戰竦】 '竦'은 '悚'과 같음. 《戰國策》에는 '戰慄'로 되어 있으며 《爾雅》 釋詁(下)에 "戰, 慄, 竦, 懼也"라 함.

【李下】 '李下'는 지명. 《戰國策》 高誘 注에 "李下, 邑名, 在河內"라 함. 지금의 河南 溫縣 李帛으로 비정함. 그러나 〈乾道本〉에는 '孚下'로 되어 있어 이를 근거로 '孚'는 '郛', 즉 '外廓'을 뜻하는 것으로 보아 〈全譯本〉에는 '邯鄲 外廓 아래'로 풀이하였음.

【比意】 '比'는 원래 '比周'의 줄인 말로 '서로 결탁하여 뜻을 한데 모으다'의 뜻이나 여기서는 趙나라를 으뜸으로 결속된 山東六國의 合縱을 뜻함. 尹桐陽은 "比, 合也. 所謂合縱"이라 함.

참고 및 관련 자료

1. 《戰國策》 秦策(1)

趙氏, 中央之國也, 雜民之所居也. 其民輕而難用, 號令不治, 賞罰不信, 地形不便, 上非能盡其民力. 彼固亡國之形也, 而不憂民氓, 悉其士民, 軍於長平之下, 以爭韓之上黨, 大王以詐破之, 拔武安. 當是時, 趙氏上下不相親也, 貴賤不相信, 然則是邯鄲不守, 拔邯鄲, 完河間, 引軍而去, 西攻脩武, 踰羊腸, 降代·上黨. 代三十六縣, 上黨十七縣, 不用一領甲, 不苦一民, 皆秦之有也. 代·上黨不戰而已爲秦矣. 東陽河外不戰而已反爲齊矣, 中呼池以北不戰而已爲燕矣. 然則是擧趙則韓必亡, 韓亡則荊·魏不能獨立. 荊·魏不能獨立, 則是一擧而壞韓, 蠹魏, 挾荊, 以東弱齊·燕, 決白馬之口, 以流魏氏. 一擧而三晉亡, 從者敗. 大王拱手以須, 天下徧隨而伏, 伯王之名可成也. 而謀臣不爲, 引軍而退, 與趙氏爲和. 以大王之明, 秦兵之强, 伯王之業, 地尊不可得, 乃取欺於亡國, 是謀臣之拙也. 且夫趙當亡不亡, 秦當伯不伯, 天下固量秦之謀臣, 一矣. 乃復悉卒乃攻邯鄲, 不能拔也, 棄甲兵怒, 戰慄而卻, 天下固量秦力, 二矣. 軍乃引退, 幷於李下, 大王又幷軍而致與戰, 非能厚勝之也, 又交罷卻, 天下固量秦力, 三矣. 內者量吾謀臣, 外者極吾兵力. 由是觀之, 臣以天下之從, 豈其難矣? 內者吾甲兵頓, 士民病, 蓄積索, 田疇荒, 囷倉虛; 外者天下比志甚固. 願大王有以慮之也.

005(1-5)
천하통일 절호의 기회

"또 제가 듣기로 '두려워하면서 날마다 그 하루를 삼갈지어다. 진실로 그 도道를 삼가면 천하를 가질 수 있다'라 하였습니다.

무엇을 가지고 그 말이 옳다는 것을 알 수 있겠습니까?

옛날 주紂가 천자였을 때 천하의 군사 백만을 거느렸을 때에는 좌군左軍이 기수淇水 계곡에서 말에게 물을 먹이고 우군右軍이 원계洹谿에서 물을 먹이자 기수가 마를 정도였고, 원계도 물이 흐르지 못할 정도가 되어 주周 무왕武王과 전투를 벌였습니다.

무왕은 상복을 입은 군사 삼천을 거느리고 단 하루의 싸움으로 주의 도성을 깨뜨리고 그를 사로잡고, 그 땅을 점령하고 그 백성을 차지하였으나 천하 누구도 주를 불쌍히 여기지 않았습니다.

진晉나라 지백知伯이 삼국三國의 무리를 이끌고 진양晉陽에서 조趙 양주襄主를 공격하면서 물을 터뜨려 쏟아 붓고 석 달을 가두어 성이 곧 함락될 즈음, 양주는 거북 등을 뚫고 산가지로 점을 쳐서 어느 나라에 항복하는 것이 옳을지 이해득실을 살펴보고는 이에 장맹담張孟談을 사신으로 보냈습니다.

이에 장맹담이 잠행潛行하여 밖으로 나가서는 지백과의 약속을 어기도록 하여 두 나라의 무리를 얻어 지백을 공격, 그를 사로잡아 양주는 자신의 처음 지위를 되찾았던 것입니다.

지금 진나라의 영토는 절장보단하면 사방 수천 리는 될 것이며, 이름떨치는 정예부대는 수십 백만이나 됩니다.

진나라의 호령과 상벌, 지형의 이해 등은 천하 어느 나라에도 이와 같은 곳이 없습니다.

이를 가지고 천하를 들어 친다면 천하는 가히 겸병하고도 남을 것입니다.

제가 죽음을 무릅쓰고 원하건대 대왕을 뵙고 천하 제후들의 합종을 깨뜨리고 조나라를 함락시키며, 한나라를 멸망시키고 초나라와 위나라를 신하로 삼으며, 제나라와 연나라를 가까이 하여 패왕의 명성을 이루고 사방의 제후들로 하여금 조공을 바치도록 할 방법을 말씀드리고 싶은 것입니다.

대왕께서 진실로 저의 말씀을 들으셨는데 일거에 천하의 합종을 깨뜨리지 못하거나, 조나라를 함락시키지 못하거나, 한나라를 멸망시키지 못하거나, 초나라·위나라를 신하로 삼지 못하거나, 제나라·연나라를 내편으로 만들지 못하거나, 패왕의 명성을 이루지 못하거나, 사방 이웃 제후들이 조공을 바치도록 하지 못한다면 대왕께서는 저의 목을 베어 도읍에 널리 순행시키며 왕을 위해 모책을 짜는 자가 불충不忠함이 어떤 것인가를 보여 주십시오."

「且臣聞之曰:『戰戰栗栗, 日愼一日, 苟愼其道, 天下可有.』

何以知其然也?

昔者, 紂爲天子, 將率天下甲兵百萬, 左飮於淇溪, 右飮於洹谿, 淇水竭而洹水不流, 以與周武王爲難.

武王將素甲三千, 戰一日, 而破紂之國, 禽其身, 據其地而有其民, 天下莫傷.

知伯率三國之衆以攻趙襄主於晉陽, 決水而灌之三月, 城且拔矣; 襄主鑽龜筮占兆, 以視利害, 何國可降, 乃使其臣張孟談.

於是乃潛行而出, 反知伯之約, 得兩國之衆, 以攻知伯, 禽其身, 以復襄主之初.

今秦地折長補短, 方數千里, 名師數十百萬.

秦國之號令·賞罰, 地形利害, 天下莫如也.

以此與天下, 天下可兼而有也.

臣昧死願望見大王, 言所以破天下之從, 擧趙·亡韓, 臣荊·魏, 親齊·燕, 以成霸王之名, 朝四鄰諸侯之道.

大王誠聽其說, 一擧而天下之從不破, 趙不擧, 韓不亡, 荊·魏不臣, 齊·燕不親, 霸王之名不成, 四鄰諸侯不朝, 大王斬臣以徇國, 以爲王謀不忠者也.」

【戰戰慄慄】'戰戰兢兢'과 같음. 매우 조심함을 뜻함. 《詩經》 小雅 小旻에 "戰戰兢兢, 如臨深淵, 如履薄冰"라 함.

【日愼一日】《淮南子》 人間訓에 "堯戒曰: 「戰戰慄慄, 日愼一日. 人莫蹪於山, 而蹪於垤.」"이라 하였고, 〈主術訓〉에도 "堯·舜·禹·湯·文·武, 王皆坦然天下而南面焉. 當此之時, 伐鼙而食, 奏雍而徹, 已飯而祭竈, 行不用巫祝, 鬼神弗敢祟, 山川弗敢禍, 可謂至貴矣. 然而戰戰慄慄, 日愼一日"이라 함. 한편 《群書治要》에 인용된 《六韜》 逸文에도 "戰戰慄慄, 日愼一日, 近賢進謀, 使人以節, 言語不慢, 忠心誠必, 此十萬之將也"라 함.

【紂】殷의 末王. 폭군으로 널리 알려짐. 帝辛·商辛으로도 부르며 帝乙의 아들. 妲己에게 빠져 '炮烙之刑'과 '酒池肉林' 등의 악한 고사를 가지고 있으며 周文王(姬昌)을 羑里(牖里)에 가두는 등 周나라와 맞서다가 武王(姬發)에게 망함.

【淇溪·洹谿】紂의 군대가 軍馬에게 물을 먹이던 물줄기. 淇溪는 지금의 河南 동북의 淇水. 衛河로 합류함. 洹谿는 河南의 安陽河. 衛河의 지류.

【周武王】姬發. 文王(姬昌, 西伯)의 아들. 殷末 周民族의 領袖. 아버지의 뜻을 이어 庸·蜀·羌 등 부족과 연합하여 殷의 紂를 멸하고 西周의 封建王朝를 건립함. 周公(姬旦)의 형이며 成王(姬誦)의 아버지. 周初의 文物制度를 완비하여 儒家

에서 흔히 三代의 개국시조 夏禹·商湯·周文武로 일컬으며 추앙받기도 함.

【素甲】 武王의 아버지 文王(姬昌)이 죽어 상중에 있었으므로 흰색 素服 차림을 했던 것임. 《國語》 吳語 韋昭 注에 "素甲, 白甲也. 武王在喪服, 故素甲也"라 함.

【戰一日】 高誘 注에 "甲子之日也"라 함. 《逸周書》 世俘篇에 따르면 周 武王 12년 2월 5일 甲子日이었다 함.

【禽】 '擒'과 같음.

【莫傷】 紂의 죽음과 殷의 멸망에 대해 천하 누구도 哀傷히 여기지 않음.

【知伯】 춘추 말기 晉나라 六卿의 하나. '智伯'으로도 표기하며 원래 이름은 荀瑤. 知襄子. 智襄子. 晉나라 대부. 知躒의 손자. 시호는 襄子. 智는 采邑 이름. 지금의 山西 解縣. 《左傳》 杜預 注에 "荀瑤. 荀躒之孫, 知伯襄子"라 함. 六卿 가운데 가장 세력이 강하여 먼저 范氏와 中行氏를 멸하고 趙氏를 멸하려다가 韓·魏·趙 三卿이 연합하여 知氏를 멸하고 이들이 戰國七雄의 반열에 오르게 됨.

【三國之衆】 知伯이 韓과 魏를 협박하여 세 나라가 함께 晉陽의 趙 襄子를 멸하려 나섰음.

【趙襄主】 趙襄子. 춘추 말 晉나라 六卿의 하나. 이름은 無恤. 趙簡子(趙鞅)의 아들. 趙는 봉읍의 이름. 晉陽(지금의 山西 太原)을 근거지로 발전하였으나 智伯(知伯)의 공격을 받아 포위되었다가 韓·魏의 도움으로 지백을 멸하고 三晉의 반열에 올랐으며 戰國七雄의 하나가 됨. 뒤에 도읍을 邯鄲으로 정함.

【晉陽】 지금의 山西 太原市. 그 무렵 趙氏의 근거지였음.

【決水而灌】 汾下, 晉陽河의 제방을 터서 강물을 쏟아 부음. 水攻作戰을 편 것.

【鑽龜筮占兆】 鑽龜는 거북 등에 구멍을 뚫어 치는 점. 筮는 蓍草로 치는 점. 전국책에는 '鑽龜數筮'로 되어 있음. 이왕 망할 바에 知(智)·韓·魏 세 나라 가운데 어느 나라에 항복하는 편이 유리할 것인지를 점친 것임.

【張孟談】 趙襄子의 謀臣. 《國語》 晉語에는 '張談'으로, 《史記》 趙世家에는 '張孟同'으로 되어 있으며 《史記》의 경우 司馬遷이 자신의 아버지 이름(司馬談)을 避諱한 것을 보임.

【潛行】 몰래 晉陽城을 빠져 나가 韓氏와 魏氏의 군주를 만남. 물에 갇혀 있어 물속을 헤엄쳐 빠져나갔다는 뜻으로 보기도 하나 이는 과장된 물을 헤치고 나간 것임.

【以此與天下】 '與'는 '擧'와 같음. 천하를 들어 침. 이 앞뒤의 구절은 002에 "今秦地折長補短, 方數千里, 名師數十百萬; 秦之號令賞罰, 地形利害, 天下莫若也. 以此與天下, 天下不足兼而有也"라 하여 거의 같음.

【昧死】 '冒死'와 같음. 죽기를 무릅쓰고 의견을 제시함. 자신이 進言하는 용기를 낮추어 말할 때 쓰는 표현.
【徇國】 국도(나라)에 두루 널리 알려 경계로 삼음. 鮑彪 注에 "徇行以示人也"라 함.
【以爲王謀不忠者】 顧廣圻의 《韓非子識誤》에는 "以主爲謀不忠者"로 고쳐져야 한다고 하였음.

참고 및 관련 자료

1. 《**戰國策**》 秦策(1)

且臣聞之:『戰戰慄慄, 日愼一日. 苟愼其道, 天下可有』也. 何以知其然也? 昔者, 紂爲天子, 帥天下將甲百萬, 左飮於淇谷, 右飮於洹水, 淇水竭而洹水不流, 以與周武爲難. 武王將素甲三千領. 戰一日, 破紂之國, 禽其身, 據其地, 而有其民, 天下莫不傷. 智伯帥三國之衆, 以攻趙襄主於晉陽, 決水灌之, 三年, 城且拔矣. 襄主錯龜·數策占兆, 以視利害, 何國可降, 而使張孟談. 於是潛行而出, 反智伯之約, 得兩國之衆, 以攻智伯之國, 禽其身, 以成襄子之功. 今秦地斷長續短, 方數千里, 名師數百萬, 秦國號令賞罰, 地形利害, 天下莫如也. 以此與天下, 天下可兼而有也. 臣昧死望見大王, 言所以擧破天下之從, 擧趙亡韓, 臣荊·魏, 親齊·燕, 以成伯王之名, 朝四鄰諸侯之道. 大王試聽其說, 一擧而天下之從不破, 趙不擧, 韓不亡, 荊·魏不臣, 齊·燕不親, 伯王之名不成, 四鄰諸侯不朝, 大王斬臣以徇於國, 以主爲謀不忠者.」

2. 존한存韓

"韓나라를 존속시키다"의 뜻으로《史記》韓世家에 "王安五年, 秦攻韓, 韓急, 使韓非使秦. 秦留非, 因殺之"라 하였고, 〈秦本紀〉와 〈六國年表〉에 의하면 한비가 진나라에 사신으로 간 것은 秦始皇 14년, 즉 韓 雁王 6년(B.C.233)이며 그로부터 3년 뒤 진나라는 망하고 말았다. 그 무렵 진나라가 통일 전략에 따라 한나라를 공격하자 급해진 韓나라가 한비를 보내어 설득하도록 한 것이며, 그리하여 한비의 유세 내용과, 李斯가 다시 한나라에 가서 韓王을 만나려 하였으나 이루지 못하자 올린 글을 묶어 한 편으로 삼은 것이다.

그러나 기록 형식이 史官의 歷史 記事體이며 내용도 앞뒤가 맞지 않아 많은 의혹을 자아내고 있으며, 이에 太田方의《韓非子翼毳》에는 "若夫〈存韓〉篇, 則韓子之說弗成, 則李斯之議未可知也. 其卒也, 韓說果敗, 斯遊遂成, 韓子何彰己之媿, 屬諸此篇哉! 其可疑二也. 首載亡韓之言, 次紀存韓之事, 一人之書, 一書之中, 一亡一存, 乍秦乍韓, 何其無持操哉? 其可疑三矣. 且縱横之說, 攻伐之事, 秦儀所爲, 而非韓子之所脩也, 其可疑四矣"라 하여 본문에 넣지 않고 부록으로 실어 처리하고 있다.

006(2-1)
한나라를 치는 것은 실책

"한韓나라가 진秦나라를 섬겨온 지 30여 년이 되었습니다. 나서서는 울타리 역할을 해주었고 들어서서는 자리를 깔아주었습니다.

그런데 진나라가 겨우 예리한 군사만을 내어 땅을 빼앗으면서 우리 한나라에게 진나라 군사의 뒤를 따르라 하시니 천하에 대한 원한은 우리가 달고 다니고 공은 강한 진나라에게 돌아가고 말았습니다.

게다가 무릇 우리 한나라는 공물이나 부역을 바치고 있으니 진나라의 군현郡縣이나 다름이 없습니다.

지금 제가 몰래 귀국 신하들의 계책을 듣건대 다시 군대를 일으켜 우리 한나라를 치려 하신다 하더이다.

무릇 조趙나라는 사졸을 모으고 합종의 무리들을 길러 내며 천하의 병사들과 합하여 진나라를 약화시키지 못하면 제후들은 틀림없이 자신들의 종묘가 멸망하고 말 것이라 설명하면서 서쪽으로 진나라를 칠 뜻을 가진 것이 하루에 세운 계책이 아닙니다.

지금 조나라로부터 입을 환난을 놓아두고 내신內臣이라 할 우리 한나라를 멸하신다면 천하는 조나라의 계책이 틀림없다고 명확히 알게 될 것입니다."

「韓事秦三十餘年, 出則爲扞蔽, 入則爲蓆薦.

秦特出銳師取韓地而隨之, 怨懸於天下, 功歸於强秦.

且夫韓入貢職, 與郡縣無異也.

今臣竊聞貴臣之計, 擧兵將伐韓.

夫趙氏聚士卒, 養從徒, 欲贅天下之兵, 明秦不弱, 則諸侯必滅宗廟, 欲西面行其意, 非一日之計也.

今釋趙之患, 而攘內臣之韓, 則天下明趙氏之計矣.」

【三十餘年】 韓 釐王 23년(B.C.273) 趙·魏가 연합하여 韓나라 華陽을 공격하자 秦나라가 구원에 나서 趙·魏 연합군을 격파한 다음 秦나라는 그 명분으로 한나라에게 복속을 강요하여 한나라는 결국 秦나라의 힘에 의지하게 되었으며 이때부터 韓非가 秦나라에 사신을 갔을 무렵까지 30여 년이 흘렀음을 말함.

【扞蔽】 '扞'은 '捍'과 같으며 防禦하여 대신 울타리 역할을 해 줌. 藩屛의 역할을 다함.

【蓆薦】 편히 깔고 앉을 자리 역할을 해줌. 津田鳳卿의 《韓非子解詁》에 "扞蔽以衛其身, 蓆薦以安其體, 喩出入必爲秦役也"라 함.

【秦特出銳師取韓地而隨之】 〈集解〉에 "先愼曰: 韓字當在而下. 取地, 略地也. 下文: 韓與秦兄弟共固天下"라 하여 이 문장은 "秦特出銳師取地而韓隨之"가 되어야 하며 이에 따라 풀이함. '特'은 '겨우'(僅)의 뜻. '진나라는 겨우 몇몇 정예부대만으로 다른 제후들의 땅을 빼앗으면서 우리 한나라로 하여금 많은 군사를 내어 자신들을 따라 나서도록 강요함'을 뜻함.

【懸】 結과 같음. 원한을 맺음. 원래 '매달다'의 뜻이나 '다른 제후국의 원한을 진나라가 대신 달고 다님'의 뜻.

【貢職】 공물을 바치고 노동력을 제공하는 등 낮은 자가 큰 자를 위해 봉사함.

【養從徒】 '從'은 '合從(合縱)'의 뜻으로 趙나라가 다른 나라와 연합하여 秦나라를 치고자 이를 수행할 무리들을 양성함. 津田鳳卿은 "從徒, 謂蘇秦之徒, 爲合從說者"라 함.

【贅】 '綴'과 같음. 雙聲互訓. 連繫하여 하나로 묶음. 〈乾道本〉 注에 "贅, 綴連也"라 함.

【攘】 탈취함. 배척함. 멸망시킴. 秦나라가 韓나라를 존속시키지 않고 아예 멸함.

【內臣】 마음대로 조종할 수 있는 나라 안의 신하에 비유한 것. 〈乾道本〉 注에 "韓爲內臣, 秦猶滅之, 則天下從趙攻秦, 計爲得矣"라 함.

007(2-2)
천하 제후들의 표적

"무릇 한韓나라는 작은 나라로서 천하 사방으로부터의 공격에 대응하느라 임금은 치욕을 당하고 신하들은 고통에 잠겨 위아래가 함께 근심해온 지 오래되었습니다. 장비를 갖추어 수비하며 강적을 경계하고 물자를 축적하며 성지城池를 수축하여 견고하게 지키고 있습니다.

지금 만약 그대 진秦나라가 우리 한나라를 친다면 1년이 걸려도 멸망시키지는 못할 것이며 그러다가 성 하나를 함락하고 나서 물러날 정도라면 그 권위가 천하로부터 경시당하고 천하 제후들은 우리 진나라를 꺾어버릴 것입니다.

그 때 한나라가 배반이라도 한다면 위魏나라가 여기에 호응할 것이며, 조趙나라는 제齊나라를 근거로 도움을 삼을 것이요, 이렇게 되면 한나라와 위나라가 조나라를 도와주면서 제나라에 힘을 빌려주어 합종合從을 더욱 튼튼히 한 채 진나라를 상대로 누가 더 강한지 쟁패를 벌일 것이니 이는 조나라에게는 다행스런 일이며 진나라에는 환난이 되는 것입니다.

무릇 나아가 조나라를 공격하고는 능히 차지하지 못하고, 물러나서 한나라를 공격하고는 함락시키지 못하면 거기에 나섰던 귀국의 예병銳兵들은 야전에서 지쳐 버릴 것이요, 군수 물자를 맡은 군사들은 안에서 공급하다가 지쳐버려, 고생하고 약한 무리를 규합하여 만승萬乘의 두 나라를 대적하게 되는 것이어서 이는 한나라를 멸망시키겠다는 의도가 아닌 것이 됩니다.

한결같이 만약 귀국 신하들의 계책대로 한다면 진나라 병사들은 틀림없이 천하 제후들의 표적이 될 것입니다.

폐하께서 비록 금석金石이 다 닳을 때까지 사신다 해도 천하를 겸병할 날은 오지 않을 것입니다."

「夫韓, 小國也, 而以應天下四擊, 主辱臣苦, 上下相與同憂久矣.

修守備, 戒强敵, 有蓄積, 築城池以守固.

今伐韓, 未可一年而滅, 拔一城而退, 則權輕於天下, 天下摧我兵矣.

韓叛, 則魏應之, 趙據齊以爲原, 如此, 則以韓·魏資趙假齊, 以固其從, 而以與爭强, 趙之福而秦之禍也.

夫進而擊趙, 不能取; 退而攻韓, 弗能拔, 則陷銳之卒, 懃於野戰; 負任之旅, 罷於內, 則合群苦弱以敵而共二萬乘, 非所以亡趙之心也.

均如貴人之計, 則秦必爲天下兵質矣.

陛下雖以金石相弊, 則兼天下之日未也.」

【四擊】 사방에 있는 제후들로부터 공격을 받는 상황에 있음.

【城池】 金城湯池의 줄인 말. 수비 시설을 완벽하게 함.

【摧我兵】 摧는 摧殘시킴. 꺾어 분쇄함. '我兵'은 진나라 군사를 가리킴. 그 진나라가 한나라 군사를 동원하여 함께 하므로 이렇게 표현한 것임.

【以爲原】 吳汝綸의 《點勘韓非子讀本》에 "原, 乃援之誤"라 함.

【資趙】 '資'자는 '助'와 같음. 물자의 도움을 받음.

【假】 假자가 貸의 뜻으로 쓰임.

【陷銳之卒】 적을 함락시킬 정예 군사를 가리킴. 진나라 병사를 뜻함.

【負任之旅】 무거운 짐을 나르는 군중. 군수물자를 공급하는 輜重부대. 旅는 군 조직에서 5백 명을 단위로 편성된 군대 조직.

【內攻】 '攻'은 '共'과 같으며 이는 다시 '供'의 뜻임. 高亨의 《韓非子補箋》에 "攻, 當讀爲共給之共. 就是由國內轉運糧餉供給前敵"이라 함.

【二萬乘】 만승의 두 나라. 즉 齊나라와 趙나라를 가리킴.

【亡趙之心】 秦나라 貴臣들의 본뜻은 韓나라를 멸망시켜 진나라의 郡縣으로 만들고자 하는 것이었으므로 '趙'자는 '韓'자여야 함. 〈集解〉에 "顧廣圻曰: 趙, 當作韓. 亡韓, 貴人之計也"라 하였고, 陳奇猷의 《韓非子集釋》에는 "此應上貴臣之計, 擧兵之將伐韓語. 若此作趙, 則上伐韓語無交代. 此言趙氏之事, 乃用以說明韓之不可伐"이라 함.

【均如】 '均'은 '同'·'一'과 같음. '변함없이·한결같이'의 뜻. 〈集解〉에 "均, 同也, 謂同其計而用之"라 함.

【質】 '質'은 '的'과 같음. 과녁·표적의 뜻. 〈集解〉에 "顧廣圻曰: 質, 射的也"라 함.

【金石相弊】 '弊'자는 '다 닳아 없어지다'의 뜻. '금석처럼 길이 장수한다 해도'의 뜻임. 〈集解〉에 "王先謙曰: 與金石相弊, 謂與金石齊壽也; 雖永壽而無兼天下之日, 極言其非計"라 함.

008(2-3)
무기는 흉기

"지금 천한 저의 어리석은 계략으로는 사람을 초楚나라에 사절로 하여 많은 예물을 중요한 신하에게 주어 조趙나라가 진秦나라를 속여 왔음을 밝히시는 한편, 위魏나라에게는 인질을 보내어 그들을 안심시키며, 한韓나라를 따라 조나라를 친다면, 조나라가 비록 제齊나라와 한편이 된다 해도 걱정할 것이 없다고 여깁니다.

이 두 나라에 대한 일만 끝낸다면 한나라는 가히 공문서 하나 보내는 것으로써 평정할 수 있을 것입니다.

그리하여 우리 진나라가 한 번의 거사로 조·한 두 나라를 멸망할 형세에 처하도록 하면 초나라와 위나라도 틀림없이 스스로 복종해 올 것입니다.

그 때문에 '무기란 흉기'라고 하였으니 깊이 헤아려 쓰지 않으면 안 됩니다.

진나라와 조나라는 서로 평형을 이룰 만큼 세력이 대등한데 거기에 제나라가 조나라에게 가세하고 있으며, 다시 한나라가 등을 돌리고 초나라와 위나라 마음을 다져 놓지 못한 상태입니다.

무릇 한나라와 한 번 싸워 이기지 못한다면 재앙에 얽혀들고 말 것입니다.

계략이란 일을 확정하는 수단이니 잘 살피지 않으면 안 될 것입니다.

진나라의 강약이 결판나는 것은 올해 안에 있게 될 것입니다.

게다가 조나라가 제후들과 더불어 음모를 꾸민 지도 오래되었습니다.

대체로 한 번 움직였다가 제후들에게 약점을 보이기라도 하면 이는 위험한 일이며, 계략을 세웠다가 제후들로 하여금 진나라를 칠 뜻을 갖도록 했다가는 지극히 위태로워질 것입니다.

이 두 가지 서툰 계략을 겉으로 드러내는 것은 제후들에게 강함을 과시하는 방법이 아닙니다.

저는 속으로 원하건대 폐하께서 다행히 깊이 헤아려주실 것을 원합니다!

무릇 공벌攻伐하면서 합종한 나라들로 하여금 그 틈에 끼어들게 한다면 후회하는 것으로 끝나지 않을 것입니다."

「今賤臣之愚計: 使人使荊, 重弊用事之臣, 明趙之所以欺秦者; 與魏質以安其心, 從韓而伐趙, 趙雖與齊爲一, 不足患也.

二國事畢, 則韓可以移書定也.

是我一擧, 二國有亡形, 則荊·魏又必自服矣.

故曰;『兵者, 凶器也.』不可不審用也.

以秦與趙敵衡, 加以齊, 今又背韓, 而未有以堅荊·魏之心.

夫一戰而不勝, 則禍搆矣.

計者, 所以定事也, 不可不察也.

韓·秦强弱, 在今年耳.

且趙與諸侯陰謀久矣.

夫一動而弱於諸侯, 危事也; 爲計而使諸侯有意伐之心, 至殆也.

見二疏, 非所以强於諸侯也.

臣竊願陛下之幸熟圖之!
夫攻伐而使從者間焉, 不可悔也.」

【荊】 楚나라의 다른 이름. 楚나라 선조 熊繹이 荊山을 개척하여 그 이름이 이어진 것임.

【重幣】 중한 뇌물.

【用事之臣】 요직에 있어 국사의 결정에 큰 권한을 가진 신하.

【移書】 '移'는 공문서의 일종. 국가 사이의 외교 문서.

【亡形】 나라가 망할 형세에 놓인 것을 표현함.

【兵者, 凶器也】 《老子》(31)에 "夫佳兵者, 不祥之器, 物或惡之, 故有道者不處"라 하였고 《國語》 越語에도 "范蠡進諫曰: 「夫勇者, 逆德也; 兵者, 凶器也; 爭者, 事之末也. 陰謀逆德, 好用凶器, 始於人者, 人之所卒也; 淫佚之事, 上帝之禁也, 先行此者, 不利.」"라 함.

【敵衡】 '敵'은 대등함을 뜻하며, '衡' 역시 저울대가 수평을 이루듯이 서로 백중세를 이룸을 비유함.

【禍搆】 '搆'는 '構'와 같음. 화근이 뒤얽혀 풀려나기 어려움.

【韓秦强弱, 在今年耳】 '韓'은 '趙'의 오기로 松皐圓의 《定本韓非子纂聞》에 "韓字誤, 當作趙. 伐韓則趙强, 攻强則秦强, 成敗强弱, 在此一擧. 韓子意欲嫁禍於趙, 使韓免於兵也"라 하여 '진나라와 조나라의 강약은 올해 안에 결판이 날 것'이라고 보고 있으나 顧廣圻와 王先愼은 '韓'자는 '轉'자의 오기이며 '秦나라 강약의 전환이 바로 금년에 결정난다'라고 보았음. 그러나 兪樾은 이에 의견을 달리하기도 하였음. 〈集解〉에 "顧廣圻曰: 韓, 當作轉. 兪樾曰: 韓秦强弱, 各本皆同, 顧氏謂當作轉, 誤. 先愼曰: 顧說是. 如貴臣之計, 秦爲天下兵質, 則秦必弱, 如非之計, 齊·趙可亡, 荊·魏必服, 則秦强矣. 秦計一定, 强弱隨之. 若韓之强弱, 皆非所敢言乎?"라 함. 해석은 이를 따랐음.

【至殆】 至자는 최상의 표현으로 지극히 위태로움을 말함.

【見二疏】 '疏'는 '粗', '拙'의 뜻. 엉성한 두 가지 계책을 뜻함.

【從者間】 '從'은 '縱'과 같으며 合縱을 뜻함. '間'은 그 틈을 끼어듦. 혹 '間'은 어떤 책에는 '聞'으로 되어 있으며 '反間'의 뜻으로도 풀이함. 〈集解〉에 "顧廣圻云: 聞, 當作間. 間, 反間也"라 함.

【不可悔】 후회로 끝나지 않음. 후회해도 어쩔 수 없음.

참고 및 관련 자료

1. 韓非의 〈存韓〉편 문장은 실제 여기서 끝난 것이며 秦始皇이 이 글을 李斯에게 조서를 내려 참고하도록 내려주자 李斯가 이를 반박하여 올린 것임. 王先愼 〈集解〉에 "存韓文止此, 下乃附見其事"라 함.

009(2-4)

이사李斯의 상서上書

"왕께서 조서詔書로 한韓나라 객客이 올린 상서문, 즉 〈한나라는 아직 쳐서는 안 된다〉라는 글을 신하 저(李斯)에게 내려주셨으나 저는 심히 그렇지 않다고 여깁니다.

진秦나라가 한나라를 가지고 있음은 마치 사람이 복심腹心에 병을 가지고 있는 것과 같습니다.

편안히 있을 때는 답답하고, 습지에 있으면 발이 떨어지지 않아 걸을 수 없고 급히 달리기라도 하면 갑자기 병이 생깁니다.

무릇 한나라가 비록 진나라에게 신하처럼 복종은 하고 있지만 진나라의 병이 되지 않은 적이 없는데 지금 만약 갑작스러운 일이 생긴다면 한나라는 믿을 수가 없습니다.

진나라와 조나라가 서로 얽혀 있어 형소荊蘇를 제齊나라에 사신으로 보냈지만 어찌 될지 알 수 없습니다.

제가 보기에는 제나라와 조나라의 국교는 형소 한 사람으로 결코 단절될 것이라 여기지는 않으며, 만약 단절되지 않는다면 이는 진나라로서는 나라 힘을 다 모아 만승의 나라 둘을 대응해야 할 것입니다.

무릇 한나라는 진나라에게 의리 때문에 복종하는 것이 아니라 강력한 세력에 굴복하고 있을 뿐이니, 지금 진나라가 제나라와 조나라에게 온 힘을 쏟게 되면 한나라는 틀림없이 복심의 병이 되어 발작할 것입니다.

한나라와 초나라가 공모를 하고 제후들이 거기에 동조하게 되면 진나라는 틀림없이 효새崤塞의 환란을 다시 맛보게 될 것입니다."

「詔以韓客之所上書, 書言〈韓之未可擧〉, 下臣斯, 甚以爲不然.

秦之有韓, 若人之有腹心之病也.

虛處則㤥然, 若居濕地, 著而不去, 以極走, 則發矣.

夫韓雖臣於秦, 未嘗不爲秦病, 今若有卒報之事, 韓不可信也.

秦與趙爲難, 荊蘇使齊, 未知何如.

以臣觀之, 則齊·趙之交未必以荊蘇絶也; 若不絶, 是悉趙而應二萬乘也.

夫韓不服秦之義而服於强也, 今專於齊·趙, 則韓必爲腹心之病而發矣.

韓與荊有謀, 諸侯應之, 則秦必復見崤塞之患.」

【詔】 秦始皇이 韓非의 상서문을 詔書로 하여 丞相 李斯에게 내림.

【韓客】 한나라에서 온 유세객. 사신. 韓非를 가리킴.

【韓之未可擧】〈乾道本〉에는 '韓子之未可擧'로 되어 있으나 兪樾은 "子字, 衍文. 韓非因聞貴臣之計, 擧兵將伐韓 故上此書, 言韓之未可擧. 誤衍子字, 義不可通"이라 하였으며 〈趙本〉과 〈張榜本〉에도 '子'자가 없음.

【斯】 李斯. 그 무렵 秦나라 재상. 원래 楚나라 上蔡 사람으로 韓非와 함께 荀卿(荀子)에게 배우고 秦나라로 들어가 呂不韋의 추천으로 客卿·廷尉에 오름. 秦始皇이 천하를 평정하고 나서 그를 丞相으로 삼아 郡縣制·禁書令·文字改革 등 많은 업적을 남겼음. 秦始皇이 죽고 二世(胡亥)를 세우는 일에 趙高에게 동조

하였다가 뒤에 趙高의 모함에 걸려 咸陽에서 腰斬을 당하였음. 《史記》 李斯列傳 참조.

【處處】 아무런 일이 없는 평상시. 平居의 상황을 뜻함.

【恔然】 恔는 '苦'자와 같음. 《說文》에 "恔, 苦也"라 하였고, 《廣韻》에 "恔, 患苦"라 함.

【以極走】 '極'은 '亟'과 같음. 兪樾은 "極, 猶亟也, 古字通用"이라 함.

【卒報】 '卒'은 '猝'과 같음. 돌발 사태를 알리는 보고.

【荊蘇】 齊나라에 파견한 秦나라 사신으로 齊나라와 趙나라의 외교 관계 단절을 설득하기 위해 임무를 띠고 간 자. 구체적 사적은 알 수 없음.

【悉趙而應二萬乘】 '趙'는 '秦'의 오기. 王渭는 "趙, 當作秦"이라 함. 秦나라로서는 국력을 다 모아 만승의 두 나라 즉. 齊, 趙를 상대로 싸워야 함.

【崤塞】 崤山(殽山)의 요새. 지금의 河南 洛寧縣 북쪽으로 函谷關과 이어져 있으며 山東 六國과 대치하거나 전투를 벌일 수밖에 없는 위치. 과거 여러 차례 山東 合縱으로 崤塞에서 전투를 벌여 秦나라가 고통을 당했던 일을 상기시킨 것임. 《戰國策》 齊策에 "齊宣王西攻秦, 秦爲齊兵困於崤塞之上"이라 하였고 〈趙策〉에도 "昔歲崤下之事, 韓爲中軍, 以與諸侯攻秦"이라 하였으며, 《史記》 楚世家에는 "六國共攻秦, 楚懷王爲從長, 至函谷關"이라 하였고, 〈六國年表〉에는 "始皇六年, 五國共擊秦"이라 한 예가 있음.

010(2-5)
한비의 계략

"한비가 이 진秦나라에 온 것은 반드시 한나라를 존속시켜 그 덕으로 한나라에 중용되고자 하는 것입니다.

그 자는 뛰어난 말솜씨로 그릇된 것을 그렇지 않은 양 꾸미고 모책에 속임수를 쓰며, 이 진나라로부터 이득을 낚아 한나라에게 이득이 되도록 하고자 폐하를 엿보고 있는 것입니다.

무릇 진나라와 한나라의 관계가 매우 가까워지면 한비는 중용될 것이니 이것이 바로 그 자신의 이익을 위한 계산입니다."

「非之來也, 未必不以其能存韓也, 爲重於韓也.
辯說屬辭, 飾非詐謀, 以釣利於秦, 而以韓利闚陛下.
夫秦·韓之交親, 則非重矣, 此自便之計也.」

【非之來】'非'는 韓非. 그가 秦나라에 오게 된 이유.

【辯說屬辭】말을 매우 잘 꾸며댐. 말솜씨에 능함.

【釣利】이익을 낚아 올림.

【闚】'闚'는 '窺', '伺'와 같음. 〈宋本〉注에 "闚陛下之意, 因隙而入說, 以求韓利"라 함.

011(2-6)
한왕을 부르십시오

"제가 보기에 한비의 말은 음설淫說을 꾸미며 화려한 말솜씨가 아주 심합니다.

저는 폐하께서 한비의 말솜씨에 넘어가 그의 도둑 욕심을 받아들여 그 때문에 일의 실정을 제대로 살피지 못할까 두렵습니다.

이제 저의 어리석은 논의를 올리건대 진나라가 군사를 일으켜 칠 대상을 지명하지 않은 채로 있으면 한나라 용사자用事者들은 진나라를 섬기는 계책을 세울 것입니다.

청컨대 제가 가서 한왕韓王을 만나 그로 하여금 진나라에 들어와 직접 대왕을 뵙도록 하고 그 때 그를 안으로 들게 한 다음 돌려보내지 않은 채 얼마 뒤 사직의 신하들을 불러 그들과 흥정을 하면 한나라 땅은 깊이 끊어먹을 수 있을 것입니다.

그것을 바탕으로 몽무蒙武로 하여금 동군東郡 군사를 출동시켜 국경에서 그들 정세를 엿보며 역시 진격할 행방을 드러내지 않으면 제齊나라가 두려워 형소荊蘇의 계책을 따르게 될 것입니다.

이것이 바로 우리 군사는 미처 출동하지도 않은 채 질긴 한나라는 위세로써 사로잡고, 강한 제나라는 의리로써 복종시키는 것입니다.

이것이 제후들에게 알려지면 조趙나라는 간담이 서늘해질 것이며, 초楚나라는 갈피를 잡지 못하여 틀림없이 충성 바칠 계책을 마련하게 될 것입니다.

초나라는 움직이지도 못하고 위魏나라는 걱정을 하지 않아도 될 상황이 되면 제후들을 잠식蠶食하여 모두 차지할 수 있을 것이며, 조나라와는 상대하여 맞설 수 있을 것입니다.

원하건대 폐하께서는 어리석은 저의 계략을 살펴보시고 소홀함이 없기를 바랍니다."

진나라는 드디어 이사를 한나라에 사절로 파견하였다.

「臣視非之言, 文其淫說, 靡辯才甚.

臣恐陛下淫非之辯而聽其盜心, 因不詳察事情.

今以臣愚議: 秦發兵而未名所伐, 則韓之用事者以事秦爲計矣.

臣斯請往見韓王, 使來入見, 大王見, 因內其身而勿遣, 稍召其社稷之臣, 以與韓人爲市, 則韓可深割也.

因令象武發東郡之卒, 闚兵於境上, 而未名所之, 則齊人懼而從蘇之計.

是我兵未出, 而勁韓以威擒, 强齊以義從矣.

聞於諸侯也, 趙氏破膽, 荊人狐疑, 必有忠計.

荊人不動, 魏不足患也, 則諸侯可蠶食而盡, 趙氏可得與敵矣.

願陛下幸察愚臣之計, 無忽.」

秦遂遣斯使韓也.

【文其淫說靡辯】 '文'은 '飾'의 뜻. '靡'는 '麗'의 뜻. 尹桐陽은 "靡, 輕麗也"라 하여 천박하면서 화려함.

【淫非之辯】‘淫’자는 ‘惑’의 뜻. 한비의 말솜씨에 현혹됨. 呂氏春秋 直諫 “得丹之姬淫”의 注에 “淫, 惑也”라 함.

【未名所伐】‘名’은 지명함. 드러내 놓고 칠 대상을 公言하지 않음.

【用事者】나라의 실권을 쥐고 있는 중신들.

【韓王】그 무렵 韓나라 군주는 安王이었음. 전국시대 韓나라 마지막 군주로 B.C.238~B.C.230년까지 재위하고 秦나라 천하통일 때에 망함.

【社稷之臣】用事者와 같은 뜻으로 국가의 중책을 맡은 신하.

【爲市】협상을 함. 왕을 인질로 잡고 땅과 맞바꾸는 거래를 하는 것.

【象武】‘象’은 ‘蒙’자의 誤記. 顧廣圻《韓非子識誤》에 “象, 當作蒙. 蒙武見始皇本紀·蒙恬列傳”이라 함. 蒙武는 秦나라 장수로 蒙驁의 아들이며 蒙恬의 부친. 천하통일 때 가장 큰 공을 세움.

【東郡】秦始皇 5년 蒙驁가 魏나라를 공격하여 20개의 성을 빼앗고 그곳에 東郡을 설치함. 지금의 河北 남부, 山東 서북부 일대. 7년 蒙驁가 죽고 아들 蒙武가 장수가 되어 東郡을 지키고 있었음.

【闚兵】秦始皇 23년 蒙武는 王翦과 함께 楚나라를 공격하여 초군을 무찌르고 項燕을 살해했으며 24년에는 초나라를 멸망시키고 초왕 負芻를 사로잡음. 이러한 일련의 과정을 말함.

【勁韓】‘勁’은 ‘질기다’의 뜻.

【破膽】‘간장을 깨뜨리다’의 뜻으로 간담을 서늘하게 함. 겁을 먹어 놀라고 두려워함.

【狐疑】여우가 의심이 많아 자꾸 뒤를 돌아보며 갈피를 잡지 못하는 형상을 말함.

【蠶食】누에가 뽕잎을 갉아 먹듯 야금야금 먹어 들어감.

012(2-7)
한왕에게 올린 이사의 글

이사李斯가 한나라에 가서 한왕韓王에게 알리려 하였으나 만날 수가 없어 이렇게 글을 올렸다.

"지난날 진나라와 한나라는 온 힘을 다해 뜻을 하나로 모아 서로 침범하지 않았기에 천하 누구도 감히 범하지 못하였으며 이와같이 해 온 지가 몇 대에 걸쳐 이어졌습니다.

지난번 다섯 제후들이 함께 연합, 한나라를 침벌했을 때 진나라는 군대를 일으켜 구원해 주었습니다.

한나라는 중원中原에 있지만 땅은 사방 천리에 미치지 못하면서도 천하 제후들과 같은 반열에 끼여 군신이 서로 보존할 수 있었던 것은 대대로 서로 진나라를 잘 섬기도록 해온 힘 때문이었습니다.

지난 시기에 다섯 제후들이 연합하여 우리 진나라를 칠 때 귀국 한나라는 도리어 선봉이 되어 진나라를 향해 함곡관에 진을 쳤습니다.

그러나 제후들의 군사는 지치고 힘이 다하여 어쩔 수 없게 되자 제후들 군사는 철수하고 말았습니다.

두창杜倉이 진나라 재상이 되자 군사를 일으키고 장수를 파견, 천하 제후들에게 원한을 갚고자 우선 초楚나라를 치고자 하였습니다.

초나라 영윤令尹이 이를 걱정하여 '무릇 한나라는 말로는 진나라가 의롭지 못하다 하면서도 도리어 진나라와 형제의 의를 맺고 함께 천하를 괴롭히다가 이윽고 다시 진나라를 배반하고 앞장서 함곡관을 공격하였으니 한나라는 중원에 있으면서 줏대가 없어 알 수 없는 나라'라고 하였습니다.

그리하여 천하 제후들이 함께 한나라 상지上地 열 개 성을 나누어 진나라에 바치면서 사죄하여 진나라는 병력을 풀었던 것입니다.

무릇 한나라는 일찍이 한 번 진나라를 배반하였다가 압박을 받고 영토는 침략당하여 병력은 약해진 채 지금에 이르고 있으니, 이렇게 된 까닭은 간신들의 뜬소문을 듣고 사실을 저울질해 보지 않았기 때문이며, 비록 간신들을 죽여 없앤다 해도 한나라를 다시 강한 나라로 만들 수는 없을 것입니다."

李斯往詔韓王, 未得見, 因上書曰:

「昔秦·韓勠力一意以不相侵, 天下莫敢犯, 如此者數世矣.

前時五諸侯嘗相與共伐韓, 秦發兵以救之.

韓居中國, 地不能滿千里, 而所以得與諸侯班位於天下, 君臣相保者, 以世世相教事秦之力也.

先時五諸侯共伐秦, 韓反與諸侯先爲雁行, 以嚮秦軍於關下矣.

諸侯兵困力極, 無奈何, 諸侯兵罷.

杜倉相秦, 起兵發將以報天下之怨而先攻荊.

荊令尹患之, 曰:『夫韓以秦爲不義, 而與秦兄弟共苦天下, 已又背秦, 先爲雁行以攻關. 韓則居中國, 展轉不可知.』

天下共割韓上地十城以謝秦, 解其兵.

夫韓嘗一背秦而國迫地侵, 兵弱至今; 所以然者, 聽姦臣之浮說, 不權事實, 故雖殺戮姦臣, 不能使韓復强.」

【詔韓王】'詔'는 '告'와 같음.《說文》에 "詔, 告也"라 함. 韓王은 전국말 한나라 마지막 군주 韓 安王.

【勠力】'勠'는 온힘을 다함을 뜻함.

【五諸侯】〈集解〉에 "韓世家: 釐王二十三年, 趙·魏共伐韓, 韓使陳筮告急於秦, 秦昭王遣白起救韓, 八日而至, 大破趙·魏之師"라 함.

【中國】中原을 뜻함. 황하의 중류 지역으로 그 무렵 천하의 중심이며 문명지역으로 여겼음.

【共伐秦】秦 惠文王 때 六國이 연합하여 秦나라를 공격했던 일. 韓나라를 제외한 楚·秦·魏·燕·齊를 일컬어 五諸侯라 한 것임. 그러나 王先謙은 "秦昭王九年, 齊·魏·韓共擊秦於函谷, 十一年齊·韓·趙·魏·宋·中山五國共攻秦; 韓襄王十四年, 十六年事也"라 함.

【雁行】기러기가 삼각형 모습으로 차례를 맞추어 함께 날아감을 말함. 그러한 隊列에서 韓나라가 선두에 서서 秦나라를 공격했었음을 말함.

【嚮】'向'과 같음.

【關下】'關'은 函谷關을 가리킴.

【極】'極'은 '盡'과 같음.

【杜倉】秦나라 재상.《戰國策》魏策에는 '士倉'으로 되어 있음.

【先攻荊】먼저 荊(楚)나라부터 공격해 들어감. 王先謙은 "據表·記·世家, 秦昭王二十七年, 楚頃襄王十九年, 韓釐王十六年也. 自是連三年秦擊楚, 破之, 遂拔郢"이라 함.

【令尹】楚나라 제도로 다른 나라의 相國(宰相)에 해당함.

【展轉不可知】'展轉'은 '輾轉'과 같은 雙聲(疊韻)連綿語. 무시로 배반과 복종을 일삼아 줏대가 없음을 뜻함. 王先愼은 "展轉, 猶反覆也"라 함.

【上地】魏나라 지명.《戰國策》등에 모두 '上黨'으로 알려진 곳. 上郡으로도 불렀으며 지금의 陝西 楡林에서 延安까지 일대.

【浮說】잘못된 의견. 떠돌아다니는 제안.

013(2-8)
한나라를 먼저 공격할 것이다

"지금 조趙나라가 제후의 병사들을 모아 우리 진秦나라를 상대로 일을 벌이고자 사람이 와서 이 한나라에게 길을 빌려 진나라를 치겠다고 말하고 있습니다. 진나라를 치겠다고 하지만 그 형세로 보아 틀림없이 먼저 한나라를 친 뒤에 진나라를 칠 것입니다.

게다가 제가 듣기로 '입술이 없어지면 이가 시리다'라 하였으니 무릇 진나라와 한나라는 같은 걱정을 하지 않을 수 없는 사이로서 그 상황은 가히 알 수 있습다.

위魏나라가 군사를 일으켜 한나라를 치려 할 때 진나라는 사람을 시켜 한나라에 사자使者를 보내 주었습니다.

그런데 지금 진왕께서 저(李斯)를 사신으로 여기에 오도록 보내주었는데 임금을 만나 뵐 수가 없으니 아마도 좌우 측근이 지난 번 간신들의 계략을 그대로 답습, 한나라로 하여금 다시 한번 영토를 잃는 환란을 겪도록 하고 있는 것이 아닌가 합니다.

제가 뵐 수 없다면 청컨대 돌아가서 이를 보고하면 진나라와 한나라의 국교는 끊어지고 말 것입니다!

제가 사신으로 여기에 온 것은 진왕의 호의를 받들어 편한 계책을 바치고자 원하던 것이지 어찌 폐하로 하여금 저 같은 천신을 맞이하라는 것이겠습니까?

저는 원컨대 한 번 만나 뵙고 나가서 저의 어리석은 계책을 진언하고는 물러서서 저륙菹戮의 형벌을 받고자 하는 것이니 원컨대 폐하께서 생각해 보시기 바랍니다!

지금 한나라에서 저를 죽인다 해도 대왕께서는 그 때문에 강해질 수 없을뿐더러 만약 저의 계책을 받아들이지 않으면 재앙은 틀림없이 얽히게 될 것입니다.

진나라가 군대를 일으켜 머물지 않고 다가온다면 한나라 사직은 근심에 쌓이고 말 것입니다.

저의 시신이 한나라 시장에 드러내어진다면 비록 저의 어리석은 충정에서 나온 계책을 살피고자 해도 그 때는 불가능할 것입니다.

변경이 짓밟혀 도성만을 지키고 있을 때 진나라 군대의 북과 큰 방울 소리가 귀에 울려오면 그제야 저의 계책을 쓰고자 해도 이미 때는 늦고 말 것입니다.

게다가 한나라의 병력은 천하에 알려져 있는데 이제 다시 강한 진나라를 배반하고 있습니다.

무릇 성을 버리고 군대가 패배한다면 도리어 측근들이 반란을 일으켜 도적이 되어 틀림없이 성을 습격할 것입니다.

성이 무너지면 무리가 흩어질 것이요, 무리가 흩어지면 군사는 없는 것이 됩니다.

성을 튼튼하게 지키고 있으면 진나라는 반드시 군사를 일으켜 왕의 한 도성을 에워쌀 것이며, 그리하여 길이 통하지 못하면 화난은 틀림없는 것이며 그 때 모책을 세운다 해도 그 형세로 보아 구원을 받을 수 없게 될 것입니다.

이는 곁에서 계책을 세우는 자들이 주밀하지 못하기 때문이니 원컨대 폐하께서는 생각을 헤아려 보시기 바랍니다.

만약 저의 말이 사실과 맞지 않음이 있다면 원컨대 대왕께서 다행히 저를 면전에서 의견을 모두 다 말씀드릴 수 있도록 한 다음에 그 때 관리에게 보내어 저를 처벌해도 늦지 않을 것입니다.

진왕은 음식에 단맛을 느끼지 못하고, 놀이에도 즐거움을 느끼지 못하며 뜻은 오직 조나라 칠 일에게만 몰두하여 저를 이곳에 보내어 말씀을 올리도록 한 것이니 원컨대 직접 뵙고 급히 폐하와 계책을 세우고 싶습니다.

지금 저로 하여금 직접 뵐 수 없게 한다면 한나라에 대한 믿음은 더 이상 어찌 될지 알 수 없습니다.

무릇 진나라는 틀림없이 조나라를 칠 일은 제쳐놓고 군대를 한나라 쪽으로 옮길 것이니 폐하께서는 다시 이를 살펴보시고 저에게 판결을 내려 주시기 바랍니다."

「今趙欲聚兵士卒, 以秦爲事, 使人來借道, 言欲伐秦.

欲伐秦, 其勢必先韓而後秦.

且臣聞之:『脣亡則齒寒.』夫秦·韓不得無同憂, 其形可見.

魏欲發兵以攻韓, 秦使人將使者於韓.

今秦王使臣斯來而不得見, 恐左右襲曩姦臣之計, 使韓復有亡地之患.

臣斯不得見, 請歸報, 秦·韓之交必絶矣!

斯之來使, 以奉秦王之歡心, 願效便計, 豈陛下所以逆賤臣者邪?

臣斯願得一見, 前進道愚計, 退就葅戮, 願陛下有意焉!

今殺臣於韓, 則大王不足以强; 若不聽臣之計, 則禍必搆矣.

秦發兵不留行, 而韓之社稷憂矣.

臣斯暴身於韓之市, 則雖欲察賤臣愚忠之計, 不可得已.

邊鄙殘, 國固守, 鼓鐸之聲於耳, 而乃用臣斯之計, 晚矣.

且夫韓之兵於天下可知也, 今又背强秦.

夫棄城而敗軍, 則反掖之寇必襲城矣.

城盡則聚散, 聚散則無軍矣.

城固守, 則秦必興兵而圍王一都, 道不通, 則難必, 謀其勢不救.

左右計之者不用, 願陛下熟圖之.

若臣斯之所言有不應事實者, 願大王幸使得畢辭於前, 乃就吏誅不晚也.

秦王飮食不甘, 遊觀不樂, 意專在圖趙, 使臣斯來言, 願得身見, 因急與陛下有計也.

今使臣不通, 則韓之信未可知也.

夫秦必釋趙之患而移兵於韓, 願陛下幸復察圖之, 而賜臣報決!」

【借道】 길을 빌림. 조나라가 진나라를 치겠다는 구실로 한나라에게 길을 통과하게 해 달라고 요구하고 있음.

【脣亡齒寒】 입술이 없어지면 이가 시림. 이는 원래 《左傳》 僖公 5년 "晉侯復假道於虞以伐虢. 宮之奇諫曰: 「虢, 虞之表也; 虢亡, 虞必從之. 晉不可啓, 寇不可翫. 一之謂甚, 其可再乎? 諺所謂 『輔車相依, 脣亡齒寒』者, 其虞, 虢之謂也.」"에서 인용된 속담임.

【逆賤臣】 '逆'은 '迎'과 같음. 천신은 이사가 자신을 낮추어 부른 것.

【菹戮】 '菹'는 '葅'와 같음. 소금에 절이는 형벌. '戮'은 戮尸의 형벌. 극형에 처함을 말함.

【搆】'搆'와 '構'와 같음. 戰爭이나 殃禍에 얽힘.

【暴身】시신을 여러 사람 앞에 드러내 보임.

【鼓鐸】싸움터에서 명령·진격·후퇴 등을 알리는 북소리와 큰 방울 소리. 낮에는 북, 밤에는 방울소리로 신호를 주고받았음. 《孫子》軍爭篇에 "言不相聞, 故爲鼓鐸"이라 함.

【反掖之寇】'反'은 '叛', '掖'은 '腋'과 같음. 임금의 가까운 신하가 반란을 일으킴.

【難必】재앙은 틀림없이 닥쳐옴.

【不用】'用'은 '周'의 오기. 顧廣圻《韓非子識誤》에 "用, 當作周. 周, 密也"라 함.

【畢辭】이사 자신이 하고 싶은 말을 다함.

【吏誅】獄吏에게 보내어 처벌하도록 함.

【報決】判決과 같음. 《後漢書》百官志에 "宗室有犯法, 當髡以上, 正宗以聞, 乃報決"이라 함.

참고 및 관련 자료

1. 〈集解〉에 "趙用賢曰: 此當時記載之文, 故幷敍李斯語"라 함.

3. 난언難言

임금에게 진언進言하기 어려움을 논한 것으로 대략 한비韓非가 진秦나라에 사신으로 가서 진나라 감옥에 갇혔을 때 올린 글이 아닌가 여기고 있다.

내용은 역사적으로 오해를 받아 죽음이나 고통을 당한 사례를 들어 설명하고 있다.

014(3-1)
말하기 어려운 이유

"저非는 말을 한다는 것이 어렵다는 것이 아니라 말하기 어렵다는 것으로써 그 이유는 이렇습니다.

말이 순리에 맞고 비유가 매끄러우며 드넓으면서 아름다우면 겉만 화려하고 실속이 없는 것으로 여겨질 것입니다.

돈후하면서 공경하고 고지식하면서 신중하고 완전하다면 졸렬하면서 상식에 맞지 않는다고 여겨질 것입니다.

여러 가지 번거로운 인용을 내세우며 비슷한 사례를 줄지어 사물과 견주면 허황되어 쓸모가 없다고 여겨질 것입니다.

미세한 것을 묶고 내용을 줄여 요점만을 간추리고 지름길로 줄여 꾸밈이 없이 하면 지나치게 외곬이며 화술이 부족하다고 여겨질 것입니다.

아주 가까이 달라붙어 남의 사정을 탐지해보려는 듯이 하면 너무 지나쳐 겸양을 모른다고 여겨질 것입니다.

너무 큰 범위를 두루 넓게 하며 오묘하고 헤아릴 수 없는 원대함을 말하면 부풀려져 아무런 쓸모가 없다고 여겨질 것입니다.

집안의 이익을 계산하거나 작은 것을 화제로 삼으면서 일일이 갖추어 설명해주면 비루하다 여겨질 것입니다.

말하되 세속에 영합하여 남을 거슬리지 않는 말만을 하면 제 목숨 부지하려고 윗사람에게 아첨이나 떠는 것이라 여겨질 것입니다.

말하되 세속으로부터 멀리 떨어져 인간 사회의 시끄러운 말재간으로 속이면 허탄한 짓이라 여겨질 것입니다.

민첩하게 말끝마다 대답을 잘 해내며 말을 꾸며 문채 나게 하면 잘난 체한다고 여겨질 것입니다.

학문에 대한 것은 끊고 거론도 하지 않으며 본바탕의 성격으로 말을 하면 비루하다 여겨질 것입니다.

때에 맞게 《시》와 《서》를 들먹이며 옛날의 사례를 본받아야 한다고 하면 외우기만 잘한다고 여겨질 것입니다.

이것이 바로 제가 말하기 어렵게 여겨 꺼리면서 고통스럽게 여기는 이유입니다."

「臣非非難言也, 所以難言者:

言順比滑澤, 洋洋纚纚然, 則見以爲華而不實;

敦厚恭祗, 鯁固愼完, 則見以爲掘而不倫;

多言繁稱, 連類比物, 則見以爲虛而無用;

揔微說約, 徑省而不飾, 則見以爲劌而不辯;

激急親近, 探知人情, 則見以爲譖而不讓;

閎大廣博, 妙遠不測, 則見以爲夸而無用;

家計小談, 以具數言, 則見以爲陋;

言而近世, 辭不悖逆, 則見以爲貪生而諛上;

言而遠俗, 詭躁人間, 則見以爲誕;

捷敏辯給, 繁於文采, 則見以爲史;

殊釋文學, 以質性言, 則見以爲鄙;

時稱詩書, 道法往古, 則見以爲誦.

此臣非之所以難言而重患也.」

【臣非】 군주에게 말할 때 쓰인 자신의 이름(韓非)을 들어 설명함.
【順比滑澤】 順比는 상대방의 뜻을 거슬리지 않도록 하고자 하는 태도이며, 滑澤은 매끄럽고 거침이 없음을 말함.
【洋洋纚纚】 '洋洋'과 '纚纚' 모두 疊語로 말이 계속 막히지 않고 이어짐을 뜻함.
【敦祗恭厚】 착실하고 정중한 태도를 말함. '祗'는 '敬'의 뜻.
【鯁固愼完】 '鯁'은 '硬'과 같음. 지나치게 빳빳함.
【掘而不倫】 '掘'은 '拙'과 같음. 吳汝倫은 "掘·拙通"이라 함. 졸렬하여 상식이나 순서에 맞지 않음. 掘은 〈今本〉에는 '拙'로 되어 있음.
【摠微說約】 '摠'은 '總'과 같음. '微'는 精微한 것을 총결함. 《孟子》 離婁(下)에 "博學而詳說之, 將以反說約也"라 함.
【徑省】 지름길로 내달아 다른 것은 덜고 줄임.
【劌】 '劌'는 '割'과 같음. 상처를 냄. 날카롭기만 하여 지나치게 외곬인 모습을 뜻함. 《禮記》 聘義에 "君子比德於玉焉, 廉而不劌"라 함.
【激急親近】 과격하게 몸을 가까이 하여 다가옴.
【譖而不讓】 '譖'은 '僭'과 같음. 혹 글자 원의대로 남을 헐뜯음. 〈凌本〉에는 '僭'으로 되어 있음.
【妙遠】 玄妙하며 원대함.
【爲夸】 '夸'는 '誇'와 같음. 과장되어 진실함이 없음. 《周書》 諡法에 "華言無實曰夸"라 함.
【家計小談】 집안 생계나 하찮은 일을 화제로 삼음.
【近世】 여기서는 세속적이라는 뜻. 遠俗의 상대되는 말로 세상에 영합함.
【詭躁人間】 '詭'는 反常의 뜻. '躁'는 '譟'·'燥'·'詐' 등과 같은 뜻임. 궤변을 늘어놓고 남의 이목을 끄는 것. 〈集解〉에 "躁, 燥也. 物燥乃動而飛揚也, 則躁有華而不實之意"라 하였고 高亨의 《韓非子補箋》에는 "躁, 詐也"라 함.
【捷敏辯給】 민첩하게 굴며 말주변이 뛰어남. '辯給'은 '口給'과 같음. 《論語》 公冶長에 "禦人以口給"이라 하였으며, 《荀子》 性惡篇 "齊給便敏而無類"의 注에는 "給, 謂應之速如供給者也"라 함.
【爲史】 '史'는 衒學的임을 뜻함. 있는 듯이 거짓을 꾸미고 실속은 없는 것. 《論語》 雍也篇에 "文勝質則史"라 하였고, 《儀禮》 聘禮에는 "辭多則史"라 함.
【殊釋文學】 '殊'자는 '絶', '別'의 뜻. 廣雅 釋詁에 "殊, 絶也"라 함. '釋'은 '棄'의 뜻. 여기서의 文學은 儒家와 墨家의 학문이나 《詩》, 《書》 따위의 고전과 성현의 가르침 등을 가리키며 이들은 거론조차 하지 않을 경우를 가리킴.

【質性】 質朴하고 생생한 그대로의 진심을 말함.
【詩書】《詩經》과 《尚書》. 즉 儒家와 墨家의 기본 경전을 가리킴.
【道法往古】 옛것을 본보기로 함.
【重患】 松皐圓의 《定本韓非子纂聞》에는 "重, 憚也"라 하여 "꺼리면서 고통으로 여기다"의 뜻으로 보았으나, 원의대로 "아주 심하게", 혹은 "거듭"의 뜻으로 볼 수도 있음.

참고 및 관련 자료

1. 《意林》(1)

所以難言者: 滑澤洋洋, 則者見以謂華而不實; 敦厚祇恭, 見者以謂拙而不倫; 多言繁稱, 連類比物, 見者以謂虛而無用; 省而不飾, 見者以謂訥而不辯; 激意親近, 探知人情, 見者以謂譖而不讓; 宏大廣博, 深而不測, 見者以謂夸而無用; 臣所以爲難言而重患也.

015(3-2)
진언으로 재앙을 입은 사례들

"그러므로 헤아림이 비록 정확하다 해도 반드시 받아들여져 채택되는 것은 아니며, 조리에 맞아 완벽하다 해도 반드시 채택되어 쓰이는 것은 아닙니다.

대왕께서 만약 이를 믿지 않으시면 작게는 비방하고 헐뜯는 경우가 생기며, 크게는 재앙과 죽음이 그 자신에게 미친다는 것을 알게 될 것입니다.

그러므로 오자서伍子胥는 모책에 뛰어났으나 오왕吳王이 그를 죽였고, 공자孔子는 언변에 뛰어났으나 광인匡人이 그를 포위하였었으며, 관이오管夷吾는 진실로 현인이었으나 노魯나라가 그를 가두었던 것입니다.

따라서 이 세 사람이 어찌 현명하지 못해서 그랬겠습니까! 이는 세 군주가 총명하지 못하였기 때문이었던 것입니다.

옛날 탕왕湯王은 지극한 성인이었고 이윤伊尹은 지극히 지혜로운 자였습니다.

무릇 그 지극한 지혜로 지극한 성인을 설득하였으나 그럼에도 일흔 번이나 설명을 하였지만 받아들여지지 않자 자신이 직접 솥과 도마를 잡고 주방일을 맡아 가까이에서 친숙해진 다음에야 탕왕은 이에 겨우 그의 현명함을 알고 등용하였던 것입니다.

그러므로 '지극한 지혜로써 지극한 성인을 설득해도 반드시 받아들여지는 것은 아니니 이윤이 탕왕을 설득한 것이 그 예이며, 지혜로써 어리석은 자를 설득하면 틀림없이 들어주지 않을 것이니 문왕文王이 주紂를 설득한 것이 그런 경우'라고 말하는 것입니다.

그 때문에 문왕文王은 주紂를 설득해 보려고 하였지만 주는 그를 잡아 가두었고, 익후翼侯는 불에 지짐을 당하였으며, 귀후鬼侯는 그 몸이 건포가 되었고, 비간比干은 심장이 찢겼으며, 매백梅伯은 소금에 절여졌고, 이오夷吾는 결박을 당하였으며, 조기曹羈는 진陳나라로 달아나야 했으며, 백리해百里奚는 길에서 구걸을 하였고, 부열傅說은 몸을 팔고 다녔으며, 손빈孫臏은 위魏나라에서 다리가 잘렸으며, 오기吳起는 안문岸門에서 눈물을 거두며 서하西河가 진秦나라 땅이 될 것임을 통탄하였으나 끝내는 초楚나라에서 지해枝解를 당하였으며, 공숙좌公叔痤는 나라를 다스릴 그릇감이라 추천하였다가 도리어 거절을 당하여 공손앙公孫鞅이 진나라로 달아나 버렸으며, 관룡봉關龍逢은 참수를 당하였고, 장굉萇宏은 창자가 토막 났으며, 윤자尹子는 가시 구덩 속에 던져졌고, 사마자기司馬子期는 살해된 뒤 강물에 띄워졌으며, 전명田明은 고책辜磔 형벌을 받았고, 복자천宓子賤과 서문표西門豹는 다투지 않았음에도 남의 손에 죽었으며, 동안우董安于는 죽어 시체가 시장바닥에 널렸으며, 재여宰予는 전상田常에게 죽음을 면치 못하였고, 범저范雎는 위魏나라에서 갈비뼈가 부러지는 봉변을 당하였습니다.

이들 십수 명은 모두가 세상에 어질고 현명하며 충직하고 선량하여 도덕과 법술을 지닌 인사들이었습니다만 그럼에도 불행하게도 패란悖亂 암혹闇惑한 군주를 만나 죽임을 당하였던 것입니다.

그렇다면 비록 현인이나 성인일지라도 죽임을 피해 달아나거나 육욕戮辱을 피하지 못한 것은 무슨 까닭에서였겠습니까?

바로 어리석은 자는 설득하기 어렵기 때문이었으나 그 때문에 군자는 말을 하기가 어렵다는 것입니다.

무릇 지극한 말이란 귀에는 거슬리고 마음에는 뒤집히는 것이어서 성현이 아니면 능히 들어줄 수 없는 것이니 원컨대 대왕께서는 깊이 헤아려주십시오!"

「故度量雖正, 未必聽也; 義理雖全, 未必用也.

大王若以此不信, 則小者以爲毁訾謗, 大者患禍災害死亡及其身.

故子胥善謀而吳戮之, 仲尼善說而匡圍之, 管夷吾實賢而魯囚之.

故此三大夫豈不賢哉! 而三君不明也.

上古有湯, 至聖也; 伊尹, 至智也.

夫至智說至聖, 然且七十說而不受, 身執鼎俎爲庖宰, 昵近習親, 而湯乃僅知其賢而用之.

故曰:『以至智說至聖, 未必至而見受, 伊尹說湯是也; 以智說愚必不聽, 文王說紂是也.』

故文王說紂而紂囚之; 翼侯炙; 鬼侯腊, 比干剖心; 梅伯醢; 夷吾束縛; 而曹羈奔陳; 伯里子道乞; 傅說轉鬻; 孫子臏脚於魏; 吳起收泣於岸門, 痛西河之爲秦, 卒枝解於楚; 公叔痤言國器反爲悖, 公孫鞅奔秦; 關龍逢斬; 萇宏分胣; 尹子穽於棘; 司馬子期死而浮於江; 田明辜射; 宓子賤·西門豹不鬪而死人手; 董安于死而陳於市; 宰予不免於田常; 范雎折脅於魏.

此十數人者, 皆世之仁賢忠良有道術之士也, 不幸而遇悖亂闇惑之主而死.

然則雖賢聖不能逃死亡避戮辱者何也?

則愚者難說也, 故君子難言也.

且至言忤於耳而倒於心, 非賢聖莫能聽, 願大王熟察之也!」

【度量】 원래는 물건의 들이·부피·길이 등을 재는 기준을 뜻하나 여기서는 잘 헤아려 판단함을 뜻함.
【義理】 말하는 내용이 합리적이고 논리에 맞음.
【毁訾誹謗】 毁·訾·誹·謗 네 글자 모두 헐뜯는다는 뜻.
【子胥】 춘추시대 楚나라 伍子胥(伍員). 그 아버지 伍奢와 형 伍尙이 자신으로 인해 平王에게 살해 당하자 吳나라로 달아난 뒤 楚나라를 쳐서 원수를 갚기도 하였으며, 吳王을 도와 越王 句踐에게 승리를 거두는 등 큰 활약을 하였으나 결국 夫差가 屬鏤劍을 주어 자결토록 함. 《史記》 伍子胥列傳을 볼 것.
【仲尼】 孔子의 字. 이름은 丘. 衛나라 匡 땅에서 포위되어 고생한 일이 있음. 匡은 지금의 河南 長垣縣 서남쪽. 魯 定公 13년 공자가 衛나라를 거쳐 陳나라로 갈 때 그 모습이 陽虎(陽貨)를 닮았다 하여 그곳 사람들이 공자 일행을 포위하였음. 《論語》 子罕篇에 "子畏於匡, 曰: 「文王旣沒, 文不在玆乎? 天之將喪斯文也, 後死者不得與於斯文也; 天之未喪斯文也, 匡人其如予何?」"라 함. 이 고사는 《史記》(公子世家) 《說苑》(雜言篇), 《莊子》(秋水篇), 《韓詩外傳》, 《孔子家語》 등에 널리 실려 있음.
【管夷吾】 춘추시대 齊나라 인물. 管仲. 夷吾는 이름이며 仲은 그의 字. 齊 桓公을 첫 霸者로 성취시킨 인물. 처음 齊나라에 난이 일어나 公子들이 뿔뿔이 흩어질 때 管仲은 公子 糾를 모시고 魯나라로 피신하였으며 鮑叔은 小白을 모시고 거나라로 피신함. 뒤에 난이 끝나고 먼저 귀국하는 자가 왕위에 오르게 되어 있었으며, 이 때 管仲은 小白 일행이 오는 길목을 지키다가 활로 小白을 쏘았으나 小白이 허리띠 고리에 맞고 죽은 척 쓰러져 있다가 지름길로 들어가 먼저 왕위에 올랐으니 이가 환공임. 이에 공자 규와 관중 일행은 귀국하지 못하고 처벌을 기다렸으나 鮑叔의 추천으로 환공의 재상이 되어 제나라를 부강하게 만들었으며 재상에 오름. 환공이 그를 높여 仲父라 일컬었음. 《史記》 管晏列傳 및 《列子》 등을 참조할 것. '管鮑之交' 등의 많은 고사를 남겼으며 그의 사상과 언행을 기록한 《管子》가 전함.
【有湯】 殷나라 시조 湯王. 子姓. 이름은 履. 武湯·成湯·天乙로도 불림. 有자는 접두사. '湯'은 원래 夏나라 때의 諸侯. 亳을 바탕으로 발전하여 夏나라 末王 桀의 무도함을 제거하고 伊尹을 등용하여 殷(商)을 세운 개국군주. 儒家에서 聖人으로 받듦. 《史記》 殷本紀를 참조할 것. 《十八史略》(1)에는 "殷王成湯: 子姓, 名履. 其先曰契, 帝嚳子也. 母簡狄, 有娀氏女, 見玄鳥墮卵呑之, 生契. 爲唐虞司徒, 封於商, 賜姓"이라 함.

【伊尹】 殷나라 湯王의 재상. 이름은 摯. 湯이 有莘氏의 딸을 아내로 맞을 때 媵臣으로 따라가면서 조리 기구를 짊어지고 가서 주방장이 되어 湯에게 접근하였음. 뒤에 탕에게 발탁되어 재상에 올랐으며 夏의 末王 桀을 쳐서 殷왕조를 일으키는 데에 큰 공을 세웠음. 《史記》 殷本紀 및 《墨子》 尙賢篇을 볼 것.

【鼎俎】 '鼎'은 물을 끓이는 고대 요리기구의 하나. '俎'는 도마 모양의 음식 담는 그릇.

【宰】 푸줏간, 즉 부엌일을 맡아 보는 요리사 주방장을 말함.

【昵近習親】 '昵'은 '暱'과 같으며 '친근하다'의 뜻. '習'도 역시 같은 뜻임.

【文王】 周나라 건국의 聖王. 姬昌. 后稷(姬棄)의 후손으로 季歷의 아들이며 古公亶甫의 손자. 商나라 말 紂임금 때 西伯이 되어 인정을 베풀었으며 紂의 미움을 받아 羑里(牖里, 지금의 河南 湯陰縣)의 감옥에 갇히는 등 고초를 겪기도 하였으며 그 아들 武王(姬發)에 이르러 紂를 牧野에서 멸하고 周나라를 일으킴. 《史記》 周本紀 참조.

【紂】 殷의 末王. 폭군으로 널리 알려짐. 帝辛·商辛으로도 부르며 帝乙의 아들. 妲己에게 빠져 '炮烙之刑'과 '酒池肉林' 등의 악한 고사를 가지고 있으며, 周文王(姬昌)을 羑里(牖里)에 가두는 등 周나라와 대립하다가 武王(姬發)에게 망함.

【囚之】 紂가 文王을 羑里(牖里)라는 감옥에 가둔 일.

【翼侯炙】 翼侯는 鄂侯. 鄂은 지명. 殷나라 紂王 때 鄂 땅에 봉해졌던 제후. 炙는 불에 쬐어 죽이는 焚刑의 하나. 炮烙이라고도 함. 《左傳》 隱公 5년에 "邢人伐翼, 翼侯奔隨"라 하였고, 6년에는 "納諸鄂謂之鄂侯"라 하였으며 〈校注〉에 "鄂侯因勸說紂王而被烤死"라 함. 《史記》 殷本紀를 참조할 것.

【鬼侯腊】 '鬼侯'는 '九侯'라고도 부르며 역시 殷末의 제후국 이름. 《史記》 徐廣注에 "九侯, 一作鬼侯, 鄴縣有九侯城"이라 함. '腊'은 '脯'처럼 떠서 말리는 혹형. 역시 《史記》 殷本紀를 참조할 것.

【比干】 殷나라 王子. 紂의 叔父로 紂의 惡政을 諫하다가 心臟이 찢기는 변을 당함. 《史記》 殷本紀에는 "比干乃强諫紂. 紂怒曰: 「吾聞聖人心有七竅, 剖比干觀其心.」"이라 하였고, 《十八史略》(1)에도 "紂淫虐甚, 庶兄微子數諫, 不從, 去之. 比干諫, 三日不去, 紂怒曰: 「吾聞聖人之心有七竅.」 剖而觀其心, 箕子佯狂爲奴, 紂囚之, 殷大師, 持其樂器祭器奔周"라 함.

【梅伯醢】 梅伯은 殷末 紂의 제후. 지금의 河南 汲縣이 봉지였음. 醢는 시신을 소금에 절이는 형벌.

【夷吾束縛】 管仲이 섬기던 公子 糾가 齊 桓公에게 패하여 魯나라에서 죽을 때

함께 죽지 않고 포박당하여 齊나라로 온 일.

【曹羈】'曹羈'는 曹羈로도 표기하며 춘추시대 曹의 大夫. 간언을 하다가 받아들여지지 않자 陳나라로 달아남. 《左傳》 莊公 24년에 "曹羈出奔陳"이라 하였고, 《公羊傳》에는 "戎將侵曹, 曹羈諫曰: 「戎衆以無義, 君請勿有敵也.」 曹伯曰: 「不可.」 三諫不從, 遂去之"라 함.

【百里子】百里奚. 百里傒로도 표기하며 百里는 성. 五羖(五羖)大夫라 불림. 처음에는 虞公을 섬겼으나 7년 동안 그 정치가 그른 것을 보고 낙담하다가 晉이 虞를 쳐 포로가 되어 秦으로 가는 길에 달아나 길에서 구걸하면서 楚나라로 가서 목동이 되었음. 秦 穆公에게 발탁되어 그를 패자로 만들었음. 穆公이 그를 楚나라에서 다섯 마리 검은 양가죽 값으로 샀으므로 '五羖大夫'라 부름. 《史記》 秦本紀에 그의 일화가 실려 있음. 《史記》 秦本紀를 볼 것.

【傅說轉鬻】傅說은 殷나라 武丁(高宗)이 꿈에 현인을 보고 형상을 그려 찾아낸 인물. 성을 쌓는 공사장 노예의 신분에서 三公의 자리에 오른 현인. 轉鬻은 여기저기 몸을 팔고 다니는 것. 《史記》 殷本紀를 볼 것.

【孫子】孫武와 孫臏 둘 모두 '孫子'라 불렀으며 모두가 뛰어난 병법가. 孫武는 春秋시대 齊나라 사람으로 최초의 병법서 《孫子兵法》 13편이 전하고 있으며, 孫臏은 戰國시대 역시 齊나라 사람으로 孫武의 후대라 함. 그의 《孫臏兵法》은 실전 되었다가 1974년 山東 臨沂縣 銀雀山 漢墓에서 殘簡 440여 枚가 발견되었으며, 이를 文物出版社에서 30편으로 정리, 출간하여 널리 전하고 있음. 여기서는 孫臏을 가리키며 龐涓과 함께 鬼谷子에게 병법을 배워 방연이 魏 惠王의 장군이 되자 손빈의 재능을 질투, 손빈을 유혹하여 불러들인 다음 두 다리를 잘라버림. 마침 淳于髡이 魏나라 사신으로 갔다가 몰래 손빈을 싣고 귀국, 齊 威王의 군사 고문이 되어 魏나라를 공격하면서 방연을 馬陵에서 패배시킴. 이 일로 龐涓은 자살함.

〈孫武〉像

【吳起】孫子(孫臏)와 더불어 대표적인 병법가. 戰國時代 衛나라 左氏(지금의 山東 曹縣) 출신으로 용병과 병법에 뛰어나 처음 魯나라 장수를 거쳐 魏 文侯의 장수가 되어 中山을 정벌하고 秦나라 5개 성을 점령하여 西河太守가 되기도 함. 그러나 武侯가 즉위하여 미움을 받자 楚나라로 도망하여 楚 悼王을 도와 개혁정책을 실현하고 令尹에 오름. 그러나 悼王이 죽고 宗室의 亂에 枝解(支解)의 형을 당하여 생을 마침. 병법서 《吳子》 6편을 남김. 《史記》 吳起列傳

참조. 그는 魯나라로부터 魏·楚를 전전하면서 軍師가 되었으나 일찍이 魏나라를 위하여 황하 서쪽 西河 지역을 지킬 때에 모함으로 소환당하자 돌아가는 길에 岸門을 지나면서 눈물을 흘리며 탄식하였다 함.

【枝解】 吳起가 楚 悼王에게 變法을 단행토록 하자 원한을 품은 구 귀족에게 손발이 찢기는 형벌을 받음. '枝解'는 '支解'·'肢解'와 같으며 四肢를 네 갈래로 찢는 극형.

【公叔痤言國器】 公叔痤는 魏 惠王 때의 國老. 그가 병에 걸려 대신 公孫鞅을 國器에 칭할 인물이라 하며 추천했으나 도리에 어긋난다 하여 받아들이지 않음.

【公孫鞅】 戰國시대 衛나라의 庶孼 公子로 衛鞅으로도 불림. 성은 公孫, 이름은 鞅. 刑名法術을 익혀 公叔痤가 위 혜왕에게 추천하였으나 혜왕이 거절하는 뜻을 보이자 그렇다면 "아예 죽여 없애야 한다"고 진언한 다음 물러나와 공손앙에게 이 사실을 알림. 공손앙은 곧바로 秦나라로 달아나 秦 孝公을 섬겨 法治의 공으로 商, 오(於) 땅에 봉을 받은 商鞅. 뒤에 車裂刑을 당함. 商君으로도 불리며 《商君書》가 전함. 《史記》 商君列傳 참조.

【關龍逄】 夏나라 말기 桀王의 無道함을 극간하다가 참형을 당함. '關龍逄'으로도 표기함. 《韓詩外傳》을 볼 것.

【萇宏分胣】 '萇宏'은 '萇弘'으로도 표기한다. 周 敬王(景王, 靈王) 때의 大夫로서 현인이며 術數家. 天文·曆法·豫言 등에 뛰어났었으나 뒤에 죽임을 당함. 定公 4년 및 《國語》 周語(下)·《淮南子》·《史記》 封禪書 등에 널리 그 이름이 보임. 《淮南子》 氾論訓에 "昔者萇弘, 周室之執數者也, 天地之氣·日月之行·風雨之變·律曆之數, 無所不通, 然而不能自知, 鈹裂而死"라 함. 《莊子》 胠篋篇 釋文에 "萇弘, 周靈王賢臣也"라 하였고 《左傳》 昭公 11년을 볼 것. 그가 죽을 때 흘린 피가 2년이 지나 碧色이 되었다 함. '胣'는 창자를 잘라서 토막냄을 뜻함. "刳腸曰胣"라 함.

【尹子穽於棘】 尹桐陽의 《韓非子新釋》에 尹子를 尹文公(高)으로 보았음. 윤고는 周나라 大臣. 王子 朝를 세웠으나 뒤에 죄를 입고 죽임을 당함. 《左傳》 昭公 23년에 "尹氏立王子朝"라 하였고, 29년에는 "京師殺尹氏高"라 함. 穽은 가시 구덩이 속에 빠뜨려 죽이는 형벌.

【司馬子期】 司馬는 군사 책임을 맡은 벼슬 명칭. 子期는 楚나라 子西의 아우이며 昭王의 형 公子 結을 가리킴. 白公의 난 때 죽임을 당하였으며 《史記》 楚世家와 《說苑》에는 '子綦'로 되어 있음. 《左傳》 定公 4년과 哀公 16년을 볼 것.

【田明辜射】田明에 대해서는 자세히 알 수 없으나 尹桐陽은 田은 齊나라 성씨이며, 따라서 齊明일 것으로 보았음. 한편 明은 光과 같은 뜻이므로 田光을 가리키는 것으로도 보았음. 田光은《戰國策》燕策(3)에 燕나라 太子 丹에게 荊軻를 추천한 인물.

【辜射】'辜磔'과 같음. 몸뚱이를 찢어 죽이는 磔刑을 말함.《荀子》正論篇에는 "斬斷枯磔"이라 하여 '枯磔'으로도 표기함.

【宓子賤】공자 제자. 宓不齊. 언어에 뛰어났으며 일찍이 선보(單父)의 邑宰로서 치적을 남겼음.《史記》仲尼弟子列傳을 볼 것.

【西門豹】전국 초기 魏나라 文侯를 도왔던 유명한 지방 장관.《史記》滑稽列傳에 河神을 빙자하여 나쁜 짓을 하는 巫堂을 물리친 일과 築渠의 치적에 대한 逸話가 실려 있음. 한편《史記》魏世家에 "任西門豹守鄴, 而河內稱治"라 함.

【董安于】'董閼于'로도 표기하며 春秋 말 晉나라 趙鞅의 賢明한 家臣. 내란의 낌새가 보이자 趙鞅에게 范氏와 中行氏의 공격에 대비하도록 경계를 시켰으며 智伯(荀磔)이 그의 재능을 시기하여 趙鞅을 압박하여 죽이도록 함.《史記》趙世家, 扁鵲倉公列傳,《戰國策》,《呂氏春秋》,《淮南子》,《論衡》,《說苑》,《左傳》등에 널리 그 이름이 보임.《左傳》定公 14년에 "梁嬰父惡董安于, 謂知文子曰:「不殺安于, 使終爲政於趙氏, 趙氏必得晉國, 盍以其先發難也討於趙氏?」文子使告於趙孟曰:「范·中行氏雖信爲亂, 安于則發之, 是安于與謀亂也. 晉國有命, 始禍者死. 二子旣伏其罪矣, 敢以告.」趙孟患之. 安于曰:「我死而晉國寧, 趙氏定, 將焉用生? 人誰不死? 吾死莫矣.」乃縊而死. 趙孟尸諸市, 而告於知氏曰:「主命戮罪人安于, 旣伏其罪矣, 敢以告.」知伯從趙孟盟, 而後趙氏定, 祀安于於廟"라 함.

【陳於市】처형한 시체를 시장바닥에 본보기로 내놓는 것.

【宰予】宰予는 공자 제자 子我. 田常이 齊 簡公을 弑害하여 권력을 빼앗자 이에 맞서다가 죽임을 당함.《呂氏春秋》愼勢篇,《說苑》指武篇 등에 자세히 실려 있음.《孔子家語》에 "宰予仕齊, 爲臨淄大夫, 與田常爲難, 夷其三族, 孔子恥之"라 함.

【田常】田恆. 田恒. '恆'은 '恒'의 異體字. 田常·陳恒·陳成子·田成子 등으로 널리 불림. 簡公을 유폐시켜 시살한 인물. '陳恆'으로도 표기하며 '恆'은 '恒'의 異體字. 원래 그의 선조 陳完(田完, 敬仲)은 陳나라 출신으로 齊나라에 옮겨와 정착하여 田氏로 성을 바꾸었으며 차츰 세력을 키워 卿에 오른 다음, 그 후손이 뒤에 姜氏(姜太公의 후손)의 齊나라를 차지하여 전국시대 田氏齊를 세움.《史記》田敬仲完世家 참조.

【范且】范雎. 전국시대 魏나라 사람으로 처음에 魏나라 中大夫 須賈를 섬겨

그를 따라 齊나라에 사신으로 갔다가 제나라와 내통했다는 오해를 받아 위나라 相國 魏齊에게 폭행을 당하여 죽을 고비를 넘긴 다음 이름을 張祿으로 바꾸고 秦나라에 들어가 遠交近攻策으로 秦 昭襄王에게 유세, 재상에 올라 應侯에 봉해진 인물. 《史記》 范雎蔡澤列傳을 참조할 것. 한편 '范雎'는 '范睢'로 표기하고 '범수'로 읽어 왔으나 《戰國策考證》에 《史記》와 《韓非子》를 인용하여 '范且, 范雎也, 且, 雎同字'라 하였음. '范雎'를 '范睢'로 표기하고 읽기 시작한 것은 《通鑑》의 周 赧王 四十五年後 胡三省의 注에 "范雎의 雎는 音이 雖이다"라 하여 이때부터 '범수'로 읽기 시작한 것임. 그러나 淸 錢大昕의 《通鑑》 注辨正에 "武梁祠 畫像에 范且의 且는 雎와 같은데 〈雎〉字 왼쪽의 部는 '且'이며 '目'이 아니다. 그러므로 '睢'는 심한 오류이다"라 하였음.

【此十數人】 위에서 사례를 든 22명을 가리킴.

【戮辱】 戮과 辱 두 글자 모두 살해당하는 곤욕을 말함.

4. 애신愛臣

군주가 측근이나 폐행嬖幸을 아끼거나 사랑하다가 나라를 망치는 일을 적은 것으로 군주는 모름지기 "盡之以法, 質之以備"의 방법을 써야 한다고 강조하고 있다.

《韓子迂評》에는 "人主不得借權, 人臣不得擅威"라 하였다.

016(4-1)
너무 친애하다가는

"총애하는 신하를 지나치게 가깝게 하면 반드시 임금 자신이 위험해지며, 대신의 지위가 너무 높아지면 틀림없이 임금의 자리를 바꾸게 되며, 정처正妻와 첩妾의 지위에 등급이 없으면 반드시 적자嫡子가 위험하게 되며, 형제들이 임금에게 복종하지 않으면 사직이 반드시 위험하게 됩니다.

제가 듣기로 '천승의 군주가 대비함이 없으면 반드시 백승의 신하가 그 곁에 있으면서 백성을 자신에게로 옮겨 그 나라를 기울게 할 것이며, 만승의 군주가 대비를 하지 않고 있다가는 틀림없이 천승의 제후가 그 곁에 있다가 그 위엄을 자신에게 옮기고 그 나라를 기울게 할 것'이라 하였습니다.

이로써 간신은 더욱 날뛰고 군주의 권위는 쇠망하게 되는 것입니다.

이 까닭으로 제후의 영토가 광대해지면 천자는 해를 입으며, 신하들이 지나치게 부유해지면 임금은 패배하게 되는 것입니다.

장수와 재상들이 임금을 미혹하게 하여 그 자신들의 가문을 융성하게 하는 것, 이는 임금된 자라면 멀리해야 할 방법입니다.

만물 가운데 군주 자신보다 귀한 것은 없고 군주의 지위는 지존至尊한 것이며 군주의 지위가 중한 것이며 군주의 권세는 높아야 하는 것입니다.

이 네 가지 미덕은 밖에서 구하지 않고 남에게 청해서도 안 되며 의롭게 여기면 얻게 되는 것입니다.

그 때문에 '임금으로서 자신의 부富를 사용하지 못하면 외지에서 생을 마치게 될 것'이라고 말하는 것입니다.

이것이 군주 된 자가 반드시 기억해 두어야 할 일입니다."

「愛臣太親, 必危其身; 人臣太貴, 必易主位; 主妾無等, 必危嫡子; 兄弟不服, 必危社稷.

臣聞:『千乘之君無備, 必有百乘之臣在其側, 以徙其民而傾其國; 萬乘之君無備, 必有千乘之家在其側, 以徙其威而傾其國.』

是以姦臣蕃息, 主道衰亡.

是故諸侯之博大, 天子之害也; 群臣之太富, 君主之敗也.

將相之管主而隆國家, 此君人者所外也.

萬物莫如身之至貴也, 位之至尊也, 主威之重, 主勢之隆也.

此四美者, 不求諸外, 不請於人, 議之而得之矣.

故曰『人主不能用其富, 則終於外』也.

此君人者之所識也.」

【愛臣】 좌우 측근을 뜻함.

【人臣】 '大臣'의 잘못된 표기. 陶小石의 《讀韓非子札記》에 "人臣當爲大臣之誤, 與上文愛臣, 下文主妾兄弟, 各有所指. 若泛言人臣, 則與上下文不類矣"라 함.

【主妾】 主는 正室夫人, 妾은 小室. 고대 妾이 正妻를 부를 때 主母라 하였음.

【千乘之國】 《孟子》 梁惠王(上)에 "萬乘之國弑其君者, 必千乘之家; 千乘之國弑其君者, 必百乘之家. 萬取千焉, 千取百焉, 不爲不多矣"라 함.

【徙其民】 徙는 移자와 같음. 백성을 자신에게 옮겨오도록 획책함.

【蕃息】 무성하게 잘 뻗어나감. '息'은 '殖'과 같음.

【管主而隆國家】 〈集解〉에 "管, 當作營, 形近而誤. 營主, 謂營惑其主也. 《淮南子》 原道訓高注: 「營, 惑也.」"라 하였고, 〈乾道本〉에는 '國家'로 되어 있으나 〈于評本〉에는 '國'자가 刪去되어 있음. '家'는 卿大夫들의 사사로운 家門. 원래 '國'은 나라, '家'는 경대부를 뜻하는 말이었음. "君曰國, 大夫曰家"라 함.

【所外】 '外'는 '멀리하여 물리침'을 뜻함.

【議之而得之】 '議'는 '義'의 뜻임. 〈集解〉에 "先愼曰: 議, 當作義. 義者, 事之宜也. 人君合其宜則得之矣"라 함. '而'는 '則'의 뜻으로 쓰였음.

【終於外】 외국에 망명하여 귀국하지 못한 채 죽게 됨을 말함. 太田方《韓非子翼毳》에 "終於外, 言如魯昭公謀逐季氏不能, 而奔齊與晉, 在乾侯數年而薨"이라 함.

【識】 '識'는 '誌'·'記'와 같음. 잘 기억하여 알고 있음.

017(4-2)
군주가 시해를 당하는 이유

"옛날, 주紂가 망한 것이나 주周나라가 낮아진 것은 모두가 제후의 영토가 너무 넓었으므로 생긴 일이며, 진晉나라가 셋으로 나뉜 것이나 제齊나라가 전씨田氏에게 빼앗긴 것도 모두가 신하들이 지나치게 부유했기 때문이었습니다.

무릇 연燕나라나 송宋나라에서 군주가 시해弑害당하는 일이 벌어진 이유도 모두 이와 같습니다.

그러므로 위로 은나라·주나라, 그리고 중간에 제나라와 연나라, 송나라의 예로써 보건대 이와 같은 이유가 아닌 것이 없습니다.

이 까닭으로 현명한 군주는 그 신하를 기름에 있어서 철저하게 법으로써 하며 방비를 잘하여 바로잡아 나가는 것입니다.

따라서 죽을죄를 사면해 주는 일도 없어야 하며 형벌을 경감시켜 주는 일도 없어야 하는 것이니, 죽을죄를 사면해주거나 형벌을 감해주는 것을 일러 위음威淫이라 합니다.

그렇게 되면 사직이 앞으로 위태로워질 것이요, 국가권력이 한 쪽으로 치우치게 될 것입니다.

이 까닭에 대신의 봉록이 크다 할지라도 도성의 세금까지 거두어들이게 하지는 않으며, 붕당과 같은 편을 드는 무리들이 아무리 많다고 해도 국가의 군사들까지 개인의 신하처럼 부릴 수는 없도록 해야 합니다.

그러므로 신하된 자는 국정을 행하면서 조정을 사사로운 곳으로 여길 수 없도록 해야 하며, 군대의 일에 관여할 때는 사사로운 교제는 없도록 해야 하며, 나라의 부고府庫에 대해서는 사사롭게 민가에 대출해 줄 수 없도록 해야 합니다.

이것이 명석한 군주로서 신하의 사악함을 금하는 방법입니다.

이 까닭으로 신하가 밖에 나다닐 때 사방에 경호하는 수레를 따를 수 없도록 해야 하며, 기이한 무기는 싣고 다닐 수 없도록 하며, 역전驛傳의 급한 것이 아니면 급히 말을 오가게 할 수 없도록 해야 하며, 기이한 병기를 싣고 다닌다면 그 죄는 사형에 처하여 용서하지 말아야 합니다.

이것이 현명한 군주로서 예상치 못했던 일에 대비하는 방법입니다."

「昔者, 紂之亡, 周之卑, 皆從諸侯之博大也; 晉之分也, 齊之奪也, 皆以群臣之太富也.

夫燕·宋之所以弒其君者, 皆以類也.

故上比之殷·周, 中比之燕·宋, 莫不從此術也.

是故明君之蓄其臣也, 盡之以法, 質之以備.

故不赦死, 不宥刑; 赦死宥刑, 是謂威淫.

社稷將危, 國家偏威.

是故大臣之祿雖大, 不得藉威城市; 黨與雖衆, 不得臣士卒.

故人臣處國無私朝, 居軍無私交, 其府庫不得私貸於家.

此明君之所以禁其邪.

是故不得四從, 不載奇兵, 非傳非遽, 載奇兵革, 罪死不赦.

此明君之所以備不虞者也.」

【紂】 殷의 末王. 폭군으로 널리 알려짐. 帝辛, 商辛으로도 부르며 帝乙의 아들. 妲己에게 빠져 '炮烙之刑'과 '酒池肉林' 등의 악한 고사를 가지고 있으며 周文王(姬昌)을 羑里(牖里)에 가두는 등 周나라와 대립하다가 武王(姬發)에게 망함.

【周之卑】 宗主國 周 왕조가 東周시기(춘추전국)에 걸쳐 제후국보다 더 낮은 지위로 전락한 상황을 뜻함.

【晉之分】 晉나라는 춘추 말기에 韓·魏·趙 三卿에 의해 나뉨을 뜻함.

【齊之奪】 簡公이 田常에게 시해당하고 田氏가 나라를 빼앗은 사건을 가리킴.

【弑其君】 燕나라는 신하 子之가 군주 子噲를 속여 나라를 빼앗았고, 宋나라는 신하 皇喜가 戴驩과 정권 다툼에서 그 군주를 죽이고 실권을 장악하는 일. 371 등을 참조할 것.

【不從】 '從'은 '由'·'因'과 같음.

【質之以備】 미리 방비를 하여 잘못을 바로잡는 것. '質'은 '正'과 같음.

【威淫】 위력이 흔들림. '淫'은 넘치고 정도를 지키지 못함을 뜻하는 말. 〈宋本〉注에 "淫, 散也"라 함.

【偏威】 위엄이 군주보다 신하 쪽으로 기울어짐.

【藉城市】 '藉'는 세금을 거두어들이는 것. 국도의 세금까지 신하 몫으로 거두어들임을 뜻함.

【黨與】 당을 이루어 서로 許與함.

【臣士卒】 국가의 병사들을 신하로 여겨 私兵으로 부리는 것.

【私交】 군주의 명령 없이 멋대로 외국과 사적인 관계를 맺는 일.

【四從】 '四'는 네 필의 말이 끄는 수레 '駟'와 같음. 경호원이 함께 타는 수레. '從'은 侍從이 수행하는 수레.

【奇兵】 성능이 좋은 기이한 병기. 비상용 무기. 그러나 兵法에서 正兵에 상대되는 말로 정예부대를 일컫는 말이었음. '奇正'은 고대 병법 가운데 가장 중요하며 자주 거론되는 상대적 대립 개념으로 모략과 戰法 등에 널리 쓰이는 용어. 즉 일반적이며 상식적인 것을 일러 '正'이라 하며, 특수하고 기이한 방법, 의외의 작전 등을 '奇'라 함. 《老子》 57장에 "以正治國, 以奇用兵, 以無事取天下. 吾何以知其然哉? 以此: 天下多忌諱, 而民彌貧; 朝多利器, 國家滋昏; 人多伎巧, 奇物滋起; 法令滋彰, 盜賊多有. 故聖人云: 「我無爲而民自化, 我好靜而民自正, 我無事而民自富, 我無欲而民自樸.」"라 하였고, 《孫臏兵法》 奇正篇에 "奇發而爲正, 其未爲發者, 奇也"라 하였으며, 《唐太宗李衛公問對》에는 "太宗曰: 吾之正, 使敵視以爲奇; 吾之奇, 使敵視以爲正, 斯所謂形人者歟? 以奇爲正, 以正爲奇, 變化

莫測, 斯所謂無形者歟?"라 함.

【非傳非遽】 傳이나 遽 두 글자 모두 驛의 빠른 말을 뜻함. 군주의 명령 없이 함부로 무기를 나르거나 말을 이동시킴을 뜻함.

【不虞】 '虞'가 예상하지 못했던 뜻밖의 위험이나 돌발사태.

5. 주도主道

본편은 군주로서의 통치 도술道術을 설명한 것으로 '守虛靜', '合形名', '正賞罰'의 세 가지 조목을 강조하고 있다.

《韓子迂評》에는 "通篇論御臣之術, 純是老氏作用. …人君惟虛靜無爲, 而群臣各效其職, 不敢擅權而壅蔽其上. 此是一片文字, 篇內用韻, 俱古體"라 하여 노자老子의 주장에 근거를 두고 있으며 문장도 운을 맞추어 고체古體의 형식을 띠고 있다고 하였다.

018(5-1)
도는 만물의 시작

도道란 만물의 시작이요, 시비是非의 벼리이다.

이로써 현명한 군주는 그 시작을 지켜 만물의 근원을 알아내고, 그 벼리를 다스려 성패成敗의 발단을 알아낸다.

그러므로 허정虛靜으로써 기다리며 명분으로 하여금 스스로 사명을 갖게 하고 일로 하여금 저절로 결정을 짓도록 하면 된다.

허虛하면 사실의 정황을 알 수 있고, 정靜하면 움직임의 정당함 여부를 알 수 있게 된다.

의견을 말하는 자는 스스로 명분을 세우게 되며 일을 하는 자는 스스로 형태를 드러내게 되는 것이니, 형태와 명분이 서로 참동參同하게 되면 임금으로서는 아무 일을 하지 않아도 모든 것이 그 실정으로 다다르게 된다.

그러므로 "군주는 자신이 하고자 하는 것을 겉으로 드러내지 말아야 하는 것이니 군주가 하고자 하는 바를 겉으로 드러내면 신하는 앞으로 이를 조탁하여 꾸미게 될 것이다. 임금은 자신의 뜻을 드러내 보여서는 안 되는 것이니, 임금이 자신의 뜻을 드러내 보이면 신하는 앞으로 자신을 다른 사람과 달리 표현할 것이다"라고 하는 것이다.

그러므로 "좋아하는 것도 버리고 싫어하는 것도 없이 해야 신하는 자신의 본디 모습을 드러내며, 교묘함도 버리고 지혜롭다는 것도 없애야 신하들이 스스로 대비한다"라고 하는 것이다.

따라서 지혜가 있다 해도 그것으로써 생각을 짜내려고 하지 말고 만물로 하여금 처할 바를 스스로 알도록 해야 하며, 행동하는 능력이 있다 해도 그것으로써 현명함을 얻으려 하지 말고 신하들이 근거하는 바를 살펴야 하며, 용기가 있다 해도 그것으로써 분노를 해결하려 하지 말고 신하들로 하여금 그들의 무용을 모두 발휘할 수 있도록 해 주어야 한다.

이 까닭으로 군주는 지혜라는 것을 없앰으로써 총명해질 수 있고, 현명함을 버림으로써 공적을 세울 수 있으며, 용기를 없앰으로써 강해질 수 있는 것이다.

신하들이 직분을 지키고 백관들이 법을 지키도록 하되 능력에 맞추어 그들을 부려야 하는 것이니 이를 일러 습상習常이라 한다.

그러므로 "조용하여 그가 어느 자리에 있는지 알 수 없으며 텅 빈 듯하여 그 소재를 알아낼 수 없다"라고 하는 것이다.

명석한 군주는 윗자리에서 아무것도 하지 않고 있어도 신하들은 아래에서 두려움에 떨고 있어야 하는 것이다.

현명한 군주의 치도란 지혜로운 자로 하여금 그 생각을 모두 쓸 수 있도록 하되 임금은 그것을 근거로 결단만 내리면 되어야 하는 것이니 그 때문에 군주로서는 지혜에 궁하지 않게 되며, 똑똑한 자는 자신의 재능을 모두 바치게 하되 임금은 그것을 근거로 맡기기만 하면 되는 것이니 그 때문에 군주로서는 능력이 궁해지지 않으며, 공이 있으면 군주가 그러한 슬기로움을 가졌기 때문이라 하고, 잘못이 있으면 신하가 그 책임을 지게 하는 것이니 그 때문에 군주로서는 명예에 궁함이 없게 되는 것이다.

이 까닭으로 어질지 못하면서도 어진 자의 우두머리가 되고, 지혜롭지 못하면서도 지혜로운 자의 지도자가 되는 것이다.

신하는 노고로움을 맡고 군주는 그 성과를 차지하는 것이니, 이를 일러 현명한 군주의 벼리라 하는 것이다.

道者, 萬物之始, 是非之紀也.

是以明君守始以知萬物之源, 治紀以知善敗之端.

故虛靜以待令, 令名自命也, 令事自定也.

虛則知實之情, 靜則知動者正.

有言者自爲名, 有事者自爲形, 形名參同, 君乃無事焉, 歸之其情.

故曰:「君無見其所欲, 君見其所欲, 臣自將雕琢; 君無見其意, 君見其意, 臣將自表異.」

故曰:「去好去惡, 臣乃見素; 去舊去智, 臣乃自備.」

故有智而不以慮, 使萬物知其處; 有行而不以賢, 觀臣下之所因; 有勇而不以怒, 使群臣盡其武.

是故去智而有明, 去賢而有功, 去勇而有强.

群臣守職, 百官有常; 因能而使之, 是謂習常.

故曰:「寂乎其無位而處, 漻乎莫得其所.」

明君無爲於上, 群臣竦懼乎下.

明君之道, 使智者盡其慮, 而君因以斷事, 故君不窮於智; 賢者敕其材, 君因而任之, 故君不窮於能; 有功則君有其賢, 有過則臣任其罪, 故君不窮於名.

是故不賢而爲賢者師, 不智而爲智者正.

臣有其勞, 君有其成功, 此之謂賢主之經也.

【紀】 紀는 벼리. 가장 중요한 秉權.

【善敗】 成敗와 같음.

【虛靜以待令】 마음을 비우는 것을 '虛', 조급하게 굴지 않는 것을 '靜'이라 함. '令'은 衍字. 그러나 '명령을 내릴 기회나 계기를 기다리면 된다'는 뜻으로도 볼 수 있음.

【形名參同】 形(공적, 결과, 실적)과 名(계획, 목적, 명목)의 일치 여부를 대조해 봄. '參同'은 서로 맞추어 보는 것. 《荀子》 解蔽篇 楊倞 注에 "參, 驗也"라 하였고, 《說文》에는 "同, 合會也"라 함.

【雕琢】 옥을 갈고 다듬듯이 남에게 아름답게 보이려고 잘 꾸밈. 임금의 욕구에 영합하고자 함.

【表異】 특이함을 드러내 보임.

【見素】 '素'는 꾸밈없는 본바탕. 본래의 마음이 그대로를 드러냄.

【去舊去智】 '舊'는 '巧'의 뜻. '故'와도 같으며, '故'는 고대 '巧'의 뜻이었음. 《管子》 "恬愉無爲, 去智與故"라 하였고, 《淮南子》 原道訓 "不設智故"의 注에 "智故, 巧飾也"라 하였으며, 〈俶眞訓〉 "不以曲故是非相尤"의 注에도 "曲故, 曲巧也"라 함. 이는 전체적으로 《老子》(19)의 "絶聖棄智, 民利百倍; 絶仁棄義, 民復孝慈; 絶巧棄利, 盜賊無有. 此三者以爲文不足. 故令有所屬. 見素抱樸, 少私寡欲"의 사상과 같은 것임.

【自備】 신하로서 자신을 지키기 위해 스스로 신중히 하며 대비함을 뜻함.

【有常】 정상적인 법류. 일정한 규칙을 말함.

【習常】 일정불변의 常道에 따르는 것. '習'은 '襲'과 같음. 重複의 뜻. 《老子》(52)에 "天下有始, 以爲天下母. 旣得其母, 以知其子. 旣知其子; 復守其母, 沒身不殆. 塞其兌, 閉其門, 終身不勤; 開其兌, 濟其事, 終身不救. 見小曰明, 守柔曰强. 用其光, 復歸其明, 無遺身殃. 是爲習常"이라 함.

【漻乎】 '漻'는 '寥'와 같음. 물이 맑고 깊숙하여 매우 조용함. 《老子》(25)에 "有物混成, 先天地生. 寂兮寥兮, 獨立而不改, 周行而不殆, 可以爲天下母. 吾不知其名, 字之曰道, 强爲之名曰大"라 함.

【竦懼】 '竦'은 '悚'과 같음. 두려움에 떠는 것.

【賢者敕】 '敕'은 '勅', '飭'과 같음. 바르게 바침.

【師·正】 두 글자 모두 우두머리라는 뜻.

【經】 常法, 習常과 같음. 일정불변의 常道.

019(5-2)
군주의 허정虛靜

도道는 눈으로 볼 수 없는 곳에 있으며 그 운용은 알 수 없는 곳에 있다.

군주는 허정虛靜으로써 아무 일도 하지 않으면서 어둠 속에서 신하의 허물을 보고 있으면 된다.

보고도 못 본 척하고 들어도 듣지 못한 척하며 알고도 알지 못하는 척하면 된다.

그들의 의견을 알고 나서 계속 가도록 하면서 바꾸지도 못하게 하고 고치지도 못하게 한 다음 그 주장과 실적을 맞추어 보고 있으면 된다.

관직의 부서마다 한 사람을 두어 서로 말을 맞추지 못하게 하면 모든 일을 모두가 완전히 알 수 있게 된다.

임금은 자신의 행적은 가려두고 단서가 될 만한 것은 숨겨 두어 아랫사람이 그 원인을 알아차릴 수 없도록 하며, 지혜도 버리고, 능력도 버려 아랫사람이 그 뜻을 헤아릴 수 없도록 해야 한다.

자신이 가고자 하는 바를 보류시킨 채, 같은 생각을 가진 자의 의견을 맞추어보고 조심하여 자신의 병권柄權을 쥔 채 이를 단단히 잡고 있어야 한다.

신하의 욕망을 끊어버리고 그들의 뜻을 깨뜨려 신하들이 욕심을 갖지 못하도록 해야 한다.

그 문을 조심해서 잠그지 않거나 그 문을 견고하게 닫지 않으면 앞으로 호랑이가 들어올 것이며, 그 일을 신중히 하지 않거나 그 실정을 감추지 않았다가는 앞으로 역적이 나타나게 된다.

임금을 죽이고 그 자리를 대신한다 해도 누구도 임금의 편을 들어주지 않기 때문에 그러한 것을 일러 호랑이라 하는 것이며, 임금 곁에 있으면서 간신이 되어 임금의 실수를 틈으로 여기므로 이를 일러 역적이라 하는 것이다.

그러니 군주로서는 그들 도당을 해산시키고 그 잔당을 잡아들이며, 문을 걸어 잠그고 그들을 돕는 자들을 빼앗아 버려야 나라에 호랑이가 없어지게 되며, 너무 커서 속을 알 수 없고, 너무 깊어 깊이를 알 수 없도록 하여 형명刑名을 맞추어보고, 법식法式을 따져보아 제멋대로 하는 자를 벌주어 나라에 역적이 없어지는 것이다.

이 까닭으로 군주에게는 다섯 가지 막힘이 있으니, 신하가 군주의 이목을 닫아 버리는 것을 일러 '막힘'이라 하고, 신하가 나라의 재정과 이권을 장악하는 것을 일러 '막힘'이라 하며, 신하가 마음대로 명령을 내리는 것을 일러 '막힘'이라 하고, 신하가 제멋대로 의로움을 행사하는 것을 일러 '막힘'이라 하며, 신하가 사사로이 사람을 심는 것을 일러 '막힘'이라 한다.

신하가 군주의 이목을 닫아 버리면 군주는 자리를 잃게 되며, 신하가 재정과 이권을 쥐게 되면 군주는 은덕을 베풀 수 없게 되고, 신하가 마음대로 명령을 내리게 되면 군주는 통제력을 잃게 되고, 신하가 제멋대로 의로움을 행사하면 임금은 명분을 잃게 되며, 신하가 사람을 심게 되면 군주는 자신의 무리를 잃게 된다.

이러한 것들은 군주 한 사람이 독점해야 할 것들이며, 신하된 자가 손에 쥐고 조종해서는 안 되는 것들이다.

道在不可見, 用在不可知.

虛靜無事, 以闇見疵.

見而不見, 聞而不聞, 知而不知.

知其言以往, 勿變勿更, 以參合閱焉.

官有一人, 勿令通言, 則萬物皆盡.

函掩其跡, 匿其端, 下不能原; 去其智, 絶其能, 下不能意.

保吾所以往而稽同之, 謹執其柄而固握之.

絶其望, 破其意, 毋使人欲之.

不謹其閉, 不固其門, 虎乃將存; 不愼其事, 不掩其情, 賊乃將生.

弑其主, 代其所, 人莫不與, 故謂之虎; 處其主之側, 爲姦臣, 聞其主之忒, 故謂之賊.

散其黨, 收其餘, 閉其門, 奪其輔, 國乃無虎; 大不可量, 深不可測, 同合刑名, 審驗法式, 擅爲者誅, 國乃無賊.

是故人主有五壅: 臣閉其主曰壅, 臣制財利曰壅, 臣擅行令曰壅, 臣得行義曰壅, 臣得樹人曰壅.

臣閉其主, 則主失位; 臣制財利, 則主失德: 臣擅行令, 則主失制; 臣得行義, 則主失名; 臣得樹人, 則主失黨.

此人主之所以獨擅也, 非人臣之所以得操也.

【道在不可見】《老子》(21)에 "道之爲物, 惟恍惟惚"라 하였고, 37장에는 "道常無爲而無不爲, 侯王若能守之, 萬物將自化"라 함.

【其言以往】 의견이나 주장, 제안을 계속 가고자 하는 대로 실행해 나가도록 유도하고 그 결과로써 책임을 물음.

【參合】 '參同'과 같음. 시작과 결과를 맞추어 대조해 봄.

【通言】 서로 의사를 소통하여 정보를 주고받거나 입을 맞추어 한 통속이 됨.

【萬物皆盡】 모든 일의 실정이 완전하게 파악됨.

【函其跡】 '函'은 '掩'자와 같음. 담아 두고 겉으로 드러내지 않음.

【原】 '尋' 또는 '探'과 같음. 근본을 찾아 알아낸 다음 그에 대처함.
【稽同】 '稽'는 '考'와 같음. 參同·參合과 같은 뜻임.
【柄】 治道의 자루. 통치권의 가장 중요한 權柄·柄權·秉權을 뜻함.
【虎】 군주의 자리를 엿보는 역신을 비유함.
【代其所】 '所'는 군주의 자리. '代'는 '替'의 뜻.
【聞其主之忒】 '聞'은 '閒(間)'. 王念孫은 "聞, 蓋閒之訛. 閒, 伺也"라 함. '忒'은 과실이나 실수, 숨겨진 비밀 등을 뜻함.
【同合刑名】 '刑名'은 '形名'과 같음. '同合'은 '參同'과 같음.
【擅爲】 擅은 專자와 같음. 제멋대로 구는 것.
【五壅】 '壅'은 '塞'과 같음. 군주가 권한을 잃게 되는 다섯 가지 장애 요인.
【行義】 상벌에 대한 권한을 행사함.
【樹人】 私黨을 꾸미는 것을 말함.
【失制】 지배력 또는 통제할 능력을 잃음. 명령을 내릴 수 없음. 《史記》 秦始皇本紀에 "命爲制, 令爲詔"라 함.
【失黨】 여기서의 '黨'은 임금의 무리를 뜻함.
【獨擅】 오직 한 사람만이 마음대로 할 수 있는 권한. 앞에 든 다섯 가지 요소는 임금이 독정해야 함을 뜻함.

020(5-3)

시우時雨

군주의 치도는 조용히 물러나 있는 것을 보배로 삼아야 한다.

정사를 직접 조종하지 아니한 채 졸拙과 교巧만 알고 있으면 되고, 스스로 계책을 짜거나 염려할 것이 아니라 복과 재앙만을 알고 있으면 된다.

그러므로 말을 하지 않아도 신하가 잘 응해 오며 약속을 하지 않아도 일이 잘 되어 가는 것이다.

군주가 한 말에 응해 오면 그 한쪽의 계契를 잡고 있으면 될 것이요, 이미 그 일이 잘 되어 가고 있으면 그 쪽의 부符를 쥐고 있으면 된다.

부符와 계契가 맞아떨어지는 곳에서 상벌이 생겨나는 것이다.

그 때문에 신하들은 그 의견을 말로 진술하고 임금은 그가 한 말에 따라 일을 맡겨 준 다음, 그 맡긴 일의 성과를 책임지도록 하면 된다.

그 공적이 맡겼던 일에 맞고 맡긴 일이 그가 진술했던 말과 맞으면 상을 주면 되고, 그 공적이 맡겼던 일에 맞지 않거나 맡긴 일이 그가 진술했던 말과 맞지 않으면 벌을 주면 된다.

명석한 군주의 치도는 신하로 하여금 그가 진술한 말과 그 결과가 맞지 않은 경우가 없도록 하는 것이다.

이 까닭으로 명석한 군주가 상을 내림에는 그 덮어줌이 마치 시우時雨와 같아 백성들은 그 혜택을 이롭게 여기게 하는 것이며, 벌을 내림에는 두렵기가 마치 우레와 같아 신성神聖일지라도 그 노여움을 풀어줄 수 없는 듯이 해야 한다.

따라서 명석한 군주는 상은 마구 주지 않으며 벌에는 용서함이 없다.

상을 마구 주게 되면 공신도 그 맡은 업무에 게을러지며, 벌에 용서함이 있다면 간신도 쉽게 비리를 저지른다.

이 까닭으로 진실로 공이 있으면 비록 멀고 낮은 신분이라도 반드시 상을 내리며, 진실로 잘못이 있으면 비록 가깝고 총애하는 자라 할지라도 반드시 처벌하는 것이다.

가깝고 총애하는 자가 처벌을 받으면 멀고 낮은 자들도 게으르지 않게 되며 가깝고 총애하는 자도 교만하지 않게 될 것이다.

人主之道, 靜退以爲寶.

不自操事而知拙與巧, 不自計慮而知福與咎.

是以不言而善應, 不約而善增.

言已應, 則執其契; 事已增, 則操其符.

符契之所合, 賞罰之所生也.

故群臣陳其言, 君以其言授其事, 事以責其功.

功當其事, 事當其言則賞; 功不當其事, 事不當其言則誅.

明君之道, 臣不得陳言而不當.

是故明君之行賞也, 曖乎如時雨, 百姓利其澤; 其行罰也, 畏乎如雷霆, 神聖不能解也.

故明君無偷賞, 無赦罰.

賞偸, 則功臣墮其業; 赦罰, 則姦臣易爲非.

是故誠有功, 則雖疏賤必賞; 誠有過, 則雖近愛必誅.

近愛必誅, 則疏賤者不怠, 而近愛者不驕也.

【靜退】《老子》(45)에 "淸靜爲天下正"이라 하였고, 57장에는 "我好靜而民自正"이라 하였으며, 67장에는 "我有三寶, 持而保之. 一曰慈, 二曰儉, 三曰不敢爲天下先"이라 함.

【善應】《老子》(73)에 "天之道, 不爭而善勝, 不言而善應, 不召而自來, 繟然而善謀"라 함.

【契符】'契'는 契券. 돌이나 나무에 새겨 서로 약속하는 것. '符'는 信符. 역시 대나무에 새겨 서로의 약속을 기록하는 것. 이를 둘로 쪼개어 보관하며 만약의 경우 맞추어보아 서로 확인하는 증거로 삼음.

【曖乎】'曖'는 원래의 뜻을 넘어 '널리 덮어주다'의 뜻으로 쓰였음. '曖'는 '藹'의 뜻으로도 봄.

【時雨】때 맞추어 내리는 비.

【神聖不能解】'解'자는 노기를 풀어줌.

【偷賞】'偷'는 마구 하는 행동을 뜻함.

【墮其業】'墮'는 '惰'와 같음.

【近愛必誅, 則疏賤者不怠】이 구절 앞에 "疏賤必賞" 4자가 누락된 것으로 봄. 〈集解〉에 "顧廣圻曰: 此句有脫文. 先愼曰: 此下當有「疏賤必賞」四字"라 하였고, 太田方의 《韓非子翼毳》에는 "張之象《鹽鐵論》注引有此四字"라 함.

6. 유도有度

치국에 필수적인 법도法度를 뜻하는 말로 “有法度之制者, 以加群臣之上, 則主不可欺以詐僞”의 주장을 내세우고 있다.

021(6-1)

부신구화負薪救火

“나라란 늘 강할 수 있는 것도 아니며, 늘 약하기만 한 것도 아닙니다.

법을 받들기를 강하게 하면 나라가 강해지는 것이요, 법을 받들기를 연약하게 하면 나라가 약해지는 것입니다.

초楚 장왕莊王은 스물여섯 나라를 병합하여 사방 3천 리의 영토를 넓혔으나 장왕이 죽어 사직을 보존할 수 없게 되자 초나라는 망하고 말았으며, 제齊 환공桓公은 서른 나라를 병탄하여 사방 삼천 리의 영토를 열었으나 역시 환공이 죽어 사직을 보존할 수 없게 되자 제나라는 망하고 말았습니다.

연燕 소왕昭王은 하수河水를 경계로 하고 계薊를 도읍으로 하여 탁군涿郡과 방성方城을 습격하여 제나라를 잔폐시켰고, 중산中山까지 평정함으로써 연나라 편이 된 나라는 중시되고 연나라의 도움을 받지 않는 자는 경시당할 정도였지만 소왕이 죽어 사직을 보존할 수 없게 되자 연나라는 망하고 말았습니다.

〈齊桓公〉

위魏나라 안희왕安釐王은 연나라를 쳐서 조趙나라를 구하고 하동河東을 취하였으며, 도陶·위魏 땅을 공격하여 모두 차지하였고, 다시 제나라에게 병력을 가하여 평륙平陸의 도시를 자신의 것으로 하였으며, 다시 한韓나라를 공격하여 관管을 무너뜨리고 기淇 성 아래에서 승리를 거두었으며, 수양睢陽 싸움에서 초나라 군사는 지쳐 달아났고, 채蔡와 소릉昭陵에서의 싸움에서도 초나라의 군사를 패배시켜 그들의 병사가 사방 천하에 포진, 그 위세가 관대冠帶의 지역에 떨쳤으나 안희왕이 죽고 나자 위나라는 망하고 말았습니다.

그러므로 초 장왕과 제 환공이었기에 초나라와 제나라는 패자가 될 수 있었고, 연 소공과 위 안희왕이 있었기에 연나라와 위나라는 강국이 될 수 있었으나 지금은 모두 망한 나라가 된 것은 그 신하와 관리들이 모두 어지러워지는 쪽으로만 힘을 쓰고 다스려지는 쪽으로는 힘을 쓰지 않기 때문입니다.

나라가 어지러워지고 약해지고 있는데 다시 모두가 국법을 포기하고 그것을 벗어나 사사롭게 이익을 꾀한다면 이는 마치 땔나무를 짊어지고 불 속으로 달려드는 것과 같아 혼란과 약화는 더욱 심해지고 말 것입니다!"

「國無常强, 無常弱.

奉法者强, 則國强; 奉法者弱, 則國弱.

荊莊王幷國二十六, 開地三千里; 莊王之氓社稷也, 而荊以亡; 齊桓公幷國三十, 啓地三千里; 桓公之氓社稷也, 而齊以亡.

燕襄王以河爲境, 以薊爲國, 襲涿·方城, 殘齊, 平中山, 有燕者重, 無燕者輕, 襄王之氓社稷也, 而燕以亡.

魏安釐王攻趙救燕, 取地河東; 攻盡陶·魏之地; 加兵於齊, 私平陸之都; 攻韓拔管, 勝於淇下; 睢陽之事, 荊軍老而走; 蔡·召陵之事, 荊軍破, 兵四布於天下, 威行於冠帶之國; 安釐王死而魏以亡.

故有荊莊·齊桓, 則荊·齊可以霸; 有燕襄·魏安釐, 則燕·魏可以强, 今皆亡國者, 其群臣官吏皆務所以亂而不務所以治也.

其國亂弱矣, 又皆釋國法而私其外, 則是負薪而救火也, 亂弱甚矣!」

【荊莊王】 荊은 楚를 가리킴. 莊王은 楚莊王. 春秋五霸의 하나로 이름은 侶(旅). 穆王(商臣)의 아들. 孫叔敖 등을 기용하여 나라를 부강시켰으며 邲戰에서 晉나라를 격파하고 패권을 차지함. B.C.613~B.C.591년까지 23년간 재위하고 그 뒤를 共王(審)이 이어감. 莊王은 매우 英明하였으며 '絶纓', '三年不飛', '樊姬諫言' 등 많은 고사를 남김.

【二十六國】《史記》年表에 의하면 莊王은 3년에 庸, 6년에 宋·陳, 8년에 陸渾, 9년에 鄭, 13년에 隨와 西蓼, 14년에 鄭과 晉, 16년에 陳(夏徵舒), 17년에 鄭, 19년에 宋나라 등을 공략하거나 포위한 기록이 있음.

【氓社稷】 '氓'은 '亡'과 같음. 군주가 죽어서 사직을 보존할 수 없게 됨.

【齊桓公】 春秋五霸의 첫 首長. 이름은 小白. 齊나라에 난이 일어나자 鮑叔이 모시고 莒나라로 피신, 管仲은 公子 糾를 모시고 魯나라로 피신함. 뒤에 난이 진압되고 먼저 귀국하는 자가 왕이 될 수 있는 기회에 小白이 오는 길을 管仲 일행이 막고 활을 쏘아 소백의 허리띠 고리에 맞추자 소백은 죽은 척 쓰러져 있다가 지름길로 귀국하여 왕위에 오름. 뒤에 포숙의 추천으로 관중을 등용, 제나라를 부강하게 하여 九合諸侯, 一匡天下하여 첫 패자가 됨. B.C.685~B.C.643년까지 43년간 재위함.《史記》齊太公世家를 참조할 것.

【燕襄王】 燕 昭王의 오류. 혹 昭王의 시호가 '襄'이었을 수도 있음.《集解》에 "顧廣圻曰: 燕, 當作昭. 下同.《史記》年表·世家燕無襄王. 或一謚襄也"라 함. 昭王은 燕王 噲의 아들로 이름은 平(職). 噲가 子之에게 나라를 물려주어 내란이 일어나고 이 틈에 齊나라가 침공하자 연나라에서는 태자였던 平을 세워 중흥을 일으킴. 그는 賢人을 초청하고 樂毅를 上將軍으로 삼아 齊나라에 보복하여 70여 성을 빼앗는 등 많은 치적을 남기기도 하였음. B.C.311~B.C.279년까지 33년간 재위하고 惠王에게 이어짐.

【薊】 周初 召公(姬奭)이 燕나라에 봉해지면서 도읍을 삼았던 곳. 지금의 北京 承德門 밖에 옛 薊門의 유적이 있으며 아울러 薊縣의 지명도 있음.
【涿方城】 '涿'은 燕나라 지명으로 지금의 河北 涿縣. '方城' 역시 연나라 땅으로 지금의 河北 固安縣 서남.
【中山】 전국시대 지금의 河北 定縣을 중심으로 있었던 나라. 白狄이 세웠던 나라로 趙나라와 접경을 이루고 있었으며《戰國策》에 中山策이 있음.《史記》 六國年表에 의하면 燕 昭王 17년 齊나라와 함께 中山을 공격하여 멸함.
【魏安釐王】 이름은 圉. 전국시대 군주로 魏 昭王의 아들. B.C.276~B.C.243년까지 34년간 재위하고 景湣王에게 이어짐.
【攻趙救燕】 '攻燕救趙'여야 함.《史記》 年表에 安釐王 5년에 燕나라를 공격하였고, 20년에 邯鄲을 구하여 21년 趙나라를 연나라 포위로부터 구원해 낸 것으로 되어 있음.
【河東】 河水의 동쪽 일대. 지금의 山西 서남부 일대.
【陶魏】 陶는 지금의 山東 定陶縣. 魏는 衛와 같음. 지금의 河南 滑縣. 전국시대 衛나라는 魏나라에 복속을 당하였다가 뒤에 魏나라에게 망함. 그 때문에 '衛'를 '魏'로 표기한 것.
【平陸】 平陸은 지금의 山東 汶上縣. 전국시대 제나라 五都의 하나.
【管】 전국시대 韓나라 지명. 지금의 河南 鄭州 동북.
【淇】 원래 산 이름이며 淇水가 발원하는 곳. 河南 淇縣.
【睢陽之事】 睢陽은 원래 송나라 지명으로 지금의 河南 商丘. 〈宋本〉 注에 "魏與楚相持於睢陽, 而楚師遁"이라 함.
【蔡】 楚나라 지명. 上蔡를 가리킴. 지금의 河南 上蔡縣.
【召陵】 역시 초나라 지명으로 지금의 河南 偃城縣 동쪽.
【冠帶之國】 諸夏. 즉 中原을 지칭하는 말. 모자와 허리띠를 갖추어 의관을 바르게 하는 문명국을 일컫는 표현.《穀梁傳》 哀公 13년에 "吳, 夷狄之國, 祝髮文身, 欲因魯之禮. 因晉之權, 而請冠端而襲"이라 함.
【私其外】 國法을 어기고 사사로운 이익을 꾀함.
【負薪救火】 '抱薪救火'와 같음. 땔나무를 짊어진 채 불을 끄려고 나섬. 매우 어리석고 위험한 상황을 비유함.《史記》 魏世家에 "譬猶抱薪救火, 薪不盡, 火不滅"라 함.

참고 및 관련 자료

1. 《新書》(賈誼) 胎敎(雜事)

故無常安之國, 無宜治之民; 得賢者顯昌, 失賢者危亡. 自古及今未有不然者也.

022(6-2)
법에 맞추어 보기만 하면

"그러므로 지금 이 시기에 능히 사곡私曲함을 버리고 공법公法으로 나가면 백성은 안정되고 나라는 다스려질 것이요, 능히 사행私行을 버리고, 공법을 실행하면 무력은 강해지고 적국은 약해질 것입니다.

따라서 득실을 살펴 법도의 제도를 잘 지킬 자를 신하들의 위에 배치시킨다면 임금은 속임수에 사기를 당하지 않을 것이며, 득실을 잘 살펴 권형權衡에 맞는 자를 멀리 배치하여 그를 통해 듣는다면 천하의 경중輕重에 속임을 당하지 않을 것입니다.

지금 만약 칭송을 받는 자라 해서 능한 자리에 승진을 시킨다면 신하들은 군주를 이탈하여 아래로 파당을 지을 것이며, 만약 당파에 따라 관직을 배치한다면 백성은 그러한 자들과 사귀기에 힘을 기울일 뿐 법에 따라 관직을 구하려 들지 않을 것입니다.

따라서 관직에 능력 있는 자를 놓치게 되면 그 나라는 혼란에 빠지고, 칭송을 근거로 상을 주거나 비방을 근거로 벌을 내린다면 상을 좋아하고 벌을 싫어하는 사람은 공법의 준행을 버리고 사사로운 술책을 쓰면서 떼를 지어 서로를 위하는 짓을 할 것입니다.

군주를 잊고 바깥과 교제하여 자신의 패거리를 승진시키면 그 아랫사람들이 윗사람을 무시하는 원인이 됩니다.

교제는 넓어지고 패거리는 많아져 안팎으로 파당을 지으면 비록 그들이 큰 잘못을 저지른다 해도 많은 사안들이 감춰지고 맙니다.

그러므로 충신은 죄가 없음에도 위험해지거나 죽임을 당하게 되며, 간사한 신하는 공이 없음에도 편안히 이익을 누리게 됩니다.

충신이 죄를 지은 이유가 아닌 것으로써 위태롭거나 죽임을 당한다면 양신良臣은 숨어버릴 것이요, 간사한 신하가 공이 없는데도 편안히 이익을 누린다면 간신姦臣이 득세할 것이니 이것이 망하는 근본입니다.

이와 같이 되면 신하들은 법을 폐기한 채 사사로운 권세를 더 중히 여겨 행사할 것이며 공법 따위는 무시하게 됩니다.

실력자의 집에는 자주 드나들지만 군주의 조정에는 한 번도 나오지 않으며 실력자 가문을 위한 편의에는 온갖 염려를 해 주면서도 임금의 나라는 한 가지도 도모하는 일이 없게 될 것입니다.

임금으로서 비록 거느리는 자가 많다 해도 이들이 임금을 존귀하게 하기 위한 자들이 아닐 것이며, 백관百官이 비록 갖추어져 있다 해도 나라 일을 맡긴 것이 아닌 것이 됩니다.

그렇다면 군주는 군주라는 이름만 있을 뿐 실제로는 여러 신하들의 모든 것을 맡긴 것이 됩니다.

그 때문에 저는 '망해 가는 나라의 조정에는 사람이 없다'라고 말씀드리는 것입니다.

조정에 사람이 없다고 하는 것은 조정의 신하 숫자가 줄었다는 것이 아닙니다.

대부들 집안에서는 서로 자신들의 이익만을 위할 뿐 나라를 부유하게 하기에는 힘쓰지 아니하며, 대신들끼리 서로를 높여주는 일에만 힘쓸 뿐 임금을 존경하는 일에는 힘쓰지 않으며, 소신小臣들은 봉록만 받들고 남과 사귀기에 힘을 쏟으며 관직의 일은 자신의 일로 여기지도 않게 됩니다.

이렇게 되는 까닭은 군주가 위에서 법에 의한 결단을 내리지 않고 신하가 하는 그대로 맡겨 두는 데에서 비롯되는 것입니다.

그러므로 명석한 군주는 법으로 하여금 사람을 고르도록 하고 자신 임의로 등용하지 않으며, 법으로 하여금 그 공적을 헤아리도록 하고 자신 임의로 헤아리지 않습니다.

능력 있는 자가 가려진 채로 있을 수 없고 실패한 자는 자신의 잘못을 꾸며댈 수 없으며 칭송을 받은 자라고 해서 승진하는 것도 아니요, 비방을 받는 자라고 해서 밀려나는 것도 아닌 상황이 되면, 임금과 신하 사이에 변별이 뚜렷해져서 다스리기가 쉬워질 것이니 그 때문에 임금은 그저 법에 대조해 보면 될 뿐입니다."

「故當今之時, 能去私曲·就公法者, 民安而國治; 能去私行·行公法者, 則兵强而敵弱.

故審得失有法度之制者, 加以群臣之上, 則主不可欺以詐僞; 審得失有權衡之稱者, 以聽遠事, 則主不可欺以天下之輕重.

今若以譽進能, 則臣離上而下比周; 若以黨擧官, 則民務交而不求用於法.

故官之失能者其國亂, 以譽爲賞, 以毁爲罰也, 則好賞惡罰之人, 釋公行, 行私術, 比周以相爲也.

忘主外交, 以進其與, 則其下所以爲上者薄矣.

交衆·與多, 外內朋黨, 雖有大過, 其蔽多矣.

故忠臣危死於非罪, 姦邪之臣安利於無功.

忠臣危死而不以其罪, 則良臣伏矣; 姦邪之臣安利不以功, 則姦臣進矣, 此亡之本也.

若是, 則群臣廢法而行私重, 輕公法矣.

數至能人之門, 不壹至主之廷; 百慮私家之便, 不壹圖主之國.

屬數雖多, 非所以尊君也; 百官雖具, 非所以任國也.

然則主有人主之名, 而實託於群臣之家也.

故臣曰:『亡國之廷無人焉.』

廷無人者, 非朝廷之衰也.

家務相益, 不務厚國; 大臣務相尊, 而不務尊君; 小臣奉祿養交, 不以官爲事.

此其所以然者, 由主之不上斷於法, 而信下爲之也.

故明主使法擇人, 不自擧也; 使法量功, 不自度也.

能者不可弊, 敗者不可飾, 譽者不能進, 非者弗能退, 則君臣之間明辯而易治, 故主讎法則可也.」

【私曲】 사사롭게 개인의 이익을 누리며 법을 왜곡시킴.

【權衡之稱】 사물을 객관적으로 정확히 파악하기에 걸맞은 인물.

【以聽遠事】 聽은 일을 맡기고 그를 통해 정보를 얻음. 원사는 조정에서 먼 외국이나 외지.

【輕重】 국제간의 세력이나 외교의 중요도 등을 따져 임금을 현혹시키는 행위.

【比周】 偏黨을 지음. '比'는 '近', '周'는 '密'의 뜻. 가까운 사람들끼리 이익을 공유하고자 하는 모임들. "結黨營私曰比周"라 함. 朋黨과 같음.

【能人】 세속적으로 소문이 무성한 권력가.

【用於法】 법을 근거로 관리를 등용하도록 강조함.

【進其與】 자기 패거리를 권력 내부에 진출시킴. 與는 같은 패거리. 與黨.

【不壹至主之廷】 한 번도 임금이 있는 조정에 나타나지 않음.

【屬數】 거느리는 벼슬아치. 徒屬의 숫자를 말함.

【衰】 수가 줄어들어감. 衰減의 뜻.

【家務相益】 家는 國에 상대되는 말로 大夫를 가리킴.

【奉祿養交】 봉급만을 위해 일하며 남과 사귐을 위해 힘을 기울임.

【敗者不可飾】 敗는 쓸모가 없는 것. 실패한 자들.

【明辯】 분명하게 변별됨. '辯'은 '辨'과 같음.

【讎法】 '讎'는 '校'와 같음. 〈集解〉에 "讎, 謂校定可否"라 함. 법에 비교하여 일을 결정함. 孫楷第는 "讎, 猶用也"라 함.

023(6-3)

백리 밖 사람을 사귀지 않도록

"현명한 자는 남의 신하가 되어 북면하여 자신을 맡긴 다음에는 두 마음을 품지 않습니다.

조정에서는 낮은 자리라 하여 감히 사양하지 않으며, 전장에서는 위난危難한 임무라 하여 사양하지 않으며, 위의 지시에 따라 일을 하고 임금이 정한 법을 따르며, 마음을 비우고 명령을 기다리며 시비에 대해서도 관여하지 않습니다.

그러므로 입이 있어도 사사로운 말을 하지 않으며, 눈이 있어도 사사로운 것을 보지 않아 윗사람이 마음대로 다스릴 수 있는 것입니다.

남의 신하된 자는 비유하면 손과 같은 것이니 위로는 머리를 가다듬고 아래로는 발을 손질하며, 시원함과 따뜻함, 추위와 더위에 손이 해결하지 않는 것이 없으며 막야鏌鋣 같은 칼이 몸에 다가오면 감히 떨쳐나서서 막지 않음이 없습니다.

그는 어질다거나 밝은 신하라 해서 사사롭게 친하려 들지도 않으며 능력 있는 선비라 해서 사사롭게 모시지도 않습니다.

그러므로 백성들은 자신이 사는 향리를 넘어 남을 사귀려 하지 않으며 백리나 떨어진 곳에 아는 친척도 없습니다.

귀천이 서로 신분을 넘보려 하지 않으며 어리석은 자나 지혜로운 자나 저마다 그에 맞는 자리에 서게 되는 것이니 이것이 다스림의 지극함입니다.

지금 무릇 작위와 봉록을 가볍게 여기며 쉽게 자신의 나라를 버리고 망명하여 자신이 모실 군주를 정하는 자를 저는 염廉이라 일컫지 않습니다.

그리고 거짓된 논리로 법을 거역하며 임금을 배신하고 강하게 간언이나 하는 자를 저는 충忠이라 일컫지 않습니다.

은혜를 행하고 이익을 베풀어 아랫사람들을 거두는 것으로써 명예를 삼는 자를 저는 인仁이라 일컫지 않습니다.

세속을 떠나 숨어 살면서 거짓을 꾸며 군주를 비방하는 자를 저는 의義라 일컫지 않습니다.

밖으로 다른 제후들을 섬기고, 안으로 국력을 소모하며 나라가 위험해지는 기회를 엿보아 그 임금에게 겁을 주면서 '외교에서 내가 아니면 그들과 친할 수 없고, 원한은 내가 아니면 해결할 수 없다'라고 떠벌려 임금이 그를 믿고 나라를 맡겨 의견을 듣도록 하여 임금의 명예를 낮추는 것으로써 자신을 현달시키며, 나라의 재물을 훼손하여 자신 집안을 이롭게 하는 자를 저는 지智라 일컫지 않습니다.

이 몇 가지 사례들은 험한 세상에나 좋아하는 것들일 뿐 선왕의 법에는 버려야 했던 것들입니다.

선왕의 법에 '신하라면 혹 위엄을 세우는 일도 하지 말 것이며, 혹 이익을 취하는 일도 하지 말 것이며, 왕의 뜻을 따라야 한다. 혹 미워하는 마음도 짓지 말 것이며 왕의 가는 길을 따라야 한다'라 하였습니다.

옛날 치세의 백성들은 공법을 받들고, 사술私術을 폐기하여 오로지 한 가지 행동에 뜻을 두었으며 모든 것을 갖춘 다음 임금의 임용을 기다렸습니다."

「賢者之爲人臣, 北面委質, 無有二心.

朝廷不敢辭賤, 軍旅不敢辭難; 順上之爲, 從主之法, 虛心以待令, 而無是非也.

故有口不以私言, 有目不以私視, 而上盡制之.

爲人臣者, 譬之若手, 上以脩頭, 下以脩足; 清暖寒熱,不得不救入; 鏌鋣傅體, 不敢弗搏.

無私賢哲之臣, 無私事能之士.

故民不越鄕而交, 無百里之慼.

貴賤不相踰, 愚智提衡而立, 治之至也.

今夫輕爵祿, 易去亡, 以擇其主, 臣不謂廉.

詐說逆法, 倍主强諫, 臣不謂忠.

行惠施利, 收下爲名, 臣不謂仁.

離俗隱居, 而以非上, 臣不謂義.

外使諸侯, 內耗其國, 伺其危險之陂, 以恐其主, 曰『交非我不親, 怨非我不解』, 而主乃信之, 以國聽之. 卑主之名以顯其身, 毁國之厚以利其家, 臣不謂智.

此數物者, 險世之說也, 而先王之法所簡也.

先王之法曰:『臣毋或作威, 毋或作利, 從王之指; 毋或作惡, 從王之路.』

古者, 世治之民, 奉公法, 廢私術, 專意一行, 具以待任.」

【北面委質】 신하가 군주를 향하여 서 있는 자세를 北面이라 함. '質'은 '贄'와 같으며 처음 만날 때 바치는 예물.《左傳》莊公 24년에 "御孫曰:「男贄, 大者玉帛, 小者禽鳥, 以章物也. 女贄, 不過榛·栗·棗·脩, 以告虔也. 今男女同贄, 是無別也. 男女之別, 國之大節也; 而由夫人亂之, 無乃不可乎?」"라 함. 그러나 '委質'은 신하로써 자신의 몸을 맡기는 것을 뜻하는 것으로 보는 편이 타당할 것임.《左傳》僖公 23년 "策命委質"의 孔穎達 疏에 "質, 形體也. 拜則屈膝而委身體於地以明敬奉之也"라 하였으며,《史記》仲尼弟子列傳 "子路後儒服委質"의 司馬貞은 服虔의《左傳》注를 인용하여 "古者始事, 必先書其名於策, 委死之質於君, 然後爲臣, 示必死節於其君也"라 함.

【脩頭】'脩'는 '修'와 같으며 '繕'의 뜻.

【凊暖寒熱】계절의 변화에 따라 몸을 보호하기 위해 옷을 입거나 하는 일을 모두 손이 맡음.

【鏌鋣傅體】'鏌鋣'는 '鏌鄒', '莫邪' 등으로도 표기하며 춘추시대 吳나라 匠人 干將이 그의 아내 막야(莫邪)와 함께 만든 명검. 陽刻을 干將, 陰刻을 막야라 함. 《博物志》(器名考)에 "寶劍名: 純鈞·湛盧·豪曹·魚腸·巨闕, 五劍皆歐冶子所作. 龍淵·太阿·工布, 三劍皆楚王令風胡子因吳王請干將·歐冶子作. 干將陽龜文, 莫邪陰漫理, 此二劍吳王使干將作. 莫邪, 干將妻也"라 하였음. 《吳越春秋》 및 《搜神記》 참조할 것.

【傅體】몸에 다가옴. '傅'는 '迫'·'搏'과 같은 뜻. 칼이 자신의 몸에 다가오면 우선 손이 나서서 막거나 뿌리침.

【慼】顧廣圻는 '慼'은 '戚'과 같다 하였으며 親戚을 뜻함.

【提衡】평형을 이룸. 걸맞음. 名實相符함.

【倍主】'倍'는 '背'와 같음. 자신의 임금을 등짐.

【而以非上】〈集解〉에 "先愼曰: 〈乾道本〉「而」下有「作」字, 顧廣圻云: 「藏本·今本無作字.」 今據刪"이라 하였으나 王煥鑣는 "作, 當作詐, 形近而誤"라 함.

【外使諸侯】'使'는 '事', '仕'의 뜻임. 밖으로 다른 제후를 섬김.

【危險之陂】'陂'는 '際'의 오류. 王先愼은 "陂字無義, 當作際"라 함.

【此數物】앞에서 거론한 '廉·忠·仁·義·智' 다섯 가지 덕목을 말함.

【險世之說】어지러운 난세에 행해지는 논의들. 그러나 '說'을 '悅'로 보아 험난한 시대에나 사람들이 좋아하는 것이라는 뜻으로 풀이하기도 함. 俞樾은 "說, 讀爲悅"이라 함.

【所簡】여기서는 簡이 退자와 같음. 盧文弨는 "簡, 棄也"라 함.

【王之指】'指'는 '旨'와 같음. 왕의 뜻을 가리킴.

【待任】준비를 갖추어 군주의 임용을 기다림.

참고 및 관련 자료

1. 《尙書》 洪範篇

無偏無陂, 遵王之義, 無有作好, 遵王之道, 無有作惡, 遵王之路. 無偏無黨, 王道蕩蕩, 無黨無偏, 王道平平, 無反無側, 王道正直, 會其有極, 歸其有極.

2.《呂氏春秋》貴公篇

昔先聖王之治天下也, 必先公, 公則天下平矣. 平得於公. 嘗試觀於上志, 有得天下者衆矣, 其得之以公, 其失之必以偏. 凡主之立也, 生於公. 故〈鴻範〉曰:「無偏無黨, 王道蕩蕩, 無偏無頗, 遵王之義, 無或作好, 遵王之道, 無或作惡, 遵王之路.」

024(6-4)
하루 종일도 모자라는 시간

“무릇 군주가 되어 백관百官을 직접 살피기로 말한다면 하루 시간이 모자랄 것이며 자신의 힘이 미치지 못할 것입니다.

게다가 군주가 눈으로 보려고 하면 신하는 겉을 꾸며 보기 좋게 할 것이며, 귀로 들으려 하면 신하는 소리를 꾸며 듣기 좋게 할 것이며, 군주가 자신의 생각으로 판단하려 하면 신하는 번거롭게 많은 말을 늘어놓을 것입니다.

선왕들은 이 세 가지로는 모자란다고 여겼으므로 자신의 능력을 버리고 법술로써 하여 상벌 규정을 마련하였던 것입니다.

선왕이 요체로 여겨 고수해냈으므로 법은 간략하지만 그 법을 침범해 들어오지 못하였던 것입니다.

그리하여 홀로 천하를 지배할 수 있었으며, 총명하고 지혜로운 사람이라 해도 속임수를 쓸 수 없었고, 약삭빠르고 말 많은 자라 해도 말재주로 관여할 수 없었으며, 간악하고 사악한 자라 해도 기댈 수가 없었던 것입니다.

멀리 천리 밖에 나가 있는 자라 해도 감히 임금에게 한 말을 바꿀 수가 없었고 임금과 가깝기가 낭중郎中이라 해도 감히 남의 선행을 숨기거나 비리를 꾸며댈 수가 없었던 것입니다.

조정에서는 신하들이 무리를 짓고, 한직의 미천한 자들도 직접 모여들 수 있으며 감히 서로를 넘어 월권을 행사할 수도 없었던 것입니다.

그러므로 다스릴 일이 적으면서도 시간에 여유가 있는 것은 군주가 세勢에 맡겨 그렇게 되도록 하기 때문입니다.”

「夫爲人主而身察百官, 則日不足, 力不給.
且上用目, 則下飾觀; 上用耳, 則下飾聲; 上用慮, 則下繁辭.
先王以三者爲不足, 故舍己能而因法數, 審賞罰.
先王之所守要, 故法省而不侵.
獨制四海之內, 聰智不得用其詐, 險躁不得關其佞, 姦邪無所依.
遠在千里外, 不敢易其辭; 勢在郎中, 不敢蔽善飾非.
朝廷群下, 直湊單微, 不敢相踰越.
故治不足而日有餘, 上之任勢使然也.」

【力不給】 힘이 그에 공급되지 못함. 힘이 미치지 못함.
【法數】 법률과 術數. 사람의 힘이나 개인의 뜻으로 하지 않고 법과 제도에 맡김.
【險躁】 '險'은 '憸'과 '躁'는 '譟'와 같음. 唐敬杲의 《選注韓非子》에 "險, 通憸, 利口也. 躁, 通譟, 多言也"라 함.
【關其佞】 太田方은 "佞, 口才也"라 함.
【勢在郎中】 '勢'는 '暬'자의 뜻으로 봄. '暬'은 '褻'과 같음. 〈集解〉에 "兪樾曰:勢, 當作暬. 勢, 形近而誤.《國語》楚語曰: 「居寢有暬御之箴.」 注曰: 「暬, 近也.」 「暬在郎中」與「遠在千里外」, 正相對成義. 暬·勢, 形近而誤, 或古字通也"라 함. 郎中은 벼슬이름으로 임금을 곁에서 모시는 벼슬. 〈集解〉에 "郎, 近侍之官也"라 함.
【蔽善飾非】 다른 사람의 선행을 드러나지 않게 가리고 자신의 비행을 꾸며대어 숨김.
【直湊】 '湊'는 물이 한곳에 모여들 듯이 집중함을 뜻함. 미천한 자들도 직접 임금에게 의견을 제시할 수 있었음을 말함.
【單微】 '單'은 '寒'과 같으며 '微'는 미천한 신분을 뜻함.
【不敢相踰越】 직분을 넘어서지 않음. 월권을 행사하지 않았음. 〈集解〉에 "雖單微直湊, 亦令得其職分, 而豪强不敢踰"라 하였으나 王先愼은 "此言親近重臣

合之疏遠卑賤之人, 皆用法數以審賞罰, 毋以相違"라 함.

【治不足而日有餘】 '少事多暇'의 뜻. '不足'은 '不多'와 같음. 唐敬杲는 "治不足, 言所治之事少, 不足治也"라 하여 족히 다스릴 만한 일이 거의 없음의 뜻으로 보았음.

【任勢】 군주가 개인의 능력을 버리고 법이 정한 제도에 의존함. 〈集解〉에 "立治之功, 日尚有餘, 而功敎既已平, 群臣既已穆, 則上之任用之勢不違, 法敎使之然也"라 함.

025(6-5)
조금씩 달라지는 길

"무릇 신하된 자가 그 임금을 침범해들어 가기는 마치 여행길에 느껴지는 지형과 같은 것으로써 조금씩 바뀌어 가면서 군주로 하여금 방향을 잃게 하여, 동쪽과 서쪽이 바뀌어도 스스로는 알지 못하는 것입니다.

그 때문에 옛 선왕은 지남침을 세워 조석朝夕의 위치를 바르게 알았던 것입니다.

따라서 현명한 군주는 신하들로 하여금 제멋대로 법테두리 밖으로 벗어날 생각을 갖지 못하도록 하고, 법테두리 안으로 혜택을 끌어들여 사사롭게 베풀지 못하도록 한 것은 모든 행동이 법에 따르지 않은 것이 없도록 하기 위한 것입니다.

법이란 법을 넘어서 제멋대로 하는 자와 사사롭게 혜택을 베푸는 자를 쳐서 막을 수 있는 도구이며, 엄한 형벌이란 법령을 수행하여 아랫사람을 징벌하는 수단입니다.

권위는 남에게 빌려 주어서는 안 되며, 제압은 두 가문에서 함께 써서는 안 되는 것입니다.

권위와 제압을 군주와 신하가 함께하면 여러 가지 사악邪惡함이 횡행할 것이요. 법에 믿음이 없으면 군주가 행사하는 일이 위태로울 것이요, 형벌에 결단이 없으면 사악한 자를 이겨낼 수 없습니다.

그러므로 '뛰어난 목수는 눈대중만으로 먹줄을 맞추지만 그럼에도 반드시 먼저 규구規矩로써 재어보며, 최상의 지혜를 가진 자는 재빠르게 행동을 시작해도 일에 적중하지만 그럼에도 반드시 먼저 선왕의 법으로써 이를 견주어 본다'라고 한 것입니다.

따라서 먹줄을 곧게 치면 굽은 나무를 바르게 자를 수 있고, 준기準器를 수평으로 놓으면 울퉁불퉁한 것도 평평하게 깎을 수 있고, 저울추를 걸면 무게를 바르게 잴 수 있고, 말과 섬을 제정해 놓으면 많고 적음을 고르게 할 수 있는 것입니다.

그러므로 법을 가지고 나라를 다스리는 것은 그러한 것을 사용하듯 그 자리에 그러한 도구를 두면 되는 것입니다.

법은 귀한 사람이라 하여 아첨하지 않아야 하며, 먹줄은 나무가 휘었다 하여 굽혀 잴 수 있는 것이 아닙니다.

법이 적용되는 데는 지자智者라고 해서 능히 말로 벗어날 수 있는 것이 아니며, 용자勇者라 해서 감히 대든다고 해서 벗어날 수 있는 것이 아닙니다.

잘못을 저지른 자에게 형벌을 내림에는 대신大臣도 피해갈 수 없고, 선한 사람에게 상을 줌에는 필부匹夫라도 빠뜨려서는 안 됩니다.

따라서 윗사람의 실책을 바로잡고 아랫사람의 사악함을 꾸짖으며, 혼란을 다스리고 얽힌 것을 해결하며, 넘치는 것은 퇴출시키고, 그릇된 것은 가지런히 하여 백성이 지킬 궤도를 하나로 통일하기에는 법만 한 것이 없습니다.

관리를 독려하고 백성을 위압하며, 지나치거나 게으른 자를 물리치고 속임수를 멈추도록 하는 데에는 형벌만 한 것이 없습니다.

형벌이 무거우면 귀한 자를 천한 자로 바꿀 수 없고, 법이 올바르면 윗자리가 존엄하여 침해를 받지 않을 것이며, 윗자리가 존엄하여 침해를 받지 않으면 군주가 강해져 그 요체를 지킬 수 있는 것이니, 그 때문에 선왕이 이를 귀히 여겨 후세에 전한 것입니다.

그러나 군주가 법을 버려두고 사사로움을 사용한다면 상하가 구별되지 않습니다."

「夫人臣之侵其主也, 如地形焉, 卽漸以往, 使人主失端, 東西易面而不自知.

故先王立司南以端朝夕.

故明主使其群臣不遊意於法之外, 不爲惠於法之內, 動無非法.

法, 所以凌過遊外私也; 嚴刑, 所以遂令懲下也.

威不貸錯, 制不共門.

威·制共, 則衆邪彰矣; 法不信, 則君行危矣; 刑不斷, 則邪不勝矣.

故曰:『巧匠目意中繩, 然必先以規矩爲度; 上智捷擧中事, 必以先王之法爲比.』

故繩直而枉木斲, 準夷而高科削, 權衡縣而重益輕, 斗石設而多益少.

故以法治國, 擧措而已矣.

法不阿貴, 繩不撓曲.

法之所加, 智者弗能辭, 勇者弗敢爭.

刑過不避大臣, 賞善不遺匹夫.

故矯上之失, 詰下之邪, 治亂決繆, 絀羨齊非, 一民之軌, 莫如法.

屬官威民, 退淫殆, 止詐僞, 莫如刑.

刑重, 則不敢以貴易賤; 法審, 則上尊而不侵; 上尊而不侵, 則主强而守要, 故先王貴之而傳之.

人主釋法用私, 則上下不別矣.」

【積漸以往】積은 累積됨. 漸은 서서히 변함.

【權衡】'權'은 저울의 추, '衡'은 저울대. 計量의 뜻. 사물을 객관적으로 정확히 파악함. 또는 임금이 잡고 있어야 할 權力 등의 뜻으로도 쓰임.

【司南】南은 남쪽을 담당함. 지남침을 가리킴.

【端朝夕】朝夕은 동서를 가리킴. 여기서 端은 正자의 뜻. 방향을 바로잡음.

【不遊意】제멋대로 법테두리 밖으로 벗어나려고 하지 않음. '遊'는 '離'와 같음.

【凌過遊外私】'凌'은 '치다'(擊)의 뜻. '過遊外'는 '遊意於法之外'를 가리키며, '私'는 '爲惠於法之內'를 가리킴. 이러한 행위들을 쳐서 하지 못하도록 함. 《韓非子全譯》에는 "前人都認爲這句有誤, 甚至任意加以改動, 似未妥. 《列子》黃帝「强弱相凌」. 釋文: 「凌, 擊也.」 過遊, 卽指上文「遊意於法之外」, 指越軌放縱的違法行爲; 「私」, 卽指上文「爲惠於法之內」, 指謀私利的行爲, 語意可通, 不必亂改"라 함. 그러나 《韓非子今註今譯》에는 '嚴刑'에 상대하여 '法'을 '峻法'으로, 그 다음 구절도 "所以遂令懲下也"에 맞추어 "所以禁過外私也"로 고쳐 전체를 "峻法, 所以禁過外私也"라 하였음. 이에 '外私'에서 '外'는 '法之外', '私'는 '法之內'의 뜻으로 보았음.

【威不貸錯】'錯'은 措와 같음. 권위 행사를 다른 곳에 대여하여 쓰도록 해서는 안 됨을 뜻함.

【衆邪彰】많은 이들의 사악함이 더욱 彰盛하여 공공연히 겉으로 드러냄.

【捷擧】捷은 빠른 것. 擧는 동작을 가리킴. 우선 행동에 옮김.

【準夷】準은 수평을 재는 기구 水準器. '夷'는 '平'의 뜻.

【高科】'科'는 '坎'과 雙聲互訓. 울퉁불퉁함. 凹凸 상태.

【縣】'懸'과 같음.

【重益輕】무거운 쪽을 줄이고 가벼운 쪽을 더함. 균형을 잡음.

【擧措】손으로 물건을 들거나 놓음.

【治亂決繆】'亂'과 '繆'는 모두 얽힌 상태를 말함.

【絀羨】'絀'은 '黜'과 같으며 '羨'은 王先謙이 "羨, 有餘也"라 함. 剩餘의 뜻.

【齊非】바르지 못한 것을 가지런히 함.

【屬官】王念孫은 "屬, 當爲厲"라 하였으며 '厲'는 '勵'자의 뜻임. 독려함.

【淫殆】단정하지 못함. 고형은 "殆, 借爲怠"라 함.

【易賤】지위가 낮은 자를 얕보는 것. '易'는 '輕'과 같은 뜻임.

【守要】'要'는 法術과 賞罰 등의 권한을 뜻함.

7. 이병二柄

'병'柄은 물건의 손잡이, 즉 자루를 뜻하는 말로 여기서는 상賞과 벌罰 두 가지 권병權柄을 가리킨다.

상벌의 권병은 군주가 쥐고 있어야 하며, 군주는 반드시 형명形名과의 부합 여부를 살펴야 하며, 호오好惡를 근본적으로 배제하여 신하로부터의 견제를 벗어나야 하는 등 세 가지를 강조하고 있다.

026(7-1)
두 개의 칼 자루

현명한 군주가 자신의 신하를 제어制御할 수 있는 길이란 두 개의 권병權柄뿐이다.

두 개의 권병이란 형刑과 덕德이다.

무엇을 일러 형과 덕이라고 하는가?

대답은 이렇다.

처벌하여 죽이는 것을 형이라 하고, 칭찬하여 상을 주는 것을 덕이라 한다.

남의 신하가 된 자는 주벌誅罰을 두려워하고 칭찬으로 상을 받는 것을 이익으로 여기므로 군주가 그 형과 덕을 자신이 직접 실행하게 되면 신하들은 그 위세를 두려워하며 이익이 되는 쪽으로 가게 된다.

그 때문에 세상의 사악한 신하라면 그렇지 않아, 자기가 미워하는 자에게는 능히 군주를 제 편으로 만들어 죄를 내리고, 자신이 총애하는 자에게도 또한 능히 군주를 제 편으로 만들어 그에게 상을 준다.

지금 군주가 상벌의 이득과 위세를 직접 자신으로부터 나오도록 하지 못한 채, 신하의 말을 듣고 그 상벌을 행한다면 온 나라 사람이 모두가 그 신하를 두려워하며 임금은 쉽게 여기면서, 그 신하에게만 빌붙고 임금은 버리게 될 것이다.

이것이 바로 군주가 형과 덕을 잃었을 때의 환난이다.

무릇 호랑이가 능히 개를 굴복시킬 수 있는 것은 발톱과 어금니이다.

그런데 호랑이로 하여금 발톱과 어금니를 버리도록 하고 개로 하여금 그것을 쓰도록 한다면 호랑이가 도리어 개에게 굴복할 것이다.

임금이란 형과 덕을 가지고 신하를 제어하는 것인데 지금 임금이 되어 그 형과 덕을 포기하고 신하로 하여금 그것을 쓰도록 한다면 임금이 도리어 신하에게 제어당하고 말 것이다.

그 때문에 전상田常은 위로는 군주에게 작위와 봉록을 청하여 신하들에게 나누어 주고, 아래로는 두곡斗斛의 분량을 크게 하여 백성에게 은혜를 베풀었으니 이는 간공簡公은 덕을 잃고 전상은 그것을 쓴 것이었으니 그 때문에 간공은 시해를 당하고 만 것이다.

한편 자한子罕이 송宋나라 임금에게 "무릇 포상과 하사라는 것은 백성들이 좋아하는 것이니 그것은 임금께서 직접 행사하십시오. 살육殺戮과 형벌은 백성들이 싫어하는 것이니 청컨대 그런 일은 제가 맡겠습니다"라 하였다.

이에 송군宋君이 형벌에 대한 권한을 잃고 자한이 그것을 썼으므로 송군은 협박당하게 된 것이다.

전상이 단지 덕을 베푸는 권한만을 행사한 것으로도 간공은 시해되었으며, 자한은 단지 형벌 주는 권한만을 행사한 것으로도 송군은 협박당하였던 것이다.

그러므로 지금 이러한 세상에 남의 신하된 자가 형과 덕의 권한을 아울러 쥐고 함께 행사한다면 이는 바로 지금 세대의 임금들의 위험이란 간공이나 송군보다 훨씬 심할 것이다.

따라서 겁살을 당하거나 이목이 가려진 임금이 형과 덕을 잃고 신하에게 그것을 쓰도록 하면서 위험이니 멸망에 처하지 않은 자는 이제껏 있어본 적이 없었다.

明主之所導制其臣者, 二柄而已矣.
二柄者, 刑·德也.

何謂刑·德?

曰: 殺戮之謂刑, 慶賞之謂德.

爲人臣者畏誅罰而利慶賞, 故人主自用其刑·德, 則群臣畏其威而歸其利矣.

故世之姦臣則不然: 所惡, 則能得之其主而罪之; 所愛, 則能得之其主而賞之.

今人主非使賞罰之威利出於己也, 聽其臣而行其賞罰, 則一國之人皆畏其臣而易其君, 歸其臣而去其君矣.

此人主失刑·德之患也.

夫虎之所以能服狗者, 爪牙也.

使虎釋其爪牙而使狗用之, 則虎反服於狗矣.

人主者, 以刑·德制臣者也, 今君人者, 釋其刑·德而使臣用之, 則君反制於臣矣.

故田常上請爵祿而行之群臣, 下大斗斛而施於百姓, 此簡公失德而田常用之也, 故簡公見弑.

子罕謂宋君曰:「夫慶賞賜予者, 民之所喜也, 君自行之; 殺戮刑罰者, 民之所惡也, 臣請當之.」

於是宋君失刑而子罕用之, 故宋君見劫.

田常徒用德而簡公弑, 子罕徒用刑而宋君劫.

故今世爲人臣者兼刑·德而用之, 則是世主之危甚於簡公·宋君也.

故劫殺擁蔽之主, 非失刑·德而使臣用之, 而不危亡者, 則未嘗有也.

【導制】 '導'는 〈張本〉에는 '道'로 되어 있음. '引' 혹은 '由' 또는 '據'의 뜻으로 풀이함.

【二柄】 柄은 칼이나 도끼 자루. 도구를 쓸 때 힘의 주축이 되는 손잡이로 여기서는 權柄, 즉 정치권력을 말함.

【刑德】 형벌에 관한 권한과 은혜를 베푸는 권한. 德은 상벌에 관한 것도 당연히 포함됨.

【慶賞】 '慶'은 칭찬의 뜻.

【爪牙】 짐승의 발톱과 어금니. 군주의 권병에 비유하여 쓰임.

【田常】 田恆. 田恒. '恆'은 '恒'의 異體字. 田常·陳恒·陳成子·田成子 등으로 널리 불림. 簡公을 유폐시켜 시살한 인물. '陳恆'으로도 표기하며 '恆'은 '恒'의 異體字. 원래 그의 선조 陳完(田完, 敬仲)은 陳나라 출신으로 齊나라에 옮겨와 정착하여 田氏로 성을 바꾸었으며 차츰 세력을 키워 卿에 오른 다음, 도공 때 陳釐子(田乞)가 이미 권력을 잡았고 그가 죽은 뒤 아들 田常이 백성들에게 私惠를 베풀면서 지지를 확보, 簡公 4년(B.C.481) 簡公을 시해하고 平公을 옹립하여 자신이 재상에 올랐으며 결국 姜氏(姜太公의 후손)의 齊나라를 대신하여 戰國시대 田氏齊를 세움. 《史記》 田敬仲完世家 참조.

【簡公】 춘추 말 齊나라 군주. 이름은 壬. 悼公(陽生)에 이어 B.C.484~481년까지 4년간 재위하고 田常에게 시해를 당하였으며, 平公(驁)이 그 뒤를 이어 춘추시대를 마감함.

【斗斛】 10斗가 1斛이었음. 田常은 백성들에게 곡식을 대여할 때는 큰 말로 주고, 받을 때는 적은 말을 썼음.

【子罕】 司城子罕. 전국시대 宋나라 簒逆 신하 皇喜의 字. 宋나라 司城(司空)을 지냈으며 宋 桓侯를 시해하고 宋나라 정권을 빼앗음. 본 《韓非子》 549에도 같은 내용이 실려 있음.

【宋君】 전국시대 宋나라 임금. 宋 桓侯. 子兵. 辟公·璧公으로도 부름.

【擁蔽】 擁은 壅과 같음. 임금의 이목이 가려짐.

【非失刑德而使臣用之】 '非'자는 衍文. 혹은 '并', '兼'의 오류. 〈集解〉에 "俞樾曰: 不當有'非'字, '非'字衍文"이라 함.

참고 및 관련 자료

1.《說苑》君道

司城子罕相宋, 謂宋君曰:「國家之危定, 百姓之治亂, 在君行之賞罰也; 賞當則賢人勸, 罰得則姦人止; 賞罰不當, 則賢人不勸, 姦人不止, 姦邪比周, 欺上蔽主, 以爭爵祿, 不可不愼也. 夫賞賜讓與者, 人之所好也, 君自行之; 刑罰殺戮者, 人之所惡也, 臣請當之.」君曰:「善. 子主其惡, 寡人行其善, 吾知不爲諸侯笑矣.」於是宋君行賞賜, 而與子罕刑罰, 國人知刑戮之威, 專在子罕也, 大臣親之, 百姓附之. 居期年, 子罕逐其君, 而專其政. 故曰:『無弱君而彊大夫.』老子曰:『魚不可脫於淵, 國之利器, 不可以借人.』此之謂也.

2.《韓非子》外儲說右下

司城子罕謂宋君曰:「慶賞賜與, 民之所喜也, 君自行之. 殺戮誅罰, 民之所惡也, 臣請當之.」宋君曰:「諾.」於是出威令, 誅大臣, 君曰「問子罕」也. 於是大臣畏之, 細民歸之. 處期年, 子罕殺宋君而奪政. 故子罕爲出彘以奪其君國.

3.《韓非子》外儲說右下

一曰: 司城子罕謂宋君曰:「慶賞賜予者, 民之所好也, 君自行之. 誅罰殺戮者, 民之所惡也, 臣請當之.」於是戮細民而誅大臣, 君曰:「與子罕議之」. 居期年, 民知殺生之命制於子罕也, 故一國歸焉. 故子罕劫宋君而奪其政, 法不能禁也.

4.《韓詩外傳》(7)

昔者, 司城子罕相宋, 謂宋君曰:「夫國家之安危, 百姓之治亂, 在君之行賞罰. 夫爵賞賜與, 人之所好也, 君自行之. 殺戮刑罰, 民之所惡也, 臣請當之.」君曰:「善, 寡人當其美, 子受其惡, 寡人自知不爲諸侯笑矣.」國人知殺戮之刑專在子罕也, 大臣親之, 百姓畏之. 居不期年, 子罕遂劫宋君而專其政. 故老子曰:「魚不可脫於淵, 國之利器不可以示人.」詩曰:『胡爲我作, 不卽我謀.』

5.《史記》李斯列傳

昔者, 司城子罕相宋, 身行刑罰, 以威行之, 朞年遂劫其君. 田常爲簡公臣, 爵列無敵於國, 私家之富與公家均, 布惠施德, 下得百姓, 上得羣臣, 陰取齊國, 殺宰予於庭, 卽弑簡公於朝, 遂有齊國. 此天下所明知也.

6.《淮南子》道應訓

昔者, 司城子罕相宋, 謂宋君曰:「夫國家之安危, 百姓之治亂, 在君行賞罰; 夫爵賞賜予, 民之所好也, 君自行之; 殺戮刑罰, 民之所怨也, 臣請當之.」宋君曰:「善, 寡人當其美, 子受其怨; 寡人自知不爲諸侯笑矣.」國人皆知殺戮之專制在子罕也, 大臣親之, 百姓畏之. 居不至期年, 子罕遂刦宋君, 而專其政. 故老子曰: 「魚不可脫于淵, 國之利器, 不可以示人.」

7. 《藝文類聚》(11)

《韓子》曰: 明王制其臣下者, 二柄而已矣. 二者, 刑·德也. 殺戮之謂刑, 慶賞之謂德.

8. 《左傳》 昭公 3年 傳

晏子受禮, 叔向從之宴, 相與語. 叔向曰: 「齊其何如?」 晏子曰: 「此季世也, 吾弗知齊其爲陳氏矣. 公棄其民, 而歸於陳氏. 齊舊四量, 豆·區·釜·鍾. 四升爲豆, 各自其四, 以登於釜. 釜十則鍾. 陳氏三量皆登一焉, 鍾乃大矣. 以家量貸, 而以公量收之. 山木如市, 弗加於山; 魚·鹽·蜃·蛤, 弗加於海. 民參其力, 二入於公, 而衣食其一. 公聚朽蠹, 而三老凍餒, 國之諸市, 屨賤踊貴. 民人痛疾, 而或燠休之. 其愛之如父母, 而歸之如流水. 欲無獲民, 將焉辟之? 箕伯·直柄·虞遂·伯戲, 其相胡公·大姬已在齊矣.」 叔向曰: 「然. 雖吾公室, 今亦季世也. 戎馬不駕, 卿無軍行, 公乘無人, 卒列無長. 庶民罷敝, 而宮室滋侈. 道殣相望, 而女富溢尤. 民聞公命, 如逃寇讎. 欒·郤·胥·原·狐·續·慶·伯降在皁隷, 政在家門, 民無所依. 君日不悛, 以樂慆憂. 公室之卑, 其何日之有? 讒鼎之銘曰: 『昧旦丕顯, 後世猶怠』, 況日不悛, 其能久乎?」 晏子曰: 「子將若何?」 叔向曰: 「晉之公族盡矣. 肸聞之, 公室將卑, 其宗族枝葉先落, 則公室從之. 肸之宗十一族, 唯羊舌氏在而已. 肸又無子, 公室無度, 幸而得死, 豈其獲祀?」

9. 《韓非子》 外儲說右上

景公與晏子遊於少海, 登柏寢之臺而還望其國, 曰: 「美哉! 泱泱乎, 堂堂乎! 後世將孰有此?」 晏子對曰: 「其田成氏乎!」 景公曰: 「寡人有此國也, 而曰田成氏有之, 何也?」 晏子對曰: 「夫田成氏甚得齊民. 其於民也, 上之請爵祿行諸大臣, 下之私大斗斛區釜以出貸, 小斗斛區釜以收之. 殺一牛, 取一豆肉, 餘以食士. 終歲, 布帛取二制焉, 餘以衣士. 故市木之價, 不加貴於山; 澤之魚鹽龜鼈蠃蚌, 不加貴於海. 君重斂, 而田成氏厚施. 齊嘗大飢, 道旁餓死者不可勝數也, 父子相牽而趨田成氏者. 不聞不生. 故周秦之民相與歌之曰: 『謳乎, 其已乎! 苞乎, 其往歸田成子乎!』 《詩》曰: 『雖無德與女, 式歌且舞.』 今田成氏之德而民之歌舞, 民德歸之矣. 故曰: 『其田成氏乎!』」 公泫然出涕曰: 「不亦悲乎! 寡人有國而田成氏有之. 今爲之奈何?」 晏子對曰: 「君何患焉? 若君欲奪之, 則近賢而遠不肖, 治其煩亂, 緩其刑罰, 振貧窮而恤孤寡, 行恩惠而給不足, 民將歸君, 則雖有十田成氏, 其如君何?」

10. 《晏子春秋》(4)

晏子使于晉, 叔向從之宴, 相與語. 叔向曰: 「齊其何如?」 晏子對曰: 「此季世也, 吾弗知, 齊其爲田氏乎!」 叔向曰: 「何謂也?」 晏子曰: 「公棄其民, 而歸于田氏. 齊舊四量: 豆·區·釜·鍾, 四升爲豆, 各自其四, 以登于釜, 釜十則鍾. 田氏三量, 皆登一焉, 鍾乃巨矣. 以家量貸, 以公量收之. 山木如市, 弗加于山, 魚鹽蜃蛤, 弗加于海. 民參其力, 二入於公, 而衣食其一; 公積朽蠹, 而老少凍餒; 國之都市, 屨賤而踊貴; 民人痛疾, 或燠休之. 昔者, 殷人誅殺不當, 僇民無時, 文王慈惠殷衆, 收卹無主, 是故天下歸之, 民無私與, 維德之授. 今公室驕暴, 而田氏慈惠, 其愛之如父母, 而歸之如流水. 欲無獲民, 將焉避之? 箕伯·直柄·虞遂·伯戲, 其相胡公·太姬, 已在齊矣.」 叔向曰: 「雖吾公室, 亦季世也. 戎馬不駕, 卿無軍行, 公乘無人, 卒列無長; 庶民罷弊, 宮室滋侈, 道殣相望, 而女富溢尤; 民聞公命, 如逃寇讎; 欒·郤·胥·原·狐·續·慶·伯, 降在皁隸; 政在家門, 民無所依, 而君日不悛, 以樂慆憂; 公室之卑, 其何日之有? 讒鼎之銘, 曰: 『昧旦丕顯, 後世猶怠』, 況日不悛, 其竜久乎?」 晏子曰: 「然則子將若何?」 叔向曰: 「人事畢矣, 待天而已矣! 晉之公族盡矣. 肸聞之, 公室將卑, 其宗族枝葉先落, 則公從之. 肸之宗十一族, 唯羊舌氏在而已, 肸又無子, 公室無度, 幸而得死, 豈其獲祀焉?」

11. 기타 《文選》 任彦昇 〈奏彈劉整〉 注, 〈西征賦〉 注, 〈勸進表〉 注, 《太平御覽》(638, 765·830, 891), 《左傳》 昭公 26年 傳, 《事類賦》(20) 등에 일부 관련 기록이 실려 있음.

027(7-2)

옷을 덮어준 자

임금이 앞으로 간악한 짓을 막고 한다면 그 실적과 명목의 합당함 여부를 살펴야 하는 것이니 바로 그의 말과 일에 대한 실천이다.

남의 신하된 자가 어떤 일에 대하여 진술하면서 말로 하면, 임금은 그 말에 따라 일을 맡겨 주되 오직 그 일로서 성과를 책임지도록 하는 것이다.

성과가 그 일과 들어맞고 그 일이 그가 했던 말과 맞으면 상을 주고, 성과가 그 일과 들어맞지 않고 일이 그 말과 맞지 않으면 벌을 준다.

그러므로 신하들은 그 말만 크고 성과가 적으면 벌을 주는 것은, 그 성과가 적기 때문에 벌을 주는 것이 아니라 그 공이 말했던 것과 합당하지 않으므로 벌을 내리는 것이요, 신하들로서 그 말은 작았으나 공이 큰 자도 역시 벌을 주는 것은 그 큰 성과를 좋아하지 않아서가 아니라 그 명분이 합당하지 않는 것으로서 그 해악이 큰 성과보다 심하기 때문에 벌을 내리는 것이다.

옛날, 한韓 소후昭侯가 술에 취해 잠을 자고 있을 때 관冠을 맡은 자가 임금이 춥게 자는 것을 보고 임금에게 옷을 덮어주었는데, 소후가 잠에서 깨어 기꺼워하면서 좌우에게 물었다.

"옷을 덮어준 자가 누구냐?"

좌우가 대답하였다.

"관을 맡은 자입니다."

그러자 소후는 이 일로 옷을 맡은 자를 겸하여 죄를 내리고 관을 맡은 자를 죽여버렸다.

옷을 맡은 자에게 죄를 내린 것은 그가 해야 할 일을 놓쳤기 때문이라 여긴 것이며, 관을 맡은 자를 처벌한 것은 자기 직분을 넘어선 것이라 여겼기 때문이었다.

추운 것을 싫어하지 않아서가 아니라 다른 직분을 침범하는 폐해는 추위보다 더 심하다고 여겼던 것이다.

그러므로 현명한 군주가 신하를 거느릴 때는 신하는 관직을 넘어서 공을 세울 수 없는 것이며 진술한 의견이 실제에 들어맞지 않아서도 안 되는 것이다.

직분을 넘어서면 사형에 처하고 합당하지 않으면 죄를 내린다.

자신의 관직 업무를 지켜 말한 것이 곧바르다면 신하들은 붕당을 지어 서로를 위하는 일을 할 수 없는 것이다.

人主將欲禁姦, 則審合刑名者, 言與事也.

爲人臣者陳而言, 君以其言授之事, 專以其事責其功.

功當其事, 事當其言, 則賞; 功不當其事, 事不當其言, 則罰.

故群臣其言大而功小者則罰, 非罰小功也, 罰功不當名也; 群臣其言小而功大者亦罰, 非不說於大功也, 以爲不當名也, 害甚於有大功, 故罰.

昔者, 韓昭侯醉而寢, 典冠者見君之寒也, 故加衣於君之上, 覺寢而說, 問左右曰: 「誰加衣者?」

左右答曰: 「典冠.」

君因兼罪典衣殺典冠.

其罪典衣, 以爲失其事也; 其罪典冠, 以爲越其職也.
非不惡寒也, 以爲侵官之害甚於寒.
故明主之畜臣, 臣不得越官而有功, 不得陳言而不當.
越官則死, 不當則罪.
守業其官, 所言者貞也, 則群臣不得朋黨相爲矣.

【審合刑名】'刑'은 '形'과 같음. 실제 드러난 사실. 또는 사물의 상태. '名'은 名目이나 名分.

【言與事】진술하여 계획한 내용과 일을 해내고 나서의 성과.

【韓昭侯】전국시대 韓나라 군주. B.C.362~B.C.333년까지 30년간 재위함. 申不害를 재상으로 삼아 法家의 法術로써 나라를 잘 다스렸음.

【典冠】임금의 모자를 담당하는 직책. 尙冠과 같음.

【典衣】임금의 옷을 담당하는 직책. 尙衣와 같음.

【畜臣】신하를 거느림. 신하를 畜養함.

【所言者貞】'貞'은 '正', '當'과 같음. 곧고 정직함. 합당함. 말한 것이 들어맞음. 《廣雅》釋詁에 "貞, 當也"라 함.

【朋黨相爲】패거리끼리 서로 도와주는 것. 爲는 助의 뜻.

참고 및 관련 자료

1. 《意林》(1)

韓昭侯醉甚而臥, 典冠見君寒, 加衣其上. 昭侯覺, 乃罪典衣殺典冠. 以典衣失事, 以典冠侵官甚於寒也. 故明王畜臣, 不得越官而有功, 不得陳言而無當. 越官則死, 不當則罪.

028(7-3)
군주가 근심해야 할 두 가지

군주에게는 두 가지 근심해야 할 것이 있다.

현능한 자를 임용하면 그 신하가 앞으로 현능함을 타고 그 임금을 협겁할 것이요, 마구 들어쓰게 되면 일이 저해되어 제대로 해 낼 수가 없게 된다.

그러므로 임금이 현능한 자를 좋아하면 신하들은 자신의 행동을 꾸며 임금이 하고자 하는 바에 영합하려 할 것이며, 그렇게 되면 신하들의 실정이 제대로 드러나지 않게 되며, 신하들의 실정이 잘 드러나지 않으면 임금은 신하들을 구별할 수가 없게 된다.

따라서 월왕越王이 용맹을 좋아하자 백성들이 죽음을 가볍게 여기게 되었고, 초楚 영왕靈王이 허리가 가는 여자를 좋아하자 도성 안에 굶는 여자들이 많았으며, 제齊 환공桓公이 질투심이 있고 후궁의 여자들을 좋아하자 수조豎刁가 스스로 거세하고 후궁 일을 관리하였으며, 환공이 맛난 음식을 좋아하자 역아易牙가 자신의 맏아들을 삶아서 바쳤으며, 연왕燕王 자쾌子噲가 현능한 이를 좋아하자 자지子之가 물려주는 나라를 받지 않겠다고 표명하였다.

그러므로 임금이 싫어하는 바를 드러내 보이면 신하들은 싫어할 단서는 숨기며, 임금이 좋아하는 것을 보이면 신하들은 자신의 능력을 거짓으로 꾸며댄다.

임금이 자신의 의구를 드러내어 보이면 신하들은 자신의 정황과 태도로써 그 기회를 삼게 된다.

따라서 자지는 임금이 현능한 자를 좋아하는 것에 의탁하여 그 임금 자리를 빼앗은 것이며, 수조와 역아는 임금의 욕망을 근거로 그 임금 권한을 침범한 것이다.

그 끝에 자쾌는 내란 때문에 죽었고, 환공은 죽어서 구더기가 문 밖으로 기어 나오도록 그 장례를 치르지 못하였다.

이렇게 된 이유는 무엇이겠는가?

임금이 자신의 심정을 드러내어 신하에게 빌려 주었으므로 생긴 환난이다.

신하 된 자의 심정은 반드시 그 임금을 아끼는 것이 아니라 자신의 이익을 중히 여기기 때문이다.

지금 만약 임금이 심정을 감추지 않고, 그 단서도 숨기지 않은 채 신하로 하여금 임금의 침해할 기회를 갖도록 해 준다면 신하들이 자지나 전상田常이 되는 것은 어렵지 않다.

그러므로 "좋아하는 모습도 짓지 말고, 싫어하는 모습도 짓지 말아야 신하들이 자신의 본분을 드러내게 된다"라 하였으니, 신하들이 본래 바른 소양을 드러내면 군주는 이목이 가려지는 일이 없게 된다.

人主有二患:

任賢, 則臣將乘於賢以劫其君; 妄擧, 則事沮不勝.

故人主好賢, 則群臣飾行以要君欲, 則是群臣之情不效; 群臣之情不效, 則人主無以異其臣矣.

故越王好勇, 而民多輕死; 楚靈王好細腰, 而國中多餓人; 齊桓公妬而好內, 故豎刁自宮以治內; 桓公好味, 易牙蒸其子首而進之; 燕子噲好賢, 故子之明不受國.

故君見惡, 則群臣匿端; 君見好, 則群臣誣能.

人主欲見, 則群臣之情態得其資矣.

故子之託於賢以奪其君者也, 豎刁·易牙因君之欲以侵其君者也.

其卒子噲以亂死, 桓公蟲流出戶而不葬.

此其故何也?

人君以情借臣之患也.

人臣之情非必能愛其君也, 爲重利之故也.

今人主不掩其情, 不匿其端, 而使人臣有緣以侵其主, 則群臣爲子之·田常不難矣.

故曰:「去好去惡, 群臣見素.」群臣見素, 則大君不蔽矣.

【任賢】 현능한 자를 발탁하여 임용함.

【情不效】 실정이 드러나지 않음.

【異其臣】 그 신하의 특이한 재질이나 장점.

【要君欲】 임금의 욕구에 영합함. '要'는 '邀', '趨', '會' 등의 뜻과 같음.

【越王】 춘추 후기 勾踐을 가리킴. 勾踐(句踐)은 越王 允常의 아들로 闔廬를 이어 越王이 됨. 麾下에 大夫 文種과 范蠡 등의 모신을 두고 吳王 夫差의 伯嚭, 伍子胥와 대칭을 이루어 吳越鬪爭, 吳越同舟, 臥薪嘗膽 등의 많은 고사를 남김. 뒤에 결국 吳나라를 멸하고 南方 霸者가 되었다가 楚나라에게 망함. 한편 越나라는《史記》越世家에 "其先禹之苗裔而夏后帝少康之庶子也"라 함. 姒姓으로 지금의 浙江 紹興(옛 會稽)을 중심으로 句踐 때 크게 발전하였으며 일부 春秋五霸에서 宋 襄公 대신 句踐을 넣기도 함. 그가 백성의 용기를 시험한 사례는 290을 볼 것. 한편《墨子》兼愛(下)에도 "越王句踐好勇, 教其士臣三年, 以其知未足以知之也, 焚舟失火, 鼓而進之, 其士偃前列, 伏水火而死, 有不可勝數也"라 함.

【楚靈王】 春秋시대 楚나라 임금. 공왕의 둘째아들이며 이름은 圍. B.C.540~B.C.529년까지 12년간 재위하고 平王이 그 뒤를 이음. 허리가 가는 여인을 좋아한 고사는《墨子》,《管子》,《戰國策》楚策 등에 널리 실려 있음.

【國中】 '國'은 도성을 가리킴.

【齊桓公】 春秋五霸의 첫 首長. 이름은 小白. 齊나라에 난이 일어나자 鮑叔이 모시고 莒나라로 피신, 管仲은 公子 糾를 모시고 魯나라로 피신함. 뒤에 난이 진압되고 먼저 귀국하는 자가 왕이 될 수 있는 기회에 小白이 오는 길을 管仲 일행이 막고 활을 쏘아 소백의 허리띠 고리에 맞추자 소백은 죽은 척 쓰러져 있다가 지름길로 귀국하여 왕위에 오름. 뒤에 포숙의 추천으로 관중을 등용하여 제나라를 부강하게 하여 九合諸侯, 一匡天下하여 첫 패자가 됨. B.C.685~B.C.643년까지 43년간 재위함.

【妬而好內】 〈乾道本〉에는 "妬外而好內"로 되어 있음. 顧廣圻는 "〈藏本〉無外字. 是也"라 하여 〈集解〉에는 이에 따라 外자를 刪去했으나 《周禮》 宮正의 "辨內外而時禁"의 賈公彦 疏에 "外人謂男子, 內人謂婦女"라 하였고, 《孔子家語》에도 "好外者士死之, 好內者女死之"라 하여 "남자에게는 자신의 여자를 좋아할까봐 질투를 하고, 후궁 여자만 좋아하다"는 뜻이므로 '外'자가 있는 것이 훨씬 순통함.

【豎刁】 '豎刁'로도 표기하며 춘추시대 齊 桓公을 도왔던 인물. 환공에게 접근하기 위하여 스스로 宮刑을 거쳐 宦官이 되어 온갖 아첨을 다함. 뒤에 관중이 죽은 뒤 易牙·開方과 함께 왕자들을 끼고 저마다 난을 일으킴. 《史記》 齊太公世家를 참조할 것.

【易牙】 齊 桓公의 주방장. 환공이 진기한 요리는 모두 먹어 보았으나 사람 고기는 먹어보지 못하였다고 하자 그에게 환심을 사기 위해 자신의 아들을 죽여 요리해서 바쳤다 함.

【子首】 다른 판본에는 '首子'로 고치고 '맏아들'로 보았으나 王先愼은 "本書作「子首」, 無作「首子」, 「首子」爲後人所改. 古本自作「子首」也"라 하여 '아들의 머리'를 뜻하는 것으로 보았음.

【子噲】 燕王 噲. 易王을 이어 왕위에 올랐으나 諡號는 없으며 B.C.320~B.C.312년까지 9년간 재위하고 본 장 고사처럼 堯가 현인 許由에게 양위하려고 한 일을 훌륭하다고 동경하여 군주자리를 신하인 子之에게 물려주었다가 나라를 큰 혼란에 빠뜨림. 뒤에 결국 별궁에 갇혀 굶어 죽었으며 昭王이 그 뒤를 이음.

【子之】 燕나라 재상. 蘇代와 혼인관계를 맺고 蘇代로 하여금 燕王 噲에게 나라를 禪讓하면 堯舜과 같은 聖人으로 추앙받을 것이라 유혹하여 왕의 자리를 子之에게 선양하도록 하였음. 이로 인해 연나라는 큰 혼란에 빠졌으며 뒤에 제나라의 공격을 받아 죽임을 당함. 《戰國策》 燕策 및 《史記》 燕世家 참조.

【其卒】 '그 끝은, 그 결말은'의 뜻.

【蟲流出戶】 蟲은 썩은 시신의 구더기가 문틈으로 기어나옴. 桓公이 죽고 나자

豎刁, 易牙, 開方이 각기 다섯 공자들을 부추겨 난을 일으켰으며, 이로 인해 67일 동안 환공의 장례를 치르지 못하여 구더기가 문틈으로 기어 나왔다 함. 《史記》 齊太公世家를 참조할 것.

【素】 신하로써 가지고 있는 본바탕. 임금에게 충성을 하고자 하는 마음. '素'는 '愫'와 같으며 '眞情'의 뜻.

8. 양권揚權

양권揚權이란 겉으로 드러내어 여론을 조성하여 권한을 널리 알려야 함을 강조한 것이다.

〈宋本〉 注에 "揚, 謂擧之使明也; 權, 謂量事設謀也"라 하였고, 《韓子迂評》에는 "揚, 明揚也, 闡揚人君用權之事"라 하였다.

각본에는 모두 '揚權'으로 되어 있으며 《文選》蜀都賦 劉逵 注에는 "韓非有揚搉篇. 今搉作權誤"라 하였으나 孫志祖의 《讀書脞錄》에 "注說非"라 하여 '揚權'이 맞는 것으로 주장하였다.

그러나 '揚搉'은 《莊子》徐无鬼, 《淮南子》俶眞訓, 《漢書》敍傳 등에 널리 보이는 말로 '군주가 권력을 독차지하고 있음'을 뜻하며 이에 따라 '揚搉'이어야 한다는 주장도 있다.

한편 梁啓超는 〈要籍解題及其讀法〉에서 "揚搉多用韻, 文體酷似《淮南子》"라 하였고, 胡適은 《中國哲學史大綱》에서 이는 法家의 다른 일파가 지은 것이 아닌가 의혹을 제기하기도 하였다.

029(8-1)
대명大命

하늘에도 대명大命이 있고 사람에게도 대명이 있다.

무릇 향기롭고 아름다움, 좋은 맛, 진한 술, 기름진 고기는 입을 달게 하지만 몸에 병이 될 수도 있고, 아름다운 살결에 하얀 이의 미인은 욕정을 즐겁게 하지만 정력을 손상시킬 수도 있다.

그러므로 지나치게 심한 것도 버리고 너무 큰 것도 버려야 몸에 해가 되지 않는다.

임금도 권력을 보이려 하지 않고 본바탕대로 무위無爲를 실천해야 한다.

일은 사방의 신하들에게 시키고 요체만을 중앙에서 장악해야 한다.

성인은 그 요체만을 쥐고 있었기에 사방에서 신하들이 모여들어 그 효과를 발휘한 것이다.

마음을 비우고 기다리면 저들은 스스로 그러한 일을 해내는 것이다.

사해四海에 이미 모든 것이 저장되어 있으니 어두운 곳에서도 밝은 곳이 보이는 것이다.

좌우가 이미 세워져 있으니 이목을 열고 마주 대하여 수용하면 된다.

이러한 것을 변화시키려 하지도 말고 바꾸지도 않은 채 두 가지를 함께 실행해 가면 된다.

실행해 나가면서 그치지 않으니 이를 일러 '도리를 밟고 가는 것'이라 한다.

天有大命, 人有大命.

夫香美·脆味·厚酒·肥肉, 甘口而病形; 曼理皓齒, 說情而損精.

故去甚去泰, 身乃無害.

權不欲見, 素無爲也.

事在四方, 要在中央.

聖人執要, 四方來效.

虛而待之, 彼自以之.

四海旣藏, 道陰見陽.

左右旣立, 開門而當.

勿變勿易, 與二俱行.

行之不已, 是謂履理也.

【大命】 대자연의 섭리와 법칙 및 사람의 도리. 〈宋本〉의 注에는 "晝夜四時之候, 天之大命; 君臣上下之節, 人之大命也"라 함.

【香美】 美·味·酒·肉은 竝列型으로 이루어져 있음.

【曼理皓齒】 曼은 부드러움, 理는 살결. 皓齒는 하얀 이. 丹脣皓齒, 明眸皓齒 등과 같은 뜻으로 미녀를 뜻함. 《漢書》 司馬相如傳 「鄭女曼姬」 注에 "曼者, 言其色理曼澤也"라 함.

【損精】 〈乾道本〉·〈趙本〉·〈淩本〉 등에는 모두 '捐'으로 되어 있음. 〈宋本〉의 注에 "香肥, 所以甘口也, 用之失中則病形; 皓齒, 所以說情也, 眈之過度則損精; 賢才, 所以助理也, 用之失宜則危君也"라 함.

【去甚去泰】 지나친 것은 모두 없앰. 《老子》 29장에 실려 있는 구절.

【權不欲見】 권력을 휘둘러 남에게 과시해 보이려 하지 않음.

【素無爲】 본바탕 있는 그대로를 간직하며 인위적인 것을 하지 않음.

【四方】 四方 각 분야의 신하들.

【中央】 군주가 자리하고 있는 가운데.

【彼自以之】 저들 신하가 자신의 쓰임을 수행해 냄. '以'는 '用'과 같음. 雙聲互訓.

【四海既藏】 四海는 四方. 藏은 萬物이 돌아가 자리를 잡음.

【道陰見陽】 어두운 곳에서 밝은 곳을 봄. '道'는 '由'와 같음. 〈集解〉에 "道, 由也. 由陰見陽, 謂由一己之虛靜, 以見四海之動"이라 함.

【左右】 여기서는 賞과 罰을 가리킴.

【開門而當】 耳目을 열어 놓고 응대하여 수용함. '當'은 '受'와 같음. 門은 耳目을 뜻함. 《管子》 心術(上)에 "門者, 謂耳目也"라 함.

【與二俱行】 '二'는 하늘과 인간의 두 가지 大命. 梁啓雄의 〈校注〉에 "二者, 天有大命, 人有大命"이라 함. 그러나 賞罰, 또는 形名으로 보는 견해도 있음.

【履理】 도리를 실천해 감.

참고 및 관련 자료

1. 《老子》 29장

將欲取天下而爲之, 吾見其不得已. 天下神器: 不可爲也, 不可執也. 爲者敗之, 執者失之. 故物或行或隨, 或歔或吹, 或强或羸, 或載或隳. 是以聖人去甚, 去奢, 去泰.

2. 《意林》(1)

香美, 病形; 皓齒, 損精. 去甚去泰, 身乃無害.

3. 기타 《文選》 七發 注에도 관련 기록이 있음.

030(8-2)
각자의 능력

무릇 사물이란 그 마땅한 바가 있으며 재능도 쓸 바가 있어 저마다 그 마땅한 바에 처하게 되어 있으니, 그 때문에 윗사람은 무위無爲한 채로 있을 수 있는 것이다.

닭에게 새벽 시각을 알리도록 하고 들고양이에게 쥐를 잡도록 하듯이 모두가 자신의 능력을 활용하도록 하여 윗사람은 아무런 일이 없는 것이다.

윗사람이 자신의 장기를 내세우면 일은 방향을 잃게 된다.

자신을 뽐내면서 능력만을 좋아하면 아랫사람의 속임을 당하게 되고, 말솜씨가 뛰어나고 영리하다고 여기면서 살려주기만을 좋아하면 아랫사람들은 임금의 재성材性을 악용하게 된다.

위아래가 할 일을 바꾸면 나라는 그 때문에 다스려지지 않는다.

夫物者有所宜, 材者有所施, 各處其宜, 故上乃無爲.
使雞司夜, 令狸執鼠, 皆用其能, 上乃無事.
上有所長, 事乃不方.
矜而好能, 下之所欺: 辯惠好生, 下因其材.
上下易用, 國故不治.

【司夜】 司晨과 같음. 닭은 새벽 시각을 알리는 역할을 함.
【狸】 '貍'와 같으며 들고양이. 《莊子》 秋水篇에 "騏驥驊騮, 一日而致千里, 捕鼠不如貍狌, 言殊技也"라 함.
【事乃不方】 方은 方法이나 方向·方途·均衡 등을 뜻함.
【辯惠好生】 '惠'는 '小智'. '好生'은 살려 주거나 용서하기를 좋아함. '好能'과 대칭하여 쓴 말. 太田方의 《韓非子翼毳》에 "辯, 辯口也. 惠, 慧通, 小智也. 好生, 謂婦人之仁, 不忍姦佞之人而赦其罪也. 《商子》說民篇: 「辯惠, 亂之贊也; 惠仁, 過之母也.」"라 함.
【因其材】 임금의 성격을 악용함. 太田方의 《韓非子翼毳》에 "材, 質性也. 謂下因上辯惠好生之材性以爲姦也"라 함.
【易用】 上下가 맡은 역할을 바꾸어 함. 〈集解〉에 "上代下任, 下操上權, 則國不治"라 함.

참고 및 관련 자료

1. 《意林》(1)

使雞司夜, 令狸執鼠, 物有所宜, 才有所施, 各處其宜, 故上乃無爲.

031(8-3)
명분

하나(一)만을 쓰는 것으로는 '명名'이 제일이니 명이 바르면 사물이 안정되고 명이 기울면 사물은 자리를 옮겨가게 된다.

그러므로 성인은 그 하나를 잡고 조용히 있으면서 명에 따라 스스로 사명을 갖도록 하며 사물로 하여금 스스로 안정을 이루게 한다.

임금이 자신의 취향을 보이지 않아야 신하들이 그 본래의 순정한 상태로 일을 한다.

능력에 따라 임용하여 그들 스스로 일하게 하며, 소질에 따라 직책을 주어 저들이 스스로 자신의 성과를 올리도록 하며, 정직하게 그들을 대처하여 모두로 하여금 스스로 안정되게 해 주어야 한다.

윗사람이 '명'으로써 천거하되 그 명을 알지 못할 경우에는 다시 그 드러난 실적을 따져보아야 한다.

드러난 실적과 명의 동일 여부를 참증하여 그에 따라 상벌이 생겨나도록 해야 한다.

이 두 가지 상과 벌은 진실로 믿음이 있도록 해야 아랫사람들이 자신의 뜻을 다 바치게 된다.

用一之道, 以名爲首, 名正物定, 名倚物徙.
故聖人執一以靜, 使名自命, 令事自定.

不見其采, 下故素正.

因而任之, 使自事之; 因而予之, 彼將自擧之; 正與處之, 使皆自定之.

上以名擧之, 不知其名, 復脩其形.

形名參同, 用其所生.

二者誠信, 下乃貢情.

【用一之道】 가장 중요한 한 가지만을 택해 써야 할 경우를 말함.

【名】《論語》子路篇에 "子路曰:「衛君待子而爲政, 子將奚先?」子曰:「必也正名乎!」子路曰:「有是哉, 子之迂也! 奚其正?」子曰:「野哉, 由也! 君子於其所不知, 蓋闕如也. 名不正, 則言不順; 言不順, 則事不成; 事不成, 則禮樂不興; 禮樂不興, 則刑罰不中; 刑罰不中, 則民無所措手足. 故君子名之必可言也, 言之必可行也. 君子於其言, 無所苟而已矣.」"라 함.

【不見其采】 취향을 드러내 보이지 않음. 속내를 겉으로 드러내어 보이지 않음. '采'는 '彩'와 같으며 引申하여 儀表와 神態, 風采 등을 뜻함. 〈主道篇〉에 "去好去惡, 臣乃見素; 去智去舊, 臣乃自備"와 같음.

【下故素正】 본바탕 그대로 올바름. 신하가 지니고 있는 본래대로의 순정한 상태.

【復修其形】 드러난 성과에 따라서 다시 검토를 함. '修'는 '硏治'의 뜻.

【參同】 같은가의 여부를 參證함.

【用其所生】 그에 따라 생기는 賞罰을 사용함. 太田方의 《韓非子翼毳》에 "謂用賞罰也. 主道篇:「言已應, 則執其契; 事已會, 則操其符. 符契之所合, 賞罰之所生也.」"라 함.

【二者】 形과 名이 일치되는 賞罰을 뜻함.

【貢情】 진심을 모두 바쳐 공헌함. 자신의 의견이나 능력을 발휘함. 〈集解〉에 "貢, 謂陳見也"라 함.

032(8-4)
지혜를 버려라

맡은 일을 신중히 하고 하늘의 명을 기다릴 것이며, 그 요체를 잃지 않아야 성인이 될 수 있다.

성인의 도리란 지혜와 공교함을 버리는 것이며 지혜와 공교함을 버리지 않는다면 상도常道라 여길 수 없다.

백성이 이를 쓰면 그 자신에게 많은 재앙이 닥칠 것이며, 임금이 이를 쓰면 그 나라가 위태롭거나 망할 것이다.

천지의 도에 근거하여 드러난 사물의 원리로 돌아가서, 살피고 참증하여 끝까지 살펴보면 마침내 그 끝은 다시 시작으로 되돌아오리라.

마음을 비우고 조용히 기다린 뒤에 자신의 뜻대로만 해 본 적이 없이 하라.

무릇 군주로서의 걱정이란 틀림없이 신하가 마련한 단서를 함께하는 데에 있는 것이다.

믿기는 하되 선뜻 동의하지는 말아야 온 백성이 하나같이 따라오리라.

謹修所事, 待命於天; 毋失其要, 乃爲聖人.

聖人之道, 去智與巧; 智巧不去, 難以爲常.

民人用之, 其身多殃; 主上用之, 其國危亡.

因天之道, 反形之理, 督參鞠之, 終則有始.
虛以靜後, 未嘗用已.
凡上之患, 必同其端; 信而勿同, 萬民一從.

【聖人之道】《老子》19장에 "絶聖棄智, 民利百倍; 絶仁棄義, 民復孝慈; 絶巧棄利, 盜賊無有. 此三者以爲文不足. 故令有所屬. 見素抱樸, 少私寡欲"이라 한 것을 주제로 하였음. 그러나 여기서의 聖人은 이상적인 군주를 가리키는 것으로 보는 것이 타당함.

【難以爲常】常道라 여기기 어려움.

【督參鞠之】督은 일을 추궁함. 鞠은 끝까지 살펴봄.

【終則有始】멈추지 않고 반복을 계속함.

【必同其端】同은 '동조하다'의 뜻. 端은 일의 끝. 말단에 이르기까지 전적으로 깊이 동조함.

033(8-5)
형상이 없는 도

무릇 도道라는 것은 넓고 커서 형상이 없으며, 덕德이란 이치를 밝히면서 어디에나 널려 있는 것이다.

생명을 가진 것 어디 것이라도 이를 짐작하고 적용하여 만물이 이로써 풍성하되 그 사물과 함께 그치지는 않는다.

도라는 것은 아래로 일마다 두루 존재하여 그에 맞추어 생명을 이루며 시간과 생사에 함께 한다.

모두가 이름을 가지고 저마다 다른 일에 들어 있지만 한결같이 같은 하나의 정황을 이루고 있다.

그 때문에 "도는 만물에 대하여 같은 것이 아니며, 덕은 음양에 대하여 똑 같은 것이 아니며, 저울은 경중의 무게에 달리하며 먹줄은 안팎의 출입에 달리하며, 음을 맞추는 화和는 조습燥濕에 똑같은 것이 아니며, 임금은 신하에 똑같은 것은 아니다"라고 하는 것이다.

무릇 이 여섯 가지는 도의 쓰임이 다른 것에서 나온 것이다.

그 도는 쌍을 이루는 것이 아니므로 하나一라고 말하는 것이다.

이 까닭으로 현명한 군주는 홀로 있는 하나의 도에 대한 모습을 존귀하게 여긴다.

임금과 신하는 같은 도로 가는 것이 아니며 아랫사람은 명분으로써 복을 구하는 것이다.

임금은 그 명분을 조종하고 신하는 그 실적의 결과를 드러내되 실적과 명분의 동일 여부를 참증하여 위아래가 조화를 이루게 되는 것이다.

夫道者, 弘大而無形; 德者, 覈理而普至.

至於群生, 斟酌用之, 萬物皆盛, 而不與其寧.

道者, 下周於事, 因稽而命, 與時生死.

參名異事, 通一同情.

故曰:「道不同於萬物, 德不同於陰陽, 衡不同於輕重, 繩不同於出入, 和不同於燥溼, 君不同於群臣.」

凡此六者, 道之出也.

道無雙, 故曰一.

是故明君貴獨道之容.

君臣不同道, 下以名禱.

君操其名, 臣效其形, 形名參同, 上下和調也.

【德者覈理】 德은 사물에 갖추어진 작용. '覈'은 실상을 조사하여 결과를 검증함의 뜻. 理는 만물의 機能. 性能. 本領.

【斟酌】 加減하고 詳考함. 雙聲連綿語.

【不與其寧】 '寧'은 '休'·'止'와 같음. 사물이 종료되었다 해서 道나 德이 그와 함께 그치지는 않음. 道와 德은 영원함을 뜻함.

【因稽而命】 자연 법칙을 詳考하여 생명이 생겨남.

【參名與事】 그 이름에 따라 맞는 일(역할)이 있음.

【出入】 굴곡이나 고저가 일정하지 않음.

【和】 표준음을 맞추는 笙篁의 일종. 공기의 乾濕에 따라서 음이 바뀜. 太田方의 《韓非子翼毳》에 "《爾雅》釋樂: 大笙謂之巢, 小者謂之和. 注: 和十三簧者, 所以調聲律也. 聲音從時氣燥濕. 《說苑》奉使篇: 天有燥濕, 絃有緩急, 宮商移徙不可知"라 함.

【禱】 '작록을 구하다'의 뜻. 求福, 求祿과 같음.

034(8-6)

의견 청취법

무릇 신하의 의견을 듣는 방법은 그에게로 나온 의견을 되짚어서 그 말대로 되었는지의 경우로 귀납해 들어가는 것이다.

그러므로 그 명분을 심의하여 자리를 정해주고, 그들의 직분을 뚜렷이 하여 말한 것의 같음 유무를 변별한다.

말을 청취할 때의 방법은 마치 무르녹기가 술에 만취한 듯이 한다.

입술이며, 이빨을 내가 먼저 말하지 말 것이며, 이빨이며 입술이며 갈수록 멍청한 듯이 하라.

상대편에서 스스로 진술하면 나는 그것을 근거로 알아내는 것이며 시비가 폭주輻湊하더라도 윗사람으로서는 더불어 겨루지 말라.

허정虛靜한 상태로 아무 것도 하지 않는 것이 도의 진정한 모습이며, 삼오參伍씩 뒤섞어 사물을 비교해 보는 것이 일의 형상이다.

셋씩 참증하여 사물과 비교하고 다섯씩 비교하여 허정의 상태에 맞추어라.

뿌리와 본줄기를 벗기지 않으면 동설動泄에 실수가 없을 것이다.

동작을 취하고 술에 취한 듯이 하여 아무 것도 하는 일 없이도 고쳐지게 하라.

좋아하는 기색을 보이면 일이 많아지고, 싫어하는 기색을 보이면 원망이 생겨난다.

그러므로 기쁜 표정도 없애고 미움의 표시도 없애고 마음을 비워 그것을 도의 집으로 여겨라.

임금이 신하와 일을 공동으로 갖지 않으면 백성들은 임금을 좋아하고, 윗사람이 신하들의 논의에 함께하지 않은 채 그들 홀로 처리하게 하라.

임금이 문을 굳게 닫아 문 안쪽에 빗장을 채워놓고 방 안에서 뜰을 보듯이 하면 지척咫尺의 작은 것들도 참증해 보면 모두가 자신의 자리에 있게 될 것이다.

상을 주어야 할 자에게는 상을 주고 벌을 내릴 자에게는 벌을 내려, 그들이 행한 바에 따라 저마다 스스로 그 성과를 이루도록 하라.

선악에는 반드시 그에 따른 상벌이 주어지면 그 누가 감히 임금을 믿지 않겠는가?

잣대가 이미 설치되었다면 세 귀퉁이가 모두 열을 지어 정리될 것이다.

凡聽之道, 以其所出, 反以爲之入.

故審名以定位, 明分以辯類.

聽言之道, 溶若甚醉.

脣乎齒乎, 吾不爲始乎; 齒乎脣乎, 愈惛惛乎.

彼自離之, 吾因以知之; 是非輻湊, 上不與構.

虛靜無爲, 道之情也; 參伍比物, 事之形也.

參之以比物, 伍之以合虛.

根幹不革, 則動泄不失矣.

動之溶之, 無爲而改之.

喜之, 則多事; 惡之, 則生怨.

故去喜去惡, 虛心以爲道舍.

上不與共之, 民乃寵之; 上不與義之, 使獨爲之.

上固閉內扃, 從室視庭, 參咫尺已具, 皆之其處.

以賞者賞, 以刑者刑, 因其所爲, 各以自成.

善惡必及, 孰敢不信!
規矩旣設, 三隅乃列.

【以爲之入】 앞서 말한 것에 대해 그 결과를 점검하는 귀납법을 씀.
【辯類】 '辯'은 '辨'과 같음. '類'는 '同'과 같음. 결과가 같은지의 여부를 변별함.
【溶若甚醉】 술에 만취한 것처럼 보임. '溶'은 무르녹은 모습. 몸과 마음 모두 閑漫한 모습.
【愈惛惛】 惛은 '흐리멍텅함'. 더욱 어리석은 듯이 하여 상대로 하여금 기세를 높이도록 함.
【離之】 '離'는 陳列·陳述의 뜻.
【輻湊】 '輻輳'와 같은 連綿語. 한꺼번에 밀려옴. 여러 가지 의견들이 한꺼번에 제기됨을 뜻함.
【與構】 더불어 의견충돌을 일으킴. '構'는 '搆'와 같음.
【參伍比物】 '參'은 '三'과 같으며 '伍'는 '五'와 같음. 셋씩 다섯씩 서로 묶여 뒤섞인 상태를 표현하는 말. 그러나 參은 參證과 같으며 伍는 서로 뒤섞인 事物에서 짝을 이루는 것끼리 묶어 사실 여부를 판단함을 뜻함. 〈乾道本〉 注에 "參, 比驗也; 伍, 偶會也"라 함. 比物은 사물을 비교하여 따져봄.
【事之形】 보이는 사물의 형상. '道之情'과 대칭의 뜻으로 쓴 것임.
【動泄】 움직임과 쉼. 動歇의 뜻. 擧動, 動靜과 같음. 楚나라 방언이라 함. 《方言》에 "戱泄, 歇也, 楚謂之戱泄·奄息也, 楚揚謂之泄"이라 하여 '動泄'은 '動歇'과 같음.
【義之】 '義'는 '議'와 같음. 논의함.
【內扃】 문 안쪽에 빗장을 걸어 잠금.
【三隅及列】 한쪽 귀퉁이를 잘 처리하면 다른 세 귀퉁이도 整列됨을 비유함.

035(8-7)
호랑이가 개 모습을 하고

임금이 신명함을 쓰지 않으면 신하는 앞으로 그 기회를 틈탈 것이며, 그 하는 일이 정당하지 못하면 신하는 상도常道를 내세워 옳고 그름을 따져들게 될 것이다.

하늘과 같고 땅과 같은 것을 일러 누해累解라 한다.

땅과 같고 하늘과 같다면 누구를 멀리하고 누구를 가까이 하겠는가?

능히 천지를 본받는 것을 일러 성인聖人이라 한다.

궁궐 안을 잘 다스리고자 한다면 관리를 두되 그를 가까이 하지 말 것이며, 밖을 잘 다스리고자 한다면 관직마다 한 사람씩을 두되 자신 마음대로 할 수 없도록 한다면 어찌 다른 짓을 하거나 남의 권한을 합병하겠는가?

대신大臣의 문에는 오직 모여드는 사람들이 많을 것임을 두려워하라.

무릇 다스림의 극치는 아랫사람이 언지 못하도록 하는 것이다.

형명刑名을 두루 합당하게 하여야 백성들이 자신의 직분을 지켜내며, 이를 버리고 다른 것을 구한다면 이를 일러 대혹大惑이라 한다.

교활한 백성이 갈수록 많아지고 사악한 신하들이 곁에 가득하게 될 것이다.

그러므로 "남을 부유하게 하지 말고 꿔주어라. 남을 귀하게 해 주지 말고 핍박하라. 한 사람의 말만 들었다가 그 도성과 나라를 잃는 일이 없도록 하라"라고 한 것이다.

장딴지가 넓적다리보다 크면 빨리 달릴 수가 없다.

임금이 신명함을 잃으면 호랑이가 그 뒤를 따라온다.

임금이 알지 못하면 호랑이가 나중에는 개인 양 다가온다.

임금이 서둘러 이를 막지 않으면 개들의 수는 끊임없이 늘어날 것이다.

호랑이가 무리를 이루면 그 어미도 잡아먹는다.

임금이 되어 신하가 없다면 어찌 나라를 소유할 수 있겠는가!

임금이 법을 시행하면 큰 호랑이는 겁을 먹을 것이요, 임금이 형을 집행하면 큰 호랑이도 저절로 조용해질 것이다.

법과 형이 진실로 미덥다면 호랑이도 사람처럼 되어 다시 그 진실한 모습으로 되돌아 갈 것이다.

主上不神, 下將有因; 其事不當, 下考其常.

若天若地, 是謂累解.

若地若天, 孰疏孰親?

能象天地, 是謂聖人.

欲治其內, 置而勿親, 欲治其外, 官置一人, 不使自恣, 安得移幷?

大臣之門, 唯恐多人.

凡治之極, 下不能得.

周合刑名, 民乃守職; 去此更求, 是謂大惑.

猾民愈衆, 姦邪滿側.

故曰:「毋富人而貸焉, 毋貴人而逼焉; 毋專信一人而失其都國焉.」

腓大於股, 難以趣走.

主失其神, 虎隨其後.

主上不知, 虎將爲狗.
主不蚤止, 狗益無已.
虎成其群, 以殺其母.
爲主而無臣, 奚國之有!
主施其法, 大虎將怯; 主施其刑, 大虎自寧.
法刑苟信, 虎化爲人, 復反其眞.

【不神】 '神'은 신명함. 귀신과 같아 그 의중을 헤아릴 수 없음. 군주의 권위와 대처 방법을 뜻함.

【累解】《韓非子全譯》에 "俞樾說: 解累, 卽蟹螺也.《說苑》以'蟹螺'·'汚邪'對文. 則蟹螺猶平正也"라 하였으나 지금의《說苑》에는 이러한 어휘가 없음. 한편《韓非子今註今譯》에는 "解累, 古今注解, 均未妥治. 今按: 累, 本爲係累·綁縛的意思, 引伸爲牽累·憂苦·災禍的意思. ……君主要像天地的高厚, 不可測度, 群臣不能因依改常, 因此各種憂患, 自然解消, 正承上而言"이라 하여 얽매임에서 벗어남의 뜻으로 보았음.

【移幷】 직권을 남용하거나 남의 영역까지 침범하여 병합함.

【虎·狗】 狗는 小臣을 가리킴. 도당들을 모아 세를 부림.

【反其眞】 신하가 본연의 상태로 돌아가 자신의 眞情을 바침.

036(8-8)

하루에 백 번 싸우는 군신 사이

그 나라를 잘 다스리려면 반드시 당을 짓는 자들을 물리쳐야 한다. 그 당을 짓는 이들을 치지 않으면 저들은 앞으로 많은 무리를 모아 당을 지을 것이다.

그 영토를 잘 다스리려면 반드시 식읍을 내려줄 때 이를 적절히 조절해야 한다. 내려주는 것을 적절히 조절하지 않으면 난신亂臣이 더 많은 요구를 하게 된다.

저들이 요구하는 대로 내가 주었다가는 마치 남에게 도끼를 빌려주는 꼴이 된다. 남에게 도끼를 빌려 주어서는 안 되는 것이니 저들이 앞으로 그것으로 나를 칠 것이기 때문이다.

〈黃帝軒轅氏〉《三才圖會》

황제黃帝의 말에 "임금과 신하 사이에는 하루에도 백 번 싸운다"라고 하였다.

신하는 사심을 숨기고 임금을 시험하며 임금은 법도를 잡고 아래를 깎아내는 것이다.

그러므로 법도가 세워져 있는 것은 임금에게는 보배이며, 당을 짓고 함께 뜻을 같이 하는 자들이 무리를 갖추는 것은 신하로서의 보배이다.

신하로서 그 임금을 시해弑害하지 못하는 것은 도당이 갖추어지지 않았기 때문이다.

그러므로 군주가 아주 작은 정도라도 이를 잃게 되면 그 아래에서는 두 배, 세배 이득을 얻게 된다.

나라를 가진 임금은 신하의 식읍을 크게 하지 않으며, 도를 가진 임금은 신하의 가문을 귀하게 해 주지 않는다.

도를 가진 군주는 그 신하를 귀하게 해 주지 않아야 하는 것이니 귀하게 해주고 부유하게 해 주었다가는 저들이 앞으로 임금 자리를 대신하게 될 것이기 때문이다.

위태로움에 대비하여 두려워하며 서둘러 태자를 정해두어야 하나니 그렇게 되면 화난이 일어날 원인이 없어지게 된다.

欲爲其國, 必伐其聚; 不伐其聚, 彼將聚衆.
欲爲其地, 必適其賜; 不適其賜, 亂人求益.
彼求我予, 假仇人斧; 假之不可, 彼將用之以伐我.
黃帝有言曰:「上下一日百戰.」
下匿其私, 用試其上; 上操度量, 以割其下.
故度量之立, 主之寶也; 黨與之具, 臣之寶也.
臣之所不弑其君者, 黨與不具也.
故上失扶寸, 下得尋常.
有國之君, 不大其都; 有道之君, 不貴其家.
有道之君, 不貴其臣; 貴之富之, 備將代之.
備危恐殆, 急置太子, 禍乃無從起.

【其聚】 일부 판본에는 '聚'자가 총(藂)으로 되어 있으며 이는 '叢'자와 같음. 무리를 모아 붕당을 지음을 뜻함.

【地】 여기서는 采邑·采地·食邑을 뜻함.

【黃帝】 중국 상고시대의 帝王. 中原 각 부족의 共同 先祖. 公孫氏이며 姬水 가에 살아 姬姓으로도 부름. 軒轅의 언덕을 근거지로 발전하여 軒轅氏로도 부르고 나라를 有熊이라 하여 有熊氏로도 부름. 姜姓의 炎帝(神農氏)와 九黎族의 受領 蚩尤를 물리치고 각 부락의 聯盟 首領이 되었으며 土德으로 왕이 되었다 하여 黃帝로 칭함. 道家의 시조로 여겨 黃老術의 원조가 되기도 함. 인용된 구절은 《黃帝書》라는 책에 실린 것으로 여기고 있으나 이는 뒷구절과 함께 지금의 《路史》 後記(5)에 "下匿其私, 用試其主; 上操度量, 以割其下, 上下一日百戰, 故作巾几之銘"이라 실려 있음.

【用試】 用은 以자로 통함. 試는 探자의 뜻으로, 살피는 것을 말함.

【度量】 법도와 권위를 가리킴.

【割其下】 割은 신하의 지위와 권력을 깎아 약화시킴을 뜻함.

【黨與之具】 黨은 徒黨, 與는 뜻을 함께하여 무리를 짓는 것.

【扶寸】 膚寸의 異表記. 모두 고대 길이의 단위이며 扶(膚)는 손가락 네 개의 폭. 寸은 손가락 한 마디의 길이. 《禮記》 投壺 "籌, 室中五扶, 堂上七扶, 庭中九扶"의 鄭玄 注에 "鋪四指曰扶, 一指案寸"이라 함. 《意林》에는 '膚寸'으로 되어 있음.

【尋常】 尋은 여덟 자, 常은 尋의 두 배를 뜻함. 《國語》 周語 韋昭 注에 "八尺爲尋, 倍尋爲常"이라 함.

【都】 그 나라나 가문의 宗廟가 있는 곳을 일컫는 말. 《左傳》 莊公 28년에 "凡邑有宗廟先君之主曰都, 無曰邑"이라 하였으며 隱公 元年에는 "都城過百雉, 國之害也. 先王之制, 大道不過三國之一, 中五之一, 小九之一. 今京不度, 非制也, 君將不堪"이라 함.

【家】 大夫의 집. 즉 權臣이 소유한 영지.

【備將代之】 '備'는 顧廣圻는 '彼'자여야 한다고 보았음.

【備危恐殆, 急置太子】 앞으로 닥칠 위험에 대비하고 위기 상황을 염려하여 서둘러 태자를 책봉함. 〈宋本〉 注에 "太子者, 君之副貳, 國之重鎭, 今欲備其危殆, 必速置之, 則禍端自息矣"라 함.

참고 및 관련 자료

1. 《意林》(1)

上失膚寸, 下失尋常, 君不可不愼.

037(8-9)
형량을 직접 관장해야

죄인을 감옥에 넣거나 죄수를 사면할 때는 반드시 임금 자신이 직접 나서서 그 형량과 사정을 장악해야 한다.

형벌이 너무 큰 경우에는 이를 경감시키고 너무 약한 경우에는 가중시켜야 한다.

경감과 가중은 모두가 재량이 있어야 하며 백성들로 하여금 이 때문에 파당을 지어 함께 어울려 윗사람을 속이는 일이 없도록 해야 한다.

경감시킬 때는 마치 달빛처럼 미약하게 하며 가중시킬 때는 마치 뜨거운 햇볕처럼 해야 한다.

임금은 법령을 간략하게 하고 처벌에는 신중을 기하되 그 형벌은 반드시 누구에게나 철저해야 한다.

內索出圄, 必身自執其度量.
厚者虧之, 薄者靡之.
虧·靡有量, 毋使民比周, 同欺其上.
虧之若月, 靡之若熱.
簡令謹誅, 必盡其罰.

【內索出圉】 內는 納과 같음. 索은 오랏줄. 즉 죄인을 감옥에 가둠. 出圉는 죄인을 사면하여 출소시킴. 그러나 《韓非子注釋》에는 "在宮廷內部搜索壞人, 在弓旌外部防備姦臣"이라 하였으나 이는 韓非 본의에 맞지 않는 듯함.

【厚者虧之】 厚는 형량이 지나치게 무거운 것. '虧'는 '減損'의 뜻으로 경감시켜 줌.

【薄者靡之】 薄은 형량이 지나치게 가벼운 것. 靡는 가중시킴.

【比周】 偏黨을 지음. '比'는 '近', '周'는 '密'의 뜻. 가까운 자들끼리 친밀히 하여 이익을 공유하고자 하는 모임들. "結黨營私曰比周"라 함. 朋黨과 같음.

038(8-10)

한 둥지의 두 마리 수컷

너의 활시위를 느슨하게 하지 말라. 하나의 둥지에 두 마리 수컷이 깃들어 있다.

한 둥지에 두 마리 수컷이 깃들어 있으면 그 싸움 소리가 으르렁거린다.

시랑豺狼이 우리 안에 있으면 양이 밖에 있다 해도 번식을 하지 않는다.

한 집안에 두 주인이 있으면 일을 해도 업적이 쌓이지 않는다.

부부가 집안일을 두고 잡아당기고 있으면 자식은 따를 데가 없게 된다.

毋弛而弓, 一棲兩雄.
一棲兩雄, 其鬪嚬嚬.
豺狼在牢, 其羊不繁.
一家二貴, 事乃無功.
夫妻持政, 子無適從.

【而弓】 '而'는 '汝'와 같음.

【嚬嚬】 짐승이 싸울 때 이빨을 드러내고 짖거나 겁을 주는 모습.

【豺狼在牢】 승냥이나 이리. 혹 늑대. 우리에 늑대가 있으면 양들은 번식을 하지 않는다 함. 〈乾道本〉 注에 "豺狼, 喻吏之貪殘者"라 함.

【持政】 政은 家政, 家事. '持'는 맞잡고 서로 主管하려 함.

039(8-11)
사가의 가문에 사람이 몰려들면

군주가 된 자는 그 나무를 자주 없애 나뭇가지가 공간을 메우지 못하도록 해야 한다. 나뭇가지가 공간을 자꾸 메우면 공실의 문은 막히고 사가私家의 가문은 사람들로 가득 차고, 공실의 뜰은 비어 임금은 막히고 갇히게 된다.

그 나무를 자주 베어 가지가 밖으로 자라지 못하게 하여야 하는 것은 그 나뭇가지가 밖으로 자라나면 앞으로 군주의 자리를 압박하게 될 것이기 때문이다.

그 나무를 자주 베어 가지만 커지고 본줄기는 작아지는 경우가 없도록 해야 하는 것은 가지만 크고 본줄기가 작으면 봄바람에도 견디지 못할 것이며 봄바람도 견디지 못하면 가지가 앞으로 나무의 속을 해칠 수 있기 때문이다.

공자公子의 수가 늘어나면 종실宗室에서는 걱정하는 탄식소리가 나게 된다.

그 탄식을 그치게 하는 방법은 그 나무를 자주 베어 가지가 무성하지 않도록 하는 것이다.

나무를 자주 베어 없애버리면 도당들이나 그에 함께하는 이들이 흩어지게 될 것이다.

그 뿌리를 파내 버리면 나무는 이내 신령함을 잃게 될 것이며, 물이 솟아오르는 원천을 메워 그 물이 용속음치지 못하도록 해야 한다.

신하가 품은 마음을 탐지하여 그 위세를 빼앗아 버려야 하며, 임금이 이러한 방법을 쓸 때는 마치 번개나 우레와 같아야 한다.

爲人君者, 數披其木, 毋使木枝扶疏; 木枝扶疏, 將塞公閭, 私門將實, 公庭將虛, 主將壅圍.

數披其木, 無使木枝外拒; 木枝外拒, 將逼主處.

數披其木, 毋使枝大本小; 枝大本小, 將不勝春風; 不勝春風, 枝將害心.

公子旣衆, 宗室憂吟.

止之之道, 數披其木, 毋使枝茂.

木數披, 黨與乃離.

掘其根本, 木乃不神; 塡其洶淵, 毋使水淸.

探其懷, 奪之威.

主上用之, 若電若雷.

【數披其木】'數'은 '삭'으로 읽음. '披'는 그 가지를 베어 버림. 〈乾道本〉 注에 "披, 爲落其枝也"라 함.

【扶疏】'扶疎'로도 표기하며 나뭇가지가 자라 본줄기 주위의 성긴 공간을 채움. 잎과 가지가 무성하게 자람을 뜻함. 陶淵明의 〈讀山海經〉에 "孟夏草木長, 繞屋樹扶疎. 衆鳥欣有託, 吾亦愛吾廬"라 함. 여기서는 신하의 세력을 비유한 것.

【公閭】 군주가 출입하는 公室의 문. 군주의 宮門.

【私門將實】 세력 있는 중신의 私家에 사람이 많이 모여듦.

【壅圍】 임금의 이목이 막히고 포위를 받은 것처럼 됨. 그러나 顧廣圻의 《韓非子識誤》에 "圍, 當作圉. 圉與下文拒處韻"이라 하여 아래의 '拒'와 함께 處韻이라 하여 '갇히다'의 뜻으로 보았음.

【外拒】 나뭇가지가 밖으로 밀어내듯이 뻗어 나감. 《廣雅》 釋詁에 "拒, 至也"라 함.

【春風】 신하가 사사롭게 베푸는 은덕에 비유. 〈乾道本〉 注에 "春風所以發生萬物者也, 喩君恩賞所以榮益於下者也. 枝本大矣, 春風又發其榮以增其衆, 則披枝而害心, 喩臣本實矣, 君又加之恩賞以增其威重, 則臣將二而危君矣"라 함.

【害心】 '心'은 '芯'과 같으며 太子를 비유하는 것으로 보고 있으나 임금과 태자를 함께 비유하는 것으로도 봄.

【公子】 本家 宗室의 嫡子가 아닌 庶子를 가리킴.

【憂吟】 '吟'은 〈趙本〉 등에는 '唫'으로 되어 있음. 근심스러워 탄식함.

【黨與】 '與'는 그에 참여하여 동조하는 자를 뜻함.

【塡其洶淵】 塡은 메움. '塞'과 같은 뜻. 洶은 용솟음침을 뜻하며 淵은 샘물. 신하의 세력이 모이는 곳을 메워 없앰.

【淸】 '맑다'의 뜻이 아님. '激'과 같음. 奔騰함. 《方言》에 "激, 淸也; 淸, 急也"라 하였으며 洶과 韻尾를 같이하여 표현한 것.

【若電若雷】 〈集解〉에 "威不下分, 則君命神而可畏, 故若電雷也"라 하였으며, 〈主道篇〉(020)에 "其行罰也, 畏乎如雷霆, 神聖不能解也"와 같은 뜻임.

9. 팔간八姦

관리란 원래 간악한 자들로서 이에 따른 8가지 위험 요소와 그에 대처하는 방법을 주장한 것으로 '同牀'·'在旁'·'父兄'·'養殃'·'民萌'·'流行'·'威强'·'四方'을 들고 있으며 이를 제대로 하지 못할 경우 망국의 길로 들어선다고 경고하고 있다.

040(9-1)
여덟 가지 간악함

무릇 신하가 행할 도로서 간악한 짓을 하는 자는 여덟 가지 술術이 있다.

첫째, 동상同牀을 가리킨다.

무엇을 일러 동상이라 하는가?

귀부인과, 총애하는 어린 첩, 편벽된 호색자로 이들은 임금을 미혹하게 하는 자들이다.

스스럼없는 잠자리임을 의탁하고, 취하고 배부른 때를 이용하여 자신이 바라는 바를 요구하는 것으로 이는 반드시 들어줄 수밖에 없도록 하는 술책이다.

신하 된 자가 그 여인들에게 금옥을 주어 섬기면서 임금을 미혹하게 하니 이를 일러 동상이라 한다.

둘째, 곁에 있는 자들, 즉 재방在旁이다.

무엇을 일러 곁에 있는 자라 하는가?

광대나 난쟁이, 그리고 좌우의 친숙한 자들로서 이들은 군주가 명하지 않았는데도 '예, 예' 하고, 시키지 않았는데도 '알았습니다'를 연발하며, 임금의 생각을 미리 알아내고 안색을 살펴 임금의 마음을 앞서는 자들이다.

그들은 모두가 함께 나서고 함께 물러나며 반응과 대답을 같이 하며 똑같은 말로 같은 궤도를 가면서 임금의 마음을 움직이는 자들이다.

신하 된 자들이 안으로 몰래 황금 보옥, 애완품을 그들에게 바쳐 섬기면서 밖으로는 그들을 위하여 불법을 저지르며 임금의 마음을 움직이도록 하고 있으니 이를 일러 곁에 있는 자들이라 한다.

셋째, 부형父兄들이다.

무엇을 일러 부형이라 하는가?

측실側室의 공자公子들로서 임금과 아주 가까운 혈친들이며, 대신과 정리廷吏들로서 임금과 함께 계획을 짜는 이들이다.

그들은 모두 힘을 다하여 건의하면 군주가 틀림없이 들어주게 되어 있는 자들이다.

신하 된 자들은 이러한 측실과 공자들에게 가인歌人과 무녀舞女를 바쳐 섬기면서 대신과 정리들에게는 말로써 한 편을 만들어 약속을 하며 섬기기를 다짐하여 일이 이루어지면 작위가 오르고 봉록도 더 늘도록 해 주어 환심을 사서는 임금의 권한을 침범하도록 하고 있으니 이를 일러 부형이라 한다.

넷째, 양앙養殃, 즉 군주의 재앙을 조장함이다.

무엇을 일러 양앙이라 하는가?

임금이 궁실宮室과 대지臺地를 아름답게 꾸미기를 좋아하고 미녀나 개, 말을 예쁘게 꾸미기를 즐겨하는 것, 이것이 바로 임금의 재앙이다.

신하 된 자가 백성의 노동력을 모두 동원하여 궁실과 대지를 아름답게 만들고, 부렴賦斂을 무겁게 하여 미녀나 개, 말을 꾸며 군주를 즐겁게 하여 그 마음을 미혹하게 하며 그 하고 싶은 대로 하도록 풀어주면서 그 틈에 자신은 사사로운 이익을 얻고 있으니 이를 일러 양앙이라 한다.

다섯째, 민맹民萌이다.

무엇을 일러 민맹이라 하는가?

신하 된 자가 공공의 재물을 뿌려 백성들에게 기쁨을 사며, 작은 은혜를 베풀어 백성을 자신에게 끌어들여 조정이나 시정市井으로 하여금 모두가 자신을 칭찬하도록 하여 임금을 막고 자신의 욕구를 성사시키는 것이니 이를 일러 민맹이라 한다.

여섯째, 유행流行이다.

무엇을 일러 유행이라 하는가?

임금이란 본래 여론과 막혀 있어 여러 논의를 들을 기회가 드물기 때문에 변설에 뛰어난 자에게 마음이 이끌리기 쉽다.

신하 된 자가 제후국의 여러 변사를 불러들이고 나라 안에 말 잘 하는 사람을 길러내어 이들의 말로써 그 자신의 사사로운 욕구를 대신 말하게 하되, 교묘하게 꾸미는 언사言辭와 유창한 말로 임금에게 이로운 정세를 드러내어 보이며 환해患害로써 겁을 주어 허황된 언사를 늘어놓아 임금을 허물어뜨리는 것이니 이를 일러 유행이라 한다.

일곱째, 위강威强이다.

무엇을 일러 위강이라 하는가?

임금이란 신하들과 백성으로써 강함이 되는 것이다.

신하들과 백성들이 좋다고 하면 임금도 좋다고 하고, 신하들과 백성들이 좋다고 여기지 않으면 임금도 그것을 좋다고 여기지 않는다.

신하 된 자가 허리에 칼을 꽂은 협객을 모으고 죽기를 각오한 무사를 길러 그 위력을 빛내어 자신을 위하여 일하는 자는 반드시 이익을 주며, 자신을 위하지 않는 자는 반드시 죽인다는 것을 뚜렷이 밝힘으로써 신하들과 백성들을 두려움에 떨게 하여 자신의 사욕을 실행해 나가는 것이니 이를 일러 위강이라 한다.

여덟째, 사방四方이다.

무엇을 일러 사방이라 하는가?

임금이란 나라가 작으면 큰 나라를 섬기고, 무력이 약하면 강한 병력을 가진 나라를 두려워하게 마련이다.

큰 나라가 요구하는 것을 작은 나라로서는 반드시 들어주어야 하며 강한 무력으로 압박하면 약한 나라는 반드시 굴복하게 되어 있다.

신하 된 자가 부렴을 무겁게 하고 부고府庫를 다 털며, 자신의 나라는 텅 비게 만들면서 큰 나라를 섬기도록 하되 그 위협을 이용하여 임금을 유혹하고, 심한 경우에는 군사를 일으키게 국경 지역에 모이도록 하여 국내를 제압하며, 적게는 자주 상대 나라의 대사大使를 끌어들여 자신의 임금을 놀라움에 떨게 하며 두렵도록 하니 이를 일러 사방이라 한다.

무릇 이 여덟 가지는 남의 신하된 자가 간악한 짓을 이루는 수단이며 세상의 군주가 이목이 가려지고 협박 당하다가 자신이 가진 것을 잃게 되는 원인이니 살피지 않을 수 없다.

凡人臣之所道成姦者有八術:

一曰在同牀.

何謂同牀?

曰: 貴夫人, 愛孺子, 便僻好色, 此人主之所惑也.

託於燕處之虞, 乘醉飽之時, 而求其所欲, 此必聽之術也.

爲人臣者內事之以金玉, 使惑其主, 此之謂同牀.

二曰在旁.

何謂在旁?

曰: 優笑侏儒, 左右近習, 此人主未命而唯唯, 未使而諾諾, 先意承旨, 觀貌察色, 以先主心者也.

此皆俱進俱退, 皆應皆對, 一辭同軌以移主心者也.

爲人臣者內事之以金玉玩好, 外爲之行不法, 使之化其主, 此之謂在旁.

三曰父兄.

何謂父兄?

曰: 側室公子, 人主之所親愛也; 大臣廷吏, 人主之所與度計也.

此皆盡力畢議, 人主之所必聽也.

爲人臣者事公子側室以音聲子女, 收大臣廷吏以辭言, 處約言事, 事成則進爵益祿, 以勸其心, 使犯其主, 此之謂父兄.

四曰養殃.

何謂養殃?

曰: 人主樂美宮室臺池, 好飾子女狗馬以娛其心, 此人主之殃也.

爲人臣者盡民力以美宮室臺池, 重賦斂以飾子女狗馬, 以娛其主而亂其心, 從其所欲而樹私利其間, 此謂養殃.

五曰民萌.

何謂民萌?

曰: 爲人臣者散公財以說民人, 行小惠以取百姓, 使朝廷市井皆勸譽己, 以塞其主而成其所欲, 此之謂民萌.

六曰流行.

何謂流行?

曰: 人主者固壅其言談, 希於聽論議, 易移以辯說.

爲人臣者求諸侯之辯士, 養國中之能說者, 使之以語其私, 爲巧文之言, 流行之辭, 示之以利勢, 懼之以患害, 施屬虛辭以壞其主, 此之謂流行.

七曰威强.

何謂威强?

曰: 君人者以群臣百姓爲威强者也.

群臣百姓之所善, 則君善之; 非群臣百姓之所善, 則君不善之.

爲人臣者聚帶劍之客, 養必死之士以彰其威, 明爲己者必利, 不爲己者必死, 以恐其群臣百姓而行其私, 此之謂威强.

八曰四方.

何謂四方?

曰: 君人者, 國小, 則事大國; 兵弱, 則畏强兵.

大國之所索, 小國必聽; 强兵之所加, 弱兵必服.

爲人臣者, 重賦斂, 盡府庫, 虛其國以事大國, 而用其威求誘其君; 甚者擧兵以聚邊境而制斂於內, 薄者數內大使以震其君, 使之恐懼, 此之謂四方.

凡此八者, 人臣之所以道成姦, 世主所以壅劫, 失其所有也, 不可不察焉.

【同牀】'牀'은 '床'과 같으며 침대. 즉 잠자리를 함께하는 것. 한편 陶鴻慶은 "在同牀"에서 '在'는 衍文이라 하였음.

【孺子】孺子란 본래 어린아이를 가리키는 말이지만 여기서는 군주에게 사랑받는 궁녀를 뜻함. 《文選》 中山王孺子妾歌의 注에 "孺子, 宮人"라 하였고, 《戰國策》 齊策 "有七孺子皆近"의 高誘 注에는 "孺子, 幼艾美女也"라 하였으며, 《漢書》 藝文志 顔師古 注에는 "孺子, 王妾之有品號也"라 함.

【便僻】便僻는 便嬖와 같은 뜻. 군주의 마음에 들도록 온갖 아양을 다 떠는 여인.

【燕處之虞】燕處는 燕居와 같음. 스스럼없이 편한 분위기를 뜻함. '燕'은 '晏', '宴'과 같으며 '虞'는 '娛'와 같음. 《意林》에는 '宴處'로 되어 있음.

【優笑侏儒】優笑는 배우를 말하며 侏儒는 난쟁이로 광대놀이하는 사람. 《荀子》 王霸篇 注에 "侏儒, 短人可戲弄者"라 함.

【側室公子】宗室 이외는 모두 側室이라 부르며 주로 임금의 傍系로서의 숙부들. 陳奇猷는 "此以側室公子釋父兄, 則側室公子者, 君之父兄行也. 指君之伯叔及兄弟"라 함. 公子는 庶子들은 가리킴. 〈亡徵篇〉에 "君不肖而側室賢, 太子輕而庶子伉"이라 함.

【大臣廷吏】조정의 重臣 요직과 고급 관리를 가리킴.

【度計】계책을 함께 논의하여 수립하고 결정함.

【音聲子女】노래 부르고 춤추는 미녀들.

【處約】盟約을 정함. 《國語》 晉語 "蚤處之"의 注에 "處, 定也"라 함.

【勸其心】 勸은 歡자와 통함. 마음을 기쁘게 함.
【民萌】 '民氓'과 같음. '萌'은 '氓'과 같음. 원래는 "土着曰民, 外來曰氓"이라 하였으나 《韓非子》 전체에서는 民衆, 百姓의 뜻으로 널리 쓰였음.
【流行】 유창한 말.
【四方】 주변에 있는 여러 나라를 가리킴.
【所索】 '索'은 '求'와 같음.
【擧兵】 신하가 군사를 일으켜 대국의 군대를 불러들임.
【數內】 '數'는 '삭'으로 읽으며 '內'은 '納'과 같음.
【大使】 大國의 사신.

참고 및 관련 자료

1. 《意林》(1)

託宴處之娛, 乘醉飽之時, 求其所欲, 則必聽矣.

041(9-2)
여색과 후궁

현명한 군주는 후궁들에 대해 그 여색을 즐기기는 하지만 알현謁見을 행하지 못하게 하며, 사사로운 청탁은 할 수 없도록 한다.

그 좌우들에게는 그들 자신으로 하여금 말한 그대로 할 것을 책임 지우며 더 이상 덧붙여 말을 할 수 없도록 한다.

그 부형이나 대신에 대해서는 그들이 하는 말을 듣기는 하되 반드시 형벌로써 그 뒤까지 책임을 지도록 하여 마구 행동하는 일이 없도록 한다.

임금이 보고 듣고 즐기는 노리갯감에 대해서는 반드시 그 출처를 밝히도록 하며, 마음대로 받아들이기도 하고 물리기도 하여 신하들로 하여금 임금의 의중을 알아낼 수 없도록 한다.

그 은덕을 베풂에는 궁중(禁中)의 재물을 풀어 주거나 창고의 많은 재물을 열어 백성에게 이익을 주는 것은 반드시 임금의 결정에서 나와야 하며 신하들로 하여금 사사롭게 은덕을 베풀지는 못하도록 한다.

그 의견이나 논의에 대해서는 칭송을 받고 있는 자의 훌륭한 점과 비방을 받고 있는 자의 나쁜 점에 대하여 반드시 실제로 그 능력은 확인하고 그 잘못은 살펴보아 신하들로 하여금 한 통속이 되어 말을 맞추는 일이 없도록 한다.

용력勇力을 지닌 무사에 대해서는 전투에서 공을 세웠더라도 직위를 뛰어넘어 상을 내리는 일이 없어야 하며, 읍에서 사사로운 싸움에 용맹한 자는 죄를 용서하지 않고, 군신들로 하여금 사재를 들여 무사를 기르는 일이 없도록 한다.

다른 제후들의 요구에 대해서는 법에 맞으면 들어주고 그렇지 않으면 거절한다.

이른바 망하는 나라의 임금이란 나라를 갖지 못한 것이 아니라 그 나라를 가지고 있더라도 모두가 그의 것이 아니다.

신하로 하여금 외세로써 나라 안의 일을 제어하도록 한다면 이러한 임금은 망하게 된다.

대국의 요구를 들어주는 것은 망해 가는 자신의 나라를 구하기 위함인데 그 요구를 들어주는 것이 더 빨리 망하는 것이라면 그 때문에 들어주지 않게 되는 것이다.

신하들이 임금이 그러한 요구는 들어주지 않는다는 것을 알게 되면 밖으로 제후들과 결탁하지 않을 것이요, 그러한 신하가 자신의 임금을 속여 말하더라도 받아주지 않게 될 것이다.

明君之於內也, 娛其色而不行其謁, 不使私請.

其於左右也, 使其身必責其言, 不使益辭.

其於父兄大臣也, 聽其言也必使以罰任於後, 不令妄擧.

其於觀樂玩好也, 必令之有所出, 不使擅進, 不使擅退, 群臣虞其意.

其於德施也, 縱禁財, 發墳倉, 利於民者, 必出於君, 不使人臣私其德.

其於說議也, 稱譽者所善, 毁疵者所惡, 必實其能, 察其過, 不使群臣相爲語.

其於勇力之士也, 軍旅之功無踰賞, 邑鬪之勇無赦罪, 不使群臣行私財.

其於諸侯之求索也, 法則聽之, 不法則距之.

所謂亡君者, 非莫有其國也, 而有之者, 皆非己有也.

令臣以外爲制於內, 則是君人者亡也.

聽大國, 爲救亡也, 而亡亟於不聽, 故不聽.

群臣知不聽, 則不外諸侯; 諸侯之不聽, 則不受臣之誣其君矣.

【內】 內寵. 후궁들.《周禮》正宮 "辨內外而時禁"의 賈公彦 疏에 "外人謂男子, 內人謂婦女"라 함.

【不行其謁】 '謁'은 '告'와 같으며 남을 위하여 청함을 뜻함. 〈乾道本〉 注에 "所以防初姦之同牀也"라 함.

【責其言】 자신의 말에 책임을 지도록 함.

【不使益辭】 지난 날의 말이 성적을 이루지 못하자 다시 덧붙여 이유를 대거나 공식석상에서 규정된 발언 이외에 하는 말. 〈乾道本〉 注에 "所以防二姦之在旁也"라 함.

【不令妄擧】 〈乾道本〉 注에 "防三姦之父兄也"라 함.

【觀樂玩好】 보고 즐기는 것과 애완하는 물건들을 가리킴.

【令之有所出】 之를 知자로 바꿀 수도 있음. 물건이 나온 데를 명확하게 알린다는 뜻.

【不使擅進, 不使擅退, 群臣虞其意】 陳啓天은 "「不使」二字, 當在「擅退」下"라 하여 이 문장은 "擅進·擅退, 不使群臣虞其意"가 되어야 함. '虞'는 '測'자와 같으며 임금의 취향이나 의중을 미리 짐작함을 말함. 〈乾道本〉 注에 "防四姦之養殃也"라 함.

【禁財】 '禁'은 '禁中'을 가리킴. 궁궐 안의 재물.

【墳倉】 곡식이 산과 같이 쌓인 창고를 말함. 따라서 '墳'은 '大'의 뜻. 〈乾道本〉 注에 "防五姦之民萌也"라 함.

【相爲語】 같은 무리가 되어 서로를 칭찬함. 〈乾道本〉 注에 "防六姦之流行"이라 함.

【無踰賞】 다른 판본에는 踰자가 '偸'·'逾' 등으로 되어 있음.

【邑鬪】 邑人끼리 다투는 것. 〈集解〉에 "邑鬪勇者, 謂恃力與邑人私鬪"라 함.

【行私財】 개인 사재를 들여서 勇士를 길러 내는 행위. 〈乾道本〉 注에 "防七姦之威强也, 不使行私財於勇士"라 함.

【求索】 재화를 요구함.

【不法則距之】 '距'는 '拒'와 같음. 拒否함. 〈乾道本〉 注에 "防八姦之四方"이라 함.

【誣其君】 자신의 군주를 속여 다른 제후에게 빌붙음.

042(9-3)
청탁을 배제하라

현명한 군주가 관직과 작록의 권한을 쥐고 있음은 훌륭한 인재를 진달시키고 공로가 있는 자를 격려하기 위함이다.

그러므로 "훌륭한 인재는 후한 봉록을 받고 대관에 임명되며, 공로가 큰 자는 작위를 높여주고 많은 상을 받는다"라 한 것이다.

어진 이에게 관직을 줌에는 그 능력을 헤아려야 하고, 봉록을 줌에는 그 공에 맞는지 저울질해 보아야 하는 것이다.

이 까닭으로 현자는 능력을 거짓으로 속여 그 군주를 섬기지 아니하고, 공로가 있는 자는 그 일에 나아가는 것을 즐거워하므로 일이 완성되고 공이 이루어지는 것이다.

그러나 지금은 그렇지 못하여 현賢·불초不肖를 따지거나 공로의 여부를 논하지도 않은 채 제후들이 중히 여기는 자는 등용하고, 좌우의 청탁에 따라 들어준다.

부형과 대신들은 위로 임금에게 작위와 봉록을 청하고, 아래로 그것을 팔아 재물을 거두어들이며 나아가서 자신들의 사사로운 편장을 세워놓는다.

그 때문에 재물과 이익이 많은 자는 관직을 돈으로 사서 귀한 신분에 오르고, 임금의 좌우와 교제가 있는 자는 청탁을 통해 권세를 이룬다.

공로가 있는 신하는 논의 대상도 되지 못하고 관직의 이동도 제멋대로 이루어진다.

이 까닭으로 관리들은 자신의 업무는 대충하면서 밖으로 외국과 사귀고 있으며 자신의 일은 팽개친 채 재물이 있는 쪽으로 가까이 간다.

이 때문에 훌륭한 인재라 해도 게으름을 피우며 권면하지 않으며, 공이 있는 자라 해도 게으름을 피우며 그 일을 대충하고 있으니 이것은 나라가 망할 풍조이다.

明主之爲官職·爵祿也, 所以進賢材·勸有功也.

故曰:「賢材者處厚祿·任大官; 功大者有尊爵·受重賞.」

官賢者, 量其能; 賦祿者, 稱其功.

是以賢者不誣能以事其主, 有功者樂進其業, 故事成功立.

今則不然, 不課賢不肖, 論有功勞, 用諸侯之重, 聽左右之謁.

父兄大臣上請爵祿於上, 而下賣之以收財利, 及以樹私黨.

故財利多者買官以爲貴, 有左右之交者請謁以成重.

功勞之臣不論, 官職之遷失謬.

是以吏偸官而外交, 棄事而財親.

是以賢者懈怠而不勸, 有功者隳而簡其業, 此亡國之風也.

【官賢者】 현자, 즉 훌륭한 인재를 관직에 나아가게 함.

【賦祿】 봉록을 나누어 주는 일을 말함.《國語》晉語 注에 "賦, 授也"라 함.

【稱其功】 '稱'은 '量'과 같음. 《禮記》 檀弓 注에 "稱, 衡量也"라 함.

【成重】 梁啓雄은 '重'은 '權勢'를 뜻한다 하였음.

【官職之遷】 관직의 移動을 말함.

【失謬】 謬는 착오의 뜻으로 여기서는 정당성을 잃음.

【偸官】 陳奇猷는 "偸, 苟且也"라 함. 대충 처리함.

【財親】 劉師培는 "財親, 當作親財, 與棄事對文"라 함.

【隳】 여기서 무너질 '隳'는 '惰'와 같은 뜻. 隳惰, 즉 게으름을 피움. 그러나 〈乾道本〉 에는 "隳, 毁也"라 함.

【簡其業】 그 업무를 簡忽히 함. '簡'은 '略, 忽'과 같음.

10. 십과十過

군주가 나라와 자신을 망치는 10가지 과실을 들어 설명한 것이다. 즉 '小忠', '小利', '行僻', '好音', '貪愎', '耽於女樂', '離內遠遊', '不聽忠臣', '內不量力', '小國無禮' 등이다. 먼저 제목을 내세우고 지난 사례를 들어 해설하고 있다.

특히 해설 근거로 삼은 많은 고사들은 다른 기록에도 실려 있거나 또는 뒤에 이를 옮겨 실어 널리 전하는 것들로서 고전 연구에 매우 중요한 자료를 제공하고 있다.

043(10-1)
열 가지 과실

나라 다스림에 10가지 과실이 있다.

첫째, 소충小忠을 행한다면 대충大忠을 어그러뜨리게 된다.

둘째, 소리小利만을 돌아본다면 대리大利를 잔폐시키는 경우를 당하게 된다.

셋째, 행동이 편벽되고 자신의 뜻대로만 하며 제후들에게 함부로 굴면 자신의 몸을 망치는 지경에 이르게 된다.

넷째, 정치에 힘쓰지 않고 음악만을 즐기면 자신이 궁지에 몰리게 된다.

다섯째, 탐욕을 부리며 이익만을 좋아하면 나라는 망하고 제몸은 죽임을 당하게 된다.

여섯째, 여자와 무악舞樂에 빠져 국정을 돌보지 않으면 나라가 망하는 화근을 만나게 된다.

일곱째, 내궁內宮을 떠나 멀리 유람하면서 간언하는 선비를 소홀히 대하면 자신을 위험하게 만드는 길이 된다.

여덟째, 잘못을 저지르고도 충신의 말에 귀를 기울이지 않고 혼자만의 생각대로 행동하면 높던 명성을 잃게 되고 남의 비웃음을 사는 시초가 된다.

아홉째, 안으로 자신의 역량을 헤아리지 않고 밖으로 제후들만을 믿으면 나라가 깎이는 환난에 이르게 된다.

열째, 나라가 작은데도 함부로 굴며 간하는 신하의 말을 듣지 않으면 대가 끊기는 형세를 만나게 된다.

十過:

一曰行小忠, 則大忠之賊也.

二曰顧小利, 則大利之殘也.

三曰行僻自用, 無禮諸侯, 則亡身之至也.

四曰不務聽治而好五音, 則窮身之事也.

五曰貪愎喜利, 則滅國殺身之本也.

六曰 耽於女樂, 不顧國政, 則亡國之禍也.

七曰離內遠遊而忽於諫士, 則危身之道也.

八曰過而不聽於忠臣, 而獨行其意, 則滅高名, 爲人笑之始也.

九曰內不量力, 外恃諸侯, 則削國之患也.

十曰國小無禮, 不用諫臣, 則絶世之勢也.

【小忠】'忠'은 '衷'자와 같은 뜻으로 봄.

【五音】宮, 商, 角, 徵, 羽의 다섯 음. 그러나 여기서는 音樂을 뜻함.

【貪愎】탐욕스럽고 성격이 괴팍함.

【離內】'內'는 내궁. 국도. 도성 안을 가리킴.

【絶世之勢】'世'는 '代'와 같음. 대를 이을 자손이 끊어짐.《荀子》强國篇 注에 "世, 謂繼也"라 하였고,《周禮》注에 "父死子立曰世"라 함.

044(10-2)
소충小忠

무엇을 일러 '소충小忠'이라 하는가?

옛날 초楚 공왕共王이 진晉 여공厲公과 언릉鄢陵에서 전투를 벌여 초나라 군사가 패하고 공왕은 눈에 상처를 입었다.

한창 전투가 벌어지고 있을 때 사마자반司馬子反이 목이 말라 마실 것을 찾자 시중들던 곡양穀陽이 잔에 술을 들고 바쳤다.

자반이 말하였다.

"아! 물렀거라. 술을 가져오다니."

곡양이 말하였다.

"술이 아닙니다."

자반은 이를 받아 마셨다.

자반의 사람 됨이 술을 좋아하던 터라 달게 마시면서 이를 입에서 뗄 수 없어 그대로 취하고 말았다.

전투가 끝나고 공왕이 다시 전투를 벌이고자 사람을 시켜 사마자반을 불러오도록 하였으나 사마자반은 가슴이 아프다는 핑계를 대고 부름에 응하지 않았다.

공왕이 수레를 타고 직접 가서 그 막사 안으로 들어갔다가 술 냄새를 맡고 되돌아오면서 이렇게 말하였다.

"오늘 싸움서 나는 상처를 입었다. 믿는 자란 사마뿐이었다. 그런데 사마는 다시 이처럼 취하였으니 이는 초나라 사직을 잊고 우리 백성을 거들떠보지도 않는 짓이로다! 내 더불어 다시 싸울 사람이 없구나."

이에 군사를 돌려 그 자리를 떠나서는 사마자반의 목을 베어 본보기를 보였다.

그러므로 시중들던 곡양이 술을 바친 것은 자반을 원수로 여겨서가 아니며, 그 마음에는 충심으로 아끼고 한 일이었지만 공교롭게도 그를 죽이는 결과가 되고 말았다.

그 때문에 "작은 소충은 대충의 적해가 된다"라고 하는 것이다.

奚謂小忠?

昔者, 楚共王與晉厲公戰於鄢陵, 楚師敗, 而共王傷其目.

酣戰之時, 司馬子反渴而求飮, 豎穀陽操觴酒而進之.

子反曰:「嘻! 退, 酒也.」

陽曰:「非酒也.」

子反受而飮之.

子反之爲人也, 嗜酒而甘之, 弗能絶於口, 而醉.

戰其罷, 共王欲復戰, 令人召司馬子反, 司馬子反辭以心疾.

共王駕而自往, 入其幄中, 聞酒臭而還, 曰:「今日之戰, 不穀親傷. 所恃者, 司馬也, 而司馬又醉如此, 是亡楚國之社稷而不恤吾衆也! 不穀無與復戰矣.」

於是還師而去, 斬司馬子反以爲大戮.

故豎穀陽之進酒, 不以讐子反也, 其心忠愛之, 而適足以殺之.

故曰:「行小忠, 則大忠之賊」也.

【楚共王】 春秋시대 楚 莊王의 아들이며 이름은 審. B.C.590~B.C.560년까지 31년간 재위하고 康王으로 이어짐.

【晉厲公】 春秋시대 晉나라 군주. 晉 景公의 아들. 이름은 壽曼, 혹은 州蒲. B.C.580~B.C.573년까지 8년간 재위하고 悼公으로 이어짐.

【鄢陵】 鄭나라 지명. 지금의 河南 鄢陵縣. 鄭나라가 晉나라를 배반하고 楚나라와 결맹을 맺자 晉나라가 B.C.575년 鄭나라를 공격, 그러자 楚나라가 鄭나라를 구원하고자 나서서 鄢陵에서 전투를 벌임. 이 때 楚 共王은 눈에 상처를 입고 퇴각함. 《左傳》 成公 16년에 자세히 실려 있음.

【酣戰】 전투가 한창 벌어지고 있는 상황.

【司馬子反】 司馬는 군사 책임자. 子反은 楚나라 公子 側. 그 무렵 《左傳》 宣公 12년을 볼 것.

【豎】 '豎'는 '竪'로도 표기하며 侍從, 小使를 뜻함. 《左傳》 正義에 "豎, 未冠之名"이라 함. 〈十過篇〉에는 '友'자가 없음. 〈集解〉에 "友字, 當爲衍文"이라 함.

【穀陽】 인명. 《淮南子》와 《呂氏春秋》, 《史記》 등에는 '陽穀'으로 표기되어 있음.

【觴酒】 술잔에 술을 담음. 094에는 卮酒로 되어 있음.

【心疾】 가슴이 아프다는 핑계를 댐. 술이 아직 덜 깬 것임.

【不穀】 諸侯의 군주가 자신을 일컫는 겸칭. 《老子》 39장에 "故貴以賤爲本, 高以下爲基. 是以侯王自謂孤·寡·不穀, 此非以賤爲本邪? 非歟?"라 함. 원래 穀은 祿과 疊韻관계로서 '不穀'은 '不祿'과 같음. "祿을 받지 못하는 자"라는 뜻.

【是亡】 陳啓天은 "亡, 與忘通"이라 함.

【大戮】 큰 죄목을 붙여 본보기로 처형함. '戮'은 고대 酷刑의 하나.

【適】 副詞로 '마침, 공교롭게도'의 뜻.

참고 및 관련 자료

1. 이는 〈飾邪篇〉(094)과 내용이 거의 같음.

故曰:「小知不可使謀事, 小忠不可使主法.」荊恭王與晉厲公戰鄢陵, 荊師敗, 恭王傷. 酣戰, 而司馬子反渴而求飲, 其友豎穀陽奉卮酒而進之. 子反曰:「去之, 此酒也.」豎穀陽曰:「非也.」子反受而飲之. 子反爲人嗜酒, 甘之, 不能絶之於口, 醉而臥. 恭王欲復戰而謀事, 使人召子反, 子反辭以心疾. 恭王駕而往視之, 入幄中, 聞酒臭而還, 曰:「今日之戰, 寡人目親傷. 所恃者司馬, 司馬又如此,是亡荊國之社稷而不恤吾衆也. 寡人無與復戰矣.」罷師而去之, 斬子反以爲大戮. 故曰:「豎穀陽之進酒也, 非以端惡子反也, 實心以忠愛之, 而適足以殺之而已矣.」此行小忠而賊大忠者也. 故曰:「小忠, 大忠之賊也.」若使小忠主法, 則必將赦罪, 以相愛, 是與下安矣, 然而妨害於治民者也.

2.《左傳》成公 16年 傳

旦而戰, 見星未已. 子反命軍吏察夷傷, 補卒乘, 繕甲兵, 展車馬, 鷄鳴而食, 唯命是聽. 晉人患之. 苗賁皇徇曰:「蒐乘·補卒, 秣馬·利兵, 脩陳·固列, 蓐食·申禱, 明日復戰!」乃逸楚囚. 王聞之, 召子反謀. 穀陽豎獻飮於子反, 子反醉而不能見. 王曰:「天敗楚也夫! 余不可以待.」乃宵遁. 晉入楚軍, 三日穀. 范文子立於戎馬之前, 曰:「君幼, 諸臣不佞, 何以及此? 君其戒之!〈周書〉曰:『惟命不于常.』有德之謂.」楚師還, 及瑕, 王使謂子反曰:「先大夫之覆師徒者, 君不在. 子無以爲過, 不穀之罪也.」子反再拜稽首曰:「君賜臣死, 死且不朽. 臣之卒實奔, 臣之罪也.」子重使謂子反曰:「初隕師徒者, 而亦聞之矣. 盍圖之!」對曰:「雖微先大夫有之, 大夫命側, 側敢不義? 側亡君師, 敢忘其死?」王使止之, 弗及而卒. 戰之日, 齊國佐·高無咎至于師, 衛侯出于衛, 公出于壞隤.

3.《呂氏春秋》權勳篇

昔荊龔王與晉厲公戰於鄢陵, 荊師敗, 龔王傷. 臨戰, 司馬子反渴而求飮, 豎陽穀操黍酒而進之. 子反叱曰:「訾, 退! 酒也.」豎陽穀對曰:「非酒也.」子反曰:「亟退卻也.」豎陽穀又曰:「非酒也.」子反受而飮之. 子反之爲人也嗜酒, 甘而不能絶於口以醉. 戰旣罷, 龔王欲復戰而謀, 使召司馬子反, 子反辭以心疾. 龔王駕而往視之, 入幄中, 聞酒臭而還, 曰:「今日之戰, 不穀親傷, 所恃者司馬也, 而司馬又若此, 是忘荊國之社稷而不恤吾衆也. 不穀無與復戰矣.」於是罷師去之, 斬司馬子反以爲戮. 故豎陽穀之進酒也, 非以醉子反也, 其心以忠也, 而適足以殺之. 故曰:「小忠, 大忠之賊也.」

4.《淮南子》人間訓

何謂欲利之而反害之? 楚恭王與晉人戰於鄢陵, 戰酣, 恭王傷而休. 司馬子反渴而求飮. 豎陽穀奉酒而進之. 子反之爲人也, 嗜酒而甘之, 不能絶於口, 遂醉而臥. 恭王欲復戰, 使人召司馬子反, 辭以心痛. 王駕而往視之, 入幄中而聞酒臭, 恭王大怒曰:「今日之戰, 不穀親傷, 所恃者司馬也, 而司馬又若此, 是亡楚國之社稷而不率吾衆也, 不穀無與復戰矣.」於是罷師而去之, 斬司馬子反爲僇. 故豎陽穀之進酒也, 非欲禍子反也, 誠愛而欲快之也; 而適足以殺之, 此所謂欲利之而反害之者也.

5.《國語》楚語(上)

司馬子期欲以妾爲內子, 訪之左史倚相, 曰:「吾有妾而願, 欲笄之, 其可乎?」對曰:「昔先大夫子囊違王之命謚; 子夕嗜芰, 子木有羊饋而無芰薦. 君子曰:『違而道.』穀陽豎愛子反之勞也, 而獻飮焉, 以斃於鄢; 芋尹申亥從靈王之欲, 以隕於乾谿. 君子曰:『從而逆.』君子之行, 欲其道也, 故進退周旋, 唯道是從. 夫子木能違若敖之欲, 以之道而去芰薦, 吾子經營楚國, 而欲薦芰以干之, 其可乎?」子期乃止.

6.《史記》晉世家

六年春, 鄭倍晉與楚盟, 晉怒. 欒書曰:「不可以當吾世而失諸侯.」乃發兵. 厲公自將, 五月度河. 聞楚兵來救, 范文子請公欲還. 郤至曰:「發兵誅逆, 見彊辟之, 無以令諸侯.」遂與戰. 癸巳, 射中楚共王目, 楚兵敗於鄢陵. 子反收餘兵, 拊循欲復戰, 晉患之. 共王召子反, 其侍者豎陽穀進酒, 子反醉, 不能見. 王怒, 讓子反, 子反死. 王遂引兵歸. 晉由此威諸侯, 欲以令天下求霸.

7.《史記》楚世家

二十三年, 莊王卒, 子共王審立. 共王十六年, 晉伐鄭. 鄭告急, 共王救鄭. 與晉兵戰鄢陵, 晉敗楚, 射中共王目. 共王召將軍子反. 子反嗜酒, 從者豎陽穀進酒醉. 王怒, 射殺子反, 遂罷兵歸.

8.《說苑》敬愼篇

楚恭王與晉厲公戰於鄢陵之時, 司馬子反渴而求飮, 豎穀陽持酒而進之. 子反曰:「退, 酒也.」穀陽曰:「非酒也.」子反又曰:「退, 酒也.」 穀陽又曰:「非酒也.」子反受而飮之, 醉而寢. 恭王欲復戰, 使人召子反, 子反辭以心疾. 於是恭王駕往入幄, 聞酒臭曰:「今日之戰, 所恃者司馬, 司馬至醉如此, 是亡吾國而不恤吾衆也, 吾無以復戰矣!」於是乃誅子反以爲戮, 還師.」夫穀陽之進酒也, 非以妬子反, 忠愛之, 而適足以殺之. 故曰:「小忠, 大忠之賊也; 小利, 大利之殘也.」

045(10-3)
소리小利

무엇을 일러 '소리小利'라 하는가?

옛날에 진晉 헌공獻公이 우虞나라에게 길을 빌려 괵虢나라를 치고자 하였다.

그러자 순식荀息이 "임금께서 수극垂棘의 벽璧과 굴屈에서 나는 명마를 우공虞公에게 뇌물로 주면서 길을 빌려 달라고 하면 틀림없이 우리에게 길을 빌려줄 것입니다."라 하였다.

헌공이 물었다.

"수극의 벽은 우리 선군께서 소중히 여기시던 보배이며 굴에서 나는 명마는 내가 아끼는 준마요. 만일 내가 보낸 선물을 받기만 하고 길을 빌려 주지 않으면 어쩌지요?"

순식이 말하였다.

"저들이 길을 빌려 주지 않으려면 틀림없이 우리 선물을 감히 받지 않을 것이요, 만일 우리 선물을 받고 우리에게 길을 빌려만 준다면 이 보물은 마치 안쪽 창고에서 꺼내어 바깥 창고에 보관하는 것과 같으며, 말들도 안쪽 마구간에서 꺼내어 바깥 마구간에 매어두는 것과 같습니다. 임금께서는 걱정하지 마십시오."

헌공이 말하였다.

"좋소."

이에 순식으로 하여금 수극의 벽과 굴 땅에서 나는 말을 우공에게 뇌물로 주면서 길을 빌려줄 것을 청하였다.

우공은 탐욕을 내어 그 벽과 말을 이익으로 여겨 이를 허락하려 하였다.
그러자 궁지기宮之奇가 이렇게 간하였다.
"허락해서는 안 됩니다. 무릇 우나라에게는 괵나라가 수레의 보輔와 같습니다. 수레의 보는 수레에 의존하며, 수레 또한 보에 의존합니다. 우나라와 괵나라의 형세는 이와 꼭 같은 것입니다. 만약 길을 빌려 준다면 괵나라는 아침에 망하고 우나라는 저녁이면 그 뒤를 따라 망하고 말 것입니다! 안 됩니다. 원컨대 허락하지 마십시오."
우공은 이를 듣지 않고 드디어 길을 빌려 주고 말았다.
순식은 괵나라를 치고 돌아온 지 삼 년, 다시 군사를 일으켜 우나라를 쳐서 또 이겼다.
순식이 말을 끌고 벽옥을 손에 들고 헌공에게 보고하자 헌공이 기꺼워하며 말하였다.
"벽옥은 그대로이구려. 그런데 말은 나이가 늘었구려."
그러므로 우공의 군대가 깨지고 영토가 깎인 것은 무엇 때문이겠는가? 작은 이익에 끌려 그 해를 생각하지 않았기 때문이다.
그러므로 "작은 이익은 큰 이익을 잔폐시키는 것이다"라 하는 것이다.

奚謂顧小利?
昔者, 晉獻公欲假道於虞以伐虢.
荀息曰:「君其以垂棘之璧與屈產之乘, 賂虞公, 求假道焉, 必假我道.」
君曰:「垂棘之璧, 吾先君之寶也; 屈產之乘, 寡人之駿馬也. 若受吾幣不假之道, 將奈何?」
荀息曰:「彼不假我道, 必不敢受我幣; 若受我幣而假我道, 則是寶猶取之內府而藏之外府也, 馬猶取之內廐而著之外廐也, 君勿憂.」

君曰:「諾.」

乃使荀息以垂棘之璧與屈産之乘賂虞公而求假道焉.

虞公貪, 利其璧與馬而欲許之.

宮之奇諫曰:「不可許. 夫虞之有虢也, 如車之有輔. 輔依車, 車亦依輔, 虞·虢之勢正是也. 若假之道, 則虢朝亡而虞夕從之矣! 不可, 願勿許.」

虞公弗聽, 遂假之道.

荀息伐虢之還反, 處三年, 興兵伐虞, 又剋之.

荀息牽馬操璧而報獻公, 獻公說曰:「璧則猶是也. 雖然, 馬齒亦益長矣.」

故虞公之兵殆而地削者, 何也? 愛小利而不慮其害.

故曰:「顧小利, 則大利之殘」也.

【晉獻公】 춘추시대 晉나라 군주. 武公의 아들이며 獻公(詭諸)과 文公(중이), 태자 申生의 아버지. 晉나라 군주. B.C.676~B.C.651년까지 26년간 재위함. 17國을 병탄하고 38國을 복종시켰으며 12번 승리를 거두었다 하였음. 그러나 驪姬의 난으로 重耳(文公)가 망명에 오르는 등 혼란을 조성함.

【虞·虢】 고대 虞나라와 虢나라. 晉 獻公이 屈産의 명마와 垂棘의 璧으로 유혹하여 虢을 칠 것이니 길을 빌려 달라고 虞나라에 요구했을 때 이를 뿌리지치 못한 虞君이 이를 들어주자 두 나라가 함께 망한 고사. 脣亡齒寒의 고사를 낳음. 《左傳》, 《說苑》 등을 참조할 것. 137,147 등을 볼 것. 虞는 지금의 河南 平陸縣 동북부 지방, 즉 晉의 남쪽에 있던 姬姓의 작은 나라로 周 武王의 아우 虞仲이 봉지로 받았던 곳. 虢은 지금의 河南 陝縣 동남 지역. 黃河를 사이에 두고 虞에 對岸에 있었던 나라로 周 武王의 아우 虢仲이 封을 받았던 姬姓의 작은 제후국이었으며 東虢, 西虢, 北虢 등이 있었으나 여기서의 괵은 北虢을 가리킴. 본 고사에서처럼 B.C.655년 晉나라에게 망함.

【荀息】 晉 獻公 때의 晉나라 대부. 荀叔. 獻公이 죽은 뒤 獻公과 驪姬 사이에 난 奚齊와 卓子를 보좌하다가 里克에게 죽임을 당함.

【垂棘之璧】 垂棘은 지명. 구체적으로는 알 수 없음. 옥의 산지로 유명하던 곳. 璧은 가운데 구멍을 뚫은 옥.

【屈産之乘】 屈은 지금의 山西 石樓縣 동남쪽 屈産泉. 그러나 《穀梁傳》 何休注에는 '屈産' 두 글자를 묶어 지명으로 보았음. 乘은 수레를 끄는 네 마리 말을 한 묶음으로 셈할 때 쓰는 단위.

【幣】 선물, 뇌물, 예물, 재물을 일컫는 말. 《儀禮》 士相見禮 "凡執幣者不趨"의 賈公彦 疏에 "玉·馬·皮·圭·璧·帛, 皆稱幣"라 함.

【宮之奇】 虞나라 신하. '脣亡齒寒'을 들어 晉 獻公의 假道 요구를 들어주어서는 안 된다고 간언하였으며 虞君이 자신의 의견을 듣지 않자 나라가 망할 것임을 알고 떠남.

【車之有輔】 '輔'는 수레에 덧방나무를 설치하여 수레를 안전하게 하는 장치. 《名義考》에 "爲車兩旁木, 所以夾車"라 하였고, 《左傳》 杜預 注에는 "頰輔"라 함. 이 고사에서 생긴 成語가 '輔車相依'이며 다른 기록에는 '脣亡齒寒'의 비유가 더 들어 있음.

【說】 '悅'과 같음.

【馬齒】 '齒'는 나이를 뜻하는 말. 《禮記》 曲禮 "齒路馬者, 有誅"의 疏에 "齒, 年也"라 함. 《韓非子翼毳》에는 "馬以齒点歲, 故爲馬年爲齒"라 함.

참고 및 관련 자료

1. 《左傳》 僖公 2年 傳

晉荀息請以屈産之乘與垂棘之璧, 假道於虞以伐虢. 公曰: 「是吾寶也.」 對曰: 「若得道於虞, 猶外府也.」 公曰: 「宮之奇存焉.」 對曰: 「宮之奇之爲人也, 懦而不能强諫. 且少長於君, 君暱之; 雖諫, 將不聽.」 乃使荀息假道於虞, 曰: 「冀爲不道, 入自顚軨, 伐鄍三門. 冀之旣病, 則亦唯君故. 今虢爲不道, 保於逆旅, 以侵敝邑之南鄙. 敢請假道, 以請罪于虢.」 虞公許之, 且請先伐虢. 宮之奇諫, 不聽, 遂起師. 夏, 晉里克, 荀息帥師會虞師, 伐虢, 滅下陽. 先書虞, 賄故也.

2. 《左傳》 僖公 5年 傳

晉侯復假道於虞以伐虢. 宮之奇諫曰: 「虢, 虞之表也; 虢亡, 虞必從之. 晉不可啓, 寇不可翫. 一之謂甚, 其可再乎? 諺所謂『輔車相依, 脣亡齒寒』者, 其虞, 虢之謂也.」公曰:「晉, 吾宗也, 豈害我哉?」對曰:「大伯, 虞仲, 大王之昭也; 大伯不從, 是以不嗣. 虢仲, 虢叔, 王季之穆也, 爲文王卿士, 勳在王室, 藏於盟府. 將虢是滅, 何愛於虞? 且虞能親于桓, 莊乎? 其愛之也, 桓, 莊之族何罪? 而以爲戮, 不唯逼乎? 親以寵逼, 猶尚害之, 況以國乎?」公曰:「吾享祀豐絜, 神必據我.」對曰:「臣聞之, 鬼神非人實親, 惟德是依. 故周書曰:『皇天無親, 惟德是輔.』又曰:『黍稷非馨, 明德惟馨.』又曰:『民不易物, 惟德緊物.』如是, 則非德, 民不和, 神不享矣. 神所馮依, 將在德矣. 若晉取虞, 而明德以薦馨香, 神其吐之乎?」弗聽, 許晉使. 宮之奇以其族行, 曰:「虞不臘矣. 在此行也, 晉不更擧矣.」八月甲午, 晉侯圍上陽.

3.《公羊傳》僖公 2년

虞師, 晉師滅夏陽, 虞, 微國也, 曷爲序乎大國之上, 使虞首惡也, 曷爲使虞首惡, 虞受賂, 假滅國者道, 以取亡焉, 其受賂奈何, 獻公朝諸大夫, 而問焉, 曰:「寡人夜者寢而不寐, 其意也何?」諸大夫有進對者, 曰:「寢不安與, 其諸侍御有不在側者與?」獻公不應, 荀息進, 曰:「虞郭見與?」獻公楫而進之, 遂與之入, 而謀, 曰:「吾欲攻郭, 則虞救之, 攻虞, 則郭救之, 如之何, 願與子慮之!」荀息對曰:「君若用臣之謀, 則今日取郭而明日取虞爾, 君何憂焉?」獻公曰:「然則奈何?」荀息曰:「請以屈産之乘, 與垂棘之白璧, 往, 必可得也, 則寶出之內藏, 藏之外府, 馬出之內廐, 繫之外廐爾, 君何喪焉?」獻公曰:「諾, 雖然, 宮之奇存焉, 如之何?」荀息曰:「宮之奇知, 則知矣, 雖然, 虞公貪而好寶, 見寶必不從其言, 請終以往.」於是終以往, 虞公見寶, 許諾, 宮之奇果諫, 記曰:「脣亡則齒寒, 虞郭之相救, 非相爲賜, 則晉今日取郭, 而明日虞從而亡爾, 君請勿許也.」虞公不從其言, 終假之道以取郭. 還四年, 反取虞, 虞公抱寶牽馬而至, 荀息見, 曰:「臣之謀何如?」獻公曰:「子之謀則已行矣, 寶則吾寶也, 雖然, 吾馬之齒亦已長矣.」蓋獻之也, 夏陽者何, 郭之邑也, 曷爲不繫于郭, 國之也, 曷爲國之, 君存焉爾.

4.《穀梁傳》僖公 2년

虞師, 晉師滅夏陽, 非國而曰滅, 重夏陽也, 虞無師, 其曰師何也? 以其先晉, 不可以不言師也, 其先晉何也? 爲主乎滅夏陽也, 夏陽者, 虞虢之塞邑也, 滅夏陽而虞虢擧矣, 虞之爲主乎滅夏陽何也? 晉獻公欲伐虢, 荀息曰:「君何不以屈産之乘, 垂棘之璧而借道乎虞也?」公曰:「此晉國之寶也, 如受吾幣而不借吾道, 則如之何?」荀息曰:「此小國之所以事大國也, 彼不借吾道, 必不敢受吾幣, 如受吾幣而借吾道, 則是我取之中府而藏之外府, 取之中廏而置之外廏也.」公曰:

「宮之奇存焉, 必不使受之也.」荀息曰:「宮之奇之爲人也, 達心而懦, 又少長於君, 達心則其言略, 懦則不能彊諫, 少長於君則君輕之, 且夫玩好在耳目之前而患在一國之後, 此中知以上乃能慮之, 臣料虞君, 中知以下也.」公遂借道而伐虢, 宮之奇諫曰:「晉國之使者, 其辭卑, 而幣重, 必不便於虞.」虞公弗聽, 遂受其幣而借之道, 宮之奇諫曰:「語曰『脣亡則齒寒』, 其斯之謂與?」挈其妻子以奔曹, 獻公亡虢, 五年而後擧虞, 荀息牽馬操璧而前, 曰:「璧則猶是也, 而馬齒加長矣.」

5.《呂氏春秋》權勳篇

昔者, 晉獻公使荀息假道於虞以伐虢, 荀息曰:「請以垂棘之璧與屈産之乘, 以賂虞公, 而求假道焉, 必可得也.」獻公曰:「夫垂棘之璧, 吾先君之寶也. 屈産之乘, 寡人之駿也. 若受吾幣而不吾假道, 將奈何?」荀息曰:「不然. 彼若不吾假道, 必不吾受也. 若受我而假我道, 是猶取之內府而藏之外府也, 猶取之內皁而著之外皁也. 君奚患焉?」獻公許之. 乃使荀息以屈産之乘爲庭實, 而加以垂棘之璧, 以假道於虞而伐虢. 虞公濫於寶與馬而欲許之. 宮之奇諫曰:「不可許也. 虞之與虢也, 若車之有輔也, 車依輔, 輔亦依車, 虞, 虢之勢是也. 先人有言曰:『脣竭而齒寒.』夫虢之不亡也恃虞, 虞之不亡也亦恃虢也. 若假之道, 則虢朝亡而虞夕從之矣. 奈何其假之道也?」虞公弗聽, 而假之道. 荀息伐虢, 克之. 還反伐虞, 又克之. 荀息操璧牽馬而報. 獻公喜曰:「璧則猶是也, 馬齒亦薄長矣.」故曰:「小利, 大利之殘也.」

6.《史記》晉世家

是歲也, 晉復假道於虞以伐虢. 虞之大夫宮之奇諫虞君曰:「晉不可假道也, 是且滅虞.」虞君曰:「晉我同姓, 不宜伐我.」宮之奇曰:「太伯·虞仲, 太王之子也, 太伯亡去, 是以不嗣. 虢仲·虢叔, 王季之子也, 爲文王卿士, 其記勳在王室, 藏於盟府. 將虢是滅, 何愛於虞? 且虞之親能親於桓·莊之族乎? 桓·莊之族何罪, 盡滅之. 虞之與虢, 脣之與齒, 脣亡則齒寒.」虞公不聽, 遂許晉. 宮之奇以其族去虞. 其冬, 晉滅虢, 虢公醜奔周. 還, 襲滅虞, 虜虞公及其大夫井伯百里奚以媵秦穆姬, 而修虞祀. 荀息牽曩所遺虞屈産之乘馬奉之獻公, 獻公笑曰:「馬則吾馬, 齒亦老矣!」

7.《新序》善謀篇

虞·虢, 皆小國也. 虞有夏陽之阻塞, 虞·虢共守之, 晉不能禽也. 故晉獻公欲伐虞·虢, 荀息曰:「君胡不以屈産之乘, 與垂棘之璧, 假道於虞?」公曰:「此晉國之寶也. 彼受吾璧, 不借吾道, 則如之何?」荀息曰:「此小之所以事大國也. 彼不借吾道, 必不敢受吾幣; 受吾幣而借吾道, 則是我取之中府, 置之外府; 取之中廐,置之外廐.」公曰:「宮之奇存焉, 必不使受也.」荀息曰:「宮之奇知固知矣. 雖然, 其爲人也, 通心而懦, 又少長於君. 通心則其言之略, 懦則不能强諫; 少長於君, 則君輕之. 且夫玩好在耳目之前, 而患在一國之後, 中知以上, 乃能慮之. 臣料虞君, 中知之下也.」公遂借道而伐虢. 宮之奇諫曰:「晉之使者, 其幣重, 其辭卑, 必不便於虞. 語曰:『脣亡則齒寒』矣. 故虞·虢之相救, 非相爲賜也. 今日亡虢; 而明日亡虞矣.」公不聽, 遂受其幣而借之道, 旋歸. 四年, 反取虞. 荀息牽馬抱璧而前曰:「臣之謀如何?」獻公曰:「璧則猶是, 而吾馬之齒加長矣.」晉獻公用荀息之謀而禽虞, 虞不用宮之奇謀而亡. 故荀息非霸王之佐, 戰國幷兼之臣也; 若宮之奇則可謂忠臣之謀也.

8.《淮南子》人間訓

何謂與之而反取之? 晋獻公欲假道於虞以伐虢. 遺虞垂棘之璧與屈産之乘, 虞公惑於璧與馬, 而欲與之道. 宮之奇諫曰:「不可. 夫虞之與虢, 若車之有輪. 輪依於車, 車亦依輪. 虞之與虢, 相恃而勢也. 若假之道, 虢朝亡而虞夕從之矣.」虞公弗聽. 遂假之道. 荀息伐虢, 遂克之. 還反伐虞, 又拔之. 此所謂與之而反取者也.

046(10-4)

행벽行僻

무엇을 일러 '행벽行僻'이라 하는가?

옛날 초楚 영왕靈王이 신申에서 제후들을 모아 회맹을 열 때 송宋나라 태자太子가 늦게 도착하자 그를 붙잡아 가두고, 서군徐君에게는 친압親狎하였으며 제齊나라 경봉慶封을 구속하는 등 편벽된 행동을 보였다.

중사사中射士가 간하였다.

"제후의 회맹에는 예禮를 갖추지 않으면 안 됩니다. 이번 회맹은 존망의 기틀이 걸려 있습니다. 옛날에 걸桀이 유융有戎에서 회합을 열었을 때 유민씨有緡氏가 배반하였으며, 주紂가 여구黎丘에서 군사훈련을 할 때 융戎과 적狄이 배반했으니 이는 무례함으로 말미암은 것입니다. 임금께서는 잘 헤아려 보십시오."

영왕은 이를 듣지 않고 드디어 자기 마음대로 행동하였다.

1년이 미처 지나지 않아 영왕이 남쪽으로 순유巡遊할 때 신하들이 그 틈을 노려 겁박刧迫하여 영왕은 굶주리다 간계乾溪 가에서 죽었다.

그러므로 "행동을 편벽되게 제멋대로 하며 제후들에게 함부로 굴면 자신이 죽음에 이른다"라 하는 것이다.

奚謂行僻?

昔者, 楚靈王爲申之會, 宋太子後至, 執而囚之; 狎徐君,拘齊慶封.

中射士諫曰:「合諸侯不可無禮, 此存亡之機也. 昔者, 桀爲有戎之會, 而有緡叛之; 紂爲黎丘之蒐, 而戎狄叛之, 由無禮也. 君其圖之.」

君不聽, 遂行其意.

居未期年, 靈王南遊, 君臣從而劫之, 靈王餓而死乾溪之上.

故曰:「行僻自用, 無禮諸侯, 則亡身之至」也.

【楚靈王】春秋시대 楚나라 군주. 共王의 둘째아들. 郟敖를 弑害하고 왕위에 오른 公子 圍. 이름은 熊虔.《左傳》杜預 注에 "靈王, 公子圍也. 卽位易名熊虔"이라 함. B.C.540~529년까지 12년간 재위하고 아들 比와 棄疾 등이 난을 일으키자 목을 매어 자결함. 平王(熊居)이 그 뒤를 이음.

【申之會】申은 원래 제후국의 이름이었으나 春秋시대 楚나라에게 망함. 지금의 河南 南陽縣. 魯 昭公 4년(B.C.538)에 靈王이 제후들을 불러 회합을 열었었음.《左傳》昭公 4년에 "夏, 楚子·蔡侯·陳侯·鄭伯·許男·徐子·滕子·頓子·胡子·沈子·小邾子·宋世子佐·淮夷會于申"라 함.

【宋太子】宋 平公의 아들로 이름은 佐. 아버지를 이어 뒤에 元公이 되어 B.C.531~B.C.517년까지 15년간 재위하고 景公이 그 뒤를 이음.

【狎徐君】狎은 '侮蔑함'의 뜻. 徐는 춘추시대 나라 이름으로 지금의 安徽 泗縣 북쪽에 있었음. 그 무렵 徐君은 吳나라의 外甥이었으며 楚 靈王이 그가 두 마음을 가지고 있다고 의심하여 잡아 가둔 것임.《左傳》昭公 4년에 "楚人執徐子"라 함.

【慶封】齊나라 大夫로 崔杼가 莊公을 시해하고 景公을 세우는 일에 협조하였으나 莊公이 즉위하자 慶封을 의심함. 이에 慶封이 吳나라로 달아나자 楚靈王이 吳나라를 쳐서 慶封을 사로잡았음.

【中射士】임금 측근에서 射禮를 담당하는 관직의 명칭.

【桀】夏나라 末王. 이름은 癸(履癸). 妺喜에게 빠져 무도한 짓을 저질렀으며

殷의 湯王에게 망함. 殷나라 末王 紂와 함께 '桀紂'라 하여 폭군의 전형으로 거론됨. 《史記》 夏本紀를 참조할 것. 《十八史略》(1)에 "孔甲之後, 歷王皐·王發·王履癸. 號爲桀, 貪虐, 力能伸鐵鉤索. 伐有施氏, 有施以末喜女焉, 有寵, 所言皆從, 爲傾宮瑤臺, 殫民財. 肉山脯林, 酒池可以運船, 糟堤可以望十里, 一鼓而牛飮者三千人, 末喜以爲樂. 國人大崩, 湯伐夏, 桀走鳴條而死"라 함.

【有戎】 有戎氏, 有仍氏로도 불리며 족속 이름에서 '有'자는 흔히 의미를 두지 않는 助詞로 보고 있음. 따라서 융족의 한 지파이며 지금의 山東 濟寧縣에 있었음.

【有緡】 有緡氏. 고대 氏族國家 이름으로 지금의 山東 金鄕縣에 있었음. 한편 《竹書紀年》에 "十一年, 會諸侯於仍, 有緡氏逃歸, 遂滅有緡"이라 함.

【紂】 殷의 末王. 폭군으로 널리 알려짐. 帝辛, 商辛으로도 부르며 帝乙의 아들. 妲己에게 빠져 '炮烙之刑'과 '酒池肉林' 등의 악한 고사를 가지고 있으며 周 文王(姬昌)을 羑里(牖里)에 가두는 등 周나라와 맞서다가 武王(姬發)에게 망함.

【黎丘】 《史記》 楚世家에는 '黎山'으로, 《左傳》 昭公 4년에는 '黎'로 되어 있으며, '黎'는 원래 東夷族의 나라 이름. 구체적 위치는 알 수 없음. 혹 山西 黎城縣이라고도 하나 이곳은 東夷族의 분포지역이 아니었으며 《史記》와 《左傳》에는 모두 '東夷'로 되어 있음. 《竹書紀年》에 "四年大蒐於黎"라 함.

【蒐】 원래 春獵의 명칭이며 이 때 군사훈련을 겸하였음. 《司馬法》 仁本篇에 "國雖大, 好戰必亡; 天下雖安, 忘戰必危. 天下旣平, 天下大愷, 春蒐秋獮; 諸侯春振旅, 秋治兵, 所以不忘戰也"라 함. 한편 이구절에 대하여 顧廣圻의 《韓非子識誤》에는 "蒐下, 當依史記左傳補「而東夷叛之, 幽王爲太室之盟」二句. 此上下二事各脫其半也"라 함.

【戎狄叛之】 西周 宣王의 아들 幽王(宮涅)이 褒姒를 총애하여 伯服을 낳자 申后와 太子(宜臼, 뒤에 東周 平王)를 폐함. 이에 申后의 친정아버지 申侯와 犬戎이 幽王을 驪山 아래에서 살해하고 西周가 멸망함. 《竹書紀年》에 "十年春, 王及諸侯盟於太室. 十一年春, 申人·鄫人及犬戎入宗周殺王"이라 함.

【期年】 朞年과 같으며 만 1년. 그러나 《韓非子纂聞》에는 "申會在魯昭公四年, 乾溪之難在十三年, 此云「未期年」, 誤"라 함. 《左傳》에는 "不過十年"으로 되어 있음.

【乾溪】 安徽 亳縣 동남쪽으로 흐르는 물 이름이며 지명.

참고 및 관련 자료

1.《左傳》昭公 4年 傳

夏, 諸侯如楚, 魯·衛·曹·邾不會. 曹·邾辭以難, 公辭以時祭, 衛侯辭以疾. 鄭伯先待于申. 六月丙午, 楚子合諸侯于申. 椒擧言於楚子曰:「臣聞諸侯無歸, 禮以爲歸. 今君始得諸侯, 其愼禮矣. 霸之濟否, 在此會也. 夏啓有鈞臺之享, 商湯有景亳之命, 周武有孟津之誓, 成有岐陽之蒐, 康有酆宮之朝, 穆有塗山之會, 齊桓有召陵之師, 晉文有踐土之盟. 君其何用? 宋向戌·鄭公孫僑在, 諸侯之良也, 君其選焉.」王曰:「吾用齊桓.」王使問禮於左師與子產. 左師曰:「小國習之, 大國用之, 敢不薦聞?」獻公合諸侯之禮六. 子產曰:「小國共職, 敢不薦守?」獻伯子男會公之禮六. 君子謂:「合左師善守先代, 子產善相小國.」王使椒擧侍於後以規過, 卒事不規. 王問其故, 對曰:「禮, 吾所未見者有六焉, 又何以規?」宋大子佐後至, 王田於武城, 久而弗見. 椒擧請辭焉. 王使往, 曰:「屬有宗祧之事於武城, 寡君將墮幣焉, 敢謝後見.」徐子, 吳出也, 以爲貳焉, 故執諸申. 楚子示諸侯侈. 椒擧曰:「夫六王·二公之事, 皆所以示諸侯禮也, 諸侯所由用命也. 夏桀爲仍之會, 有緡叛之. 商紂爲黎之蒐, 東夷叛之; 周幽爲大室之盟, 戎狄叛之, 皆所以示諸侯汰也, 諸侯所由棄命也. 今君以汰, 無乃不濟乎!」王弗聽. 子產見左師曰:「吾不患楚矣. 汰而愎諫, 不過十年.」左師曰:「然. 不十年侈, 其惡不遠. 遠惡而後棄. 善亦如之, 德遠而後興.」

2.《左傳》昭公 13年 傳

楚公子弃疾殺公子比.

3.《國語》吳語

昔楚靈王不君, 其臣箴諫以不入. 乃築臺於章華之上, 闕爲石郭, 陂漢, 以象帝舜. 罷弊楚國, 以間陳·蔡. 不修方城之內, 踰諸夏而圖東國, 三歲於沮·汾以服吳·越. 其民不忍饑勞之殃, 三軍叛王於乾谿. 王親獨行, 屛營仿偟於山林之中, 三日乃見其涓人疇. 王呼之曰:『余不食三日矣.』疇趨而進, 王枕其股以寢於地. 王寐, 疇枕王以墣而去之. 王覺而無見也, 乃匍匐將入於棘闈, 棘闈不納, 乃入芋尹申亥氏焉. 王縊, 申亥負王以歸, 而土埋之其室. 此志也, 豈遽忘於諸侯之耳乎?

4.《史記》楚世家

康王寵弟公子圍·子比·子晳·棄疾. 郟敖三年, 以其季父康王弟公子圍爲令尹, 主兵事. 四年, 圍使鄭, 道聞王疾而還. 十二月己酉, 圍入問王疾, 絞而弑之, 遂殺其子莫及平夏. 使使赴於鄭. 伍擧問曰:「誰爲後?」對曰:「寡大夫圍.」伍擧更曰:

「共王之子圍爲長.」子比奔晉, 而圍立, 是爲靈王. 靈王三年六月, 楚使使告晉, 欲會諸侯. 諸侯皆會楚于申. 伍擧曰:「昔夏啓有鈞臺之饗, 商湯有景亳之命, 周武王有盟津之誓, 成王有岐陽之蒐, 康王有豐宮之朝, 穆王有塗山之會, 齊桓有召陵之師, 晉文有踐土之盟, 君其何用?」靈王曰:「用桓公.」時鄭子産在焉. 於是晉·宋·魯·衛不往. 靈王已盟, 有驕色. 伍擧曰:「桀爲有仍之會, 有緡叛之. 紂爲黎山之會, 東夷叛之. 幽王爲太室之盟, 戎·翟叛之. 君其愼終!」七月, 楚以諸侯兵伐吳, 圍朱方. 八月, 克之, 囚慶封, 滅其族. 以封徇, 曰:「無效齊慶封弑其君而弱其孤, 以盟諸大夫!」封反曰:「莫如楚共王庶子圍弑其君兄之子員而代之立!」於是靈王使(棄)疾殺之.

047(10-5)

호음好音

무엇을 일러 '호음好音'이라 하는가?

옛날에 위衛 영공靈公이 진晉나라로 가던 중 복수濮水 가에 이르러 수레의 말을 풀어 놓아 주고 막사를 설치하여 숙박하게 되었다.

한밤중에 신성新聲의 연주를 듣고 즐거워하면서 사람으로 하여금 좌우에게 물어보도록 하였으나 아무도 듣지 못하였다고 보고하는 것이었다.

이에 악사 사연師涓을 불러 이를 알리면서 말하였다.

"새로운 노래를 연주하는 자가 있어 좌우에 물어보았으나 아무도 듣지 못하였다고 하더군요. 그 형상이 마치 귀신이 하는 음악 같았는데 그대는 나를 위해 잘 듣고 이를 베껴 놓도록 하시오."

사연이 말하였다.

"예."

그러고는 그 자리에 앉아 조용히 거문고를 들고 그 곡을 베꼈다.

사연이 이튿날 이렇게 보고하였다.

"제가 다 베꼈습니다만 아직 익히지는 못했습니다. 다시 하룻밤 더 머물러 익히도록 해주시기를 청합니다."

영공이 말하였다.

"허락한다."

그리하여 하루를 더 머물러 이튿날 이를 익히고는 드디어 진나라로 갔다.

진 평공平公이 시이대施夷臺에서 연회를 베풀었다.

주연이 한창일 때 영공이 일어서서 이렇게 말하였다.
"새로운 음악이 있어 이를 청컨대 들려드리고 싶습니다."
평공이 말하였다.
"좋소."
이에 사연을 불러 사광師曠 곁에 앉도록 하고 거문고를 끌어 이를 연주하도록 하였다.
연주가 끝나기도 전에 사광이 사연의 손을 눌러 멈추도록 하면서 말하였다.
"이는 망국의 음악입니다. 끝까지 연주할 수 없습니다."
평공이 물었다.
"이것이 어디에서 나온 것이오?"
사광이 말하였다.
"이것은 사연師延이 지은 것으로 주紂를 위해 지었던 미미지악靡靡之樂입니다. 무왕武王이 주를 정벌하자 사연은 동쪽으로 달아나 복수에 이르러 스스로 물에 몸을 던졌습니다. 그 때문에 이 곡을 들을 수 있는 곳은 반드시 복수이며, 남보다 먼저 이 곡을 들은 자는 그 나라가 반드시 깎이게 됩니다. 끝까지 곡을 연주해서는 안 됩니다."
그러나 평공은 이렇게 말하였다.
"내가 좋아하는 것은 음악이오. 그대 그것을 끝까지 연주하도록 하시오."
사연이 그 곡을 끝까지 연주하였다.
평공이 사광에게 물었다.
"이를 가리켜 무슨 음악이라 하오?"
사광이 말하였다.
"이것이 이른바 청상淸商의 곡조라 하는 것입니다."
평공이 물었다.
"청상의 곡조가 진실로 가장 슬픈 곡조요?"
사광이 말하였다.
"청치淸徵만은 못합니다."
평공이 말하였다.

"청치의 곡조를 들려 줄 수 있겠소?"

사광이 말하였다.

"안 됩니다. 옛날 청치의 곡조를 들을 수 있는 자는 모두가 덕의德義를 갖춘 군주였습니다. 지금 우리 임금께서는 덕이 적어서 듣기에 부족합니다."

평공이 말하였다.

"내가 좋아하는 것은 음악이오. 원컨대 시험삼아 들려주기를 바라오."

사광이 할 수 없이 거문고를 끌어당겨 연주하였다.

한번 울리자 검은 학이 두 줄로 여덟 마리가 남쪽으로부터 날아와 회랑의 문 용마루 위에 앉았으며, 두 번째 울리자 한 줄로 나란히 줄을 서고 세 번째 울리자 목을 길게 늘이고 울면서 날개를 펴고 춤을 추어 그 울음소리가 궁宮·상商 곡조에 맞추어 하늘까지 울려퍼지는 것이었다.

평공은 크게 기꺼워하였고, 좌중 무리들도 모두 좋아하였다.

평공이 술잔을 들고 일어나서 사광의 장수를 빌고는 자리에 돌아와 앉아 물었다.

"소리에 청치보다 더 슬픈 곡조는 없소?"

사광이 대답하였다.

"청각淸角만은 못합니다."

평공이 말하였다.

"청각을 가히 들어볼 수 있겠소?"

사광이 말하였다.

"안 됩니다. 옛날 황제黃帝가 귀신들을 서쪽 태산泰山에 모이게 한 일이 있습니다. 그때 황제는 상아로 만든 수레를 타고 이를 여섯 마리 교룡蛟龍이 끌고, 필방畢方이 수레바퀴 옆에 호위하고 치우蚩尤가 앞에 자리를 잡고, 풍백風伯이 길을 청소했으며, 우사雨師가 길에 물을 뿌리고, 호랑虎狼이 맨 앞에 서고, 귀신이 뒤를 따랐으며, 등사騰蛇는 땅에서 기고, 봉황은 하늘을 덮었습니다. 그렇게 성대한 귀신들의 모임에서 청각의 곡조를 만들었던 것입니다. 지금 군주께서는 덕이 박하여 듣기에 모자랍니다. 그것을 듣게 되면 앞으로 패망이 있을까 두렵습니다."

평공이 말하였다.

"내 이미 늙었으며 좋아하는 것은 음악이오. 원컨대 들려주기 바라오."

사광이 할 수 없이 그 곡을 타기 시작하였다.

한번 울리자 검은 구름이 서북방으로부터 일어났으며, 두 번째 울리자 큰 바람이 불어오더니 큰 비가 그 뒤를 따라 불어 장막을 찢고 그릇과 도마를 부수고 회랑의 기왓장을 날려 떨어뜨려 자리에 앉았던 이들이 흩어져 달아났다.

평공은 두려움에 떨며 회랑 사이에 엎드렸다.

진나라는 큰 가뭄이 들고 농토가 벌거숭이가 되어 3년이나 이어졌으며, 평공 자신은 마침내 중병에 걸리고 말았다.

그러므로 "다스림에 힘쓰지 아니한 채 음악만을 좋아하여 그칠 줄 모르면 그 몸이 궁벽한 지경에 빠지고 만다"라고 하는 것이다.

奚謂好音?

昔者, 衛靈公將之晉, 至濮水之上, 稅車而放馬, 設舍以宿.

夜分, 而聞鼓新聲者而說之, 使人問左右, 盡報弗聞.

乃召師涓而告之, 曰:「有鼓新聲者, 使人問左右, 盡報弗聞. 其狀似鬼神, 子爲我聽而寫之.」

師涓曰:「諾.」

因靜坐撫琴而寫之.

師涓明日報曰:「臣得之矣, 而未習也, 請復一宿習之.」

靈公曰:「諾.」

因復留宿, 明日而習之, 遂去之晉.

晉平公觴之於施夷之臺.

酒酣, 靈公起曰:「有新聲, 願請以示.」

平公曰:「善.」

乃召師涓, 令坐師曠之旁, 援琴鼓之.

未終, 師曠撫止之, 曰:「此亡國之聲, 不可遂也.」

平公曰:「此道奚出?」

師曠曰:「此師延之所作, 與紂爲靡靡之樂也. 及武王伐紂, 師延東走, 至於濮水而自投, 故聞此聲者, 必於濮水之上. 先聞此聲者, 其國必削, 不可遂.」

平公曰:「寡人所好者, 音也, 子其使遂之.」

師涓鼓究之.

平公問師曠曰:「此所謂何聲也?」

師曠曰:「此所謂清商也.」

公曰:「清商固最悲乎?」

師曠曰:「不如清徵.」

公曰:「清徵可得而聞乎?」

師曠曰:「不可. 古之聽清徵者, 皆有德義之君也. 今吾君德薄, 不足以聽.」

平公曰:「寡人之所好者, 音也, 願試聽之.」

師曠不得已, 援琴而鼓.

一奏之, 有玄鶴二八, 道南方來, 集於郎門之垝; 再奏之而列. 三奏之, 延頸而鳴, 舒翼而舞, 音中宮商之聲, 聲聞於天.

平公大說, 坐者皆喜.

平公提觴而起爲師曠壽, 反坐而問曰:「音莫悲於清徵乎?」

師曠曰:「不如淸角.」

平公曰:「淸角可得而聞乎?」

師曠曰:「不可. 昔者, 黃帝合鬼神於西泰山之上, 駕象車而六蛟龍, 畢方竝鎋, 蚩尤居前, 風伯進掃, 雨師灑道, 虎狼在前, 鬼神在後, 騰蛇伏地, 鳳皇覆上, 大合鬼神, 作爲淸角. 今主君德薄, 不足聽之. 聽之, 將恐有敗.」

平公曰:「寡人老矣, 所好者, 音也, 願遂聽之.」

師曠不得已而鼓之.

一奏而有玄雲從西北方起; 再奏之, 大風至, 大雨隨之, 裂帷幕, 破俎豆, 隳廊瓦.

坐者散走.

平公恐懼, 伏于廊室之間.

晉國大旱, 赤地三年, 平公之身遂癃病.

故曰:「不務聽治, 而好五音不已, 則窮身之事」也.

【衛靈公】孔子와 같은 시대의 衛나라 군주. 이름은 元. 衛 襄公(惡)의 뒤를 이어 B.C.534~493년까지 42년간 재위하고 아들 손자 出公(輒)이 그 뒤를 이음. 부인 南子로 인해 태자 蒯聵를 축출하는 등 많은 사건을 남김.《論語》와《左傳》을 볼 것.

【濮水】지금의 山東 濮縣 남쪽으로 흐르는 황하의 지류. 지금은 메워지고 없다 함.

【稅車】'稅'는 '挩(脫)'와 같음. 말을 수레에서 풀어 놓음.《左傳》莊公 9년 "及堂阜而稅之"의〈釋文〉에 "稅, 脫也"라 하였고,《史記》李斯列傳 索隱에 "稅駕猶解駕, 言休息也"라 함.

【設舍以宿】'舍'는 임시로 건물을 마련함을 뜻함. '宿'은 留宿함.

【鼓新聲】'鼓'는 '연주하다'의 동사. 新聲은 들어보지 못한 새로운 음악을 뜻함.

【師涓】'師'는 음악을 관장하는 官名. '涓'은 그의 이름. 衛 靈公의 樂師.

【寫之】 채록하여 그대로 베낌. 模寫함. 尹桐陽은 "寫, 倣斆也"라 함.

【平公】 晉 平公. 이름은 彪. 平公은 師曠과 叔向이 많은 보필을 받았음. 悼公(周)을 이어 B.C.577~B.C.532년까지 26년간 재위하였으며 昭公(夷)이 그 뒤를 이음.

【施夷之臺】 '施夷'는 晉나라 지명. 지금의 山西 曲沃縣 서쪽 汾水에 임한 곳에 있었다 함. 《方輿紀要》에 "宮在今山西曲沃縣西南四十九里, 新絳縣南六里"라 함. 《左傳》 昭公 8년 晉 平公이 지은 '虒祁宮'을 가리킴. 《史記》에는 '施惠'로 되어 있음.

【師曠】 晉 平公을 도왔던 樂師. 太師. 자는 子野. 장님이었으며 바른 말을 잘 하였음.

【撫止之】 師延의 손을 눌러 연주를 멈추게 함.

【不可遂】 연주를 끝까지 해서는 안 됨.

【道奚出】 '道'는 '由'와 같음.

【師延】 殷 紂王 때의 樂師 이름.

【靡靡之樂】 紂王 때의 음악으로 매우 淫靡하였다 함.

【武王】 姬發. 文王(姬昌, 西伯)의 아들. 殷末 周民族의 領袖. 아버지의 뜻을 이어 庸·蜀·羌 등 부족과 연합하여 殷의 紂를 멸하고 西周의 封建王朝를 건립함. 周公(姬旦)의 형이며 成王(姬誦)의 아버지. 周初의 文物制度를 완비하여 儒家에서 흔히 三代의 개국시조 夏禹·商湯·周文武로 칭하며 추앙받기도 함.

【紂】 殷의 末王. 폭군으로 널리 알려짐. 帝辛, 商辛으로도 부르며 帝乙의 아들. 妲己에게 빠져 '炮烙之刑'과 '酒池肉林' 등의 악한 고사를 가지고 있으며 周文王(姬昌)을 羑里(牖里)에 가두는 등 周나라와 대립하다가 武王(姬發)에게 망함.

【淸商】 宮商角徵羽 다섯 음계를 다시 淸濁으로 나눈 음계. 淸은 純正, 濁은 變音의 뜻이라 함.

【淸徵】 역시 純徵의 음으로 淸商보다 애절한 느낌을 자아내는 음이라 함.

【郎門之垝】 '郎'은 '廊'과 같음. '垝'는 '危'와 같으며 용마루를 뜻함. 《禮記》 喪大記 "中屋履危"의 注에 "危, 棟上也"라 함.

【淸角】 純角의 음. 淸徵보다 한결 애절하며 고차원적인 음이라 함.

【黃帝】 중국 상고시대의 帝王. 中原 각 부족의 共同 先祖. 公孫氏이며 姬水 가에 살아 姬姓으로도 부름. 軒轅의 언덕을 근거지로 발전하여 軒轅氏로도 부르고 나라를 有熊이라 하여 有熊氏로도 부름. 姜姓의 炎帝(神農氏)와 九黎族의 受領 蚩尤를 물리치고 각 부락의 聯盟 首領이 되었으며 土德으로 왕이 되었다 하여

黃帝로 칭함. 道家의 시조로 여겨 黃老術의 원조가 되기도 함.

【西泰山】 泰山에 封禪을 지내러 갈 때를 묘사한 것. 西泰山은 泰山을 가리킴. 轉載된 기록마다 西山·泰山·西泰山 등 다양하며 王先愼 〈集解〉에는 "有小泰山稱東泰山, 故泰山爲西泰山, 賤人妄刪「西」字耳"라 함. 泰山은 岱嶽으로도 부르며 五嶽의 하나인 東岳. 지금의 山東 泰安市 동쪽에 있음.

【象車】 코끼리가 끄는 수레. 혹 象牙로 꾸민 수레. 또는 코끼리 형상으로 꾸민 수레. 《宋書》 符瑞志에는 "象車者, 山之精也, 王者德澤流洽四境則出"이라 함.

【畢方竝鎋】 畢方은 《廣雅》에는 '木神'이라 하였고, 《山海經》에는 '怪鳥'라 하였음. '鎋'은 '轄'과 같으며 수레 굴대의 빗장. 양쪽 굴대를 담당함.

【蚩尤】 고대 黃帝 때 九黎族의 首領. 鐵로 이마를 가려 강한 전투력을 가졌던 집단으로 알려짐. 뒤에 黃帝와 涿鹿(지금의 河北 涿鹿縣)에서 싸워 패함. 《逸周書》 嘗麥篇에 "蚩尤爲赤帝臣, 逐帝, 赤帝乃說於黃帝, 集蚩尤"라 함.

【風伯】 바람의 神. 風神.

【雨師】 雨神.

【騰蛇】 '騰'은 '螣'과 같음. 신령스러운 뱀으로 雲霧를 일으킴.

【鳳皇】 鳳凰과 같음.

【有敗】 '敗'자는 '재앙'의 뜻.

【帷幕】 잔치를 하기 위해 마련한 天幕.

【俎豆】 고대 祭祀나 宴禮 등 행사에 음식을 차리는 상이나 禮器.

【廊室之間】 회랑과 작은 방 사이의 공간. 《漢書》 竇嬰傳 注에 "廊, 堂下周屋也; 廡, 門屋也"라 함.

【赤地】 가뭄으로 인하여 불모의 땅으로 바뀐 모습을 뜻함.

【癃病】 癃은 〈乾道本〉에는 '瘙'로 되어 있음. 重病을 뜻함. 《淮南子》 覽冥訓에 '篤疾'이라 하였고, 《周禮》 小司徒 注에는 '廢疾'이라 함.

참고 및 관련 자료

1. 《史記》 樂書

凡音由於人心, 天之與人有以相通, 如景之象形, 響之應聲. 故爲善者天報之以福, 爲惡者天與之以殃, 其自然者也. 故舜彈五弦之琴, 歌南風之詩而天下治; 紂爲朝歌北鄙之音, 身死國亡. 舜之道何弘也? 紂之道何隘也? 夫南風之詩者生長之音也, 舜樂好之, 樂與天地同意, 得萬國之驩心, 故天下治也. 夫朝歌者不時也, 北者敗也, 鄙者陋也, 紂樂好之, 與萬國殊心, 諸侯不附, 百姓不親, 天下畔之, 故身死國亡. 而衛靈公之時, 將之晉, 至於濮水之上舍. 夜半時聞鼓琴聲, 問左右, 皆對曰「不聞」. 乃召師涓曰:「吾聞鼓琴音, 問左右, 皆不聞. 其狀似鬼神, 爲我聽而寫之.」師涓曰:「諾.」因端坐援琴, 聽而寫之. 明日, 曰:「臣得之矣, 然未習也, 請宿習之.」靈公曰:「可.」因復宿. 明日, 報曰:「習矣.」卽去之晉, 見晉平公. 平公置酒於施惠之臺. 酒酣, 靈公曰:「今者來, 聞新聲, 請奏之.」平公曰:「可.」卽令師涓坐師曠旁, 援琴鼓之. 未終, 師曠撫而止之曰:「此亡國之聲也, 不可遂.」平公曰:「何道出?」師曠曰:「師延所作也. 與紂爲靡靡之樂, 武王伐紂, 師延東走, 自投濮水之中, 故聞此聲必於濮水之上, 先聞此聲者國削.」平公曰:「寡人所好者音也, 願遂聞之.」師涓鼓而終之. 平公曰:「音無此最悲乎?」師曠曰:「有.」平公曰:「可得聞乎?」師曠曰:「君德義薄, 不可以聽之.」平公曰:「寡人所好者音也, 願聞之.」師曠不得已, 援琴而鼓之. 一奏之, 有玄鶴二八集乎廊門; 再奏之, 延頸而鳴, 舒翼而舞. 平公大喜, 起而爲師曠壽. 反坐, 問曰:「音無此最悲乎?」師曠曰:「有. 昔者黃帝以大合鬼神, 今君德義薄, 不足以聽之, 聽之將敗.」平公曰:「寡人老矣, 所好者音也, 願遂聞之.」師曠不得已, 援琴而鼓之. 一奏之, 有白雲從西北起; 再奏之, 大風至而雨隨之, 飛廊瓦, 左右皆奔走. 平公恐懼, 伏於廊屋之閒. 晉國大旱, 赤地三年. 聽者或吉或凶. 夫樂不可妄興也.

2.《論衡》紀妖篇

衛靈公將之晉, 至濮水之上, 夜聞鼓新聲者, 說之, 使人問之, 左右皆報弗聞. 召師涓而告之, 曰:「有鼓新聲者, 使人問左右, 盡報弗聞. 其狀似鬼, 子爲我聽而寫之.」師涓曰:「諾.」因靜坐撫琴而寫之. 明日報曰:「臣得之矣! 然而未習, 請更宿而習之.」靈公曰:「諾.」因復宿. 明日已習, 遂去之晉. 晉平公觴之施夷之臺. 酒酣, 靈公起曰:「有新聲, 願請奏以示公.」公曰:「善.」乃召師涓, 令坐師曠之旁, 援琴鼓之. 未終, 曠撫而止之, 曰:「此亡國之聲, 不可遂也.」平公曰:「此何道出?」師曠曰:「此師延所作淫聲, 與紂爲靡靡之樂也. 武王誅紂, 懸之白旄, 師延東走, 至濮水而自投, 故聞此聲者, 必於濮水之上. 先聞此聲者, 其國削, 不可遂也.」平公曰:「寡人[所]好者音也, 子其使遂之.」師涓鼓究之. 平公曰:「此所謂何聲也?」師曠曰:「此所謂淸商.」公曰:「淸商固最悲乎?」師曠曰:「不如淸徵.」公曰:「淸徵可得聞乎?」師曠曰:「不可. 古之得聽淸徵者, 皆有德義之君也. 今吾君德薄, 不足以聽之.」公曰:「寡人所好者音也, 願試聽之.」師曠不得已, 援琴鼓之. 一奏, 有玄鶴二八從南方來, 集於郭(廊)門之上危; 再奏而列;

三奏, 延頸而鳴, 舒翼而舞. 音中宮商之聲, 聲徹於天. 平公大悅, 坐者皆喜. 平公提觴而起, 爲師曠壽, 反坐而問曰: 「樂莫悲于淸徵乎?」 師曠曰: 「不如淸角.」 平公曰: 「淸角可得聞乎?」 師曠曰: 「不可. 昔者黃帝合鬼神於西大山之上, 駕象輿, 六玄(交)龍, 畢方並轄, 蚩尤居前, 風伯進掃, 雨師灑道, 虎狼在前, 鬼神在後, 蟲蛇伏地, 白雲覆上, 大合鬼神, 乃作爲淸角. 今主君德薄, 不足以聽之. 聽之, 將恐有敗.」 平公曰: 「寡人老矣, 所好者音也, 願遂聽之.」 師曠不得已而鼓之. 一奏之, 有雲從西北起; 再奏之, 風至, 大雨隨之, 裂帷幕, 破俎豆, 墮廊瓦. 坐者散走. 平公恐懼, 伏于廊室. 晉國大旱, 赤地三年. 平公之身遂癃病. [是]何謂也? 曰: 「是非衛靈公國且削, 則晉平公且病, 若國且旱亡(之)妖也.」 師曠曰: 「先聞此聲者國削.」 二國先聞之矣. 何[以]知新聲非師延所鼓也? 曰: 師延自投濮水, 形體腐於水中, 精氣消於泥塗, 安能復鼓琴? 屈原自沉於江, 屈原善著文, 師延善鼓琴, 如師延能鼓琴, 則屈原能復書矣. 楊子雲弔屈原, 屈原何不報? 屈原生時, 文無不作, 不能報子雲者, 死爲泥塗, 手旣朽, 無用書也. 屈原手朽無用書, 則師延指敗無用鼓琴矣. 孔子當泗水而葬, 泗水却流, 世謂孔子神而能却泗水. 孔子好教授, 猶師延之好鼓琴也, 師延能鼓琴於濮水之中, 孔子何爲不能教授於泗水之側乎?

3. 《初學記》(15)

《韓子》曰: 衛靈公於濮水上聞新聲, 召師涓撫瑟寫之.

4. 《藝文類聚》(41)

《韓子》曰: 昔衛靈公之晉, 於濮水之上宿, 夜聞有新聲者, 召師涓撫瑟寫之. 公遂之晉, 晉平公觴之, 靈公乃召師涓. 坐師曠之傍, 援琴鼓之. 未終, 師曠曰: 「不如淸徵.」 平公曰: 「願試聽之.」 師曠援琴一奏, 有玄鶴二八來集. 再奏而列, 三奏而延頸鳴, 舒翼而舞, 音中宮商. 師曠曰: 「不如淸角.」 師曠一奏之, 有雲從西北方來, 再奏之, 大風至, 大雨隨之, 裂帷幕, 破俎豆, 墮廊瓦.

5. 《藝文類聚》(90)

《韓子》曰: 師涓鼓新聲, 平公問師曠: 「此何聲也?」 曰: 「淸商.」 公曰: 「最悲乎?」 師曠曰: 「不如淸徵.」 公曰: 「可得聞乎?」 曠曰: 「古之得聽淸徵者, 皆有德義之君.」 公曰: 「得試之乎?」 曠不得已, 援琴一奏. 有玄鶴二八. 道南方來. 集於郭門之扈(危), 再奏而列, 三奏延脛(頸)而鳴, 舒翼而舞, 音中宮商. 公大悅, 提觴起焉, 爲師曠壽. 其後大旱.

6. 《藝文類聚》(100)

《韓子》曰: 晉公使師曠奏淸徵. 師曠曰: 「淸徵不如淸角.」 平公曰: 「淸角可得

聞乎?」師曠曰:「君德薄, 不足以聽之. 聽之將恐有敗.」平公曰:「寡人老矣. 所好者音. 願遂聽之.」師曠不得已而鼓之. 一奏之, 有雲從西北方起. 再奏之, 大風至, 大雨隨之, 裂帷幕, 破俎豆, 墮廊瓦, 坐者散走. 平公恐懼, 伏于廊室. 晉國大旱, 赤地三年, 平公之身遂癃病.

7. 기타 《**太平御覽**》(79, 185, 579, 879, 915, 916, 933) 및 《**事類賦**》(11), 《**北堂書鈔**》(109) 등을 참고할 것.

048(10-6)

탐퍅貪愎

무엇을 일러 '탐퍅貪愎'이라 하는가?

옛날 지백智伯 요瑤가 조씨趙氏·한씨韓氏·위씨魏氏의 군사를 이끌고 범씨范氏과 중항씨中行氏를 쳐서 멸망시켰다.

그리고 돌아와 몇 년간 병사들을 쉬게 한 다음 사람을 시켜 한씨에게 땅을 내어놓도록 청하였으나 한강자韓康子가 주지 않으려 하였다.

그러자 단규段規가 이렇게 간하였다.

"주지 않을 수 없습니다. 무릇 지백의 사람됨은 이익을 좋아하고 오만하며 강퍅합니다. 저쪽에서 와서 토지를 요구하고 있는데 주지 않으면 우리 한에게 무력을 가할 것은 분명합니다. 군께서는 그대로 주십시오. 주어서 저들이 습관이 되면 앞으로 다른 나라에 토지를 요구하게 될 것이며, 그들이 들어주지 않으면 지백은 틀림없이 그들에게 군사작전을 펼 것입니다. 이와 같이 되면 한나라는 환난을 면하고 변화를 기다릴 수 있습니다."

강자가 말하였다.

"좋소"

그러고는 사람을 보내어 1만 호戶의 읍邑 하나를 지백에게 주었다.

지백은 좋아하며 다시 사람을 보내어 위씨에게 땅을 요구하였다.

위선자魏宣子가 주지 않으려 하자 조가趙葭가 이렇게 간하였다.

"저들이 한씨에게 토지를 요구하여 한씨는 주고 말았습니다. 지금 우리 위나라에게 땅을 요구하고 있는데 우리 위나라가 주지 않으면 이는 우리 위나라는 안으로 강하다고 여겨 밖으로 지백의 노여움을 사는 것입니다. 만약 주지 않으면 그들은 우리 위나라에게 무력을 행사할 것은 틀림없는 사실입니다."

선자가 말하였다.

"좋소."

그러고는 사람을 보내어 1만 가家의 현縣 하나를 지백에게 바치도록 하였다.

지백이 다시 사람을 조씨에게 보내어 채蔡와 고랑皐狼 땅을 요구하자 조양자趙襄子는 주지 않았다.

지백은 몰래 한씨·위씨와 맹약을 맺고 앞으로 조씨를 칠 참이었다.

조양자가 장맹담張孟談을 불러 이를 알리면서 물었다.

"무릇 지백이란 자의 사람됨은 겉으로는 친한 척하면서 속으로는 멀리하고 있소. 세 번이나 한·위에 사신을 보내면서 나는 거기에 참여시키지 않고 있으니 그들이 나에게 무력을 행사할 것이 틀림없소. 지금 나는 어디를 안전한 곳으로 택하면 되겠소?"

장맹담이 말하였다.

"무릇 동연우董閼于라는 사람은 간주簡主 때의 재능 있는 신하였습니다. 그가 진양晉陽을 다스리고 윤탁尹鐸이 그 땅을 이어받아 그들이 남긴 교화가 아직까지 남아 있습니다. 군께서는 진양을 안정된 곳으로 정할 수 있을 뿐입니다."

양자가 말하였다.

"좋소."

그리고 연릉생延陵生을 불러 병거兵車와 기마騎馬를 이끌고 먼저 진양으로 가도록 하고 양자가 그 뒤를 따랐다.

양자가 진양에 도착하여 곧 성곽과 다섯 관아官衙에 저장된 것을 순시하였더니 성곽은 제대로 수리가 되어 있지 않았고 창고에는 비축된 곡식이 없었으며, 곳간에는 축적된 돈도 없었고, 무기고에는 갑옷과 병기도 없었으며 그 읍에는 지킬 방비도 갖추어진 것이 없었다.

양자는 두려워 장맹담을 불러 말하였다.

"내가 성곽과 다섯 관아의 곳간을 둘러보았더니 준비된 것이 아무것도 없었소. 앞으로 무엇으로 적과 맞설 수 있겠소?"

장맹담이 말하였다.

"제가 듣기로 성인의 다스림이란 신하에게 비축해 두지 부고에 비축해 두지 않으며, 교화를 닦기에 힘을 기울이지 성곽 수리는 하지 않는다 하더이다. 군께서 명령을 내리시되, 백성들로 하여금 스스로 3년치 식량을 남겨 놓고, 남는 곡식은 관아 창고에 들여놓도록 하며, 3년치 비용을 남겨 놓고 남는 돈이 있으면 부고에 들여놓도록 하며, 남는 인력이 있으면 그들로 하여금 성곽을 수리하도록 하십시오."

양자가 저녁에 명령을 내렸더니 곳간은 이튿날 곡식을 더 들여놓을 데가 없을 만큼 되었고 부고에는 돈을 쌓아 놓을 수 없을 정도였으며, 무기고도 병기를 더 받아 넣을 수 없을 정도가 되었다.

그리고 닷새 만에 성곽 수리가 끝났으며, 지킬 방비도 모두 갖추어지게 되었다.

양자가 장맹담을 불러 물었다.

"우리 성곽은 이미 수리가 끝났고 방비도 벌써 갖추어졌으며, 돈과 식량도 풍족하며, 갑옷과 병기도 남을 정도가 되었소. 그런데 우리에게 화살이 없으니 어찌하면 좋겠소?"

장맹담이 말하였다.

"제가 듣기로 동자董子가 진양을 다스릴 때 공궁公宮의 담을 모두 적호荻蒿와 고초楛楚로 울타리를 쳐서 그 높이가 한 길이나 되었다고 합니다. 군께서는 그것을 베어 써 보시면 화살은 남아돌 것입니다."

이에 그것을 베어 시험해 보니 그 단단함은 비록 균간菌幹의 억셈이라 해도 이를 넘어서지 못할 정도였다.

양자가 말하였다.

"우리에게 화살은 이미 충분하오. 그런데 쇠붙이가 없으니 어찌하면 좋겠소?"

장맹담이 말하였다.

"제가 듣기로 동자가 진양을 다스릴 때 공궁과 공사公舍의 당을 지으면서 건물의 기둥 기초를 모두 정련한 구리로 만들었다 하더이다. 군께서 그것을 사용하시면 될 것입니다."

이에 그것을 채취하였더니 쇠붙이가 남아돌 정도였다.

이리하여 전투의 호령도 이미 정해졌으며 지켜낼 준비도 모두 갖추어지게 되었다.

세 나라 병사들이 과연 들이닥쳐 이들이 도착하자 진양성으로 기어올라 드디어 전투가 벌어졌다.

그러나 석 달이 되도록 함락시킬 수가 없게 되자 세 나라는 군대를 펼쳐 포위하고 진양수의 물을 터서 들이부었다.

진양성을 포위한 지 3년, 성 안에서는 새둥지처럼 높이 짓고 살아야 했고 솥은 공중에 매달아 밥을 해먹었으며, 재물과 식량이 다 떨어져 가고 사대부들은 지치고 병이 날 정도였다.

양자가 장맹담에게 일렀다.

"식량은 바닥이 나고 재력은 다하였으며 사대부들은 지쳐 병이 나고 있으니 내 능히 지켜내지 못할까 걱정이오! 성하城下의 항복을 하고 싶은데 어느 나라에게 항복을 하면 되겠소?"

장맹담이 말하였다.

"제가 듣기로 망해가는 나라를 존속시킬 수 없거나 위험 속에서 능히 안전하게 하지 못한다면 그러한 자의 지혜는 귀함을 받지 못한다고 하더이다. 군께서는 이러한 계책을 잃으신 것입니다. 제가 한번 몰래 빠져나가 한·위의 군주를 만나보겠습니다."

장맹담이 한·위의 군주를 만나 이렇게 말하였다.

"제가 듣기로 입술이 없으면 이가 시리다 합니다. 지금 지백이 두 임금을 이끌고 우리 조나라를 치고 있으니 우리 조나라는 앞으로 망할 것입니다. 조가 망하면 두 임금께서 그 다음 차례입니다."

두 군주가 말하였다.

"우리도 그렇게 될 것임을 알고 있소. 비록 그렇기는 하나 지백의 사람됨이 속은 거칠고 정이 적습니다. 우리 모의가 만약 발각된다면 그 화가 틀림없이 닥쳐올 텐데 어찌하면 좋겠소?"

장맹담이 말하였다.

"모의는 두 임금의 입에서 나와 저의 귓속으로 들어갔을 뿐입니다. 아무도 알 수 없습니다."

두 임금은 장맹담과 한·위·조 삼군이 모반할 것을 약속하고 함께 할 그 날짜를 정하였다.

밤이 되어 맹담을 진양성 안으로 들여보내 두 군주가 모반하기로 한 약속을 양자에게 보고하도록 하였다.

양자는 장맹담을 맞아들여 두 번 절하면서도 한편으로는 두려워하고 한편으로는 기꺼워하였다.

두 군주는 이미 약속을 마치고 장맹담을 보내 주고 나서 지백에게 아침 문안 인사를 하고 나오다가 원문轅門 밖에서 지과智過와 마주쳤다.

지과가 두 사람의 낯빛을 괴이히 여기며 안으로 들어가 지백을 뵙고 이렇게 말하였다.

"두 군주의 표정이 앞으로 변이 있을 것 같습니다."

지백이 말하였다.

"어떠하기에 그렇소?"

지과가 말하였다.

"걸음걸이가 긍지가 있고 뜻이 높은 듯 보였습니다. 여느 때의 몸짓과는 다르더이다. 군께서 먼저 나서느니만 못합니다."

지백이 말하였다.

"내 두 임금과 약속을 신중하게 해 두었소. 조나라를 깨뜨리고 나면 그 땅을 셋으로 나누겠다고 말이오. 내가 그들을 친하게 여기고 있으므로 그들은 결코 나를 침범하거나 속이지 않을 것이오. 군대가 진양에 도착한 지 3년으로 지금 아침저녁이면 함락되어 그들은 곧 그 이익을 맛볼 텐데 어찌 다른 마음을 갖게 되겠소? 틀림없이 그렇지 않을 것이오. 그대는 의심을 풀고 염려하지 마시오. 그런 말을 입 밖에 내지 마시오."

이튿날 아침, 두 군주가 역시 아침 조회를 하고 나오다가 다시 지과를 원문에서 만났다.

지과가 안으로 들어가 지백을 뵙고 말하였다.

"군께서 제가 한 말을 양 임금에게 일러주셨습니까?"
지백이 말하였다.
"어떻게 그것을 아시오?"
지과가 말하였다.
"오늘 두 임금이 아침 조회를 마치고 나가는 길에 저를 보더니 낯빛이 변하였고 시선이 저에게서 떨어지지 않더이다. 이는 틀림없이 변고가 있을 것이니 군께서 죽여 없애느니만 못합니다."
지백이 말하였다.
"그대는 그대로 두고 더 이상 말하지 마시오."
지과가 말하였다.
"안 됩니다. 반드시 죽이십시오. 만약 죽일 수 없다면 더욱 친밀히 하십시오."
지백이 말하였다.
"더욱 친밀하게 하는 것은 어떻게 하는 것인가?"
지과가 말하였다.
"위선자의 모신謀臣에 조가라는 자가 있고, 한강자의 모신에 단규段規라는 자가 있습니다. 이들은 모두 그 임금들의 마음을 바꿀 수 있는 능력이 있습니다. 군께서 그 두 군주와 약속을 하시되 조나라를 깨뜨리고 나면 그 두 사람에게도 각각 1만 호의 현 하나씩을 봉해주겠다고 하십시오. 그렇게 하면 두 임금의 마음을 변하지 않도록 할 수 있을 것입니다."
지백이 말하였다.
"조나라를 깨뜨리고 나서 그 땅을 셋으로 나누고 또 두 사람에게 각각 일만 호의 현을 봉해준다면 나의 소득은 얼마 되지 않을 것이다. 그렇게는 할 수 없다."
지과는 자신의 말이 받아들여지지 않음을 알고 달아나 그 족성까지 보씨輔氏라 바꾸어버렸다.
약속한 날 밤이 되자 조나라 군사들은 제방을 지키던 자를 죽이고 강물을 터서 지백의 군사 쪽으로 쏟아부었다.
지백의 군사들은 물을 막으려고 혼란스러운 틈에 한·위 두 군대가 지백의 군사를 협공하여 치고 들어가자 양자는 병졸을 이끌고 그 정면을 덮쳐 지백의 군사를 대패시기고 지백을 사로잡았다.

지백은 제 몸도 죽고 군사는 깨어지고 국토는 셋으로 나뉘어 천하의 웃음거리가 되고 말았다.

그러므로 "탐욕스럽고 괴팍하며 이익을 좋아하는 것은 나라를 망치고 목숨을 잃는 근본"이라고 말하는 것이다.

奚謂貪愎?

昔者, 智伯瑤率趙·韓·魏而伐范·中行, 滅之.

反歸, 休兵數年.

因令人請地於韓, 韓康子欲勿與.

段規諫曰:「不可不與也. 夫知伯之爲人也, 好利而鷔愎. 彼來請地而弗與, 則移兵於韓必矣. 君其與之. 與之彼狃, 又將請地他國. 他國且有不聽, 不聽, 則知伯必加之兵. 如是, 韓可以免於患而待其事之變.」

康子曰:「諾.」

因令使者致萬家之縣一於知伯.

知伯說, 又令人請地於魏.

宣子欲勿與, 趙葭諫曰:「彼請地於韓, 韓與之. 今請地於魏, 魏弗與, 則是魏內自强, 而外怒知伯也. 如弗予, 其措兵於魏必矣.」

宣子:「諾.」

因令人致萬家之縣一於知伯.

知伯又令人之趙, 請蔡·皐狼之地, 趙襄子弗與.

知伯因陰約韓·魏, 將以伐趙.

襄子召張孟談而告之曰:「夫知伯之爲人也, 陽規而陰疏. 三使韓·魏而寡人不與焉, 其措兵於寡人必矣. 今吾安居而可?」

張孟談曰:「夫董閼于, 簡主之才臣也. 其治晉陽, 而尹鐸循之, 其餘敎猶存, 君其定居晉陽而已矣.」

君曰:「諾.」

乃召延陵生, 令將軍車騎先至晉陽, 君因從之.

君至, 而行其城郭及五官之藏, 城郭不治, 倉無積粟, 府無儲錢, 庫無甲兵, 邑無守具.

襄子懼, 乃召張孟談曰:「寡人行城郭及五官之藏, 皆不備具, 吾將何以應敵?」

張孟談曰:「臣聞聖人之治, 藏於臣, 不藏於府庫, 務修其敎, 不治城郭. 君其出令: 令民自遺三年之食, 有餘粟者入之倉; 遺三年之用, 有餘錢者入之府; 遺有奇人者, 使治城郭之繕.」

君夕出令, 明日, 倉不容粟, 府無積錢, 庫不受甲兵.

居五日而城郭已治, 守備已具.

君召張孟談而問之曰:「吾城郭已治, 守備已具. 錢粟已足, 甲兵有餘. 吾奈無箭何?」

張孟談曰:「臣聞董子之治晉陽也, 公宮之垣皆以荻蒿楛楚牆之, 其高至于丈. 君發而用之, 有餘箭矣.」

於是發而試之, 其堅則雖箘幹之勁弗能過也.

君曰:「吾箭已足矣, 奈無金何?」

張孟談曰:「臣聞董子之治晉陽也, 公宮公舍之堂, 皆以鍊銅爲柱質, 君發而用之.」

於是發而用之, 有餘金矣.

號令已定, 守備已具.

三國之兵果至, 至則乘晉陽之城, 遂戰.

三月弗能拔, 因舒軍而圍之, 決晉陽之水以灌之.

圍晉陽三年, 城中巢居而處, 懸釜而炊, 財食將盡, 士大夫羸病.

襄子謂張孟談曰:「糧食匱, 財力盡, 士大夫羸病, 吾恐不能守矣! 欲以城下, 何國之可下?」

張孟談曰:「臣聞之, 亡弗能存, 危弗能安, 則無爲貴智矣. 君失此計者. 臣請試潛行而出, 見韓·魏之君.」

張孟談見韓·魏之君曰:「臣聞脣亡齒寒. 今知伯率二君而伐趙, 趙將亡矣. 趙亡, 則二君爲之次.」

二君曰:「我知其然也. 雖然, 知伯之爲人也, 麤中而少親. 我謀而覺, 則其禍必至矣. 爲之奈何?」

張孟談曰:「謀出二君之口而入臣之耳, 人莫之知也.」

二君因與張孟談約三軍之反, 與之期日.

夜遣孟談入晉陽, 以報二君之反.

襄子迎孟談而再拜之, 且恐且喜.

二君以約遣張孟談, 因朝知伯而出, 遇智過於轅門之外.

智過怪其色, 因入見知伯曰:「二君貌將有變.」

君曰:「何如?」

曰:「其行矜而意高, 非他時之節也, 君不如先之.」

君曰:「吾與二主約謹矣, 破趙而三分其地. 寡人所以親之, 必不侵欺. 兵之著於晉陽三年, 今旦暮將拔之而嚮其利, 何乃將有他心? 必不然. 子釋勿憂, 勿出於口.」

明旦, 二主又朝而出, 復見智過於轅門.

智過入見曰:「君以臣之言告二主乎?」

君曰:「何以知之?」

曰:「今日二主朝而出, 見臣而其色動, 而視屬臣. 此必有變, 君不如殺之.」

君曰:「子置勿復言.」

智過曰:「不可, 必殺之. 若不能殺, 遂親之.」

君曰:「親之奈何?」

智過曰:「魏宣子之謀臣曰趙葭, 韓康子之謀臣曰段規, 此皆能移其君之計. 君與其二君約: 破趙國, 因封二子者各萬家之縣一. 如是, 則二主之心可以無變矣.」

知伯曰:「破趙而三分其地, 又封二子者各萬家之縣一, 則吾所得者少. 不可.」

智過見其言之不聽也, 出, 因更其族爲輔氏.

至於期日之夜, 趙氏殺其守隄之吏而決其水灌知伯軍.

知伯軍救水而亂, 韓·魏翼而擊之, 襄子將卒犯其前, 大敗知伯之軍而擒知伯.

知伯身死軍破, 國分爲三, 爲天下笑.

故曰:「貪愎好利, 則滅國殺身之本」也.

【智伯】 춘추 말기 晉나라 六卿의 하나. '知伯'으로도 표기하며 원래 이름은 荀瑤. 知襄子. 智襄子. 晉나라 대부. 知躒의 손자이며 시호는 襄子. 智(知)는 采邑 이름. 지금의 山西 解縣. 《左傳》 杜預 注에 "荀瑤. 荀躒之孫, 知伯襄子"라 함. 六卿 가운데 가장 세력이 강하여 먼저 范氏와 中行氏를 멸하고 趙氏를 멸하려다가 韓·魏·趙 三卿이 연합하여 知氏는 사라지게 됨.

【范·中行】 范氏와 中行氏. 范氏는 范昭子 士吉射(范吉射)를 가리키며 范獻子(士鞅)의 아들. 그 선조가 范 땅을 봉지로 받아 지명을 성씨로 삼음. 中行氏는 中行文子 荀寅을 가리키며 荀偃의 손자. 그 선조 荀林父가 中行將을 역임하여 그 후손이 관직명을 성씨로 삼은 것. '중항'으로 읽음. 둘 모두 晉나라 六卿의 하나로 知氏에게 먼저 망하였음.

【韓康子】 韓簡子의 아들. 이름은 虎. 韓氏의 지도자. 그 무렵 六卿은 아직 정식 제후국으로 인정받지 않았으나 일부 표현은 나라를 지칭하는 것처럼 되어 있음.

【段規】 韓康子의 모신.

【鷔愎】 '鷔'는 '傲'와 같음. 傲慢함. '鷔'는 《戰國策》에는 '驁'로 되어 있음. '愎'은 怪愎함.

【狃】 '狃'는 '習'과 같음. 〈乾道本〉 注에 "狃, 習也"라 함. 익숙해져서 안이하게 생각하며 재미를 느낌.

【措兵】 병력으로써 조치함. 무력을 쓸 것임을 말함.

【宣子】 魏桓子여야 함. 이름은 駒. 《戰國策》과 《史記》에는 魏桓子로 되어 있음. 晉나라 六卿의 하나로 뒤에 그 후손이 戰國七雄의 魏나라가 됨.

【趙葭】 魏桓子의 謀臣. 그러나 《淮南子》에는 '任登'으로, 《說苑》에는 '任增'으로, 《戰國策》 魏策과 本 《韓非子》 說林上에는 '任章'으로, 《戰國策》 趙策에는 '趙葭'로 되어 있는 등 저마다 이름이 다름.

【蔡·皐狼】 晉나라 지명. 그 무렵 趙氏의 관할이었음. 皐狼 또한 晉나라 지명으로 지금의 山西 離石縣 서북에 皐狼城이 있음.

【趙襄子】 趙襄主로도 불림. 춘추 말 晉나라 六卿의 하나. 이름은 無恤. 趙簡子(趙鞅)의 아들. 趙는 봉읍의 이름. 晉陽(지금의 山西 太原)을 근거지로 발전하였으나 智伯(知伯)의 공격을 받아 포위되었다가 韓·魏의 도움으로 지백을 멸하고 三晉의 반열에 올랐으며 戰國七雄의 하나가 됨. 뒤에 도읍을 邯鄲으로 정함.

【張孟談】 趙襄子의 家臣. 《國語》 晉語에는 '張談'으로, 《史記》 趙世家에는 '張孟同'으로 되어 있음.

【陽規而陰疏】 '規'는 '親'의 오기로 보임. 《戰國策》 趙策에는 '親'으로 되어 있음.

【董閼于】'閼'은 '연'으로 읽으며 '董安于'로도 표기함. 春秋末 晉나라 사람으로 趙鞅의 가신. 晉나라 六卿이 발호하자 그는 趙鞅에게 范氏와 中行氏, 知氏를 대비할 것을 권했으나 듣지 않자 知伯은 그의 재능을 보고 趙鞅을 핍박하여 그를 죽일 것을 요구함. 이에 동안우는 자결하였고 그 시신을 시중에 내 보이기도 하였음. 한때 晉陽을 다스리며 미래를 예견하고 여러 시책을 준비함. 《左傳》 定公 14년을 참조할 것.

【趙簡主】趙簡子. 趙鞅. 이름은 志父. 晉나라 대부. 趙武(文子)의 손자이며 襄子의 아버지. 魏氏·知氏·范氏·中行氏·韓氏와 더불어 晉 六卿의 하나이며 趙나라의 기초를 세운 인물. 그 후손이 知氏와의 투쟁에 승리하여 三晉의 하나인 戰國時代 趙나라를 세움.

【晉陽】지금의 山西 太原시 東北. 趙簡子의 관할이었음.

【尹鐸】趙簡子의 家臣이며 董閼于를 이어 晉陽을 다스렸음. 《國語》 晉語(9)에 "趙簡子使尹鐸爲晉陽. 請曰:「以爲繭絲乎? 抑爲保鄣乎?」簡子曰:「保鄣哉!」尹鐸損其戶數. 簡子誡襄子曰:「晉國有難, 而無以尹鐸爲少, 無以晉陽爲遠, 必以爲歸.」"라 함.

【延陵生】趙襄子의 官吏. 延陵은 姓. 《戰國策》에는 延陵王으로 되어 있음.

【五官之藏】五官은 다섯 官署. 司徒·司馬·司空·司士·司寇의 구분. 여기서는 百官의 직책에 따라 소장하고 있는 물품들을 가리킴.

【倉無積粟】倉은 곡식을 쌓아두는 곳간. 粟은 알곡의 총칭.

【府無儲錢】府는 재화를 보관하는 곳. '儲'는 貯자와 같음.

【奇人】'奇'는 '正'의 반대로 여기서는 '餘'의 뜻. 〈乾道本〉 注에 "奇, 餘也, 謂閑人"이라 함. 정식 부대에 배치된 인원을 제외한 나머지 사람.

【荻蒿·楛楚】荻과 蒿는 갈대의 일종. 楛와 楚는 가시나무의 일종으로 모두가 화살대를 만드는 데 쓰임. 太田方의 《韓非子翼毳》에 "荻蒿二草, 楛楚二木, 皆可爲矢"라 함.

【菌輅】'菌'은 '箘'과 같으며, '輅'는 '簵'와 같음. 화살대를 만드는 가는 대나무의 일종. 《尙書》 孔傳에 "箘簵, 美竹也"라 함.

【無金】여기서 金은 화살촉을 만드는 재료인 쇠붙이. 구체적으로 銅을 뜻함.

【公宮令舍】公館과 官舍의 건물들.

【桂質】'質'은 '礩'과 같음. 기초, 주춧돌. 王玉樹 《說文拈字》에 "躓, 古通作質, 從木從石, 皆後人加也"라 함.

【舒軍】군사를 넓게 펼쳐 포위하는 전법.

【羸病】 罷羸해져서 병이 남. 매우 지친 모습을 뜻함.
【城下】 城下는 '항복하다'의 뜻. 성문을 열어 투항하려 함.
【麤中而少親】 '麤'는 '粗'와 같은 뜻임.
【智過】 '知過'로도 표기하며 智伯의 일족으로 晉나라 대부. 《說苑》 貴德篇에는 '智果'로 되어 있음.
【轅門】 사냥이나 군대를 주둔시킬 때 사방을 둘러치고 임시로 설치한 營門. 수레를 마주하여 설치하였으므로 원문이라 부름.
【旦暮】 아주 짧은 시간을 뜻함.
【鄕其利】 '鄕'은 '饗'과 같으며 '享'의 뜻. 이익을 누리며 기쁨을 맛봄.
【更其族】 族은 姓을 뜻함.
【翼而擊之】 좌우 두 날개처럼 진형을 이루어 협공하여 쳐들어감

참고 및 관련 자료

1. 《戰國策》 趙策(1)

知伯帥趙·韓·魏而伐范·中行氏, 滅之. 休數年, 使人請地於韓. 韓康子欲勿與, 段規諫曰: 「不可. 夫知伯之爲人也, 好利而鷙復(愎), 來請地不與, 必加兵於韓矣. 君其與之. 與之彼狃, 又將請地於他國, 他國不聽, 必鄕之以兵; 然則韓可以免於患難, 而待事之變.」 康子曰: 「善.」 使使者致萬家之邑一於知伯. 知伯說, 又使人請地於魏, 魏宣子欲勿與. 趙葭諫曰: 「彼請地於韓, 韓與之. 請地於魏, 魏弗與, 則是魏內自强, 而外怒知伯也. 然則其錯兵於魏必矣! 不如與之.」 宣子曰: 「諾.」 因使人致萬家之邑一於知伯. 知伯說, 又使人之趙, 請蔡·皐狼之地, 趙襄子弗與. 知伯因陰結韓·魏, 將以伐趙. 趙襄子召張孟談而告之曰: 「夫知伯之爲人, 陽親而陰疏, 三使韓·魏, 而寡人弗與焉, 其移兵寡人必矣. 今吾安居而可?」 張孟談曰: 「夫董閼安于, 簡主之才臣也, 世治晉陽, 而尹澤(鐸)循(修)之, 其餘政教猶存, 君其定居晉陽.」 君曰: 「諾.」 乃使延陵王將車騎先之晉陽, 君因從之. 至, 行城郭, 案府庫, 視倉廩, 召張孟談曰: 「吾城郭之完, 府庫足用, 倉廩實矣, 無矢奈何?」 張孟談曰: 「臣聞董子之治晉陽也, 公宮之垣, 皆以狄(荻)蒿苦楚廧之, 其高至丈餘, 君發而用之.」 於是發而試之, 其堅則箘簬之勁不能過也. 君曰: 「足矣, 吾銅少若何?」 張孟談曰: 「臣聞董子之治晉陽也, 公宮之室, 皆以鍊銅爲柱質, 請發而用之, 則有餘銅矣.」 君曰: 「善.」 號令以定, 備守以具.

三國之兵乘晉陽城, 遂戰. 三月不能拔, 因舒軍而圍之, 決晉水而灌之. 圍晉陽三年, 城中巢居而處, 懸釜而炊, 財食將盡, 士卒病羸. 襄子謂張孟談曰:「糧食匱, 城(財)力盡, 士大夫病, 吾不能守矣. 欲以城下, 何如?」張孟談曰:「臣聞之, 亡不能存, 危不能安, 則無爲貴知士也. 君釋此計, 勿復言也. 臣請見韓·魏之君.」襄子曰:「諾.」張孟談於是陰見韓·魏之君曰:「臣聞脣亡則齒寒, 今知伯帥二國之君伐趙, 趙將亡矣, 亡則二君爲之次矣.」二君曰:「我知其然. 夫知伯爲人也, 麤中而少親, 我謀未遂而知, 則其禍必至, 爲之奈何?」張孟談曰:「謀出二君之口, 入臣之耳, 人莫之知也.」二君卽與張孟談陰約三軍, 與之期曰(日), 夜, 遣入晉陽. 張孟談以報襄子, 襄子再拜之. 張孟談因朝知伯而出, 遇知過(果)轅門之外. 知過入見知伯曰:「二主殆將有變.」君曰:「何如?」對曰:「臣遇張孟談於轅門之外, 其志矜, 其行高.」知伯曰:「不然. 吾與二主約謹矣, 破趙三分其地, 寡人所親之, 必不欺也. 子釋之, 勿出於口.」知過出見二主, 入說知伯曰:「二主色動而意變, 必背君, 不如令殺之.」知伯曰:「兵箸晉陽三年矣, 旦暮當拔之而饗其利, 乃有他心? 不可, 子愼勿復言.」知過曰:「不殺則遂親之.」知伯曰:「親之奈何?」知過曰:「魏宣子之謀臣曰趙葭, 康子之謀臣曰段規, 是皆能移其君之計. 君其與二君約, 破趙則封二子者各萬家之縣一, 如是則二主之心可不變, 而君得其所欲矣.」知伯曰:「破趙而三分其地, 又封二子者各萬家之縣一, 則吾所得者少, 不可!」知過見君之不用也, 言之不聽, 出, 更其姓爲輔氏, 遂去不見. 張孟談聞之, 入見襄子曰:「臣遇知過於轅門之外, 其視有疑臣之心, 入見知伯, 出更其姓. 今暮不擊, 必後之矣.」襄子曰:「諾.」使張孟談見韓·魏之君曰:「夜期殺守堤之吏, 而決水灌知伯軍.」知伯軍救水而亂, 韓·魏翼而擊之, 襄子將卒犯其前, 大敗知伯軍而禽知伯. 知伯身死, 國亡地分, 爲天下笑, 此貪欲無厭也. 夫不聽知過, 亦所以亡也. 知氏盡滅, 唯輔氏存焉.

2.《淮南子》人間訓

智伯求地於魏宣子, 宣子弗欲與之. 任登曰:「智伯之强, 威行於天下, 求地而弗與, 是爲諸侯先受禍也. 不若與之.」宣子曰:「求地不已, 爲之奈何?」任登曰:「與之, 使喜, 必將復求地於諸侯, 諸侯必植耳. 與天下同心而圖之, 所得者, 非直吾所亡也.」魏宣子裂地而授之. 又求地於韓康子, 韓康子不敢不予. 諸侯皆恐. 又求地於趙襄子, 襄子弗與. 於是智伯乃從韓·魏圍襄子於晉陽. 三國通謀, 擒智伯而三分其國. 此所謂奪人而反爲人所奪者也.

3.《說苑》權謀篇

智伯從韓　魏之兵以攻趙, 圍晉陽之城而溉之, 城不沒者三板. 絺疵謂智伯曰:

「韓魏之君, 必反矣.」智伯曰:「何以知之?」對曰:「夫勝趙而三分其地, 今城未沒者三板, 臼竈生鼃, 人馬相食, 城降有日矣. 而韓魏之君, 無喜志而有憂色, 是非反何也?」明日, 智伯謂韓魏之君曰:「疵言君之反也.」韓魏之君曰:「必勝趙而三分其地, 今城將勝矣. 夫二家雖愚, 不弃美利而偕約爲難, 不可成之事, 其勢可見也. 是疵必爲趙說君, 且使君疑二主之心, 而解於攻趙也. 今君聽讒臣之言, 而離二主之交, 爲君惜之.」智伯出, 欲殺絺疵, 逃. 韓魏之君, 果反.

4. **《藝文類聚》**(60)

《韓子》曰: 智伯將伐趙, 趙襄子召張孟談曰:「奈無箭何?」孟談曰:「董安于之治晉陽, 公宮之垣, 皆以楛楚, 其楛高十尺.」於是登而試之, 其堅則幹之勁不能適也. 君曰:「奈無金何?」孟談曰:「董安于之治晉陽, 宮舍之堂, 皆以銅爲柱質. 君登而用之, 有餘金矣.」

5. 기타 **《太平御覽》**(320, 350, 757), **《事類賦》**(13)을 볼 것.

049(10-7)
여악女樂에 탐닉함

무엇을 일러 '여악女樂에 탐닉한다'라 하는가?

옛날 융왕戎王이 유여由余를 진秦에 사절로 보내자 목공穆公이 그에게 물었다.

"내 일찍부터 도道에 관하여 듣고 있지만 아직까지 이 눈으로 직접 보지는 못하였소. 옛날 현명한 군주가 나라를 얻고 잃는 것이 평소에 무엇으로써 하였는지 듣기를 원하오."

유여가 대답하였다.

"제가 일찍이 얻어 들은 적이 있습니다. 언제나 검소하게 하면 나라를 얻고, 사치로써 하면 나라를 잃는다 하더이다."

목공이 말하였다.

"나는 욕되다 여기지 않고 그대에게 물었는데 그대는 검소함을 가지고 과인의 질문에 대답을 하니 어찌된 것이오?"

유여가 대답하였다.

"제가 듣기로 옛날 요堯임금이 천하를 다스릴 때 흙그릇에 밥을 먹었고 토형으로 물을 마시면서도 그 땅은 남쪽으로는 교지交趾에 이르렀고 북쪽으로는 유도幽都에 이르렀으며, 동서로는 해와 달이 뜨고 지는 데까지 이르러 복종해 오지 않는 자가 없었다 하더이다. 요임금이 천하를 선양하여 우순虞舜이 이를 이어받자 식기食器를 만들었으며, 산의 나무를 베어 재료로 삼고 칼과 톱으로 그것을 매끈하게 다듬은 다음 그 위에 검정 옻칠을 입혀

궁 안으로 싣고 와 식기로 썼다는 것입니다. 그러자 제후국들 가운데 사치스럽다고 여겨 복종하지 않는 나라가 열셋이나 되었습니다. 순이 천하를 선양하여 우禹에게 전해지자 우임금은 이번에는 제기祭器를 만들었는데 겉에 검정 옻칠을 하고 속은 붉은색으로 무늬를 넣고 명주 비단으로 자리를 만들어 깔았고 줄로 자리를 짜서 가장자리를 아름답게 꾸몄으며, 술잔에도 채색을 넣었고 준조樽俎에조차 장식을 붙였습니다. 이처럼 점점 사치를 더하자 복종하지 않는 나라가 서른셋이나 되었다 하더이다.

하후씨夏后氏가 사라진 뒤 은殷나라가 계승되자 대로大輅를 만들었고 아홉 개의 정기旌旗를 세우고 식기에는 조각을 하였으며, 술잔도 조각하고 파는 기법을 썼으며 벽은 흰색을, 계단도 악토堊土를 발랐으며, 자리는 조각한 무늬를 넣었습니다. 이렇게 갈수록 사치가 더해지자 나라 가운데 복종하지 않는 자가 쉰셋이 되었다 하더이다. 군자들이 모두 모양을 아름답게 꾸밀 줄 알게 되자 복종하려는 자가 점점 줄어들었던 것입니다. 저는 그 때문에 검소함이 나라를 보존하는 길이라 말한 것입니다."

유여가 나가자 목공은 이에 내사內史 요廖를 불러 이렇게 고하였다.

"내 듣기로 이웃 나라에 성인聖人이 있는 것은 상대 나라의 걱정거리라 하였소. 지금 유여는 성인이오. 나는 이것이 두렵소. 내 앞으로 어찌하면 좋겠소?"

내사 요가 말하였다.

"제가 듣기로 융왕이 거처하는 곳은 궁벽하고 누추하며 길도 멀어 우리 중국의 음악은 듣지 못하였다고 합니다. 군께서 그들에게 여인(女樂)을 보내어 그 정치를 혼란시키시고 뒤에 유여가 돌아갈 날짜를 늦추도록 청하여 그가 간언할 수 없게 하십시오. 저쪽의 군신 사이에 틈이 벌어진 뒤에는 가히 도모할 수 있을 것입니다."

목공이 말하였다.

"좋소."

이에 내사 요로 하여금 여자 악대 16명을 융왕에게 보내고 유여의 귀환 날짜도 늦출 것을 청하도록 하였다.

융왕은 이를 허락하였다.

그리고 여자 악대를 보자 즐거움에 빠져 술자리를 베풀어 줄곧 마시면서 날마다 음악을 듣다가 한 해가 지나도록 옮겨가지 않아 유목하던 소와 말이 절반이나 죽고 말았다.

유여가 돌아와서 융왕에게 간하였지만 융왕이 듣지 않자, 유여는 드디어 그 나라를 떠나 진나로 왔다.

진 목공은 그를 맞아 상경上卿의 벼슬을 주고는 그 나라의 병력과 지형을 물어 이윽고 그 정세를 알아낸 뒤 군사를 일으켜 융을 치고 열두 나라를 합쳐 영토를 천리나 넓혔다.

그러므로 "여악에 탐닉하여 국정을 돌보지 않는 것은 망국의 화근"이라 말하는 것이다.

奚謂耽於女樂?

昔者, 戎王使由余聘於秦, 穆公問之曰:「寡人嘗聞道而未得目見之也, 願聞古之明主得國失國何常以?」

由余對曰:「臣嘗得聞之矣, 常以儉得之, 以奢失之.」

穆公曰:「寡人不辱而問道於子, 子以儉對寡人何也?」

由余對曰:「臣聞昔者堯有天下, 飯於土簋, 飮於土鉶. 其地南至交趾, 北至幽都, 東西至日月之所出入者, 莫不賓服. 堯禪天下, 虞舜受之, 作爲食器, 斬山木而財之, 削鋸脩其迹, 流漆墨其上, 輸之於宮, 以爲食器. 諸侯以爲益侈, 國之不服者十三. 舜禪天下而傳之於禹, 禹作爲祭器, 墨漆其外, 而朱畫其內, 縵帛爲茵, 蔣席頗緣, 觴酌有采, 而樽俎有飾. 此彌侈矣, 而國之不服者三十三. 夏后氏沒, 殷人受之, 作爲大路, 而建九旒, 食器雕琢, 觴酌刻鏤, 四壁堊墀, 茵席雕文, 此彌侈矣, 而國之不服者五十三. 君子皆知文章矣, 而欲服者彌少. 臣故曰儉其道也.」

由余出, 公乃召內史廖而告之, 曰:「寡人聞鄰國有聖人, 敵國之憂也. 今由余, 聖人也, 寡人患之, 吾將奈何?」

內史廖曰:「臣聞戎王之居, 僻陋而道遠, 未聞中國之聲, 君其遺之女樂, 以亂其政, 而後爲由余請期, 以疏其諫. 彼君臣有間而後可圖也.」

君曰:「諾.」

乃使史廖以女樂二八遺戎王, 因爲由余請期.

戎王許諾.

見其女樂而說之, 設酒張飮, 日以聽樂, 終歲不遷, 牛馬半死.

由余歸, 因諫戎王, 戎王弗聽, 由余遂去之秦.

秦穆公迎而拜之上卿, 問其兵勢與其地形; 旣以得之擧兵而伐之, 兼國十二, 開地千里.

故曰:「耽於女樂, 不顧國政, 亡國之禍」也.

【戎王】 戎族은 서북방의 유목생활을 하던 이민족.

【由余】 그의 선조는 晉나라 사람으로 戎 땅으로 망명한 현인이었음.《漢書》藝文志 雜家類에 "《由余》三篇"이라 하였고, 注에 "戎人, 秦穆公以爲大夫"라 함.

【聘】 외교사절로 보냄.《禮記》曲禮(下)에 "諸侯使大夫問於諸侯曰聘"이라 함.

【穆公】 春秋시대 秦나라 군주. 이름은 任好. 秦 成公을 이어 B.C.659~B.C.621년까지 39년간 재위하고 康公(罃)에게 이어짐. 百里奚와 公孫枝, 由余 등을 등용하여 西戎을 制霸함.

【堯】 전설상 上古시대 五帝의 하나. 陶唐氏. 唐堯로도 부름. 祁姓이며 이름은 放勳. 帝嚳의 아들. 《十八史略》(1)에 "帝堯陶唐氏: 伊祁姓, 或曰名放勛, 帝嚳子也. 其仁如天, 其知如神, 就之如日, 望之如雲, 都平陽. 茆茨不剪, 土階三等. 有草生庭, 十五日以前, 日生一葉, 以後日落一葉, 月小盡, 則一葉厭而不落, 名曰蓂莢, 觀之以知旬朔"이라 함. 《史記》 五帝本紀를 볼 것.

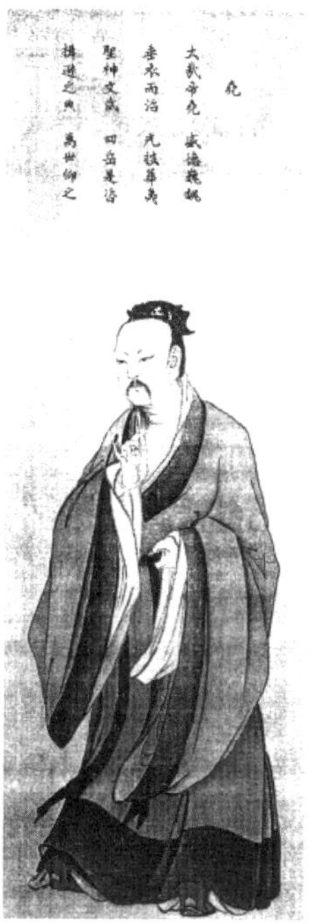
〈堯〉

【土簋】 '簋'는 대나무로 얽어 만든 그릇.

【土鉶】 '鉶'은 국물을 담는 목이 긴 토기. 《說苑》에는 '瓶'으로 되어 있음

【交趾】 堯임금 때의 交趾는 지금의 五嶺 이남이었으며 漢나라 때의 交趾郡은 지금의 越南 북부 일대였음.

【幽都】 幽州. 지금의 河北과 遼寧 북부 일대. '都'는 사람이 모여 사는 곳을 뜻함.

【舜】 고대 五帝의 하나. 有虞氏. 姓은 姒氏, 이름은 重華. 虞舜으로도 부름. 堯임금으로부터 천하를 물려받아 帝位에 오름. 瞽瞍의 아들로 孝誠이 뛰어났던 분으로 널리 알려져 있으며 儒家에서 聖人으로 추앙함. 《十八史略》(1)에 "帝舜有虞氏: 姚姓, 或曰名重華, 瞽瞍之子, 顓頊六世孫也. 父惑於後妻, 愛少子象, 常欲殺舜. 舜盡孝悌之道, 烝烝乂不格姦"이라 함.

【財之】 《說苑》에는 '裁之'로 되어 있음.

【禹】 中國 최초의 왕조 夏나라의 시조. 夏后氏 부락의 領袖였으며 姒姓. 大禹, 夏禹 등으로도 불리며 이름은 文命. 鯀의 아들. 鯀이 물을 막는 방법으로 治水에 실패하여 죽임을 당한 뒤 禹는 물을 소통시키는 방법으로 성공을 거둔 다음 舜임금으로부터 천하를 물려받아 夏王朝를 세움. 뒤에 천하를 순시하다가 會稽에서 생을 마침. 그는 益에게 천하를 물려주려 하였으나 아들 啓의 무리가 난을 일으켜 益을 죽이고 世襲王朝를 시작함. 이로부터 禪讓(公天下)의 제도가 마감되고 世襲(家天下)의 역사가 시작됨. 이를 "傳子而不傳賢"이라 함. 《史記》에서는 五帝本紀 다음 첫 왕조로 夏本紀가 시작됨. 《十八史略》(1)에 "夏后氏禹: 姒姓, 或曰名文命, 鯀之子, 顓頊孫也. 鯀湮洪水, 舜擧禹代鯀, 勞身焦思, 居外十三年, 過家門不入"이라 함.

【削鋸】 여기서 削은 양쪽으로 날이 선 칼을 말함. 鋸는 톱이나 줄.

【縵帛】 '縵'은 '綾'과 같음. 무늬 없는 비단. 《說苑》에는 '縵'자가 '繒'으로 되어 있음.

【茵】 깔개. 자리.

【蔣席】 '蔣'은 풀이름. 줄. 왕골. 자리를 짜는 데 쓰는 풀.

【頗緣】 다른 판본에는 '額緣'으로 되어 있음. 顧廣圻는 "〈藏本〉同, 〈今本〉「頗」作「額」, 誤. 「頗緣」, 謂其緣邪裂之"라 함. 그러나 '頗'는 '偏'과 같으며 '둘레를 지나치게 장식하다'의 뜻으로 보는 편이 타당할 듯함.

【樽俎】 술동이와 도마류. 조리기구도 지나치게 아름답게 꾸몄음을 말함.

【大路】 천자가 타는 수레 '大輅'와 같음.

【九旒】 '旒'는 '斿'와 같음. 깃대 끝에 술을 달아 장식한 깃발.

【四壁堊墀】 顧廣圻는 '四'는 '白'자여야 한다고 보았음. '堊'은 생석회. 흰 빛깔이 나는 고운 흙으로 도료로 씀. '墀'는 색칠한 대궐의 섬돌을 뜻함.

【內史廖】 內史는 군주를 도와 稅收와 會計 등을 맡아 보는 직책. 廖는 사람 이름. 《韓詩外傳》에는 '內史王繆'로 되어 있음. 顧廣圻의 《韓非子識誤》에 "他書皆同, 《韓詩外傳》作內史王繆, 繆廖同字, 王蓋姓也"라 함.

【聖人】 여기서는 지혜가 있는 총명한 사람을 가리킴.

【敵國】 맞상대가 되는 나라를 뜻함. 여기서는 구체적으로 자신들 秦나라에게 부담이 된다는 뜻.

【請期】 〈乾道本〉에는 '其'로 되어 있으나 이는 '期'의 오기임.

【終歲不遷】 戎族은 유목민이므로 풀을 찾아 옮겨다녀야 함에도 음악에 빠져 그대로 머문 탓으로 소와 말이 많이 죽었음을 말함.

【上卿】 上卿은 높은 벼슬로 上中下 세 등급이 있었음. 拜는 '벼슬을 拜受하다'의 뜻.

【旣以得之】 '以'는 '已'와 같으며 '得'은 '터득함. 파악함'의 뜻.

참고 및 관련 자료

1. 《呂氏春秋》 不苟篇

秦繆公見戎由余, 說而欲留之, 由余不肯. 繆公以告蹇叔. 蹇叔曰: 「君以告內史廖」 內史廖對曰: 「戎人不達於五音與五味, 君不若遺之.」 繆公以女樂二八人與良宰遺之. 戎王喜, 迷惑大亂, 飮酒, 晝夜不休. 由余驟諫而不聽, 因怒而歸繆公也.

蹇叔非不能爲內史廖之所爲也, 其義不行也. 繆公能令人臣時立其正義, 故雪殽之恥, 而西至河雍也.

2.《史記》秦本紀

戎王使由余於秦. 由余, 其先晉人也, 亡入戎, 能晉言. 聞繆公賢, 故使由余觀秦. 秦繆公示以宮室積聚. 由余曰:「使鬼爲之, 則勞神矣. 使人爲之, 亦苦民矣.」繆公怪之, 問曰:「中國以詩書禮樂法度爲政, 然尙時亂, 今戎夷無此, 何以爲治, 不亦難乎?」由余笑曰:「此乃中國所以亂也. 夫自上聖黃帝作爲禮樂法度, 身以先之, 僅以小治. 及其後世, 日以驕淫. 阻法度之威, 以責督於下, 下罷極則以仁義怨望於上, 上下交爭怨而相簒弑, 至於滅宗, 皆以此類也. 夫戎夷不然. 上含淳德以遇其下, 下懷忠信以事其上, 一國之政猶一身之治, 不知所以治, 此眞聖人之治也.」於是繆公退而問內史廖曰:「孤聞鄰國有聖人, 敵國之憂也. 今由余賢, 寡人之害, 將奈之何?」內史廖曰:「戎王處辟匿, 未聞中國之聲. 君試遺其女樂, 以奪其志; 爲由余請, 以疏其閒; 留而莫遣, 以失其期. 戎王怪之, 必疑由余. 君臣有閒, 乃可虜也. 且戎王好樂, 必怠於政.」繆公曰:「善.」因與由余曲席而坐, 傳器而食, 問其地形與其兵勢盡察, 而後令內史廖以女樂二八遺戎王. 戎王受而說之, 終年不還. 於是秦乃歸由余. 由余數諫不聽, 繆公又數使人閒要由余, 由余遂去降秦. 繆公以客禮禮之, 問伐戎之形.

3.《韓詩外傳》(9)

傳曰: 昔戎將由余使秦. 秦繆公問以得失之要, 對曰:「古有國者, 未嘗不以恭儉也; 失國者, 未嘗不以驕奢也.」由余因論五帝三王之所以衰, 及至布衣之所以亡. 繆公然之. 於是告內史王繆曰:「鄰國有聖人, 敵國之憂也. 由余, 聖人也. 將奈之何?」王繆曰:「夫戎王居僻陋之地, 未嘗見中國之聲色也. 君其遺之女樂, 以婬其志, 亂其政. 其臣下必疎, 因爲由余請緩期, 使其君臣有間, 然後可圖.」繆公曰:「善.」乃使王繆以女樂二列遺戎王, 爲由余請期, 戎王大悅, 許之. 於是張酒聽樂, 日夜不休, 終歲婬縱, 卒馬多死. 由余歸, 數諫不聽, 去之秦, 秦公子迎, 拜之上卿. 遂并國十二, 辟地千里.

4.《說苑》反質篇

秦穆公閑, 問由余曰:「古者明王聖帝, 得國失國當何以也?」由余曰:「臣聞之, 當以儉得之, 以奢失之.」穆公曰:「願聞奢儉之節.」由余曰:「臣聞堯有天下, 飯於土簋, 啜於土鉶; 其地南至交趾, 北至幽都, 東西至日所出入, 莫不賓服. 堯釋天下, 舜受之, 作爲食器, 斬木而裁之, 銷銅鐵, 脩其刃, 猶漆黑之以爲器. 諸侯侈國之不服者十有三. 舜釋天下而禹受之, 作爲祭器, 漆其外而朱畫其內,繒帛爲茵褥, 觴勺有彩, 爲飾彌侈, 而國之不服者三十有二, 夏后氏以沒, 殷周受之, 作爲大器, 而建九傲, 食器彫琢, 觴勺刻鏤, 四壁四帷, 茵席彫文, 此彌侈矣, 而國之不服者五十有二. 君好文章, 而服者彌侈, 故曰儉其道也.」由余出, 穆公召內史廖而告之曰:「寡人聞隣國有聖人, 敵國之憂也. 今由余聖人也, 寡人患之. 吾將奈何?」內史廖曰:「夫戎辟而遼遠, 未聞中國之聲也, 君其遺之女樂以亂其政, 而厚爲由余請期, 以疏其間, 彼君臣有間, 然後可圖.」君曰:「諾.」乃以女樂三九遺戎王, 因爲由余請期; 戎王果見女樂而好之, 設酒聽樂, 終年不遷, 馬牛羊半死. 由余歸諫, 諫不聽, 遂去, 入秦, 穆公迎而拜爲上卿. 問其兵勢與其地利, 旣已得矣, 擧兵而伐之, 兼國十二, 開地千里. 穆公奢主, 能聽賢納諫, 故霸西戎, 西戎淫於樂, 誘於利, 以亡其國, 由離質樸也.

5.《**淮南子**》主術訓

虞君好寶而晉獻以璧馬釣之, 胡王好音而秦穆公以女樂誘之, 是皆以利見制於人也.

6.《**藝文類聚**》(59)

《韓子》曰: 秦穆公以女樂三人遺戎王, 戎王大悅, 聽樂終歲不還. 擧兵伐之, 開地千里.

7.《**意林**》(1)

隣國有聖人, 敵國之憂也.

8. 기타《**太平御覽**》(493, 756)을 볼 것.

050(10-8)
도성을 떠나 멀리 유람하는 것

무엇을 일러 '도성을 떠나 멀리 유람한다'라 하는가?

옛날 전성자田成子가 바닷가로 유람을 나가 즐거워하였다. 그러면서 여러 대부들에게 이렇게 명령하였다.

"돌아가자고 말하는 자는 죽여버리겠노라."

안탁취顏涿聚가 말하였다.

"군께서 바닷가를 유람하며 즐거워하시지만 만일 나라를 엿보는 자가 있다면 어찌 하시겠습니까? 그 때는 군께서 비록 즐기려 하신들 어찌 그렇게 될 수 있겠습니까?"

전성자가 말하였다.

"내가 명령을 내려 돌아가자고 말하는 자는 죽이리라 하였는데 지금 그대는 나의 명령을 어기고 있소."

그리고 창을 끌어당겨 그를 치려 하였다.

안탁취가 말하였다.

"옛날 걸桀이 관룡봉關龍逢을 죽였고 주紂는 왕자 비간比干을 죽였습니다. 지금 임금께서 비록 저를 죽여 세 번째 일을 삼으셔도 좋습니다. 저의 말은 나라를 위한 것이지 나 자신을 위한 것이 아닙니다."

그러고는 목을 길게 빼고 앞에 나서며 이렇게 말하였다.

"임금께서는 저를 치십시오!"

전성자는 이에 창을 버리고 급히 말을 몰아 도성으로 돌아왔다.

사흘이 되어 도성 사람 가운데 누군가 전성자를 안으로 받아들이지 말자는 음모를 꾸몄었다는 소문을 듣게 되었다.

전성자가 마침내 제齊나라를 차지할 수 있었던 것은 안탁취의 힘이었다.

그러므로 "도성을 떠나 멀리 유람하면 자신을 위험하게 만드는 길"이라고 말하는 것이다.

奚謂離內遠遊?

昔者, 田成子遊於海而樂之.

號令諸大夫曰:「言歸者死.」

顏涿聚曰:「君遊海而樂之, 奈臣有圖國者何? 君雖樂之, 將安得?」

田成子曰:「寡人布令曰『言歸者死』, 今子犯寡人之令.」

援戈將擊之.

顏涿聚曰:「昔桀殺關龍逢而紂殺王子比干, 今君雖殺臣之身以三之可也. 臣言爲國, 非爲身也.」

延頸而前曰:「君擊之矣!」

君乃釋戈趣駕而歸.

至三日, 而聞國人有謀不內田成子者矣.

田成子所以遂有齊國者, 顏涿聚之力也.

故曰:「離內遠遊, 則危身之道」也.

【田成子】〈乾道本〉에는 '齊景公'으로 되어 있으며《說苑》正諫篇도 같음. 이에 대해 〈集解〉에는 "先愼曰:《說苑》正諫篇作「齊景公」. 案說林上篇有「鴟夷子皮事田成子, 田成子去齊走而之燕」, 事當卽此"라 함. 齊 景公은 이름은 杵臼이며 晏子가 보필하였던 春秋末 齊나라 군주. 한편 田成子는 田常·田恆·田恒·陳恒·陳成子 등으로 널리 불림. 簡公을 유폐시켜 시살한 인물. '陳恆'으로도 표기하며 '恆'은 '恒'의 異體字. 원래 그의 선조 陳完(田完, 敬仲)은 陳나라 출신으로 齊나라에 옮겨와 정착하여 田氏로 성을 바꾸었으며 차츰 세력을 키워 卿에 오른 다음, 그 후손이 뒤에 姜氏(姜太公의 후손)의 齊나라를 차지하여 戰國시대 田氏齊를 세움.《史記》田敬仲完世家 참조.

【顔涿聚】顔庚. 齊나라 대부.《說苑》에는 '顔燭趨'로,《晏子春秋》에는 '顔燭鄒'로,《左傳》哀公 23년에는 '顔庚'으로 되어 있음.《呂氏春秋》尊師篇에 "顔涿聚, 梁父之大盜也. 學於孔子"라 하였고,《後漢書》左原傳에는 "昔顔涿聚梁甫之巨盜, 卒爲齊之忠臣"이라 함.

【桀】夏나라 末王. 이름은 癸. 妹喜에게 빠져 무도한 짓을 저질렀으며 殷의 湯王에게 망함. 殷나라 末王 紂와 함께 '桀紂'라 하여 폭군의 전형으로 거론됨.《史記》夏本紀를 참조할 것.《十八史略》(1)에 "孔甲之後, 歷王皐·王發·王履癸. 號爲桀, 貪虐, 力能伸鐵鉤索. 伐有施氏, 有施以末喜女焉, 有寵, 所言皆從, 爲傾宮瑤臺, 殫民財. 肉山脯林, 酒池可以運船, 糟堤可以望十里, 一鼓而牛飮者三千人, 末喜以爲樂. 國人大崩, 湯伐夏, 桀走鳴條而死"라 함.

【關龍逄】夏왕조의 마지막 폭군인 桀을 간하다가 살해당한 충신. 판본에 따라서는 관룡방(關龍逄)으로 표기하기도 함.

【紂】殷의 末王. 폭군으로 널리 알려짐. 帝辛·商辛으로도 부르며 帝乙의 아들. 妲己에게 빠져 '炮烙之刑'과 '酒池肉林' 등의 악한 고사를 가지고 있으며 周文王(姬昌)을 羑里(牖里)에 가두는 등 周나라와 맞서다가 武王(姬發)에게 망함.

【比干】殷나라 王子. 紂의 叔父로 紂의 惡政을 諫하다가 心臟이 찢기는 변을 당함.《史記》殷本紀에는 "比干乃强諫紂. 紂怒曰:「吾聞聖人心有七竅, 剖比干觀其心.」"이라 하였고,《十八史略》(1)에도 "紂淫虐甚, 庶兄微子數諫, 不從, 去之. 比干諫, 三日不去, 紂怒曰:「吾聞聖人之心有七竅.」剖而觀其心, 箕子佯狂爲奴, 紂囚之, 殷大師, 持其樂器祭器奔周"라 함.

【不內】'內'은 '納'과 같음. 외유에서 도성 안으로 다시 들어오지 못하도록 전성자를 막겠다는 모략을 꾸밈.

참고 및 관련 자료

1.《說苑》正諫篇

齊景公游於海上而樂之, 六月不歸, 令左右曰:「敢有先言歸者, 致死不赦.」顏燭趨進諫曰:「君樂治海上而六月不歸, 彼儻有治國者, 君且安得樂此海也?」景公援戟將斫之, 顏燭趨進, 撫衣待之曰:「君奚不斫也? 昔者, 桀殺關龍逄, 紂殺王子比干, 君之賢, 非此二主也, 臣之材, 亦非此二子也, 君奚不斫, 以臣參此二人者, 不亦可乎?」景公說, 遂歸, 中道聞國人謀不內矣.

051(10-9)
충신의 말에 귀를 기울이지 않는 것

무엇을 일러 '잘못을 저지르고도 충신에게 귀를 기울이지 않는다'라 하는가?

옛날 제齊 환공桓公이 구합제후九合諸侯하고 일광천하一匡天下하여 오패五霸의 수장이 되어 관중管仲이 그를 보좌하였다.

관중이 늙어 정사를 볼 수 없게 되자 집으로 물러나 쉬게 되었다.

환공이 그를 따라 물었다.

"중부仲父께서 병으로 집안에 계시니 만약 불행히도 일어나지 못한다면 정치를 누구에게 맡기면 되겠습니까?"

관중이 말하였다.

"저는 이제 늙었습니다. 물어볼 것이 못 됩니다. 비록 그렇기는 하나 제가 듣기로 신하를 알기로는 임금만한 이가 없고, 자식을 알기로는 아비만한 이가 없다 하더이다. 임금께서 한번 시험삼아 자신의 생각으로 결정해 보십시오."

환공이 말하였다.

"포숙아鮑叔牙가 어떻습니까?"

관중이 말하였다.

"안 됩니다. 포숙아는 강퍅剛愎하면서 난폭함을 높이 여깁니다. 강하면 백성을 거칠게 할 것이며 퍅하면 백성의 마음을 얻지 못하며 난폭하면 아랫사람을 부리지 못합니다. 그 마음에 두려움이 없으니 패자의 보좌는 될 수 없습니다."

환공이 말하였다.

"그렇다면 수조竪刁는 어떻습니까?"

관중이 말하였다.

"안 됩니다. 무릇 사람의 인정이란 제 몸을 아끼지 않는 자가 없습니다. 공께서 질투가 심하고 여자를 좋아하신다 하여 수조는 스스로를 거세하고 후궁을 관리하고 있습니다. 자신의 몸을 아끼지 않으면서 다시 어찌 군주를 아낄 수 있겠습니까?"

환공이 말하였다.

"그렇다면 위衛 공자 개방開方은 어떻습니까?"

관중이 말하였다.

"안 됩니다. 제齊나라와 위衛나라의 거리는 불과 열흘길밖에 안 됩니다. 개방은 임금을 섬기면서 임금께서 하고 싶은 바를 맞추고 있다는 핑계로 십오 년 동안이나 그 부모를 만나러 가지 않았으니 이는 사람의 인정에 어긋나는 것입니다. 자신의 부모를 친히 여기지 못하는 자가 다시 어찌 임금을 친히 여길 수 있겠습니까?"

환공이 말하였다.

"그렇다면 역아易牙는 어떻습니까?"

관중이 말하였다.

"안 됩니다. 역아는 임금을 위해 요리의 맛을 내고 있습니다. 임금께서 아직 맛보지 못한 것은 사람 고기일 뿐이라고 하자 역아는 자기 자식의 머리를 삶아 바친 일은 임금께서도 알고 있을 것입니다. 사람의 정이란 자기 자식을 사랑하지 않을 수 없는데 지금 자기 자식을 삶아 음식을 만들어 임금께 바쳤으니 그 자식도 사랑하지 못하는 자가 다시 어찌 군주를 사랑할 수 있겠습니까?"

환공이 말하였다.

"그렇다면 누가 좋겠습니까?"

관중이 말하였다.

"습붕隰朋이면 될 것입니다. 그는 사람됨이 속은 견실하고 겉은 염직하며, 욕심은 적고 믿음이 두텁습니다. 무릇 속이 견실하면 족히 모범이 될 수 있고, 겉이 염직하면 대임을 맡을 수 있으며, 욕심이 적으면 무리에게 임할 수 있고, 믿음이 많으면 이웃나라와 친하게 지낼 수 있습니다. 이것이 패자의 보좌이니 임금께서는 그를 임용하십시오."

환공이 말하였다.

"좋소."

그로부터 1년 남짓 지나 관중이 죽었다.

환공은 습붕을 등용하지 않고 수조에게 자리를 주었다.

수조가 정사를 맡은 지 3년 만에 환공은 남쪽으로 당부堂阜 땅을 유람하였을 때 수조는 역아와 위 공자 개방開方, 그리고 대신들을 이끌고 반란을 일으켰다.

환공은 목이 마르고 굶주린 상태로 남문의 침전 방 안에 갇혀서 죽었으며, 시신을 석 달이 되도록 거두지 않아 구더기가 문 밖으로 기어 나왔다.

그러므로 환공의 병력은 천하를 횡행하여 오패의 수장이 되기도 하였으나 끝내는 신하에게 시살당하여 그 높던 명성은 사라지고 천하의 웃음거리가 된 것은 무슨 이유이겠는가? 관중의 말을 듣지 않았기 때문이었다.

그러므로 "잘못을 저지르고 충신의 말에 귀를 기울이지 않고 자신의 뜻으로만 행동하면 높은 명성도 잃고 남의 비웃음을 사는 시작이 된다"라고 말하는 것이다.

奚謂過而不聽於忠臣?

昔者, 齊桓公九合諸侯, 一匡天下, 爲五伯長, 管仲佐之.

管仲老, 不能用事, 休居於家.

桓公從而問之曰:「仲父家居有病, 卽不幸而不起, 政安遷之?」

管仲曰:「臣老矣, 不可問也. 雖然, 臣聞之, 知臣莫若君, 知子莫若父. 君其試以心決之.」

君曰:「鮑叔牙何如?」

管仲曰:「不可. 鮑叔牙爲人, 剛愎而上悍. 剛則犯民以暴, 愎則不得民心, 悍則下不爲用. 其心不懼, 非霸者之佐也.」

公曰:「然則豎刁何如?」

管仲曰:「不可. 夫人之情莫不愛其身. 公妬而好內, 豎刁自獖以爲治內. 其身不愛, 又安能愛君?」

曰:「然則衛公子開方何如?」

管仲曰:「不可. 齊·衛之間不過十日之行, 開方爲事君, 欲適君之故, 十五年不歸見其父母, 此非人情也. 其父母之不親也, 又能親君乎?」

公曰:「然則易牙何如?」

管仲曰:「不可. 夫易牙爲君主味. 君之所未嘗食唯人肉耳, 易牙蒸其子首而進之, 君所知也. 人之情莫不愛其子, 今蒸其子以爲膳於君, 其子弗愛, 又安能愛君乎?」

公曰:「然則孰可?」

管仲曰:「隰朋可. 其爲人也, 堅中而廉外, 少欲而多信. 夫堅中, 則足以爲表; 廉外, 則可以大任; 少欲, 則能臨其衆; 多信, 則能親鄰國. 此霸者之佐也, 君其用之.」

君曰:「諾.」

居一年餘, 管仲死,

君遂不用隰朋而與豎刁.

刁涖事三年, 桓公南遊堂阜, 豎刁率易牙·衛公子開方及大臣爲亂.

桓公渴餒而死南門之寢·公守之室, 身死三月不收, 蟲出于戶.

故桓公之兵橫行天下, 爲五伯長, 卒見弑於其臣, 而滅高名, 爲天下笑者, 何也? 不用管仲之過也.

故曰:「過而不聽於忠臣, 獨行其意, 則滅其高名, 爲人笑之始」也.

【齊桓公】 春秋五霸의 첫 首長. 이름은 小白. 齊나라에 난이 일어나자 鮑叔이 모시고 莒나라로 피신, 管仲은 公子 糾를 모시고 魯나라로 피신함. 뒤에 난이 진압되고 먼저 귀국하는 자가 왕이 될 수 있는 기회에 小白이 오는 길을 管仲 일행이 막고 활을 쏘아 소백의 허리띠 고리에 맞추자 소백은 죽은 척 쓰러져 있다가 지름길로 귀국하여 왕위에 오름. 뒤에 포숙의 추천으로 관중을 등용, 제나라를 부강하게 하고 九合諸侯, 一匡天下하여 첫 패자가 됨. B.C.685~B.C.643년까지 43년간 재위함. 《史記》 齊太公世家를 참조할 것.

【九合諸侯, 一匡天下】 "아홉 번 제후들을 불러 모아 회맹을 열고 천하를 한 번 크게 바로잡다"의 뜻으로 齊 桓公을 가리킬 때 쓰는 상투어. '九合'은 혹 '糾合'과 같으며 수가 많다는 뜻으로 쓰임.

【五伯長】 '五伯'은 '五霸'와 같음. 春秋五霸의 첫 首長이 되었음을 말함. 五霸는 齊 桓公(小白), 晉 文公(重耳), 宋 襄公(玆父), 秦 穆公(任好), 楚 莊王(熊旅)을 가리키며 혹 宋 襄公 대신 越王 勾踐을 넣기도 함.

【管仲】 춘추시대 齊나라 인물. 管夷吾는 이름이며 仲은 그의 字. 齊 桓公을 첫 霸者로 성취시킨 인물. 처음 齊나라에 난이 일어나 公子들이 뿔뿔이 흩어질 때 管仲은 公子 糾를 모시고 魯나라로 피신하였으며 鮑叔은 小白을 모시고 거나라로 피신함. 뒤에 난이 끝나고 먼저 귀국하는 자가 왕위에 오르게 되어 있었으며 이 때 管仲은 小白 일행이 오는 길목을 지키다가 활로 小白을 쏘았으나 小白이 허리띠 고리에 맞고 죽은 척 쓰러져 있다가 지름길로 들어가 먼저 왕위에 올랐으며 이가 환공임. 이에 공자 규와 관중 일행은 귀국하지 못하고

〈管仲(夷吾)〉《三才圖會》

처벌을 기다렸으나 鮑叔의 추천으로 환공의 재상이 되어 제나라를 부강하게 만들었으며 재상에 오름. 환공이 그를 높여 仲父라 칭하였음. 《史記》 管晏列傳 및 《列子》 등을 참조할 것. '管鮑之交' 등의 많은 고사를 남겼으며 그의 사상과 언행을 기록한 《管子》가 전함.

【鮑叔牙】 齊나라 大夫. 齊 襄公으로 인해 내란이 일어나자 공자 小白을 모시고 莒로 피하였다가 먼저 들어와 임금 자리(桓公)에 오르도록 함. 뒤에 公子 糾를 모시고 魯나라에 묶여 있던 管仲이 소환되어 오자 桓公에게 管仲을 추천하여 재상으로 삼아 환공으로 하여금 春秋의 첫 霸者가 되도록 함. '管鮑之交'로 널리 알려져 있음. 《史記》 管晏列傳 및 《列子》 등을 참조할 것.

【剛愎上悍】 억세고 괴팍하며 거칢을 높이 여김.

【豎刁】 '竪刁'로도 표기하며 춘추시대 齊 桓公을 도왔던 인물. 환공에게 접근하기 위하여 스스로 宮刑을 거쳐 宦官이 되어 온갖 아첨을 다함. 뒤에 관중이 죽은 뒤 易牙·開方과 함께 왕자들을 끼고 저마다 난을 일으킴. 《史記》 齊太公世家를 참조할 것.

【公妬而好內】 桓公은 여인들에 대해 의심이 많고 後宮에 대한 好色이 강함. '內'는 後宮 여인을 뜻함.

【自獖】 '獖'은 '豶'으로도 표기하며 원래 '거세한 수퇘지'를 뜻함. 따라서 여기서는 스스로 거세하여 후궁을 관리하는 데 아무런 의심을 받지 않고자 한 것임.

【開方】 원래 衛나라 公子로 齊 桓公을 섬겨 총애를 받았던 인물.

【易牙】 齊 桓公의 주방장. 환공이 진기한 요리는 모두 먹어보았으나 사람 고기는 먹어보지 못하였다고 하자 그에게 환심을 사기 위해 자신의 아들을 죽여 요리해서 바쳤다 함.

【主味】 음식 맛을 내는 일을 주관하던 주방장이었음을 말함.

【子首】 〈乾道本〉에 '子首'로 되어 있으며 글자 그대로 '아들의 머리'를 뜻하나 일부 판본에는 '首子'로 되어 있어 '맏아들'이라는 뜻으로 풀이하기도 함.

【隰朋】 齊 桓公을 모셨던 齊나라 대부. 齊 莊公의 증손으로 같은 姜姓에서 나왔으며 戴仲의 아들 成子. 《國語》 齊語의 韋昭 注에 "隰朋, 齊莊公之曾孫, 戴仲之子成子也"라 함.

【堅中而廉外】 마음 속은 견실하며 겉은 淸廉正直함.

【蒞事】 '蒞'는 '莅'와 같으며 '臨'의 뜻.

【堂阜】 山東 蒙陰縣 서북쪽 지역. 齊나라와 魯나라 사이의 국경 지역. 《左傳》 莊公 9년 杜預 注에 "堂阜, 齊地. 東莞蒙陰縣西北有夷吾亭也"라 함.

【南門之寢】 齊 桓公의 別宮 寢殿.
【公守之室】 '公守'는 軟禁 상태를 뜻함. 《管子》 小稱篇에 "處期年, 四子作難, 圍公一室不得出"라 함.
【三月不收】 '收'는 斂을 하는 것. 석 달 동안 入棺하지 않고 방치해 둠.

참고 및 관련 자료

1. 《管子》 小稱篇

管仲有病, 桓公往問之曰: 「仲父之病病矣, 若不可諱而不起此病也, 仲父亦將何以詔寡人?」 管仲對曰: 「微君之命臣也, 故臣且謁之. 雖然, 君猶不能行也.」 公曰: 「仲父命寡人東, 寡人東; 令寡人西, 寡人西. 仲父之命于寡人, 寡人敢不從乎?」 管仲攝衣冠起, 對曰: 「臣願君之遠易牙·豎刁·堂巫·公子開方. 夫易牙以調和事公, 公曰惟烝嬰兒之未嘗, 于是烝其首子而獻之公, 人情非不愛其子也, 于子之不愛, 將何有于公? 公喜宮而妬, 豎刁自刑而爲公治內, 人情非不愛其身也, 于身之不愛, 將何有于公? 公子開方事公, 十五年不歸視其親, 齊衛之間, 不容數日之行. 臣聞之, 務爲不久, 蓋虛不長, 其生不長者, 其死必不終.」 桓公曰: 「善.」 管仲死, 已葬, 公憎四子者廢之官. 逐堂巫而苛病起兵, 逐易牙而味不至, 逐豎刁而宮中亂, 逐公子開方而朝不治. 桓公曰: 「嗟! 聖人固有悖乎?」 乃復四子者. 處期年, 四子作難, 圍公一室不得出. 有一婦人, 遂從竇入, 得至公所, 公曰: 「吾饑而欲食, 渴而欲飮, 不可得, 其故何也?」 婦人對曰: 「易牙·豎刁·堂巫·公子開方, 四人分齊國. 塗十日不通矣. 公子開方以書社七百下衛矣, 食將不得矣.」 公曰: 「嗟, 玆乎! 聖人之言長乎哉! 死者無知則已, 若有知, 吾何面目以見仲父于地下!」 乃援素幭以裹首而絶. 死十一日, 蟲出于戶, 乃知桓公之死也, 葬以楊門之扇. 桓公之所以身死十一日, 蟲出戶而不收者, 以不終用賢也.

2. 《管子》 戒篇

管仲寢疾, 桓公往問之, 曰: 「仲父之疾甚也, 若不可諱矣, 不幸而不起此疾, 彼政我將安移之?」 管仲未對. 桓公曰: 「鮑叔之爲人何如?」 管子對曰: 「鮑叔, 君子也, 千乘之國不以其道予之, 不受也. 雖然, 不可以爲政. 其爲人也, 好善而惡惡已甚, 見一惡終身不忘.」 桓公曰: 「然則孰可?」 管仲對曰: 「隰朋可. 朋之爲人, 好上識而下問. 臣聞之, 以德予人者謂之仁, 以財予人者謂之良. 以善勝人者, 未有服人者也. 于國有所不知政, 于家有所不知事, 必則朋乎! 且朋之爲人也,居其家不忘公門, 居公門不忘其家, 事君不二其心, 亦不忘其身, 擧齊國之幣, 握路家五十室, 其人不知也. 大仁也哉, 其朋乎!」公又問曰:「不幸而失仲父也, 二三大夫者, 其猶能以國寧乎?」管仲對曰:「君請矍已乎? 鮑叔牙之爲人也好直, 賓胥無之爲人也好善, 寧戚之爲人也能事, 孫在之爲人也善言.」公曰:「此四子者, 其孰能一? 人之上也, 寡人幷而臣之, 則其不以國寧, 何也?」對曰:「鮑叔之爲人, 好直而不能以國詘; 賓胥無之爲人也, 好善而不能以國詘; 寧戚之爲人, 能事而不能以足息; 孫在之爲人, 善言而不能以信默. 臣聞之, 消息盈虛, 與百姓詘信, 然後能以國寧勿已者, 朋其可乎? 朋之爲人也, 動必量力, 擧必量技.」言終, 喟然而歎曰:「天之生朋, 以爲夷吾舌也, 其身死, 舌焉得生哉!」管仲曰:「夫江, 黃之國近于楚, 爲臣死乎, 君必歸之楚而寄之; 君不歸, 楚必私之. 私之而不救也, 則不可; 救之, 則亂自此始矣.」桓公曰:「諾.」管仲又言曰:「東郭有狗嘊嘊, 旦暮欲齧, 我猳而不使也. 今夫易牙, 子之不能愛, 將安能愛君? 君必去之.」公曰:「諾.」管子又言曰:「北郭有狗嘊嘊, 旦暮欲齧, 我猳而不使也. 今夫豎刁, 其身之不愛, 焉能愛君? 君必去之.」公曰:「諾.」管子又言曰:「西郭有狗嘊嘊, 旦暮欲齧, 我猳而不使也. 今夫衛公子開方, 去其千乘之太子而臣事君, 是所願也, 得于君者是將欲過其千乘也, 君必去之.」桓公曰:「諾.」管子遂卒. 卒十月, 隰朋亦卒. 桓公去易牙·豎刁·衛公子開方. 五味不至, 于是乎復反易牙; 宮中亂, 復反豎刁; 利言卑辭不在側, 復反衛公子開方. 桓公內不量力, 外不量交, 而力伐四鄰. 公薨, 六子皆求立, 易牙與衛公子內與豎刁, 因共殺群吏, 而立公子無虧, 故公死七日不斂, 九月不葬. 孝公犇宋, 宋襄公率諸侯以伐齊, 戰于甗, 大敗齊師, 殺公子無虧, 立孝公而還. 襄公立十三年, 桓公立四十二年.

3.《呂氏春秋》知接篇

管仲有疾. 桓公往問之曰:「仲父之疾病矣, 將何以教寡人?」管仲曰:「齊鄙人有諺曰: 居者無載, 行者無埋. 今臣將有遠行, 胡可以問?」桓公曰:「願仲父之無讓也.」管仲對曰:「願君之遠易牙·豎刁·常之巫·衛公子啓方.」公曰:「易牙烹其子以慊寡人, 猶尙可疑邪?」管仲對曰:「人之情, 非不愛其子也, 其子之忍, 又將何有於君?」公又曰:「豎刁自宮以近寡人, 猶尙可疑耶?」管仲對曰:「人之情, 非不愛其身也, 其身之忍, 又將何有於君?」公又曰:「常之巫審於死生, 能去苛病, 猶尙可疑邪?」管仲對曰:「死生命也, 苛病失也. 君不任其命·守其本, 而恃常之巫, 彼將以此無不爲也.」公又曰:「衛公子啓方事寡人十五年矣, 其父死而不敢歸哭, 猶尙可疑邪?」管仲對曰:「人之情, 非不愛其父也, 其父之忍, 又將何有於君?」公曰:「諾.」管仲死, 盡逐之, 食不甘, 宮不治, 苛病起, 朝不肅.

居三年, 公曰:「仲父不亦過乎? 孰謂仲父盡之乎?」於是皆復召而反. 明年, 公有病, 常之巫從中出曰:「公將以某日薨. 易牙·豎刁·常之巫相與作亂, 塞宮門, 築高牆, 不通人, 矯以公令. 有一婦人踰垣入, 至公所.」公曰:「我欲食.」婦人曰:「吾無所得.」公又曰:「我欲飮.」婦人曰:「吾無所得.」公曰:「何故?」對曰:「常之巫從中出曰: 公將以某日薨. 易牙·豎刁·常之巫相與作亂, 塞宮門, 築高牆, 不通人, 故無所得. 衛公子啓方以書社四十下衛.」公慨焉歎涕出曰:「嗟乎! 聖人之所見, 豈不遠哉? 若死者有知, 我將何面目以見仲父乎?」蒙衣袂而絶乎壽宮. 蟲流出於戶, 上蓋以楊門之扇, 三月不葬. 此不卒聽管仲之言也. 桓公非輕難而惡管子也, 無由接見也. 無由接, 固却其忠言, 而愛其所尊貴也.

4.《史記》齊太公世家

四十一年 ……是歲管仲隰朋皆卒, 管仲病, 桓公問曰:「群臣誰可相者.」管仲曰:「知臣莫如君.」公曰:「易牙如何?」對曰:「殺子以適君, 非人情, 不可.」公曰:「開方如何?」對曰:「倍親以適君, 非人情, 難近.」公曰:「豎刁如何?」對曰:「自宮以適君, 非人情, 難親.」管仲死, 而桓公不用管仲言, 卒近用三子, 三子專權.

5.《十八史略》(1)

仲病, 桓公問:「羣臣誰可相? 易牙何如?」仲曰:「殺子以食君, 非人情, 不可近.」「開方何如?」曰:「倍親以適君, 非人情, 不可近.」蓋開方故衛公子來奔者也.「豎刁何如?」曰:「自宮以適君, 非人情, 不可近.」仲死, 公不用仲言, 卒近之. 三子專權, 公內寵, 如夫人者六, 皆有子. 公薨, 五公子爭立相攻, 公尸在床,

6.《說苑》權謀篇

管仲有疾, 桓公往問之, 曰:「仲父若棄寡人, 豎刁可使從政乎?」對曰:「不可. 豎刁自刑以求入君, 其身之忍, 將何有於君.」公曰:「然則易牙可乎?」對曰:「易牙解其子以食君, 其子之忍, 將何有於君, 若用之, 必爲諸侯笑.」及桓公歿, 豎刁易牙乃作難. 桓公死六十日, 蟲出於戶而不收.

7.《說苑》貴德篇

孔子曰:「里仁爲美, 擇不處仁, 焉得智?」夫仁者, 必恕然後行, 行一不義, 殺一無罪, 雖以得高官大位, 仁者不爲也. 夫大仁者, 愛近以及遠, 及其有所不諧, 則虧小仁以就大仁. 大仁者, 恩及四海; 小仁者, 止於妻子. 妻子者, 以其知營利, 以婦人之恩撫之, 飾其內情, 雕畫其僞, 孰知其非眞, 雖當時蒙榮, 然士君子以爲大辱, 故共工驩兜符里鄧析, 其智非無所識也, 然而爲聖王所誅者, 以無德而苟利也. 豎刁易牙, 毁體殺子以干利, 卒爲賊於齊. 故人臣不仁, 簒弑之亂生; 人臣而仁, 國治主榮; 明主察焉, 宗廟太寧, 夫人臣猶貴仁, 況於人主乎! 故桀紂

以不仁失天下, 湯武以積德有海土, 是以聖王貴德而務行之. 孟子曰:「推恩足以及四海; 不推恩不足以保妻子. 古人所以大過人者, 無他焉, 善推其所有而已.」

8.〈管仲論〉蘇洵(明允)

管仲相威公, 霸諸侯攘夷狄, 終其身齊國富强, 諸侯不敢叛, 管仲死, 豎刁·易牙·開方用, 威公薨於亂, 五公子爭立, 其禍蔓延, 訖簡公齊無寧歲. 夫功之成, 非成於成之日, 蓋必有所由起; 禍之作不作於作之日, 亦必有所由兆. 則齊之治也, 吾不曰「管仲而曰鮑叔, 及其亂」也, 吾不曰「豎刁易牙開方而曰管仲」何則? 豎刁·易牙·開方三子, 彼固亂人國者, 顧其用之者, 威公也. 夫有舜而後, 知放四凶, 有仲尼而後, 知去少正卯, 彼威公何人也, 顧其使威公, 得用三子者, 管仲也. 仲之疾也, 公問之相, 當是時也, 吾以仲且擧天下之賢者以對, 而其言乃不過曰「豎刁易牙開方三子, 非人情, 不可近而已」. 嗚呼! 仲以爲威公, 果能不用三子矣乎? 仲與威公處幾年矣, 亦知威公之爲人矣乎! 威公聲不絶乎耳, 色不絶於目, 而非三子者, 則無以遂其欲, 彼其初之所以不用者, 徒以有仲焉耳. 一日無仲, 則三子者, 可以彈冠而相慶矣, 仲以爲將死之言, 可以縶威公之手足耶! 夫齊國 不患有三子, 而患無仲, 有仲則三子者, 三匹夫耳. 不然天下, 豈少三子之徒, 雖威公幸而聽仲, 誅此三人, 而其餘者, 仲能悉數而去之耶? 嗚呼! 仲可謂不知本者矣. 因威公之問, 擧天下之賢者以自代, 則仲雖死, 而齊國未爲無仲也, 夫何患三子者. 不言可也. 五霸莫盛於威文, 文公之才, 不過威公, 其臣又皆不及仲, 靈公之虐, 不如孝公之寬厚, 文公死, 諸侯不敢叛晉, 晉襲文公之餘威, 猶得爲諸侯之盟主百餘年, 何者? 其君雖不肖, 而尙有老成人焉. 威公之死也, 一亂塗地, 無惑也, 彼獨恃一管仲, 而仲則死矣. 夫天下未嘗無賢者, 蓋有有臣而無君者矣, 威公在焉而曰天下不復有管仲者, 吾不信也. 仲之書有記其將死, 論鮑叔賓胥無之爲人, 且各疏其短, 是其心, 以爲是數子者, 皆不足以托國, 而又逆知其將死, 則其書誕謾不足信也. 吾觀史鰌以不能進蘧伯玉而退彌子瑕. 故有身後之諫, 蕭何且死, 擧曹參以自代, 大臣之用心, 固宜如此也. 一國以一人興, 以一人亡, 賢者不悲其身之死, 而憂其國之衰. 故必復有賢者而後, 有以死, 彼管仲何以死哉!

052(10-10)
국내의 힘을 헤아리지 않음

무엇을 일러 '안으로 자신의 역량을 헤아려 보지 않는다'라 하는가?

옛날 진秦나라가 의양宜陽을 공격하여 한韓나라가 위급해졌다.

공중붕公仲朋이 한나라 임금에게 말하였다.

"동맹국이라 해도 믿을 수 없습니다. 그 어찌 장의張儀를 내세워 진나라와 화해하는 것만 같겠습니까! 큰 도성을 뇌물로 주고 남쪽으로 함께 초楚나라를 치십시오. 이는 진나라에 대한 환난을 풀고 그 피해를 초나라에게 전가시키는 것입니다."

임금이 말하였다.

"좋소."

이에 공중붕의 행차를 경비하면서 서쪽 진나라로 가서 화해를 하려던 참이었다.

초왕楚王이 이를 듣고 두려워 진진陳軫을 불러서 고하였다.

"한나라 붕이 앞으로 서쪽의 진나라와 화해를 하려 합니다. 지금 우리는 어찌해야 되겠소?"

진진이 말하였다.

"진나라는 한나라 도성 하나를 얻고 잘 훈련된 군사를 몰아 진·한이 연합하여 남쪽 우리 초나라를 향해 올 것입니다. 이는 진왕秦王이 자신들 종묘에서 빌며 원했던 것이니 우리 초나라가 피해를 입을 것은 틀림없습니다. 왕께서 서둘러 사신을 보내되 많은 수레에 귀중한 폐백을 실어 한나라에 바치면서 이렇게 말하도록 하십시오. '내 나라가 비록 작지만 병졸들을 모두 일으켜 도울 것이니 원컨대 귀국은 진나라에게 뜻을 펴십시오. 아울러 원컨대 귀국의 사신을 우리 국경에 들여보내어 우리 초나라가 군사를 일으킨 것을 직접 보시기 바랍니다'라고 말입니다."

한나라가 사람을 초나라로 보냈더니 초왕은 수레와 기마를 발동시켜 북쪽으로 향하는 길목에 정렬시키고 한나라 사신에게 이렇게 말하는 것이었다.

"귀국 한나라 임금에게 보고하십시오. 우리 군사가 지금 막 국경으로 들어가고 있다고 말입니다."

사신이 돌아와 한나라 임금에게 보고하자 임금은 크게 기꺼워하며 공중公仲이 가는 것을 막았다.

그러자 공중이 말하였다.

"안 됩니다. 무릇 우리에게 실제로 해를 끼치는 나라는 진나라이며, 명분만으로 우리를 구해주겠다고 하는 나라는 초나라입니다. 초나라의 빈말을 듣고 경솔하게 강한 진나라를 속이는 실제의 재앙을 입는다면 나라를 위태롭게 하는 근본입니다."

그러나 한나라 임금은 이를 듣지 않았다.

공중은 노하여 집에 돌아가 열흘 동안 조회에 나오지 않았다.

의양宜陽이 더욱 다급해지자 한나라 임금은 사신을 초나라에 보내 원군을 재촉, 그 행렬이 관과 수레지붕이 서로 보일 정도였지만 끝내 초나라 원군은 오지 않았다.

의양은 마침내 함락되었고 제후들의 웃음거리가 되고 말았다.

그러므로 "안으로 자신의 역량을 헤아려 보지 않고 밖으로 다른 제후들을 믿는다면 국토가 깎이는 우환을 당하게 된다"라고 하는 것이다.

奚謂內不量力?

昔者, 秦之攻宜陽, 韓氏急.

公仲朋謂韓君曰:「與國不可恃也, 豈如因張儀爲和於秦哉! 因賂以名都而南與伐楚, 是患解於秦而害交於楚也.」

公曰:「善.」

乃警公仲之行, 將西和秦.

楚王聞之, 懼, 召陳軫而告之曰:「韓朋將西和秦, 今將奈何?」

陳軫曰:「秦得韓之都一, 驅其練甲, 秦·韓爲一以南鄕楚, 此秦王之所以廟祠而求也, 其爲楚害必矣. 王其趣發信臣, 多其車, 重其幣, 以奉韓曰:『不穀之國雖小, 卒已悉起, 願大國之信意於秦也. 因願大國令使者入境, 視楚之起卒也.』」

韓使人之楚, 楚王因發車騎, 陳之下路, 謂韓使者曰:「報韓君, 言弊邑之兵今將入境矣.」

使者還報韓君, 韓君大悅, 止公仲.

公仲曰:「不可. 夫以實告我者, 秦也; 以名救我者, 楚也. 聽楚之虛言而輕誣强秦之實禍, 則危國之本也.」

韓君弗聽.

公仲怒而歸, 十日不朝.

宜陽益急, 韓君令使者趣卒於楚, 冠蓋相望而卒無至者.

宜陽果拔, 爲諸侯笑.

故曰:「內不量力, 外恃諸侯者, 則國削之患」也.

【宜陽】 韓나라 성읍으로 지금의 河南 宜陽縣 서남쪽.

【韓氏】 韓氏는 韓나라를 가리킴. 韓 襄王 4년(B.C.308) 秦나라 甘茂가 宜陽을

공격하여 이듬해 함락시켰으며 6만 명을 참수한 큰 전투. 그러나 公仲이 화해를 주장한 일은 《史記》와 《戰國策》에 모두 宣惠王 16년(B.C.317) 濁澤의 전투에서 있었던 일로 되어 있어 이곳과 다름. 〈集解〉에 "顧廣圻曰: 《國策》作「秦·韓戰於濁澤.」《史記》韓世家同, 在宣惠王十六年"이라 함.

【公仲朋】 公仲·公仲侈·公仲明·公仲朋·韓朋 등 여러 표기가 있음. 韓나라 公族이며 姓은 公仲이며 이름은 侈. 韓나라 相國을 역임함. 《戰國策》 秦策(2)의 鮑彪 注에 "侈作朋. 朋, 公仲名. 此書後或名朋, 或名侈, 朋侈字近, 故誤. 史竝作侈, 然韓策言公仲侈, 又言韓侈, 爲兩人. 今定公仲名, 明別韓侈也"라 함.

【與國】 자기 편을 들어주는 나라. 즉 友邦國·同盟國을 가리킴.

【張儀】 魏의 사람. 蘇秦과 쌍벽을 이루었던 전국시대 縱橫家의 대표적인 유세가. 蘇秦과 함께 鬼谷선생에게 외교술을 배웠으나 소진이 먼저 秦나라에 대항하는 六國 合從說(合縱說)로 성공하자 장의는 秦나라를 중심으로 連橫說(連衡說)을 써서 秦나라 국력을 신장시켰음. 《史記》 張儀列傳 및 《戰國策》을 참조할 것.

【害交於楚】 '交'는 '移'와 같은 뜻임. '떠넘기다, 건네주다'의 뜻. 피해를 楚로 전가시킴.

【警公仲之行】 公仲의 행차에 경비를 다함. 신중히 함. '警'은 '儆'과 같음. 〈集解〉에 "警, 飭戒也. 先愼曰: 警, 《策》作「儆」, 字同"이라 함.

【楚王】 楚 懷王. 威王의 아들이며 B.C.328~B.C.299년까지 30년간 재위하고 그 뒤를 頃襄王이 이음. 張儀에 의해 많은 고통을 당하였으며 屈原을 축출하기도 한 임금임.

【陳軫】 뛰어난 說客으로 그 무렵 楚나라에서 벼슬하고 있었음. 《史記》에 傳이 있음.

【鄕楚】 '鄕'은 '向'·'嚮'과 같음.

【廟祠而求】 종묘에 제사를 올리며 소원을 비는 것.

【趣發】 '趣'는 '促'과 같음. 급하게 재촉함. 서둘러 사신을 보냄.

【信臣】 사신을 가리킴. '信'은 '申'과 같음. 통하도록 함.

【大國之信意】 大國은 상대국의 칭호. '信'은 '伸'과 같음.

【下路】 '下'는 '夏'와 같음. '夏路'는 남방 楚나라로부터 북쪽 韓나라(中原)로 향하고 있음을 말함.

【弊邑】 제후국끼리 자신의 나라를 가리킬 때 쓰는 謙稱.

【輕誣】 輕視함. '誣'는 '侮'와 같음. 가볍게 여겨 속이거나 모욕함. 《史記》와 《戰國策》에는 '誣'자가 없음.

【冠蓋相望】 사신 행렬이 이어져 그 사신의 官과 수레덮개가 서로 바라다보일 정도라는 뜻으로 사자를 잇따라 파견함을 뜻함.
【宜陽果拔】〈集解〉에 "顧廣圻曰:《策》作「秦果大怒, 興師與韓氏戰於岸門」, 在十九年, 其拔宜陽在襄王之五年, 後此凡七年也. 不同"이라 함.

참고 및 관련 자료

1.《戰國策》韓策(1)

秦·韓戰於濁澤, 韓氏急. 公仲明(朋)謂韓王曰:「與國不可恃. 今秦之心欲伐楚, 王不如因張儀爲和於秦, 賂之以一名都, 與之伐楚. 此以一易二之計也.」韓王曰:「善.」乃儆公仲之行, 將西講於秦. 楚王聞之大恐, 召陳軫而告之. 陳軫曰:「秦之欲伐我久矣, 今又得韓之名都一而具甲, 秦·韓幷兵南鄕(向), 此秦所以廟祠而求也. 今已得之矣, 楚國必伐矣. 王聽臣, 爲之儆四境之內選師, 言救韓, 令戰車滿道路; 發信臣, 多其車, 重其幣, 使信王之救己也. 縱韓爲不能聽我, 韓必德王也, 必不爲鴈行以來. 是秦·韓不和, 兵雖至, 楚國不大病矣. 爲能聽我絶和於秦, 秦必大怒, 以厚怨於韓. 韓得楚救, 必輕秦. 輕秦, 其應秦必不敬. 是我困(因)秦·韓之兵, 而免楚國之患也.」楚王大說, 乃儆四境之內選師, 言救韓, 發信臣, 多其車, 重其幣. 謂韓王曰:「弊(敝)邑雖小, 已悉起之矣. 願大國遂肆意於秦, 弊邑將以楚殉韓.」韓王大說, 乃止公仲. 公仲曰:「不可, 夫以實告(困)我者, 秦也; 以虛名救我者, 楚也. 恃楚之虛名, 輕絶强秦之敵, 必爲天下笑矣. 且楚·韓非兄弟之國也, 又非素約而謀伐秦矣. 秦欲伐楚, 楚因以起師言救韓, 此必陳軫之謀也. 且王以使人報於秦矣, 今弗行, 是欺秦也. 夫輕强秦之禍, 而信楚之謀臣, 王必悔之矣.」韓王弗聽, 遂絶和於秦. 秦果大怒, 興師與韓氏戰於岸門, 楚救不至, 韓氏大敗. 韓氏之兵非削弱也, 民非蒙愚也, 兵爲秦禽, 智爲楚笑, 過聽於陳軫, 失計於韓明(朋)也.

2.《史記》韓世家

十六年, 秦敗我脩魚, 虜得韓將䲺·申差於濁澤. 韓氏急, 公仲謂韓王曰:「與國非可恃也. 今秦之欲伐楚久矣, 王不如因張儀爲和於秦, 賂以一名都, 具甲, 與之南伐楚, 此以一易二之計也.」韓王曰:「善.」乃警公仲之行, 將西購於秦. 楚王聞之大恐, 召陳軫告之. 陳軫曰:「秦之欲伐楚久矣, 今又得韓之名都一而具甲, 秦韓幷兵而伐楚, 此秦所禱祀而求也. 今已得之矣, 楚國必伐矣. 王聽臣爲之警四境之內, 起師言救韓, 命戰車滿道路, 發信臣, 多其車, 重其幣, 使信王之救己也. 縱韓不能聽我, 韓必德王也, 必不爲鴈行以來, 是秦韓不和也, 兵雖至, 楚不大病也. 爲能聽我絶和於秦, 秦必大怒, 以厚怨韓. 韓之南交楚, 必輕秦; 輕秦, 其應秦必不敬; 是因秦·韓之兵而免楚國之患也.」楚王曰:「善.」乃警四境之內, 興師言救韓. 命戰車滿道路, 發信臣, 多其車, 重其幣. 謂韓王曰:「不穀國雖小, 已悉發之矣. 願大國遂肆志於秦, 不穀將以楚殉韓.」韓王聞之大說, 乃止公仲之行. 公仲曰:「不可. 夫以實伐我者秦也, 以虛名救我者楚也. 王恃楚之虛名, 而輕絶彊秦之敵, 王必爲天下大笑. 且楚韓非兄弟之國也, 又非素約而謀伐秦也. 已有伐形, 因發兵言救韓, 此必陳軫之謀也. 且王已使人報於秦矣, 今不行, 是欺秦也. 夫輕欺彊秦而信楚之謀臣, 恐王必悔之.」韓王不聽, 遂絶於秦. 秦因大怒, 益甲伐韓, 大戰, 楚救不至韓. 十九年, 大破我岸門. 太子倉質於秦以和.

053(10-11)
약소국으로서 예가 없는 것

무엇을 일러 '작은 나라로서 무례하다'라 하는가?

옛날 진晉나라 공자 중이重耳가 망명 중에 조曹나라에 들르게 되었을 때 조나라 군주가 그의 알몸을 들여다보았다.

희부기釐負羈와 숙첨叔瞻이 그 앞에 모시고 서 있다가 숙첨이 조군에게 말하였다.

"제가 진 공자를 살펴 보았더니 보통 사람이 아니더이다. 그런데 임금께서 그를 무례하게 대하셨으니 저런 분이 만약 어느 날 귀국하여 군사를 일으킨다면 우리 조나라가 상처를 입을까 두렵습니다. 임금께서는 그를 죽이느니만 못합니다."

조나라 임금은 이를 듣지 않았다.

희부기가 집에 돌아와 즐겁지 않은 표정을 하자 그의 처가 물었다.

"그대는 밖에서 돌아와 즐겁지 않은 표정이시니 무슨 일이 있었습니까?"

이부기가 말하였다.

"내가 듣기로 복이란 나에게 미치지 않지만 나쁜 일은 잇따라 나에게 밀려온다고 하였소. 오늘 우리 임금이 진나라 공자를 불러 그 대우가 무례하였소. 나도 그 앞에 있었는데 나는 이 때문에 즐겁지 않은 거라오."

그의 처가 말하였다.

"내가 진 공자를 보았더니 그는 만승의 군주요, 그를 따르고 있는 좌우들은 만승의 나라 재상이 될 분들이더이다. 지금 궁하여 망명 중에 우리 조나라를 들렀는데 조나라가 그를 무례하게 대우하였으니 이들이 만약 귀국하면 틀림없이 무례하게 군 자들을 주벌할 것이며, 그렇게 된다면 조나라가 우선 대상이 될 것이오. 그대는 어찌 먼저 스스로 다른 모습을 보이지 않습니까?"

희부기가 말하였다.

"좋소."

그리하여 항아리에 황금을 담아 음식을 채우고 그 위에 벽옥을 더 얹어 밤중에 사람을 시켜 공자에게로 보냈다.

공자는 사자를 보고 재배하며 그 음식을 받았으나 벽옥은 사양하였다.

공자는 조나라로부터 초楚나라로 들어갔다가 다시 초나라에서 진秦나라로 들어갔다.

진나라에 들어온 지 3년, 진秦 목공穆公이 신하들을 불러놓고 이렇게 모책을 짰다.

"지난날, 진晉 헌공獻公과 나 사이의 친교를 제후들로써 모르는 이가 없소. 그런데 헌공이 불행하게도 신하들을 버리고 돌아간 지 10년이나 되어 가오. 그런데 대를 이을 자식이 마땅치 않으니 나는 앞으로 그 종묘에 불제祓除를 행하지 못하고 사직에 희생犧牲을 바치지 못하게 될까 두렵소. 이런데도 안정을 시켜주지 못한다면 이는 남과 친교를 맺었던 도리가 아닐 것이오. 나는 중이를 도와 진나라에 들여보내고자 하오. 어떻소?"

신하들이 모두 말하였다.

"좋습니다."

목공은 이를 근거로 병졸을 일으켜 혁거革車 5백 승, 주기疇騎 2천 필, 보졸步卒 5만 명을 내어 중이를 보필하고 진나라에 입국시켜 그를 진나라 군주로 세워 주었다.

중이가 즉위한 지 3년, 군사를 일으켜 조나라를 쳐들어가서 조나라 임금에게 이렇게 고하도록 하였다.

"숙첨을 매달아 내놓아라. 앞으로 내 그를 죽여 본때를 보이리라."

그리고 다시 희부기에게 이렇게 알리도록 하였다.

"나의 군사들이 성에 다가가고 있다. 나는 그대가 나를 위배하지 않았음을 알고 있다. 그대가 사는 마을에 표를 세워두어라. 내 앞으로 명령을 내려 군사들이 함부로 그 마을을 범하지 않도록 할 것이다."

조나라 사람들이 이를 듣고 친척들을 이끌고 희부기의 마을에서 보호를 받은 자가 7백여 가나 되었다.

이는 바로 예禮가 그러한 작용을 한 것이다.

무릇 조나라는 작은 나라이면서 진晉과 초楚 사이에 눌려 그 군주의 위태함이 마치 계란을 쌓아놓은 것과 같았음에도 무례한 짓으로 임하였으니 이것이 대가 끊기게 된 원인이다.

그러므로 "작은 나라이면서도 무례하게 굴어 간언하는 신하를 쓰지 않으면 대가 끊기는 형세에 처하게 된다"라고 말하는 것이다.

奚謂國小無禮?

昔者, 晉公子重耳出亡, 過於曹, 曹君袒裼而觀之.

釐負羈與叔瞻侍於前. 叔瞻謂曹君曰:「臣觀晉公子, 非常人也. 君遇之無禮, 彼若有時反國而起兵, 卽恐爲曹傷, 君不如殺之.」

曹君弗聽.

釐負羈歸而不樂, 其妻問之曰:「公從外來而有不樂之色, 何也?」

負羈曰:「吾聞之: 有福不及, 禍來連我. 今日吾君召晉公子, 其遇之無禮. 我與在前, 吾是以不樂.」

其妻曰:「吾觀晉公子, 萬乘之主也; 其左右從者, 萬乘之相也. 今窮而出亡過於曹, 曹遇之無禮, 此若反國, 必誅無禮, 則曹其首也. 子奚不先自貳焉?」

負羈曰:「諾.」

乃盛黃金於壺, 充之以餐, 加璧其上, 夜令人遺公子.

公子見使者, 再拜, 受其餐而辭其璧.

公子自曹入楚, 自楚入秦.

入秦三年, 秦穆公召群臣而謀曰:「昔者, 晉獻公與寡人交, 諸侯莫弗聞. 獻公不幸離群臣, 出入十年矣. 嗣子不善, 吾恐此將令其宗廟不拔除而社稷不血食也. 如是弗定, 則非與人交之道. 吾欲輔重耳而入之晉, 何如?」

群臣皆曰:「善.」

公因起卒, 革車五百乘, 疇騎二千, 步卒五萬, 輔重耳入之于晉, 立爲晉君.

重耳卽位三年, 擧兵而伐曹矣, 因令人告曹君曰:「懸叔瞻而出之, 我且殺而以爲大戮.」

又令人告釐負羈曰:「軍旅薄城, 吾知子不違也. 其表子之閭, 寡人將以爲令, 令軍勿敢犯.」

曹人聞之, 率其親戚而保釐負羈之閭者七百餘家.

此禮之所用也.

故曹, 小國也, 而迫於晉·楚之間, 其君之危猶累卵也, 而以無禮涖之, 此所以絶世也.

故曰:「國小無禮, 不用諫臣, 則絶世之勢」也.

【公子重耳】晉 文公. 獻公의 둘째아들. 驪姬의 핍박으로 19년간 해외 망명을 거쳐 귀국, 왕위에 오름. 뒤에 齊 桓公에 이어 春秋五霸의 지위에 오름. B.C.636~B.C.628년까지 9년간 재위함. 《史記》 晉世家에 "重耳母, 翟之狐女也;

夷吾母, 重耳母女弟也. …自獻公爲太子時, 重耳固以成人矣"라 하였고, 《國語》는 重耳의 망명 생활에 대하여 매우 많은 양을 자세히 싣고 있으며 晉語(4)에는 "狐氏出自唐叔. 狐姬, 伯行之子也, 實生重耳"라 함. 《左傳》·《國語》·《史記》 등을 참조할 것.

【曹】 周 武王의 아우 叔振鐸이 봉지로 받았던 나라로 陶丘(지금의 山東 定陶縣)를 도읍으로 하였으며 춘추 말 宋나라에게 합병됨. 이 고사 무렵의 조나라 군주는 共公으로 昭公의 아들이며 B.C.652~B.C.618년까지 35년간 재위하고 문공에게 이어짐.

【袒裼】 웃옷을 모두 벗은 상태. 曹 共公은 공자 중이의 갈비뼈가 붙어 있다는 소문을 듣고 그가 목욕할 때 몰래 들여다보는 무례함을 저질렀음.

【釐負羈】 '釐'는 '희'로 읽음. 《左傳》과 《國語》에는 모두 '僖負羈'로 되어 있음. 曹 共公의 신하이며 大夫. '羈'는 '覊'로도 표기함.

【叔瞻】 역시 曹 共公의 신하. 《左傳》과 《國語》에는 모두 '叔詹'으로, 《呂氏春秋》에는 '被詹'으로 되어 있음. 원래 叔瞻은 鄭 文公의 신하이며 여기에 잘못 그 이름이 들어간 것임.

【禍來連我】 임금의 화가 닥쳐오면 나도 거기에 말려들게 됨. 〈宋本〉 注에 "君有福未必及己, 其禍之至, 當連我也"라 함.

【萬乘】 원래 天子를 뜻하나 여기서는 大國을 뜻함.

【自貳】 '貳'는 두 마음. 여기서는 釐負羈가 共公과 달리 晉 公子 重耳에게 잘 대해줄 것을 부탁하는 뜻임.

【穆公】 春秋시대 秦나라 군주. 이름은 任好. 秦 成公을 이어 B.C.659~B.C.621년까지 39년간 재위하고 康公(罃)에게 이어짐. 百里奚와 公孫枝, 由余 등을 등용하여 西戎을 制霸함.

【晉獻公】 춘추시대 晉나라 군주. 武公의 아들이며 獻公(詭諸)과 文公(重耳), 태자 申生의 아버지. 晉나라 군주. B.C.676~B.C.651년까지 26년간 재위함. 17國을 병탄하고 38國을 복종시켰으며 12번 승리를 거두었다 하였음. 그러나 驪姬의 난으로 重耳(文公)가 망명에 오르는 등 혼란을 조성함.

【寡人交】 秦 穆公의 夫人은 晉 獻公의 長女였음. 양국은 혼인관계로 특히 친교가 깊었음.

【出入十年】 십 년 내외가 됨. '出入'은 '上下', '어느 정도'의 뜻.

【嗣子不善】 獻公의 아들 奚齊와 卓子가 피살되고 惠公(夷吾)이 이었으나 역시 바람직한 임금은 아니었음. 《國語》 晉語를 참조할 것.

【祓除】 털고 깨끗이 掃除함. 宗廟를 늘 청소하며 제사를 이어감을 뜻함. 尹桐陽은 "祓除, 掃除也"라 함. 〈集解〉에는 '拔除'로 표기되어 있음.

【血食】 犧牲의 피를 바쳐서 제사 지냄. 제사가 이어짐을 말함.

【革車】 戰車. 가죽으로 四面을 막아 적의 화살이나 공격을 막을 수 있도록 만든 전투용 수레.

【疇騎】 '疇'는 '等'의 뜻. 〈乾道本〉 注에 "疇, 等也. 言馬齊等, 皆精妙也"라 함. 고르게 잘 훈련된 精騎部隊를 뜻함.

【懸叔瞻】 '懸'은 '縛'의 뜻으로 叔瞻을 결박하여 성문 밖에 매닮.

【大戮】 '戮'은 '戮尸'의 뜻이며 아울러 시신을 전시하여 크게 욕보여 본보기로 삼음을 뜻함.

【薄城】 '薄'은 '迫'의 假借로 쓴 것. 성에 압박해 들어감.

【表子之閭】 表는 標識. 閭는 마을의 洞門. 里門.

【累卵】 달걀을 쌓아놓은 것과 같은 위험. 매우 위태로움을 뜻함.

【涖】 '蒞', '莅', '臨'과 같음.

참고 및 관련 자료

1. 《左傳》 僖公 23年 傳

及曹, 曹共公聞其駢脅, 欲觀其裸. 浴, 薄而觀之. 僖負羈之妻曰:「吾觀晉公子之從者, 皆足以相國. 若以相, 夫子必反其國. 反其國, 必得志於諸侯. 得志於諸侯, 而誅無禮, 曹其首也. 子盍蚤自貳焉!」乃饋盤飧, 寘璧焉. 公子受飧反璧.

2. 《國語》 晉語(4)

自衛過曹, 曹共公亦不禮焉, 聞其骿脅, 欲觀其狀, 止其舍, 諜其將浴, 設微薄而觀之. 僖負羈之妻言於負羈曰:「吾觀晉公子賢人也, 其從者皆國相也, 以相一人, 必得晉國. 得晉國而討無禮, 曹其首誅也. 子盍蚤自貳焉?」僖負羈饋飧, 寘璧焉. 公子受飧反璧. 負羈言於曹伯曰:「夫晉公子在此, 君之匹也, 不亦禮焉?」曹伯曰:「諸侯之亡公子其多矣, 誰不過此! 亡者皆無禮者也, 余焉能盡禮焉!」對曰:「臣聞之: 愛親明賢, 政之幹也. 禮賓矜窮, 禮之宗也. 禮以紀政, 國之常也. 失常不立, 君所知也. 國君無親, 以國爲親. 先君叔振, 出自文王, 晉祖唐叔, 出自武王, 文武之功, 實建諸姬. 故二王之嗣, 世不廢親. 今君棄之, 是不愛親也. 晉公子生十七年而亡, 卿材三人從之, 可謂賢矣, 而君蔑之, 是不明賢也. 謂晉公子之亡, 不可不憐也. 比之賓客, 不可不禮也. 失此二者, 是不禮賓·不憐窮也. 守天之聚, 將施於宜. 宜而不施, 聚必有闕. 玉帛酒食, 猶糞土也, 愛糞土以毁三常, 失位而闕聚, 是之不難, 無乃不可乎? 君其圖之.」公弗聽.

3.《呂氏春秋》高義篇

晉獻公爲麗姬遠太子. 太子申生居曲沃, 公子重耳居蒲, 公子夷吾居屈. 麗姬謂太子曰:「往昔君夢見姜氏.」太子祠而膳於公, 麗姬易之. 公將嘗膳, 姬曰:「所由遠, 請使人嘗之.」嘗人人死, 食狗狗死, 故誅太子. 太子不肯自釋, 曰:「君非麗姬, 居不安, 食不甘. 遂以劍死.」公子夷吾自屈奔梁. 公子重耳自蒲奔翟. 去翟過衛, 衛文公無禮焉. 過五鹿如齊, 齊桓公死. 去齊之曹, 曹共公視其駢脅, 使袒而捕池魚. 去曹過宋, 宋襄公加禮焉. 之鄭, 鄭文公不敬, 被瞻諫曰:「臣聞賢主不窮窮. 今晉公子之從者, 皆賢者也. 君不禮也, 不如殺之.」鄭君不聽. 去鄭之荊, 荊成王慢焉. 去荊之秦, 秦繆公入之. 晉旣定, 興師攻鄭, 求被瞻. 被瞻謂鄭君曰:「不若以臣與之.」鄭君曰:「此孤之過也.」被瞻曰:「殺臣以免國, 臣願之.」被瞻入晉軍, 文公將烹之. 被瞻據鑊而呼曰:「三軍之士皆聽瞻也, 自今以來, 無有忠於其君, 忠於其君者將烹.」文公謝焉, 罷師, 歸之於鄭. 且被瞻忠於其君·而君免於晉患也, 行義於鄭·而見說於文公也, 故義之爲利博矣.

4.《史記》晉世家

過曹, 曹共公不禮, 欲觀重耳駢脅. 曹大夫釐負羈曰:「晉公子賢, 又同姓, 窮來過我, 柰何不禮!」共公不從其謀. 負羈乃私遺重耳食, 置璧其下. 重耳受其食, 還其璧.

5.《列女傳》(3) 仁智篇「曹僖氏妻」

曹大夫僖負羈之妻也. 晉公子重耳亡, 過曹, 恭公不禮焉. 聞其駢脅, 近其舍, 伺其將浴, 設微薄而觀之. 負羈之妻言於夫曰:「吾觀晉公子, 其從者三人, 皆國相也. 以此三人者皆善, 戮力以輔人, 必得晉國, 若得反國, 必霸諸侯, 而討無禮, 曹必爲首. 若曹有難, 子必不免, 子胡不早自貳焉? 且吾聞之: 不知其子者視其父, 不知其君者視其所使. 今其從者皆卿相之僕也, 則其君必霸王之主也. 若加禮焉, 必能報施矣; 若有罪焉, 必能討過. 子不早圖, 禍至不久矣.」負羈乃遺之壺飡, 加璧其上. 公子受飡反璧. 及公子反國伐曹, 乃表負羈之閭, 令兵士無敢入, 士民之扶老攜弱而赴其閭者, 門外成市. 君子謂:「僖氏之妻能遠識.」《詩》云:『旣明且哲, 以保其身.』此之謂也. 頌曰:『僖氏之妻, 厥志孔白. 見晉公子, 知其興作. 使夫饋飡, 且以自託. 文伐曹國, 卒獨見釋.』

6.《淮南子》人間訓

晉公子重耳過曹, 曹君欲見其骿脅, 使之袒而捕魚. 釐負羈止之曰:「公子非常人也. 從者三人, 皆霸王之佐也. 遇之無禮, 必爲國憂.」君弗聽, 重耳反國, 起師而伐曹, 遂滅之. 身死人手, 社稷爲墟, 禍生於袒而捕魚. 齊·楚欲救曹, 不能存也. 聽釐負羈之言, 則無亡患矣. 今不務使患無生, 患生而救之, 雖有聖知, 不能爲謀耳.

11. 고분孤憤

'孤'는 고립되어 그 누구의 도움도 받을 수 없음을 뜻하며, '憤'은 분노와 불만, 억눌린 고민을 뜻한다.

王先愼 〈集解〉에 "言法術之士, 旣無黨與, 孤獨而已, 故其材用, 終不見明. 卞生旣以抱玉而長號, 韓公由之寢謀而內憤"이라 하였다.

즉 법술을 가진 선비와 권신들 사이의 대립을 주제로 설명하고 있으며, 법술지사는 권병權柄을 쥐고 있지 않음으로 해서 관리들을 이겨낼 수 없을뿐더러 임금에게 소통할 수 있는 길까지 가로막고 있음을 안타까워한 내용이다.

054(11-1)
지술지사와 능법지사

지술지사智術之士는 반드시 멀리 내다보고 일을 명확하게 살피나니, 명확하게 살피지 않으면 사사로운 일을 밝혀낼 수 없기 때문이며, 능법지사能法之士는 반드시 강하고 떳떳하여 질기고 곧으니 질기고 곧지 않으면 간악한 자를 바로잡을 수 없기 때문이다.

신하 중에 명령에 따라 일에 종사하고 정해진 법에 따라 관직을 다스려 나가는 자는 중인重人이라고 말할 수 없다.

중인이란 명령이 없어도 마음대로 행동하고 법을 이용하여 사사로운 이익을 취하며 나라의 재정을 소모하면서 자신 집안의 편의를 취하며 힘으로는 능히 임금을 조종하는 자, 이러한 자가 중인이다.

지술지사는 명확히 살피므로 그의 말을 듣고 등용하면 앞으로 중인의 숨겨진 정황을 밝혀낼 수 있고, 능법지사는 질기고 곧으므로 그의 말을 듣고 등용해 쓰면 앞으로 중인의 간악한 행동을 바로잡을 수 있다.

그러므로 지술·능법지사가 등용되면 신분이 높고 권세가 중한 신하들이 틀림없이 먹줄 밖으로 밀려나 있게 될 것이다.

이는 지술지사나 능법지사는 당도지인當塗之人과는 양립할 수 없는 원수 관계이기 때문이다.

智術之士, 必遠見而明察, 不明察, 不能燭私; 能法之士, 必强毅而勁直, 不勁直, 不能矯姦.

人臣循令而從事, 案法而治官, 非謂重人也.

重人也者, 無令而擅爲, 法以利私, 耗國以便家, 力能得其君, 此所爲重人也.

智術之士明察, 聽用, 且燭重人之陰情; 能法之士, 勁直, 聽用, 且矯重人之姦行.

故智術·能法之士用, 則貴重之臣必在繩之外矣.

是智法之士與當塗之人, 不可兩存之仇也.

【智術之士】 '智'는 '知'와 같음. 法術로써 통치를 하는 이론에 밝은 理論家.

【燭私】 '燭'은 '照'와 같음. 사사로운 비리를 들추어 폭로시킴.

【能法之士】 法治에 능란하며 그것을 실행할 수 있는 實踐家.

【勁直】 질기고 곧음.

【重人】 중대한 일을 자신의 뜻대로 실천하는 사람. 重臣을 가리킴. 같은 뜻으로 貴重之臣, 當途之人. 邪臣 등으로 표현하고 있음.

【力能得其君】 군주를 마음대로 조종할 수 있는 능력. 《孟子》 公孫丑에 "管仲得君若彼其專也"라 함.

【在繩之外】 법 규정에서 벗어난 자라 여겨 基準線에서 제외시킴.

【當塗之人】 '塗'는 '途'와 같음. 정치 要路에 자리를 잡고 권세를 부리는 重臣. 이들은 이론가나 실천가와 적대적인 원수가 될 수밖에 없음.

055(11-2)
당도지인

당도지인當塗之人이 일의 요체를 쥐고 있으면 내외가 모두 그를 위해 쓰이게 된다.

이로써 제후들도 그를 의지하지 않으면 일이 제대로 되지 않으므로 상대국조차도 그를 칭송하게 되며, 백관百官들도 그를 통하지 않으면 업무를 진척시킬 수 없으므로 신하들도 그를 위해 쓰이게 되며, 낭중郎中들도 그를 통하지 않으면 임금에게 가까이 갈 수 없으므로 좌우들도 그를 위해 잘못을 숨겨 주게 되며, 학사學士들도 그를 의지하지 않으면 대접에서도 녹은 박하고 예는 낮아지므로 학사들도 그를 위하여 변론을 하게 된다.

이 네 가지 도움이야말로 사악한 신하가 자신들을 스스로 꾸밀 수 있는 수단이 된다.

중요한 역할을 맡은 자가 임금에게 충성하기 위하여 자신의 원수를 추천할 수 없고, 임금은 이 네 부류를 넘어 그 신하를 자세히 살필 수 없으니 그 때문에 임금은 갈수록 앞이 가려지고 대신들은 갈수록 중시되는 것이다.

當塗之人擅事要, 則外內爲之用矣.

是以諸侯不因, 則事不應, 故敵國爲之訟; 百官不因,則業不進, 故群臣爲之用; 郎中不因, 則不得近主, 故左右爲之匿; 學士不因, 則養祿薄禮卑, 故學士爲之談也.

此四助者, 邪臣之所以自飾也.

重人不能忠主而進其仇, 人主不能越四助而燭察其臣, 故人主愈弊而大臣愈重.

【不因】 '因'은 '乘'과 같음. 그를 통하거나 그의 힘을 탐. 그를 의지함.

【敵國爲之訟】 '訟'은 '頌'자와 같음. 칭송함.

【郎中】 임금의 측근에서 시중드는 사람.

【爲之匿】 그를 위해 비리를 숨겨줌.

【養祿薄禮卑】 '養祿' 두 글자 가운데 하나는 衍文임. 〈集解〉에 "先愼曰: 「養」·「祿」二字當衍其一"이라 함. 즉 '養薄禮卑'나 '祿薄禮卑'가 되어야 함. 學士들이 俸祿이나 禮遇에 제대로 대접을 받지 못함을 말함.

【重人】 나라에서 중요한 역할을 해야 할 重臣.

【其仇】 '仇'는 法術之士를 가리킴. 〈集解〉에 "重人所仇者, 法術之士也"라 함.

【弊】 '蔽'자와 같음. 눈이 더욱 가려짐. 〈集解〉에 "顧廣圻曰: 弊, 讀爲蔽. 先愼曰: 本書蔽多作弊"라 함.

056(11-3)
사문私門

무릇 당도자當塗者가 임금에게 신임과 사랑을 받지 않는 경우는 드물며 게다가 익숙해지게 마련이다.

그 군주의 마음에 가까이 하여 호오好惡를 똑같이 하는 것은 진실로 자신들을 진달시키는 그들의 수단이다.

그들은 관작이 귀중하고 붕당 또한 무리를 이루므로 나라 사람 모두가 그들을 좋게 말한다.

그러나 법술지사로 임금에게 인정받기를 바라는 자는 믿음과 사랑을 받을 친함이나 익숙한 연고의 혜택으로 할 수가 없으며, 또한 앞으로 법술이라는 언론으로써 임금의 아벽阿辟한 마음을 바로잡아야 하므로 이는 임금과 어긋나는 입장이 된다.

그는 처한 위치나 세력도 낮고 천하며 당파도 없고 고립되어 있다.

무릇 군주와 소원한 관계로서 군주 가까이에서 총애를 받고 신임을 받는 자와 경쟁을 하는 것이니 그 술수로는 이길 수 없으며, 새롭게 나그네로 온 자가 오랫동안 임금과 익숙하고 친한 자와 다투는 것이니 그 술수로는 이길 수 없으며, 임금의 뜻에 어긋나는 논리를 가지고 임금과 같은 호감을 가진 자와 겨루는 것이니 이길 수 없으며, 가볍고 천한 지위로써 귀중한 지위를 가진 자와 다투는 것이니 이길 수 없으며, 한 입과 나라 전체의 칭송과 다투는 것이니 이길 수 없는 것이다.

법술지사는 이 다섯 가지 이길 수 없는 형세를 가지고 몇 년을 두고 찾아가도 임금을 만날 수 없으나 당도지인當塗之人은 다섯 가지 이길 수 있는 자격을 가지고 아침저녁으로 혼자 임금 앞에서 논설을 펼 수가 있다.

그러므로 법술지사法術之士가 어떤 길로 진달할 수 있겠으며 임금인들 어느 때에 깨달을 수 있겠는가?

따라서 자격으로 보아도 틀림없이 이길 수 없으며 형세는 둘이 양립할 수 없으니 법술지사가 어찌 위험하지 않겠는가!

그러다가 죄과를 가지고 무고誣告하는 자가 있을 수 있어 공법으로써 그를 죽이게 되고, 죄과를 뒤집어쓰지 않을 수 있는 자라 해도 사사로운 자객의 검으로 그를 궁지에 몰아넣게 되는 것이다.

이처럼 법술을 밝히면서 임금의 뜻에 거슬리는 자는 형리刑吏에게 죽지 않으면 반드시 사사로운 자객의 칼에 죽게 되어 있다.

한편 붕당과 비주比周로써 임금을 가리고 있는 자는 어긋난 말로써 사사로운 편의를 챙기니 틀림없이 중인重人에게 신임을 얻게 되어 있다.

그러므로 공벌功伐로써 구실을 얻을 수 있는 자는 관작을 받아 귀해지고, 아름다운 명예로 구실을 얻을 수 있는 자는 외국 권세로써 중요한 자리를 차지할 수 있는 것이다.

이로써 군주의 눈을 가리고 사사로운 중신의 문을 좇아다니는 자는 관작으로 편달하지 않으면 틀림없이 외국 권세에 의해 중요한 위치에 오르게 되는 것이다.

지금 임금들은 증거를 참험參驗해 보지도 않은 채 형벌을 행하고, 공을 드러내기를 기다리지도 않은 채 작록을 주고 있다.

그러니 법술지사가 어찌 죽음을 무릅쓰고 논설을 펼 수 있겠으며, 간사한 신하가 어찌 이익을 버리고 자신의 몸이 물러나기를 긍정하겠는가?

그 때문에 군주는 더욱 비천해지고 사문私門은 갈수록 존중을 받게 되는 것이다.

凡當塗者之於人主也, 希不信愛也, 又且習故.
若夫卽主心, 同乎好惡, 固其所自進也.

官爵貴重, 朋黨又衆, 而一國爲之訟.

則法術之士, 欲干上者, 非有所信愛之親·習故之澤也; 又將以法術之言, 矯人主阿辟之心, 是與人主相反也.

處勢卑賤, 無黨孤特.

夫以疏遠與近愛信爭, 其數不勝也; 以新旅與習故爭, 其數不勝也; 以反主意與同好爭, 其數不勝也; 以輕賤與貴重爭, 其數不勝也; 以一口與一國爭, 其數不勝也.

法術之士操五不勝之勢, 以歲數而又不得見; 當塗之人, 乘五勝之資, 而旦暮獨說於前.

故法術之士奚道得進, 而人主奚時得悟乎?

故資必不勝而勢不兩存, 法術之士焉得不危!

其可以罪過誣者, 以公法而誅之; 其不可被以罪過者, 以私劍而窮之.

是明法術而逆主上者, 不僇於吏誅, 必死於私劍矣.

朋黨比周以弊主, 言曲以便私者, 必信於重人矣.

故其可以功伐借者, 以官爵貴之; 其可借以美名者, 以外權重之.

是以弊主上而趨於私門者, 不顯於官爵, 必重於外權矣.

今人主不合參驗而行誅, 不待見功而爵祿.

故法術之士, 安能蒙死亡而進其說? 姦邪之臣安肯棄利而退其身?

故主上愈卑, 私門益尊.

【希】 '稀'와 같음. '드물다'의 뜻.
【習故】 '習'은 습관처럼 친숙하게 됨. '故'는 오래된 사이를 말함.
【卽主心】 군주의 마음속에 가까이 다가감. 아부하는 것. '卽'은 '就'와 같음.
【自進】 스스로를 進達시킴.
【干上】 군주에게 등용되고자 함. '干'은 '求'와 같음.
【阿辟】 '阿'는 치우침. '辟'은 '僻'과 같음. 치우침.
【孤特】 孤獨과 같음.
【數不勝】 '數'는 '논리적으로'의 뜻.
【新旅】 '旅'는 '客'의 뜻. '習故'에 상대되는 의미로 새롭게 객으로 나타난 신분이라는 뜻.
【以歲數】 年 단위로 시간을 헤아려 봄.
【奚道】 여기서 '道'는 '由' 혹은 '從'자와 같음.
【誣】 誣告함.
【私劍】 사사롭게 刺客의 칼로 함.
【比周】 偏黨을 지음. '比'는 '近', '周'는 '密'의 뜻. 가까운 자들끼리 친밀히 하여 이익을 공유하고자 하는 모임들. "結黨營私曰比周"라 함. 朋黨과 같음.
【功伐借者】 공적과 자랑거리. '伐'은 '자랑하다'의 뜻을 가짐. '借'는 구실을 삼음. '借'는 '藉'와 같음.
【外權】 외국 제후들의 권력을 빌려 현달함.
【合參驗】 확실한 증거에 맞추어 따져 봄. 실제 사실을 參證하고 徵驗함.

057(11-4)
멀리 있는 나라

무릇 월越나라가 비록 부유하고 강한 병력을 가졌다 해도 중원中原의 군주들은 모두 자기들에게 아무런 이득이 없다는 것을 잘 알고 있어 "우리가 제압할 수 있는 것이 아니다"라 하였다.

지금 예컨대 어떤 나라가 있어 비록 그 토지가 넓고 인구가 많다 하더라도 군주의 이목이 가려지고 대신들이 권력을 전횡한다면 그러한 나라는 월나라와 같은 경우가 될 것이다.

월나라와는 같지 않다는 것을 알면서 자신의 나라는 그와 같지 않음을 알지 못하고 있다면 이는 사물의 닮은 점을 분별할 줄 모르는 것이다.

제齊나라가 망하였다고 말한 까닭은 토지나 도성이 없어졌기 때문이 아니며, 군주 여씨呂氏가 통제할 수 없는 상황이 되었고 신하 전씨田氏가 실권을 행사한다는 것이며, 진晉나라가 망하였다고 말하는 이유 또한 토지나 도성이 없어졌기 때문이 아니라, 군주 희씨姬氏가 통제할 수 없는 상황이 되었고 육경六卿들이 정치를 전횡함을 뜻하는 것이다.

지금 대신들이 그 자루를 잡고 독단을 부리고 있는데도 그 임금이 이를 거두어들일 줄 모르고 있다면 이는 임금이 명석하지 못한 것이다.

죽은 사람과 같은 병을 앓고 있는 자는 살려낼 수가 없으며, 망하고 있는 나라와 같은 일을 저지르고 있는 나라는 존속시킬 수가 없다.

지금 제나라나 진나라를 똑같이 답습하면서 나라가 안전하게 존속하기를 바란다면 그렇게 될 수가 없을 것이다.

夫越雖富兵彊, 中國之主皆知無益於己也, 曰:「非吾所得制也.」

今有國者雖地廣人衆, 然而人主壅蔽, 大臣專權, 是國爲越也.

智不類越, 而不智不類其國, 不察其類者也.

人主所以謂齊亡者, 非地與城亡也, 呂氏弗制而田氏用之; 所以謂晉亡者, 亦非地與城亡也, 姬氏不制而六卿專之也.

〈子牙出關隱磻溪圖〉(姜太公)

今大臣執柄獨斷, 而上弗知收, 是人主不明也.

與死人同病者, 不可生也; 與亡國同事者, 不可存也.

今襲迹於齊·晉, 欲國安存, 不可得也.

【中國】中原의 여러 나라들을 가리킴. 越나라는 남쪽 長江 아래에 처하여 蠻夷라 불렀으며 그들과 구분하였음.

【是國爲越】그렇게 말하는 中原의 나라들이 월나라와 같음.

【知不類越】'智'는 '知'의 通假. 〈集解〉에 "盧文弨云: 智, 刻本俱作知. 案智與知通"이라 함.

【呂氏】齊나라 임금들. 齊나라는 周初에 呂尙(姜尙, 姜太公, 姜子牙)이 봉을 받아 始祖가 되었으며 임금이 세습하여, 그 때문에 '呂氏'라고 칭한 것. 뒤에 齊 簡公 4년(B.C.481) 田常(陳恒, 陳常)이 간공 呂壬을 시해하고 齊나라 정권을 장악하였으며, 齊 康公 19년(B.C.386) 田常의 증손 田和가 周 安王으로부터 정식 諸侯로 인정받아 戰國시대 齊나라를 '田氏齊'라 부름.

【姬氏】晉나라는 周 成王의 아우 唐叔虞가 봉을 받아 周나라와 동성인 姬姓의 제후국이었음.

【六卿】 春秋時代 晉나라에는 知(智)·韓·魏·趙·范·中行 등 여섯 씨족이 모두 卿에 올라 이들의 권세가 대단하였으며 국권을 좌지우지하였음. 결국 뒤에 이들이 다툼을 벌여 韓·魏·趙가 승리하여 흔히 이들을 '三晉'이라 부르며 晉나라는 망하고 이들 三晉이 戰國時代 七雄의 반열에 오르게 됨.

058(11-5)
백이와 같은 품행

무릇 법술法術이 실행되기 어려운 것은 유독 만승의 나라만 그런 것이 아니라 천승의 나라 또한 그렇다.

군주의 좌우 측근이라 해서 반드시 지혜로운 자만 있는 것은 아닌데 임금이 사람들 가운데 지혜롭다고 여겨지는 사람을 발견하고 그의 의견을 들으면서 그것을 근거로 좌우들과 그가 한 말을 토론거리로 삼는 것은 어리석은 자와 더불어 지혜로운 자를 논하는 것이 된다.

군주의 좌우라고 해서 반드시 현능한 자만 있는 것이 아닌데 임금이 사람들 가운데 현능하다고 여겨지는 사람을 발견하고 그를 예우하면서 그것을 근거로 그의 행동을 논하는 것은 불초한 자와 더불어 현능한 자를 논하는 것이 된다.

지혜로운 자는 어리석은 자보다 정책의 결정에 뛰어나고, 현능한 자는 불초한 자보다 품행이 바르다면 현능한 자와 지혜로운 자는 치욕을 당하고 군주의 논의도 어긋나게 될 것이다.

신하로서 벼슬자리를 얻으려 하는 자는 그가 수양이 잘 된 자라면 앞으로 청렴하게 자신을 지켜낼 것이며, 그가 지혜로운 자라면 다스림과 분석을 통해 일을 잘 진행시키려 할 것이다.

수양이 잘 된 사람이라면 뇌물로써 사람을 섬기지 못할 것이며, 그 청렴함을 믿고 더구나 법을 굽혀 다스림을 삼고자 하지는 않을 것이니,

그렇게 되면 수양이 잘 된 자와 지혜로운 자는 임금의 좌우를 섬기려 들지 않을 것이며 청탁 따위는 들어주지 않을 것이다.

군주의 좌우 측근들은 그 품행이 백이伯夷와 같은 것은 아니므로 자신들이 요구하는 것을 얻지 못하거나 뇌물도 받지 못하게 되면 청렴함이나 변론 능력에 따른 공적은 인정도 해주지 않은 채 거짓과 비방이 일어나게 될 것이다.

치적과 말을 바르게 하는 공적이 임금 좌우에 의해 저지당하고, 청렴결백한 행동이 비방과 칭찬에 의해 결정된다면 수양이 잘 되고 지혜가 있는 관리는 폐기 당하고 임금의 총명함은 막히고 말 것이다.

공로로써 지혜로움이나 품행을 결정하지 않거나, 사실을 참증하여 죄과를 심의하지 않은 채 좌우 친한 사람의 말만을 듣는다면 무능한 선비가 조정에 서게 될 것이요, 어리석고 더러운 관리가 관직을 차지하게 될 것이다.

凡法術之難行也, 不獨萬乘, 千乘亦然.

人主之左右不必智也, 人主於人有所智而聽之, 因與左右論其言, 是與愚人論智也.

人主之左右不必賢也, 人主於人有所賢而禮之, 因與左右論其行, 是與不肖論賢也.

智者決策於愚人, 賢士程行於不肖, 則賢智之士羞而人主之論悖矣.

人臣之欲得官者, 其修士且以精絜固身, 其智士且以治辯進業.

其修士不能以貨賂事人, 恃其精潔而更不能以枉法爲治, 則修智之士不事左右·不聽請謁矣.

〈伯夷叔齊首陽山採薇圖〉

人主之左右, 行非伯夷也, 求索不得, 貨賂不至, 則精辯之功息, 而誣毁之言起矣.

治辯之功制於近習, 精潔之行, 決於毁譽, 則修智之吏廢, 而人主之明塞矣.

不以功伐決智行, 不以參伍審罪過, 而聽左右近習之言, 則無能之士在廷, 而愚汚之吏處官矣.

【程行】 品行. '程'은 '品'의 뜻.《說文》에 "程, 品也"라 함.

【精絜】 '精'은 '淸', '絜'은 '潔'과 같음. 淸廉潔白함.

【修士】 수양이 잘 된 훌륭한 인물 유형. 〈集解〉에 "修士, 謂修身之士, 但精潔自固其身"이라 함.

【治辯】 '辯'은 '辨'과 같음. 시비를 바르게 가리고 일을 처리할 능력이 있는 分析力을 말함.

【枉法】 법을 제멋대로 굽혀 적용함.

【伯夷】 殷나라 말 孤竹國의 王子. 아우 叔齊와 서로 왕 자리를 양보하다가 周文王의 어짊을 듣고 찾아갔으나 문왕은 이미 죽고 그 아들 武王이 殷의 紂를 정벌하러 나서는 것을 보고 下剋上이라 여겨 곡식을 먹지 않겠다고 首陽山에 올라 採薇하다가 굶어죽음. 고결한 사람으로 널리 거론됨.《孟子》公孫丑(下)에 "伯夷, 非其君不事, 非其友不友. 不立於惡人之朝, 不與惡人言. 立於惡人之朝,

與惡人言, 如以朝衣朝冠, 坐於塗炭. 推惡惡之心, 思與鄕人立, 其冠不正, 望望然去之, 若將浼焉"이라 함.《史記》伯夷列傳을 참조할 것.

【求索】남에게 물질을 요구함.

【功伐】功은 功績, 伐은 자랑할 만한 누적된 훌륭한 공적.〈集解〉에 "積功曰伐也"이라 함.

【參伍】'參'은 '三'과 같으며 '伍'는 '五'와 같음. 셋씩 다섯씩 서로 묶여 뒤섞인 상태를 나타내는 말. 그러나 參은 參證과 같으며 伍는 서로 뒤섞인 事物에서 짝을 이루는 것끼리 묶어 사실 여부를 판단함을 뜻함.〈乾道本〉注에 "參, 比驗也; 伍, 偶會也"라 함.

【愚汚】어리석으면서도 더러운 행동까지 함.〈集解〉에 "近習之人旣皆小人, 同氣相求, 同聲相應, 故所親者無能之人, 所愛者愚汚之人, 亦旣親愛, 必用之在廷, 擧之處官矣"라 함.

059(11-6)
측근이 너무 신임을 받으면

만승의 나라로서 우환은 대신들이 너무 중시되는 것이며, 천승의 나라로서 근심이란 좌우 측근들이 너무 신임을 받는 것이니 이것이 군주로서 겪는 똑같은 걱정거리이다.

게다가 신하는 큰 죄를 범할 수도 있으며 군주로서도 큰 과실이 있을 수 있으니 신하와 군주의 이익이 서로 다르기 때문이다.

무엇으로 이것을 밝힐 수 있는가?

"군주의 이익은 능력이 있어야만 관직을 맡기는 데에 있으나 신하의 이익이란 능력이 없어도 일을 얻는 데에 있고, 임금의 이익은 공로가 있어야 작록을 내리는 데에 있으나 신하의 이익이란 공이 없어도 부귀해지는 데 있고, 군주의 이익이란 호걸로 하여금 능력을 발휘하도록 하는 데 있으나 신하의 이익이란 붕당을 지어 사사로운 이익을 도모하는 데에 있다."

이 까닭에 나라의 영토가 깎여도 사가私家는 부유해지고, 군주의 지위는 낮아져도 중신의 권한은 막중해진다.

그러므로 군주는 권세를 잃고 신하는 나라를 빼앗으며, 군주는 번신藩臣이라 바꾸어 부르고, 상실相室들이 임명장을 나누어주고 있다.

이것이 바로 신하가 임금을 속여 사리를 도모할 수 있는 방법이다.

따라서 당대의 중신들 가운데 임금의 권세가 변했음에도 여전히 총애를 받을 수 있는 자는 열에 둘 셋도 없을 것이다.

이는 무슨 까닭이겠는가?

신하가 저지른 죄과가 크기 때문이다.

신하에게 있는 큰 죄란 임금을 속이는 행위이며 그 죄과는 사형에 해당한다.

지사智士는 멀리 내다보아 사형이 두려워 결코 중인重人을 따르지 않으며, 현사賢士는 염직廉直하게 자신을 수양하여 간신과 더불어 임금을 속이는 것을 부끄럽게 여기므로 결코 중신重臣을 따르지 않는다.

당도자當塗者의 무리들은 어리석지 않으면 우환을 알지 못하므로 틀림없이 더러운 짓을 하면서 간사함을 피하지 않는 자들이다.

대신들은 이처럼 어리석고 더러운 사람들을 끼고 위로는 그들과 함께 임금을 속이고 아래로는 마치 물고기를 훑듯이 이익을 거두어들이며, 붕당과 비주比周를 지어 서로 인정하면서 한 입처럼 임금을 미혹하게 하고 법을 파괴하여 사민士民을 혼란 속으로 몰아넣고, 국가로 하여금 위삭危削하도록 하여 임금은 노고와 욕됨을 당하게 되니 이것이 큰 죄악이다.

신하에게 이러한 큰 죄가 있는데도 임금이 금하지 않으니 이것이 큰 과실이다.

그 군주로 하여금 위에서 큰 과실이 있도록 하고 신하로 하여금 아래에서 큰 죄를 짓도록 하면서 나라가 망하지 않기를 바란다면 이는 될 수 없는 일이다.

萬乘之患, 大臣太重; 千乘之患, 左右太信; 此人主之所公患也.

且人臣有大罪, 人主有大失, 臣主之利與相異者也.

何以明之哉?

曰:「主利在有能而任官, 臣利在無能而得事; 主利在有勞而爵祿, 臣利在無功而富貴; 主利在豪傑使能, 臣利在朋黨用私.」

是以國地削而私家富, 主上卑而大臣重.

故主失勢而臣得國, 主更稱蕃臣, 而相室剖符.

此人臣之所以譎主便私也.

故當世之重臣, 主變勢而得固寵者, 十無二三.

是其故何也?

人臣之罪大也.

臣有大罪者, 其行欺主也, 其罪當死亡也.

智士者遠見而畏於死亡, 必不從重人矣; 賢士者修廉而羞與姦臣欺其主, 必不從重臣矣.

是當塗者之徒屬, 非愚而不知患者, 必汚而不避姦者也.

大臣挾愚汚之人, 上與之欺主, 下與之收利侵漁, 朋黨比周相與, 一口惑主敗法, 以亂士民, 使國家危削, 主上勞辱, 此大罪也.

臣有大罪而主弗禁, 此大失也.

使其主有大失於上, 臣有大罪於下, 索國之不亡者, 不可得也.

【公患】'公'은 '共'과 같음. 공통된 근심거리. 王先愼은 "公, 訓爲共.《荀子》解蔽篇「此心術之公患也」語句正同. 楊注:「公, 共也」是其證"이라 함.

【更稱蕃臣】'蕃'은 '藩'과 같음. 封國의 신하임을 뜻함. 신하와 군주의 위치가 바뀜. 〈集解〉에 "君臣易位, 故主稱蕃臣於其臣"이라 함.

【相室剖符】'相室'은 춘추 말 晉나라 六卿의 家臣 大夫로서 그중 三晉(韓·魏·趙)이 諸侯로 승격하고 나서 그들의 相國을 여전히 相室로 불렀음. 여기서는 재상을 말함. 剖符는 대나무에 적은 임명장 등을 둘로 쪼개어 증표로 삼음. 상실이 마음대로 관리를 임명함을 뜻함. 〈集解〉에 "相室, 家臣也. 剖符, 言得

專授人官與之剖符也"라 함.

【譎主便私】 군주를 속여 사리를 도모함.

【徒屬】 徒黨과 같음.

【侵魚】 어부가 그물로 물고기를 훑듯이 백성의 이익을 침탈함.

【比周】 偏黨을 지음. '比'는 '近', '周'는 '密'의 뜻. 가까운 자들끼리 친밀히 하여 이익을 공유하고자 하는 모임들. "結黨營私曰比周"라 함. 朋黨과 같음.

【相與】 서로가 함께 許與함.

【索國】 나라가 그렇게 되기를 바람. '索'은 '求'와 같음.

12. 세난說難

‘세난’으로 읽으며 유세遊說하기가 어렵다는 뜻이다.

전국시대에 유세로써 자신의 정치 주장을 펴서 성공만 하면 재상 자리에까지 오르지만 그것은 매우 험난하며 위험한 길이라는 것을 함께 피력하고 있다. 특히 군주가 꺼리는 부분에 저촉하는 역린逆鱗으로 인한 화근도 조심해야 함을 강조하고 있다.

〈集解〉에 “夫說者有逆順之機, 順以招福, 失之毫釐, 差之千里, 以此說之, 所以難也”라 하였고,《史記》韓非子列傳 〈索隱〉에는 “然此篇亦與韓子微異, 煩省小不同”이라 하여 일부 의심을 나타내고 있다.

060(12-1)
유세의 어려움

무릇 유세하기 어렵다는 것은 나의 지식으로 남을 설득시키기가 어렵다는 것은 아니며, 또한 나의 말솜씨가 능히 나의 뜻을 남에게 설명해 주기가 어렵다는 것도 아니며, 또한 내가 감히 거침없이 하고 싶은 대로 하여 능히 모든 것을 다 털어놓기가 어렵다는 것도 아니다.

무릇 유세의 어려움이란 그 유세의 대상인 상대의 마음을 알아내어 거기에 맞게 나의 유세가 정당해야 하는 데에 있다.

凡說之難: 非吾知之有以說之之難也, 又非吾辯之能明吾意之難也, 又非吾敢橫失而能盡之難也.

凡說之難: 在知所說之心, 可以吾說當之.

【橫失】 橫은 副詞로 '마구'의 뜻이며 '失'은 '佚'자여야 함. 顧廣圻는 "「失」, 當依〈索隱〉引此作「佚」"라 하였고, 盧文弨는 "《史記》索隱云「韓子'橫失'作'橫佚'.」"이라 함. '橫佚'은 '거침없이 하고 싶은 대로 함'의 뜻.

【當之】 정당함. 〈集解〉에 "旣知所說之心, 則能隨心而發唱, 故所說能當"이라 함.

참고 및 관련 자료

1. 《史記》 老莊申韓列傳

凡說之難, 非吾知之有以說之難也; 又非吾辯之難能明吾意之難也; 又非吾敢橫失能盡之難也. 凡說之難, 在知所說之心, 可以吾說當之.

061(12-2)
상대가 바라는 바

유세할 상대가 명예나 고절을 중시하는 자일 경우, 그에게 후한 이득을 가지고 유세한다면 그는 나를 지조가 낮은 자로 보면서 비천하게 대우하며 틀림없이 멀리 팽개칠 것이다.

유세할 상대가 많은 이익을 노리는 자일 경우 그에게 명예나 고절로써 유세를 한다면 그는 나를 마음 씀씀이가 모자란 자로 보면서 세상 사정에 먼 자처럼 하며 틀림없이 나를 받아들이지 않을 것이다.

유세할 상대가 마음속으로는 후한 이익을 바라면서 겉으로는 명예나 고절을 드러내는 자인데도 그에게 명예나 고절로써 유세한다면 그는 겉으로는 나를 받아주면서 실제로는 나를 멀리 할 것이며, 그에게 후한 이익으로써 유세를 한다면 그는 속으로는 나의 말을 이용하면서 겉으로는 자신을 버린다고 여길 것이다.

이러한 유형은 잘 살피지 않으면 안 된다.

所說出於爲名高者也, 而說之以厚利, 則見下節而遇卑賤, 必棄遠矣.

所說出於厚利者也, 而說之以名高, 則見無心而遠事情, 必不收矣.

所說陰爲厚利而顯爲名高者也, 而說之以名高, 則陽收其身而實疏之; 說之以厚利, 則陰用其言顯棄其身矣. 此不可不察也.

【名高】 명망이나 고결한 품격을 중시하는 상대.
【遇卑賤】 천한 사람 대하듯이 함.
【無心】 마음 씀씀이가 모자람. 물질만 노리는 천박한 자라 여김.
【收其身】 사람을 채용함. '身'은 유세하는 자신을 가리킴.

참고 및 관련 자료

1. 《史記》 老莊申韓列傳

所說出於爲名高者也, 而說之以厚利, 則見下節而遇卑賤, 必弃遠矣. 所說出於厚利者也, 而說之以名高, 則見無心而遠事情, 必不收矣. 所說實爲厚利而顯爲名高者也, 而說之以名高, 則陽收其身而實疏之; 若說之以厚利, 則陰用其言而顯弃其身. 此之不可不知也.

062(12-3)
비밀과 누설

무릇 일이란 비밀을 지켜야 성공하고 말이란 누설되면 실패하는 것이다.

반드시 자신이 누설하지 않아도 대화하는 가운데 그만 숨겼던 일을 언급하게 되면 이러한 경우 말하는 자신의 신변이 위험하게 된다.

상대가 그가 일을 겉으로 드러내어 하면서도 다른 일을 이루려고 하는 경우가 있을 때 말했던 자가 겉으로 드러난 일을 알고 있을 뿐만 아니라 그렇게 하려는 까닭까지도 알고 있을 것이니 이러한 경우 말했던 자의 신변이 위험해지는 것이다.

전혀 다른 일을 말하였는데 그것이 적중하는 경우에 알고 있던 자가 그것을 밖에서 추측해 알아낸다면 일을 밖으로 누설시킨 자가 틀림없이 자신을 거론했을 것이라 생각할 것이며, 이 경우 말했던 자의 신변이 위험해지게 된다.

임금과의 친밀함이나 혜택이 아직 두텁지 않은데도 지극한 지식을 내세워 말하여 건의가 실행되어 공까지 이루었다면 덕은 잊혀질 것이요, 건의가 실행되지도 못하고 실패하였다면 의심을 받을 것이니 이와 같은 경우 그 신변이 위험해지고 만다.

귀인貴人에게 과실이 있을 단서가 있어 말하는 자가 예의를 밝혀 말하면서 그 악을 들추어낸다면 이와 같은 경우에도 말하는 자의 신변이 위험하다.

귀인이 혹 어떤 계획을 만들어 그것을 자신의 공적으로 삼고자 할 경우 말하는 자가 함께 그것을 알고 있다면 이와 같은 경우도 말하는 자의 신변이 위험해진다.

할 수 없는 일을 억지로 시키려 하고 그만두게 할 수 없는 일을 억지로 멈추게 하려 한다면, 이와 같은 경우에도 말하는 자의 신변이 위험해진다.

그러므로 임금과 함께 대신을 두고 논할 때면 자신과의 사이를 떼어 놓으려 한다고 생각할 것이며, 낮은 신분인 자에 관한 일을 논할 때면 중요한 자리를 팔고자 한다고 생각할 것이다.

그가 총애하는 자에 대하여 논할 때면 기댈 곳을 가지려 한다고 생각할 것이요, 임금이 군주가 미워하는 자에 대하여 논할 때면 자신이 그를 증오하는 정도를 알아보고자 하는 것이라 여길 것이며, 그 주장을 간단히 줄여서 말하면 지혜가 없다고 자신을 졸렬히 여기는 것이라 할 것이며, 쌀이나 소금 따위를 널리 변론하면 말만 많아 수다스럽다 여길 것이며, 일을 줄여 그 뜻만 진술하면 겁이 많고 끝까지 다하지 않는 자라 여길 것이며, 일을 염려하여 마구 방자하게 말하면 초야에나 묻힐 자가 거만하다고 여길 것이다.

이것이 바로 임금에게 유세하기 어렵다는 것이니 잘 알아두지 않으면 안 된다.

夫事以密成, 語以泄敗.

未必其身泄之也, 而語及所匿之事, 如此者身危.

彼顯有所出事, 而乃以成他故, 說者不徒知所出而已矣, 又知其所以爲, 如此者身危.

規異事而當, 知者揣之外而得之, 事泄於外, 必以爲己也, 如此者身危.

周澤未渥也, 而語極知, 說行而有功, 則德忘; 說不行而有敗, 則見疑, 如此者身危.

貴人有過端, 而說者明言禮義以挑其惡, 如此者身危.

貴人或得計而欲自以爲功, 說者與知焉, 如此者身危.

彊以其所不能爲, 止以其所不能已, 如此者身危.

故與之論大人, 則以爲間己矣; 與之論細人, 則以爲賣重.

論其所愛, 則以爲藉資; 論其所憎, 則以爲嘗己也; 徑省其說, 則以爲不智而拙之; 米鹽博辯, 則以爲多而交之; 略事陳意, 則曰怯懦而不盡; 慮事廣肆, 則曰草野而倨侮.

此說之難, 不可不知也.

【規異事】'規'는 謀策함. 規畫의 뜻. 異事는 다른 일. 또는 특수한 임무를 맡은 일.

【揣之外】'揣'는 揣度의 뜻. 추측함.

【周澤】周는 친밀함. 澤은 은덕. 임금과의 관계가 친밀함.

【德忘】그 덕(공로)이 잊혀져 제대로 평가를 받지 못함. 《史記》에는 '忘'이 '亡'으로 되어 있으며 〈索隱〉에는 '見忘'으로 풀이하고 있음. 이에 대해 〈集解〉에는 "先愼曰: 據〈索隱〉云云, 則唐人所見之本作「見忘」, 不作「德忘」. 此作「德忘」者, 後人依《史記》而改也. 亡, 忘古字通"이라 함. 한편 陶弘慶의 《讀諸子札記》에는 '見忌'로 보아야 한다고 주장하기도 하였음.

【語極知】알고 있는 지식을 다 동원하여 말함

【過端】端은 緖자와 같음. 과실의 조짐이 있음. 앞으로 잘못을 저지르리라 예측되는 사안.

【彊】무리하게 억지로 강권하여 일을 시킴.

【止】하려는 것을 무리하게 못하도록 막음.

【論大人】'大人'은 大臣, 重臣. 論은 그를 평론하거나 비판의 대상으로 화제를 삼음.

【細人】'小人'과 같음. 신분이 낮은 사람.

【賣重】《史記》에는 '鬻權'으로 되어 있으며 賣國·賣友 등과 같이 자신을 위해 임금의 중요한 권력을 팔아 손실을 입힘.

【藉資】'藉'는 '借'와 같음. '資'는 바탕. 발판.

【嘗己】 군주 자신이 어느 정도 미워하는지를 알고자 함.
【徑省】 곧바로 지름길로 들어서서 모든 것을 줄여 간결하게 거론함.
【拙之】 졸렬하다고 여김. 또는 '黜'자의 뜻으로도 봄.
【米鹽博辯】 米鹽은 쌀이나 소금과 같이 자질구레함. 주요 사안이 아닌 것을 화제로 삼음을 뜻함.
【交之】 '交'는 《史記》에는 '久'로 되어 있어 '오랫동안 방치하다'의 뜻으로, 陳奇猷는 '棄'로 보았으나 '多'의 의미가 강하며 '交多'함. 즉 交錯되어 雜多함을 뜻하는 것으로 여김.
【廣肆】 '廣'은 '橫'과 같음. 제마음대로 거침이 없음.
【草野】 粗惡하여 문명적이 아님을 뜻함.

참고 및 관련 자료

1. 《史記》 老莊申韓列傳

夫事以密成, 語以泄敗. 未必其身泄之也, 而語及其所匿之事, 如是者身危. 貴人有過端, 而說者明言善議以推其惡者, 則身危. 周澤未渥也而語極知, 說行而有功則德亡, 說不行而有敗則見疑, 如是者身危. 夫貴人得計而欲自以爲功, 說者與知焉, 則身危. 彼顯有所出事, 迺自以爲也故, 說者與知焉, 則身危. 彊之以其所必不爲, 止之以其所不能已者, 身危. 故曰: 與之論大人, 則以爲閒己; 與之論細人, 則以爲粥權. 論其所愛, 則以爲借資; 論其所憎, 則以爲嘗己. 徑省其辭, 則不知而屈之; 汎濫博文, 則多而久之. 順事陳意, 則曰怯懦而不盡; 慮事廣肆, 則曰草野而倨侮. 此說之難, 不可不知也.

2. 기타 《太平御覽》(462)을 볼 것.

063(12-4)
의심을 받지 않으면서

무릇 임금을 설득하는 데 힘써야 할 점은 상대 임금이 자랑거리로 삼는 것은 더욱 꾸며주고, 부끄럽게 여기는 것은 없애 주는 것을 알아차리는 데에 있다.

상대가 사사롭게 급하게 여기는 것은 반드시 공의公義로써 보여주면서 강하게 하여야 한다.

그가 마음속으로는 저급한 것이라 여기면서도 그만두지를 못하는 것이 있으면 유세하는 자가 그것을 근거로 그의 훌륭한 점을 꾸며서 치켜세워 주고 그렇게 하지 못하는 일은 낮게 평가해 주어야 한다.

그가 마음으로는 높은 것이라 여기면서 실제 거기에 미치지 못하는 것이 있으면 유세하는 자가 그를 위해 그 허물을 거론하면서 악한 것을 보여 주어 그러한 행동을 하지 않는 것을 많이 칭찬해 주어야 한다.

그가 자신의 지혜와 능력을 자랑하고 싶어한다면 그를 위해 다른 일 가운데 유사한 사례를 거론하여 그렇게 할 수 있는 경지를 칭찬해 주어 그로 하여금 나를 바탕으로 하도록 하면서 짐짓 모르는 척하며 그 지혜를 바탕으로 삼도록 해 주어야 한다.

한편 나라끼리 서로가 존속해야 한다는 나의 의견을 받아들이도록 하고자 한다면 반드시 훌륭한 명분으로써 이를 밝혀주며 그것이 사사로운 이익에도 합치됨을 은근히 알도록 해 주어야 한다.

위태롭고 해로운 일에 대하여 진술하고자 한다면 그 비난의 대상을 드러내어 그것이 사사로운 환난과도 합치됨을 은근히 알도록 해 주어야 한다.

칭찬에는 그와 똑같은 행동을 한 다른 사람을 빗대어 칭찬해야 하며, 특이한 사안을 바로잡고자 한다면 그와 똑같게 계획을 한 사람을 거론하여야 한다.

상대와 똑같은 오점汚點을 가진 자가 있다면 반드시 그것이 아무런 상해가 되지 않음을 크게 꾸며서 감싸주고, 똑같은 실패를 한 자가 있다면 반드시 그것이 과실이 되지 않는다고 밝혀서 꾸며주어야 한다.

상대가 스스로 많은 역량을 가졌다고 여긴다면 어려운 경우를 거론하여 모두가 그런 것이라고는 말하지 말아야 하며, 상대가 결단에 용기가 있다고 여긴다면 그 과실을 지적하여 노하게 하는 일은 하지 말아야 하며, 그 스스로가 계책에 지혜가 있다고 여긴다면 그 실패할 경우의 예를 들어 추궁하지는 말아야 한다.

큰 뜻이 거슬림이 없고 언사에 부딪치는 바가 없고 난 뒤에야 자신의 지혜와 변설을 마음껏 발휘할 수가 있다.

이것이 바로 군주와 친근함을 얻어 의심을 받지 않으면서 말하고 싶은 바를 모두 다 말할 수 있는 방법이다.

凡說之務, 在知飾所說之所矜而滅其所恥.

彼有私急也, 必以公義示而强之.

其意有下也, 然而不能已, 說者因爲之飾其美而少其不爲也.

其心有高也, 而實不能及, 說者爲之擧其過, 而見其惡而多其不行也.

有欲矜以智能, 則爲之擧異事之同類者, 多爲之地; 使之資說於我, 而佯不知也, 以資其智.

欲內相存之言, 則必以美名明之, 而微見其合於私利也.

欲陳危害之事, 則顯其毁誹, 而微見其合於私患也.

譽異人與同行者, 規異事與同計者.

有與同汙者, 則必以大飾其無傷也; 有與同敗者, 則必以明飾其無失也.

彼自多其力, 則毋以其難槪之也; 自勇其斷, 則無以其謫怒之; 自智其計, 則毋以其敗窮之.

大意無所拂悟, 辭言無所擊摩, 然後極騁智辯焉.

此道所得親近不疑而得盡辭也.

【私急】 임금의 사사로운 욕구.

【强之】 '强'은 '勸'과 같음. 권유함. 《周禮》 注에 "强, 猶勸也"라 함.

【爲之地】 그를 위해 활동할 여지를 마련해 줌. '地'는 《鶡冠子》에 "理之所居謂之地"라 함.

【內相存之言】 '內'는 '納'과 같음. '相存'은 나라와 나라 사이에 공존함.

【微見】 드러나지 않게 보여줌. 은근히 알 수 있도록 해 줌. 《戰國策》 楚策 注에 "微, 不顯也"라 함.

【規異事】 '規'는 '잘못을 바로잡다'의 뜻.

【飾其無傷】 '飾'은 말을 꾸며서 상대의 의견에 동조하며 감싸줌을 뜻함.

【以其難槪之】 '槪'는 원래 '平斗斛木'의 평미래를 가리킴. 되나 말에 곡물을 담고 위를 깎아 평평하게 함을 뜻함. 《管子》 樞言篇 "釜鼓滿, 則人槪之"라 함. 여기서는 전체가 똑같이 그렇다고 여김.

【謫】 蒲坂圓은 "謫, 謂過失也"라 함.

【拂悟】 거슬림. 저촉됨. 맞지 않음. 張守節은 "拂悟, 當爲咈忤, 古字假借耳. 咈, 違也; 忤, 逆也"라 함.

【擊摩】 원문에는 '繫縻'로 되어 있으나 '擊摩'로 고침. 〈道藏本〉에는 '擊摩'로 되어 있으며 '서로 치고 부딪치고 하는 충돌'을 뜻함. 《戰國策》 齊策 "轄擊摩去而相過" 注에 "路狹車密, 故相擊相摩"라 하였고, 《史記》 蘇秦傳에도 "車轄擊, 人肩摩"라 하여 그 무렵 널리 쓰이던 어휘로 추측됨.

【極騁】 마음껏 내달림. 자신의 유세를 마음껏 구사함.

참고 및 관련 자료

1. 《史記》 老莊申韓列傳

凡說之務, 在知飾所說之所敬, 而滅其所醜. 彼自知其計, 則毋以其失窮之; 自勇其斷, 則毋以其敵怒之; 自多其力, 則毋以其難概之. 規異事與同計, 譽異人與同行者, 則以飾之無傷也. 有與同失者, 則明飾其無失也. 大忠無所拂悟, 辭言無所擊排, 迺後申其辯知焉. 此所以親近不疑, 知盡之難也. 得曠日彌久, 而周澤既渥, 深計而不疑, 交爭而不罪, 迺明計利害以致其功, 直指是非以飾其身, 以此相持, 此說之成也.

064(12-5)
이윤과 백리해

이윤伊尹은 요리사였고 백리해百里奚는 노예였으나 그것은 모두가 임금에게 발탁되기 위한 수단이었다.

이 두 사람 모두 성현에 가까웠으나 그래도 스스로 천한 역할을 하지 않고는 다가갈 수 없었으니 그들의 천함이 이와 같았던 것이다!

지금 나의 말이 요리사나 노예와 같다 할지라도 그 말이 받아들여져서 세상에 떨칠 수만 있다면 이는 유능한 선비로서 부끄러워할 바가 아니다.

무릇 오랜 시일을 지내면서 두루 은택을 받고 이윽고 그 혜택이 젖어 들어 깊은 계책을 세움에 의심이 없으며, 논쟁을 벌이더라도 죄를 받지 않는다면 이해를 분명히 하여 그 공을 이룰 수 있으며, 시비를 정직하게 지적하여 그 임금 자신을 바로잡아줄 수 있다.

이로써 서로 부지扶持하게 된다면 이것이 바로 유세의 성공이다.

伊尹爲宰, 百里奚爲虜, 皆所以干其上也.
此二人者, 皆聖人也, 然猶不能無役身以進, 如此其汙也!
今以吾言爲宰虜, 而可以聽用而振世, 此非能仕之所恥也.

夫曠日彌久, 而周澤旣渥, 深計而不疑, 引爭而不罪, 則明割利害以致其功, 直指是非以飾其身.

以此相持, 此說之成也.

【伊尹】 殷나라 湯王의 재상. 이름은 摯. 湯이 有莘氏의 딸을 아내로 맞을 때 媵臣으로 따라가면서 조리 기구를 짊어지고 가서 주방장이 되어 湯에게 접근하였음. 뒤에 탕에게 발탁되어 재상에 올랐으며 夏의 末王 桀을 쳐서 殷왕조를 일으키는 데 큰 공을 세웠음. 《史記》 殷本紀 및 《墨子》 尙賢篇을 볼 것.

〈伊尹〉《三才圖會》

【百里奚】 百里傒로도 표기하며 百里는 성. 五羖(五羖)大夫라 불림. 처음에는 虞公을 섬겼으나 7년 동안 그 정치가 그른 것을 보고 낙담하다가 晉이 虞를 쳐 포로가 되어 秦으로 가는 길에 달아나 楚나라로 가서 목동이 되었음. 秦 穆公에게 발탁되어 그를 패자로 만들었음. 穆公이 그를 楚나라에서 다섯 마리 검은 양가죽 값으로 샀으므로 '五羖大夫'라 부름. 《史記》 秦本紀에 그의 일화가 실려 있음.

【干】 '求'와 같음. 임금에게 발탁되기를 바람.

【汙】 '污'와 같음. 천한 일이었지만 목적을 위해 천히 여기지 않고 해냄.

【能仕】 '仕'는 '士'와 같음.

【曠日彌久】 曠日은 많은 날을 보냄. '彌'는 '經'과 같음.

【飾其身】 '飾'은 '飭'과 같음. 바로잡음. '正', '治'의 뜻. '身'은 임금 자신을 가리킴.

【相持】 서로 扶持함. 〈集解〉에 "君則以不疑不罪以固臣, 臣則以致功飾身以輸忠, 故曰「相持」. 如此者, 說之成也"라 함.

참고 및 관련 자료

1. 《史記》 老莊申韓列傳

伊尹爲庖, 百里奚爲虜, 皆所由干其上也. 故此二子者, 皆聖人也, 猶不能無役身而涉世如此其汙也, 則非能仕之所說也.

065(12-6)
일부러 딸을 주어

옛날 정鄭 무공武公이 호胡를 치고자 하여 일부러 그 딸을 호군胡君의 아내로 삼아주어 그의 비위를 맞추고는 신하들에게 "내 군사를 일으키고자 한다. 칠 상대는 누구이면 되겠는가?"라고 물었다.

대부 관기사關其思가 대답하였다.

"호는 가히 칠 수 있습니다."

무공이 노하여 그를 죽이려 하며 말하였다.

"호는 형제 관계의 나라이다. 그대는 치라고 말하다니 어찌된 일인가?"

호군이 이를 듣고 정나라가 자신을 친히 여긴다고 생각하고 그만 정나라에 대한 방비를 하지 않았다.

정나라는 호를 습격하여 점령해 버렸다.

송宋나라에 부자가 있었는데 비가 내려 담장이 무너지자 그 아들이 말하였다.

"고치지 않으면 틀림없이 앞으로 도둑이 들 것입니다."

그 이웃의 노인도 역시 똑같은 말을 하였다.

저녁이 되어 과연 그 집은 크게 재물을 잃고 말았다.

그 집에서는 자신의 아들은 대단히 지혜롭다고 여겼지만 이웃집 노인에 대해서는 의심을 품게 되었다.

두 사람의 말은 모두가 옳은 것이었으나 심한 경우는 죽임을 당하고 가벼운 경우는 의심을 받았으니 그렇다면 안다는 것이 어려운 것이 아니라 어떻게 처신하느냐가 어려운 것이다.

그러므로 요조繞朝의 말이 맞아 진晉나라에서는 그가 성인의 대접을 받았으나 진秦에게는 죽임을 당하고 말았으니 이것은 잘 살펴보지 않을 수 없는 것이다.

昔者, 鄭武公欲伐胡, 故先以其女妻胡君以娛其意, 因問於群臣:「吾欲用兵, 誰可伐者?」

大夫關其思對曰:「胡可伐.」

武公怒而戮之, 曰:「胡, 兄弟之國也. 子言伐之, 何也?」

胡君聞之, 以鄭爲親己, 遂不備鄭.

鄭人襲胡, 取之.

宋有富人, 天雨牆壞, 其子曰:「不築, 必將有盜.」

其鄰人之父亦云.

暮而果大亡其財.

其家甚智其子, 而疑鄰人之父.

此二人說者皆當矣, 厚者爲戮, 薄者見疑, 則非知之難也, 處之則難也.

故繞朝之言當矣, 其爲聖人於晉, 而爲戮於秦也, 此不可不察.

【鄭武公】 춘추시대 정나라 제 2대 군주. 이름은 掘突. 鄭 桓公(友)의 아들. B.C.770~B.C744년까지 27년간 재위하고 莊公(寤生)이 그 뒤를 이음. 鄭나라는 周 왕조가 洛邑으로 東遷할 때 平王(宜臼)를 도와 제후에 오름.

【胡】 北狄을 가리키는 말이나 그 무렵 河南 郾城縣 동남으로부터 安徽 阜陽縣에

걸쳐 있었던 歸姓의 부족 국가. 《左傳》 定公 15년에 의하면 胡는 B.C.495년 楚나라에게 완전 멸망함.

【關其思】 鄭나라 대부. 武公의 신하.

【兄弟】 고대사회에서는 친속 관계를 가진 대상을 일컫는 범칭. 여기서는 사돈 국가임을 뜻함.

【鄰人之父】 이웃 노인을 말함. 太田方은 "父, 老者之稱"이라 함.

【二人】 關其思와 이웃집 노인을 가리킴.

【繞朝】 춘추시대 秦나라 大夫. 秦나라에 망명해 있던 晉나라 士會를 晉나라가 壽餘를 秦나라에 거짓으로 항복시켜 사회를 잡아오려 소환할 때 繞朝가 음모임을 알아차리고 秦 康公에게 간언하였으나 康公은 듣지 않고 뒤에 繞朝를 죽임.

참고 및 관련 자료

1. 《史記》 老莊申韓列傳

昔者, 鄭武公欲伐胡, 迺以其子妻之. 因問羣臣曰: 「吾欲用兵, 誰可伐者?」 關其思曰: 「胡可伐.」 迺戮關其思, 曰: 「胡, 兄弟之國也, 子言伐之, 何也?」 胡君聞之, 以鄭爲親己而不備鄭. 鄭人襲胡, 取之. 此二說者, 其知皆當矣, 然而甚者爲戮, 薄者見疑. 非知之難也, 處知則難矣.

2. 《史記》 老莊申韓列傳

宋有富人, 天雨牆壞. 其子曰「不築且有盜」, 其鄰人之父亦云, 暮而果大亡其財, 其家甚知其子而疑鄰人之父.

3. 〈說林(下)〉

鄭人有一子, 將宦, 謂其家曰: 「必築壞牆, 是不善人將竊.」 其巷人亦云. 不時築, 而人果竊之, 以其子爲智, 以巷人告者爲盜.

4. 《左傳》 文公 13年 傳

晉人患秦之用士會也. 夏, 六卿相見於諸浮. 趙宣子曰: 「隨會在秦, 賈季在狄, 難日至矣, 若之何?」 中行桓子曰: 「請復賈季, 能外事, 且由舊勳.」 郤成子曰: 「賈季亂, 且罪大, 不如隨會. 能賤而有耻, 柔而不犯, 其知足使也. 且無罪.」 乃使魏壽餘僞以魏叛者, 以誘士會. 執其帑於晉, 使夜逸, 請自歸于秦. 秦伯許之. 履士會之足於朝. 秦伯師于河西, 魏人在東, 壽餘曰: 「請東人之能與夫二三有司言者, 吾與之先.」使士會, 士會辭, 曰:「晉人, 虎狼也. 若背其言, 臣死, 妻子爲戮, 無益於君, 不可悔也.」秦伯曰:「若背其言, 所不歸爾帑者, 有如河!」乃行. 繞朝贈之以策, 曰:「子無謂秦無人, 吾謀適不用也.」旣濟, 魏人譟而還. 秦人歸其帑. 其處者爲劉氏.

066(12-7)
애증지변

옛날 미자하彌子瑕가 위衛나라 임금에게서 총애를 받고 있었다.

위나라 법에 몰래 임금의 수레를 타는 자는 다리를 자르는 형벌에 처하게 되어 있었다.

미자하의 어머니가 병이 났는데 어떤 사람이 이를 듣고 밤에 가서 미자에게 알리자 미자는 거짓으로 임금의 허락을 받은 것처럼 하고 임금의 수레를 타고 나갔다.

임금이 이를 듣고 어질다 여기면서 이렇게 말하였다.

"효자로다! 어머니를 위하느라 발이 잘리는 벌까지 잊었구나."

그 뒤 어느 날 임금을 모시고 과수원에 놀이를 갔을 때 복숭아를 먹다가 아주 달자 다 먹지 않고 그 반쪽을 임금에게 먹였다.

임금이 말하였다.

"나를 사랑하는구나! 그 좋은 맛을 잊고서 나를 먹여주다니."

뒤에 미자하의 용모가 쇠하고 총애가 엷어지자 임금에게 죄까지 짓게 되었다.

임금이 말하였다.

"이 자가 진실로 일찍이 거짓을 꾸며 내 수레를 몰래 타고 나간 일이 있었으며, 또 일찍이 먹다가 남은 복숭아를 나에게 먹인 일이 있다."

그러므로 미자의 행동은 처음과 변함이 없건만 이전에는 어질다고 칭찬을 받았으나 뒤에는 죄를 얻게 된 것은 애증이 변하였기 때문이었다.

그 때문에 임금에게 사랑을 받고 있을 때면 그 지혜가 임금 생각과 합당하여 더욱 친밀해지지만, 임금에게 미움을 받고 있을 때면 그 지혜가 임금 생각과 맞지 않아 죄를 뒤집어쓰고 더욱 멀어지게 마련이다.

그러므로 간언諫言의 유세나 담론談論을 펴는 선비라면 임금의 애증을 잘 살펴본 뒤에 유세하지 않으면 안 된다.

昔者, 彌子瑕有寵於衛君.

衛國之法: 竊駕君車者罪刖.

彌子瑕母病, 人聞, 有夜告彌子, 彌子矯駕君車以出.

君聞而賢之, 曰:「孝哉! 爲母之故, 忘其犯刖罪.」

異日, 與君遊於果園, 食桃而甘, 不盡, 以其半啗君.

君曰:「愛我哉! 忘其口味, 以啗寡人.」

及彌子色衰愛弛, 得罪於君.

君曰:「是固嘗矯駕吾車, 又嘗啗我以餘桃.」

故彌子之行未變於初也, 而以前之所以見賢而後獲罪者, 愛憎之變也.

故有愛於主, 則智當而加親; 有憎於主, 則智不當見罪而加疏.

故諫說談論之士, 不可不察愛憎之主而後說焉.

【彌子瑕】 衛 靈公의 嬖臣이며 男色. 靈公의 총애를 믿고 정치를 專橫하여 史魚(史鰌)의 '屍諫'과 '愛憎之變' 등의 많은 고사를 남긴 인물임. 《戰國策》 趙策(3) 鮑彪 注에 "補曰: 靈公幸臣, 其妻與子路之妻兄弟, 亦見孟子"라 함.

【衛君】 그 무렵 위나라 임금은 靈公이었음. 靈公은 襄公(惡)의 아들로 이름은

元. B.C.534~B.C.493년까지 42년간 재위하고 出公(輒)으로 이어짐. 대체로 공자와 비슷한 시기였음. 부인 南子로 인해 태자 蒯聵를 축출하는 등 많은 사건을 남김.《論語》와《左傳》을 볼 것.

【刖】 발을 자르는 형벌. 五刑 가운데 하나. '跀'과 같음.

【人聞】〈乾道本〉에는 '간왕'으로 되어 있으며 사기에는 '인문왕'으로 되어 있음. 남이 모르게 간다는 뜻.

【矯駕君車】 군주의 수레를 허가없이 몰래 탐. 矯는 僞자와 같이 거짓을 꾸밈.

【啗君】 군주에게 먹임. 啗은 啖자와 구분하여 남에게 먹일 경우에 쓰임.

【得罪】 罪는 꾸짖는다는 뜻. 즉 문책받음.

【固嘗】 두 글자를 이어서 훨씬 이전부터라는 뜻을 가리킴.

참고 및 관련 자료

1.《史記》老莊申韓列傳

昔者, 彌子瑕見愛於衛君. 衛國之法, 竊駕君車者罪至刖. 旣而彌子之母病, 人聞, 往夜告之, 彌子矯駕君車而出. 君聞之而賢之曰:「孝哉, 爲母之故而犯刖罪!」與君游果園, 彌子食桃而甘, 不盡而奉君. 君曰:「愛我哉, 忘其口而念我!」及彌子色衰而愛弛, 得罪於君. 君曰:「是嘗矯駕吾車, 又嘗食我以其餘桃.」故彌子之行未變於初也, 前見賢而後獲罪者, 愛憎之至變也. 故有愛於主, 則知當而加親; 見憎於主, 則罪當而加疏. 故諫說之士不可不察愛憎之主而後說之矣.

2.《藝文類聚》(33)

《韓子》曰: 彌子瑕有寵於衛國. 衛國法, 竊駕君車罪刖. 子瑕之母病, 其人有夜告彌子, 彌子矯駕君車以出. 君聞而賢之曰:「孝哉! 爲母之故, 犯刖罪.」異日與君遊於果園, 食桃而甘, 以其餘獻君. 君曰:「愛我, 忘其口, 啖寡人.」

3.《藝文類聚》(65)

《韓子》曰:「昔彌子瑕有寵於衛, 與君遊於果園, 食桃而甘, 以其半啖君. 君曰:「愛我哉!」

4.《藝文類聚》(86)

《韓子》曰: 昔者, 彌子瑕有寵於衛君, 與君遊於果園, 食桃而甘, 以其半啖君. 君曰:「忠乎! □忘其口而啖寡人.」及彌子瑕色衰愛弛, 得罪於君. 君曰:「是故嘗啖我以餘桃.」

5. 《**意林**》(1)

彌子瑕有寵於衛君, 竊駕君車, 君聞之曰: 「子瑕母病而矯嘉, 孝子也!」與君遊果園, 食桃不盡, 以半啖君. 君曰: 「愛我也!」及其色衰, 得罪於君. 君曰: 「是矯駕吾車者, 啖我餘桃者.」以前所賢而後獲罪, 愛憎變也.

6. 기타 《**文選**》(陸韓卿〈中山王孺子妾歌〉注), 《**太平御覽**》(26, 99, 824, 968), 《**白孔六帖**》(99), 《**事類賦**》(26), 《**群書治要**》 등을 참조할 것.

067(12-8)
역린逆鱗

무릇 용은 하나의 동물인만큼 이를 잘 길들이고 가까이하여 몸소 탈 수 있다. 그러나 그 목 밑에는 지름 한 자 쯤의 역린逆鱗이 있어 이를 사람이 건드렸다가는 반드시 죽임을 당하고 만다.

임금에게도 또한 이와 같은 역린이 있어 유세하는 자가 능히 임금의 역린을 건드리지만 않는다면 유세를 잘 해낼 수가 있게 될 것이다.

夫龍之爲虫也, 柔可狎而騎也; 然其喉下有逆鱗徑尺, 若人有嬰之者, 則必殺人.

人主亦有逆鱗, 說者能無嬰人主之逆鱗, 則幾矣.

【龍之爲虫】 龍도 하나의 동물로 여김을 뜻함. 《史記》에는 '蟲'으로 되어 있으며 〈正義〉에 "龍, 蟲類也. 故言龍之爲蟲"라 함. 《大戴禮記》 曾子天圓에 "飛禽爲羽蟲, 獸類爲毛蟲, 魚鱉爲甲蟲, 魚類爲鱗蟲, 人爲倮蟲, 龍爲鱗蟲之精者"라 함.

【柔狎】 '柔'는 '擾'와 같음. 길들여서 서로 친밀해짐.

【逆鱗】 용의 턱(목) 밑에 거꾸로 난 비늘.

【嬰】 '攖'과 같음. '觸'의 뜻임.

【幾】 기대에 미침. '庶幾'의 줄인 말. 《史記》 索隱에 "幾, 庶也, 爲庶幾於善諫說也" 라 함.

참고 및 관련 자료

1. **《史記》** 老莊申韓列傳

夫龍之爲蟲也, 可擾狎而騎也. 然其喉下有逆鱗徑尺, 人有嬰之, 則必殺人. 人主亦有逆鱗, 說之者能無嬰人主之逆鱗, 則幾矣.

2. 기타 **《文選》**(袁彦伯 〈三國名臣序贊〉 注), **《太平御覽》**(929), **《事類賦》**(28)를 볼 것.

13. 화씨和氏

널리 알려진 변화卞和의 화씨지벽和氏之璧 고사를 들어 법술가法術家는 처신하기가 어려울 뿐만 아니라 자신의 높은 뜻을 진언할 기회조차 얻을 수 없음을 토로한 것이다.

068(13-1)
변화卞和와 화씨벽和氏璧

초楚나라 사람 화씨和氏가 초산楚山 속에서 옥 덩어리를 발견하여 이를 받쳐들고 가서 여왕厲王에게 바쳤다.

여왕이 옥인玉人으로 하여금 감정해 보도록 하였더니 옥인이 이렇게 말하였다.

"돌입니다."

왕은 화씨가 속였다고 여겨 그의 왼쪽 발을 자르는 형벌을 내렸다.

여왕이 죽고 무왕武王이 즉위하자 화씨는 다시 그 옥 덩어리를 받쳐들고 가서 무왕에게 바쳤고 무왕이 옥인에게 그것을 감정하도록 하였다.

옥인이 다시 말하기였다.

"돌입니다."

왕은 또 속였다고 여겨 그의 오른쪽 발을 자르는 형벌을 내렸다.

무왕이 죽고 문왕文王이 즉위하자 화씨는 이에 그 옥 덩어리를 껴안고 초산 아래에서 큰 소리로 울어 사흘 밤낮이 되자 눈물이 다하고 이어서 피가 흘렀다.

왕이 이를 듣고 사람으로 하여금 그 까닭을 이렇게 물어보도록 하였다.

"천하에 발 잘린 형벌을 받은 자가 많은데 그대는 어찌 그렇게 슬피 우는가?"

화씨가 대답하였다.

"저는 발 잘린 형벌을 받은 것을 슬퍼하는 것이 아닙니다. 무릇 보옥을 감정하여 돌이라 하고 정사貞士이건만 속임수를 쓰는 자라 하는 것을 슬퍼하는 것입니다. 이것이 제가 슬퍼하는 까닭입니다."

왕은 이에 옥인으로 하여금 그 옥 덩어리를 다듬도록 하여 보옥을 얻어 드디어 그 이름을 '화씨지벽和氏之璧'이라 하였다.

楚人和氏得玉璞楚山中, 奉而獻之厲王.

厲王使玉人相之, 玉人曰:「石也.」

王以和爲誑, 而刖其左足.

及厲王薨, 武王卽位, 和又奉其璞而獻之武王, 武王使玉人相之.

又曰:「石也.」

王又以和爲誑, 而刖其右足.

武王薨, 文王卽位, 和乃抱其璞而哭於楚山之下, 三日三夜, 泣盡而繼之以血.

王聞之, 使人問其故, 曰:「天下之刖者多矣, 子奚哭之悲也?」

和曰:「吾非悲刖也, 悲夫寶玉而題之以石, 貞士而名之以誑, 此吾所以悲也.」

王乃使玉人理其璞而得寶焉, 遂命曰「和氏之璧」.

【和氏】《藝文類聚》,《事類賦》 등에는 모두 '卞和'로 되어 있음.

【楚山】 荊山을 말함. 지금의 湖北 南漳縣 서북쪽 80리에 있으며 그 곁에 석실이 있어 卞和宅이라 하고 그 위에 抱玉巖이라는 바위가 있음.

【玉璞】 다듬지 않은 덩어리.

【厲王】 楚나라에는 厲王이란 왕호는 없으며 蚡冒를 가리킴. 霄敖의 아들이며 이름은 熊眴(熊眴), B.C.757~B.C.741년까지 17년간 재위함. 楚 武王(熊通)의 아버지, 혹 형. 《史記》 楚世家에 "霄敖六年卒, 子熊眴立, 是爲蚡冒. 蚡冒十七年卒, 蚡冒弟熊通弑蚡冒子而代立, 是爲楚武王"이라 하여 武王(熊通)의 형이라고도 함. 그 무렵 楚나라는 아직 王號를 쓰지 않았으며 武王 때 처음으로 왕호를 썼음.

【玉人】 玉璞을 감정하여 이를 다듬어 작품을 만드는 사람.

【相】 감정함.

【刖】 다리를 자르는 형벌. 跀과 같음.

【武王】 熊通. 처음으로 王號를 썼으며 B.C.740~B.C.690년까지 51년간 재위하고 文王으로 이어짐.

【文王】 楚 文王. 이름은 熊貲. 무왕의 아들로 B.C.689~B.C.677년까지 13년간 재위하고 堵敖(杜敖)에게 이어짐. 文王 때 楚나라는 郢으로 도읍을 옮김.

【貞士】 바른 일을 하는 사람. 정직한 사람. 卞和 자신을 지칭함.

참고 및 관련 자료

1. 《新序》 雜事(5)

荊人卞和得玉璞而獻之, 荊厲王使玉尹相之, 曰: 「石也.」 王以和爲謾, 而斷其左足. 厲王薨, 武王卽位, 和復奉玉璞而獻之武王. 武王使玉尹相之, 曰: 「石也.」 又以爲謾, 而斷其右足. 武王薨, 共王卽位, 和乃奉玉璞而哭於荊山中, 三日三夜, 泣盡, 而繼之以血. 共王聞之, 使人問之, 曰: 「天下刑之者衆矣. 子獨何哭之悲也?」 對曰: 「寶玉而名之曰石, 貞士而戮之以謾, 此臣之所以悲也.」 共王曰: 「惜矣! 吾先王之聽. 難剖石而易斬人之足! 夫死者不可生, 斷者不可屬, 何聽之殊也?」 乃使人理其璞而得寶焉. 故名之曰和氏之璧.

2. 《淮南子》 修武訓

鄙人有得玉璞者, 喜其狀, 以爲寶而藏之. 以示人, 人以爲石也, 因而棄之. 此未始知玉者也. 故有符於中, 則貴是而同今古; 無以聽其說, 則所從來者遠而貴之耳. 此和氏之所以泣血於荊山之下.

3. 《藝文類聚》(7)

《韓子》曰: 卞和得玉於楚山中, 獻厲王. 王使玉人相之, 曰: 「石也.」 刖其左足. 和抱其璞, 哭於荊山之下, 三日, 泣盡繼之以血. 事具玉門.

4. **《藝文類聚》**(83)

《琴操》曰: 卞和者, 楚野民. 得玉獻懷王, 懷王使樂正子占之. 言玉. 王以爲欺謾, 斬其一足. 懷王死, 子平王立, 和復獻之. 平王又以爲欺, 斬其一足. 平王死, 子立爲荊王, 和復欲獻之. 恐復見害, 乃抱其玉而哭, 晝夜不止, 涕盡續之以血. 荊王遣問之, 於是和隨使獻王, 王使剖之, 中果有玉, 乃封和爲陵陽侯. 卞和辭不就而去, 作退怨之歌曰: 「悠悠沂水經荊山, 精氣鬱泱谷巖巖. 中有神寶灼明明, 穴山采玉難爲功. 於何獻之楚先王? 遇王闇昧信讒言. 斷截兩足離余身, 俛仰嗟歎心摧傷. 紫之亂朱粉墨同, 空山歔欷涕龍鍾. 天鑒孔明竟以彰, 沂水滂沛流于汶. 進寶得刑足離分, 斷者不續豈不怨?」

5. 기타 **《白孔六帖》**(5), **《事類賦》**(9), **《太平御覽》**(372, 648, 805), **《文選》**(〈七啓〉注) 및 **《淮南子》**(覽冥訓 高誘注), **《琴操》**(下), **《楚辭》**(〈七諫〉 洪興祖補注) 등을 볼 것.

069(13-2)
임금에게 급한 것

무릇 주옥이란 임금이라면 급히 갖고 싶어하는 것이다.

화씨가 바친 옥 덩어리가 비록 아름답지는 못한 것이라 해도 임금에게 해가 되는 것이 아님에도 오히려 두 발이 잘리고 나서야 보옥이라는 논의가 이루어졌으니 보옥이라 논의되기까지는 이처럼 어려웠던 것이다.

지금 임금에게 있어서의 법술法術이란 화씨의 보옥처럼 급히 여길 것이 아니지만 그래도 신하들과 사민士民들의 사사로움이나 사악함을 금지시킬 수는 있는 것이다.

그렇다면 이러한 법술의 논리를 가진 자가 죽임을 당하지 않은 것은 다만 제왕帝王이라는 옥 덩어리를 아직 올리지 않았기 때문일 뿐이다.

군주가 술術을 쓰면 대신들은 일을 제멋대로 할 수가 없고 측근들은 함부로 군주의 권세를 팔 수도 없게 될 것이며, 관에서 법대로 실행하면 떠돌던 백성들은 농사를 지으러 달려가야 하고, 놀고 있던 선비들은 전쟁터의 위험에 내몰릴 것이니 그렇다면 법술이라는 것은 신하들과 사민들의 입장에서 보면 화근이 되는 것이다.

임금이 능히 대신들의 논의를 거부하지도 못하고 백성들의 비난도 뛰어넘지 못한 채 홀로 법술의 언론에 동조만 하고 있다면 법술을 가진 선비가 비록 죽음에 이른다 해도 그러한 도는 틀림없이 논의에 오르지도 못하게 될 것이다.

夫珠玉, 人主之所急也.

和雖獻璞而未美, 未爲王之害也, 然猶兩足斬而寶乃論, 論寶若此其難也.

今人主之於法術也, 未必和璧之急也, 而禁群臣士民之私邪.

然則有道者之不僇也, 特帝王之璞未獻耳.

主用術, 則大臣不得擅斷, 近習不敢賣重; 官行法, 則浮萌趨於耕農, 而遊士危於戰陳; 則法術者乃群臣士民之所禍也.

人主非能倍大臣之議, 越民萌之誹, 獨周乎道言也, 則法術之士, 雖至死亡, 道必不論矣.

【民萌】'民氓'과 같음. '萌'은 '氓'과 같음. 원래는 "土着曰民, 外來曰氓"이라 하였으나 《韓非子》 전체에서는 民衆, 百姓의 뜻으로 널리 쓰였음.

【所急】 성급하게 구함. '急'은 '貪'의 뜻.

【禁群臣士民之私惡】 법술이 이러한 역할을 함으로써 사욕을 부리는 군신들과 악한 짓을 일삼던 사민들은 법술에 대하여 심하게 반대하게 됨.

【有道者】 한비가 주장하는 도를 몸에 익힌 사람. 법술지사를 말함.

【僇】 '戮'과 같음. 법술을 가진 자가 살해를 당하지 않은 것은 변화가 박옥을 바쳤기에 다리가 잘리듯이 그들도 법술을 바쳤다가는 같은 과정을 거쳐 죽음을 당하게 됨을 뜻함.

【特】 '特'은 '直, 但, 只'와 같은 뜻.

【帝王之璞】 천하통일의 패업을 이룰 귀중한 보물이란 뜻에서 법술을 가리켜 말함. 제왕을 박옥에 빗대어 비유한 것이며 법술지사가 이를 바쳤다가는 그 또한 화씨처럼 많은 단계와 고통을 겪고 심지어 죽임까지 당할 수 있음을 말함.

【浮萌】 떠돌아다니는 浮浪者 流民을 가리킴.

【戰陳】 '陳'은 '陣'과 같음. 고대는 '陣'자가 따로 없었으며, '陳'자가 두 의미로 함께 쓰였음. 《顔氏家訓》 書證篇에 "太公《六韜》, 有天陳·地陳·人陳·雲鳥之陳. 《論語》曰: 「衛靈公問陳於孔子.」 《左傳》: 「爲魚麗之陳.」 俗本多作阜傍車乘之車. 案諸陳隊, 並作陳·鄭之陳. 夫行陳之義, 取於陳列耳, 此六書爲假借也, 《蒼》·《雅》及近世字書, 皆無別字; 唯王羲之〈小學章〉, 獨阜傍作車, 縱復俗行, 不宜追改《六韜》·《論語》·《左傳》也"라 함.

【倍】 '背'와 같음.

【周】 '周'는 '合'의 뜻. 여기서는 동조하여 일치됨.

【道言】 법술의 도를 말하는 논리.

【不論】 법술은 和璧만큼 급하지도 않으므로 끝내 논의조차 이루어지지 못할 것임을 뜻함. 〈集解〉에 "先愼曰: 珠玉人主之所急, 然兩足刖而始論; 法術不如和璧之急, 故至死亡而不論"이라 함.

참고 및 관련 자료

1. 《新序》 雜事(5)

故曰: 珠玉者, 人主之所貴也, 和雖獻寶, 而美未爲玉尹用也. 進寶且若彼之難也, 況進賢人乎? 賢人與姦臣, 猶仇讐也, 於庸君意不合. 夫欲使姦臣進其讐於不合意之君, 其難萬倍於和氏之璧, 又無斷兩足之臣以推, 其難猶拔山也. 千歲一合, 若繼踵, 然後霸王之君興焉. 其賢而不用, 不可勝載, 故有道者之不戮也, 宜白玉之璞未獻耳.

070(13-3)
오기吳起와 상앙商鞅

옛날 오기吳起가 초楚 도왕悼王을 가르치면서 초나라 풍속을 두고 이렇게 말하였다.

"대신들이 지나치게 중시를 받고 봉지를 받은 군君들이 너무 많습니다. 이와 같다면 그들은 위로는 군주를 압박하고 아래로는 백성을 학대하게 됩니다. 이는 빈국약병貧國弱兵의 길입니다. 봉지를 받은 군의 자손은 삼대째에는 그 작록을 도로 거두어들이고, 일반 관리들의 봉록과 직급은 조정하여 삭감하며, 급하지 않은 지관枝官들은 줄여 그 봉록으로써 숙련된 자를 뽑느니만 못합니다."

도왕이 이를 실행하였으나 1년 만에 죽자 오기는 초나라에서 지해枝解의 형벌을 당하고 말았다.

상군商君이 진秦 효공孝公에게 열 가구, 다섯 가구씩 묶어 잘못이 있을 경우 고발하는 연좌제를 설정하였으며, 《시詩》·《서書》를 불태우고 법령을 밝히며, 사문私門의 청탁을 막고 공실公室에 공로 있는 자를 통용시키며, 벼슬을 구하러 떠돌아다니는 백성을 금지하고, 농사와 전투에 참여하는 자를 현창顯彰하도록 가르쳤다.

효공이 그대로 실행하여 군주의 지위는 존엄해지고 나라는 부강해졌으나 8년이 지나 효공이 죽고 나자 상군은 진나라에서 거열형車裂刑을 당하고 말았다.

초楚나라는 오기의 의견을 채용하지 않았으므로 영토가 깎이고 난이 일어났으며, 진나라는 상군의 법을 실행하였으므로 부강한 나라가 되었던 것이다.

두 사람의 주장은 이미 합당한 것이었음에도 오기는 손발이 찢기고 상군은 거열형을 당한 것은 무슨 까닭이었겠는가?

대신들은 그러한 법을 고통스럽게 여겼고 서민들은 혼란 속에서도 자신만 안일하면 된다고 여겼기 때문이었다.

지금 당세에 대신들은 권세의 중함을 탐내고 서민들이 혼란에도 자신만 안일하면 된다고 여기는 정도가 진나라 초나라의 풍습보다 더 심하건만 군주는 도왕이나 효공처럼 듣는 것조차 하지 않고 있다면 법술지사가 어찌 능히 두 사람과 같은 위험을 무릅쓰고 자신의 법술 이론을 밝힐 수 있겠는가!

이것이 바로 세상이 혼란스러워지고 패왕이 나타나지 않는 이유이다.

昔者, 吳起教楚悼王以楚國之俗, 曰:「大臣太重, 封君太衆. 若此, 則上偪主而下虐民, 此貧國弱兵之道也. 不如使封君之子孫, 三世而收爵祿, 絶滅百吏之祿秩, 損不急之枝官, 以奉選練之士.」

悼王行之期年而薨矣, 吳起枝解於楚.

商君教秦孝公以連什伍, 設告坐之過, 燔《詩》·《書》而明法令, 塞私門之請而遂公家之勞, 禁游宦之民而顯耕戰之士.

孝公行之, 主以尊安, 國以富強, 八年而薨, 商君車裂於秦.

楚不用吳起而削亂, 秦行商君法而富強.

二子之言也已當矣, 然而枝解吳起而車裂商君者, 何也?

大臣苦法而細民惡治也.

當今之世, 大臣貪重, 細民安亂, 甚於秦·楚之俗, 而人主無悼王·孝公之聽, 則法術之士, 安能蒙二子之危也而明己之法術哉!

此世所亂無霸王也.

【吳起】 孫子(孫臏)와 더불어 대표적인 병법가. 戰國時代 衛나라 左氏(지금의 山東 曹縣) 출신으로 용병과 병법에 뛰어나 처음 魯나라 장수를 거쳤으며, 魏 文侯의 장수가 되어 中山을 정벌하고 秦나라 5개성을 점령하여 西河太守가 되기도 함. 그러나 武侯가 즉위하여 미움을 받자 楚나라로 도망가서 楚 悼王을 도와 개혁정책을 실현하고 令尹에 오름. 그러나 悼王이 죽고 宗室의 亂에 枝解(支解)의 형을 당하여 생을 마침. 병법서 《吳子》 6편을 남김. 《史記》 吳起列傳 참조.

〈吳起〉

【悼王】 戰國 初 聲王의 아들 熊疑. B.C.401~B.C.381년까지 21년간 재위하고 肅王에게 이어짐. 吳起를 등용하여 새로운 정책을 펴서 초나라를 부강하게 하였음.

【封君】 전국시기에는 봉지를 받은 대신을 '君'이라 불렀음.

【貧國弱兵】 富國强兵과 상대되는 말. 〈乾道本〉에는 '貪國弱兵'으로 되어 있으나 王先愼은 '貪'자는 '貧'자여야 한다고 하여 수정함.

【三世而收爵祿】 《韓非子纂聞》에 "功臣之子襲封如故, 至孫收之, 是再世食祿, 三世絶也"라 함.

【絶滅】 顧廣圻는 '纔滅'이어야 하며 이 경우 '纔'자는 '裁'와 같다고 하였음. 裁斷하여 削減함.

【枝官】 잔 가지에 해당하는 긴급하지 않은 관서들을 말함.

【選練之士】 골라서 잘 뽑은 잘 훈련된 병사. 《史記》 吳起傳에는 '戰鬪之士'로 되어 있음.

【期年】 朞年과 같음. 만 1년.

【商君】 公孫鞅. 戰國시대 衛나라의 庶孽 公子로 衛鞅으로도 불림. 성은 公孫,

이름은 鞅. 刑名法術을 익혀 秦 孝公을 섬겨 法治의 공으로 商, 오(於) 땅에 봉을 받은 商鞅. 뒤에 車裂刑을 당함. 商君으로도 불리며《商君書》가 전함.《史記》商君列傳 참조.

【孝公】 전국시대 秦나라 군주, 獻公의 아들이며 이름은 渠梁. B.C.361~B.C.338년까지 24년간 재위하였으며 惠文王이 그 뒤를 이음. 商鞅을 등용하여 變法을 단행한 끝에 秦나라를 부강하게 함.

【連什伍】 열 가구, 다섯 가구씩 묶어 모든 책임을 연좌로 지게 하는 조직. 뒤의 保甲制와 같음.《史記》商君列傳에 "令民爲什伍, 而相收司連坐, 不告姦者腰斬, 告姦者與斬敵首同賞, 匿姦者與降敵同罰"이라 함.

【告坐之過】 한 집이라도 죄를 지으면 고발하도록 하며 숨긴 경우 함께 그 죄를 책임지도록 함.《呂氏春秋》適威篇의 注에 "過, 責也"라 함.

【燔《詩》·《書》】 '燔'은 '焚'과 같음.《詩》·《書》는 유가의 경전으로 법가의 논의에 걸림돌이 된다고 여겨 없애고자 한 것. 그러나 焚書는 秦始皇 때 李斯에 의하여 감행된 것이며 商鞅 때는 부정적으로만 여겼음.

【遂公家之勞】 公室에 공로가 있는 자를 추천함. 公家란 대부의 私家에 상대하여 쓴 말. '遂'는《管子》君臣篇(下) "選賢遂材"의 注에 "遂, 達也"라 하였고, 淮南子 精神訓 "何往而不遂"의 注에는 "遂, 通也"라 함. 여기서는 앞 구절 '塞'을 상대하여 표현한 것.

【遊宦】 본업을 중시하지 않고 떠돌며 벼슬자리를 구하러 드는 것.

【顯】 顯彰함. 영달시킴. 표창함.

【耕戰之士】 產業의 주체인 농사일과 국방의 주체인 전투임무를 담당하는 이들을 뜻함.

【八年】《戰國策》秦策에 "孝公行之十八年. 疾且不起"라 하여 18년이 비교적 합당함.《史記》秦本紀와 六國表, 商君列傳 등에 의하면 孝公이 즉위하였을 때 商鞅이 魏나라에서 秦나라로 들어와 3년 만에 孝公에게 變法을 설파하여 甘龍, 杜摯 등과 논쟁을 벌였으며, 마침내 新法이 채택되었음. 그리고 상앙은 孝公 6년에 左庶長, 10년에는 大良造에 올랐으며, 24년에는 孝公이 죽고 상앙이 거열형에 처해진 것으로 되어 있어 '18년'이 비교적 사리에 맞음.

【車裂】 고대 酷刑의 하나. 四肢를 묶어 소가 끌도록 하여 찢어 죽이는 戟刑.

【惡治】 잘 다스려질 때 오히려 빠져나갈 곳이 없다고 여겨 도리어 치세를 싫어함.

【安亂】 혼란 속에 자신만 安樂하면 된다는 생각을 가짐.《淮南子》氾論訓 "而百姓安之"의 注에 "安, 樂也"라 함.

참고 및 관련 자료

1.《史記》吳起列傳

楚悼王素聞起賢, 至則相楚. 明法審令, 捐不急之官, 廢公族疏遠者, 以撫養戰鬪之士. 要在彊兵, 破馳說之言從橫者. 於是南平百越; 北并陳蔡, 卻三晉; 西伐秦. 諸侯患楚之彊. 故楚之貴戚盡欲害吳起. 及悼王死, 宗室大臣作亂而攻吳起, 吳起走之王尸而伏之. 擊起之徒因射刺吳起, 并中悼王. 悼王旣葬, 太子立, 乃使令尹盡誅射吳起而并中王尸者. 坐射起而夷宗死者七十餘家.

2.《史記》商君列傳

令民爲什伍, 而相牧司連坐. 不告姦者腰斬, 告姦者與斬敵首同賞, 匿姦者與降敵同罰. 民有二男以上不分異者, 倍其賦. 有軍功者, 各以率受上爵; 爲私鬪者, 各以輕重被刑大小. 僇力本業, 耕織致粟帛多者復其身. 事末利及怠而貧者, 擧以爲收孥. 宗室非有軍功論, 不得爲屬籍. 明尊卑爵秩等級, 各以差次名田宅, 臣妾衣服以家次. 有功者顯榮, 無功者雖富無所芬華. ……後五月而秦孝公卒, 太子立. 公子虔之徒告商君欲反, 發吏捕商君. 商君亡至關下, 欲舍客舍. 客人不知其是商君也, 曰:「商君之法, 舍人無驗者坐之.」商君喟然歎曰:「嗟乎, 爲法之敝一至此哉!」去之魏. 魏人怨其欺公子卬而破魏師, 弗受. 商君欲之他國. 魏人曰:「商君, 秦之賊. 秦彊而賊入魏, 弗歸, 不可.」遂內秦. 商君旣復入秦, 走商邑, 與其徒屬發邑兵北出擊鄭. 秦發兵攻商君, 殺之於鄭黽池. 秦惠王車裂商君以徇, 曰:「莫如商鞅反者!」遂滅商君之家.

14. 간겁시신姦劫弒臣

〈趙本〉에는 '姦劫殺臣'으로 되어 있다.

간악한 신하, 겁살을 저지르는 신하가 그 임금을 시해하는 원인을 들고 패왕의 성취는 엄형중벌嚴刑重罰에 있지 결코 인의혜애仁義惠愛에 있지 않음을 강조하여 법치의 효용을 극대화할 것을 주문하고 있다.

071(14-1)
임금을 마음대로 조종하는 신하

무릇 간악한 신하는 누구나 임금의 마음에 순종하여 믿음과 총애의 형세를 취하고자 하는 자들이다.

이로써 임금이 좋아하는 바가 있으면 신하로서 잘 따르며 칭송을 하고, 임금이 싫어하는 바가 있으면 신하로서 이를 바탕으로 헐뜯는다.

무릇 사람의 대체란 취사取舍의 취향이 같은 자라면 서로 옳다고 여기며 취사의 취향이 다른 자라면 서로 비난하게 마련이다.

지금 신하로부터 칭찬을 받는 자가 임금에게도 옳다고 인정을 받는다면 이를 일러 동취同趣라 하고, 신하가 헐뜯는 자를 임금도 비난한다면 이를 일러 동사同舍라 한다.

무릇 취사가 합치되는 데도 서로 거역하는 경우란 들어본 적이 없다.

이것이 신하가 신임과 총애를 얻게 되는 방법이다.

대체로 간신이 신임과 총애의 형세를 이용하여 다른 여러 신하들의 훼예毁譽와 진퇴進退를 마음대로 하는 것은 임금이 술수로써 통제하는 것이 아니며, 참증과 검증을 거쳐 깊이 따져보고 하는 것이 아니며, 그저 틀림없이 지난 날 자신의 의견과 합치했었음을 가지고 지금의 그 신하의 말을 믿는 것일 뿐이다.

이것이 총애받는 신하가 임금을 속여 사사로운 자신의 욕구를 채우는 방법이다.

그러므로 임금은 반드시 위에서 속임을 당하고, 신하는 반드시 아래에서 권세를 부리게 된다.

이를 일러 임금을 마음대로 조종하는 신하라 하는 것이다.

凡姦臣皆欲順人主之心, 以取信幸之勢者也.

是以主有所善, 臣從而譽之; 主有所憎, 臣因而毁之.

凡人之大體, 取舍同者則相是也, 取舍異者則相非也.

今人臣之所譽者, 人主之所是也, 此之謂同取; 人臣之所毁者, 人主之所非也, 此之謂同舍.

夫取舍合而相與逆者, 未嘗聞也.

此人臣之所以取信幸之道也.

夫姦臣得乘信幸之勢, 以毁譽進退群臣者, 人主非有術數以御之也, 非參驗以審之也, 必將以曩之合己, 信今之言.

此幸臣之所以得欺主成私者也.

故主必蔽於上, 而臣必重於下矣.

此之謂擅主之臣.

【信幸之勢】 신임과 총애를 독차지하는 분위기를 말함.
【大體】 사람들의 일반적인 性向. 人之常情과 같음.
【取舍】 '舍'는 '捨'과 같음. 趣向과 같은 뜻임.
【術數】 군주가 신하를 통제하는 책략. 術은 法術을, 數는 술책을 뜻함.
【參驗】 參證하고 檢證함.
【曩】 지난 날. '今'에 상대되는 말.

참고 및 관련 자료

1. 《群書治要》를 볼 것.

072(14-2)

간공簡公을 시해한 전성자田成子

나라에 임금을 마음대로 조종하는 신하가 있으면 다른 신하들은 지력智力을 다해 자신의 충성을 펼 수가 없으며, 백관百官의 관리들도 법을 받들어 공적을 이룰 수가 없게 된다.

무엇으로 이를 밝힐 수 있는가?

무릇 안전하고 유리한 쪽으로 나아가고 위험하고 해가 되는 것은 없애는 것이 사람의 정서이다.

지금 신하가 되어 힘을 다하여 공을 이루며, 지혜를 다하여 충성을 펴는 자는 그 몸은 고달프고 집은 가난하여, 부자父子가 그 손해에 걸려들게 되지만, 간악한 짓으로 자신의 이익을 구하면서 임금을 가리며, 뇌물을 주고받아 귀하고 중한 신하를 섬기는 자는 자신은 존귀해지고 집은 부유해져서 부자 모두가 그 혜택을 받고 있으니 사람들이 어찌 능히 안전하고 유리한 길을 버리고 위험하고 손해 나는 곳으로 나아가려 하겠는가?

나라를 다스리는 방법이 이처럼 잘못되어 있는데도 위에 있는 임금이 아랫사람이 간악한 짓을 저지르지 않고 관리가 법을 잘 지키기를 바란다면 그것은 될 수 없는 일임이 역시 분명하다.

그러므로 좌우가 진실과 신의를 가지고는 안전과 이익을 구할 수 없음을 알고 나서는 틀림없이 이렇게 말할 것이다.

"내가 충성과 믿음으로 임금을 섬기고 공로를 쌓아 안전을 구하려 하는 것은 마치 장님으로서 흑과 백의 색깔을 가리려는 것과 같아 틀림없이 거의 기대할 수 없을 것이다. 법술의 교화로써 바른 도리를 실행하면서 부귀 쪽으로 달려가지 않은 채 임금을 섬겨 안전을 구하려 하는 것도 마치 귀머거리가 맑은 소리와 탁한 소리를 가려내려는 것과 같아 더욱 기대할 수 없을 것이다. 이 두 가지로는 안전을 구할 수 없으니 내 어찌 능히 서로 비주比周하고, 임금을 가리고, 사사롭게 간악한 짓을 하여 중신들의 비위를 적당히 맞추지 않을 수 있겠는가?"

이렇게 되면 틀림없이 군주에 대한 의는 돌아보지 않게 될 것이다.

그 많은 백관의 관리들 역시 방정方正함으로써는 안전을 얻을 수 없음을 알고는 틀림없이 이렇게 말할 것이다.

"내가 청렴함을 가지고 임금을 섬겨 안전을 구하려는 것은 규구規矩 없이 방원方圓을 그리겠다고 나서는 것과 같아 틀림없이 기대할 수 없는 일이다. 법을 잘 지키며 붕당도 짓지 않고 관직을 처리하면서 안전을 구하려는 것 또한 다리로 이마를 긁겠다는 것과 같아 더욱 기대할 수 없는 일이다. 두 가지로써는 안전을 얻을 수 없으니 능히 법을 폐하고 사사로운 행동으로써 중신들에게 맞추어 나가지 않을 수 있겠는가?"

이렇게 되면 틀림없이 임금이 정한 법을 거들떠보지도 않게 될 것이다.

그러므로 사사로움으로써 중신들을 위하는 자는 많아지고, 법으로써 임금을 섬기는 자는 적어지게 된다.

이 까닭으로 임금은 윗자리에서 고립되고 신하는 아래에서 편당을 이루게 되는 것이니 이것이 바로 전성田成이 간공簡公을 시해하게 된 까닭이다.

國有擅主之臣, 則群下不得盡其智力以陳其忠, 百官之吏不得奉法以致其功矣.

何以明之?

夫安利者就之, 危害者去之, 此人之情也.

今爲臣盡力以致功, 竭智以陳忠者, 其身困而家貧, 父子罹其害; 爲姦利以弊人主, 行財貨以事貴重之臣者, 身尊家富, 父子被其澤; 人焉能去安利之道而就危害之處哉!

治國若此其過也, 而上欲下之無姦, 吏之奉法, 其不可得亦明矣.

故左右知貞信之不可以得安利也, 必曰:「我以忠信事上, 積功勞而求安, 是猶盲而欲知黑白之情, 必不幾矣. 若以道化行正理, 不趨富貴, 事上而求安, 是猶聾而欲審淸濁之聲也, 愈不幾矣. 二者不可以得安, 我安能無相比周·蔽主上·爲姦私以適重人哉?」

此必不顧人主之義矣.

其百官之吏, 亦知方正之不可以得安也, 必曰:「我以淸廉事上而求安, 若無規矩而欲爲方圓也, 必不幾矣. 若以守法不朋黨治官而求安, 是猶以足搔頂也, 愈不幾也. 二者不可以得安, 能無廢法行私以適重人哉?」

此必不顧君上之法矣.

故以私爲重人者衆, 而以法事君者少矣.

是以主孤於上而臣成黨於下, 此田成之所以弑簡公者也.

【陳其忠】 충성을 모두 펼쳐 내어 섬김.

【罹其害】 '罹'는 '遇·遭'와 같음.

【弊人主】 군주의 이목을 가림. '弊'는 '蔽'와 같음.

【幾】 '庶幾'의 줄인 말. 기대함. '冀·望·期·覬' 등과 같은 뜻임. 《爾雅》에 "覬, 望也"라 하였고, 《廣韻》에 "覬, 或作幾"라 함.

【道化】 法術에 의한 敎化.

【比周】 偏黨을 지음. '比'는 '近', '周'는 '密'의 뜻. 가까운 자들끼리 친밀히 하여 이익을 공유하고자 하는 모임들. "結黨營私曰比周"라 함. 朋黨과 같음.

【規矩】'規'는 그림쇠. 圓形을 그릴 때 쓰는 자(圓尺). '矩'는 方形을 그릴 때 쓰는 자(曲尺).

【以足搔頂】 발로써 이마를 긁음. 전혀 할 수 없는 일을 비유함.

【田成】 田成子. 田恒. 田恆. 田恒. '恆'은 '恒'의 異體字. 田常·陳恒·陳成子·田成子 등으로 널리 불림. 시호는 成. 簡公을 유폐시켜 시살한 인물. '陳恆'으로도 표기하며 '恆'은 '恒'의 異體字. 원래 그의 선조 陳完(田完, 敬仲)은 陳나라 출신으로 齊나라에 옮겨와 정착하여 田氏로 성을 바꾸었으며 차츰 세력을 키워 卿에 오른 다음, 그 후손이 뒤에 姜氏(姜太公의 후손)의 齊나라를 차지하여 戰國시대 田氏齊를 세움. 《史記》 田敬仲完世家 참조.

【簡公】 춘추 말 齊나라 군주. 이름은 壬. 悼公(陽生)을 이어 B.C.484~B.C.481년까지 4년간 재위하고 田成子에게 시해를 당하였으며 平公(驁)이 그 뒤를 이어 춘추시대를 마감함.

참고 및 관련 자료

1. 《群書治要》를 볼 것.

073(14-3)

관중管仲과 상군商君

무릇 법술을 가진 자가 신하가 되면 법도에 맞는 말을 바쳐 올릴 수 있어, 위에서 임금은 법을 밝히고 아래로 간악한 신하들을 억제를 받아 임금을 존중하고 나라를 안전하게 하는 것이다.

이 까닭으로 법도에 맞는 말이 앞서 바쳐지게 되면 상벌이 반드시 그 뒤를 따라야 하는 것이다.

군주는 진실로 성인의 법술에 밝아 세속의 의견에 얽매이지 않으며, 명분과 실질을 따르고, 시비를 판정하며, 참험參驗에 근거하여 언론을 살필 수 있어야 한다.

이로써 좌우의 신하들은 거짓으로써는 안전을 얻을 수 없음을 알게 되어 틀림없이 이렇게 말할 것이다.

"내가 간악하고 사사로운 행위를 버려 힘과 지혜를 다하여 임금을 섬기지 않은 채, 서로 더불어 비주比周를 짓거나 마구 훼예毁譽를 늘어놓는다면 이는 마치 천균千鈞의 무거운 짐을 지고 깊이를 헤아릴 수 없는 심연深淵으로 빠져들면서 살겠다고 하는 것일 테니 틀림없이 살아남기를 기대할 수 없을 것이다."

백관의 관리들 역시 간악한 이익으로는 안전을 얻을 수 없음을 알게 되면 틀림없이 이렇게 말할 것이다.

"내가 청렴과 방정함을 가지고 법을 받들지 않은 채 탐욕과 더러워진 마음으로써 법을 굽혀 사리를 취한다면, 이는 마치 높은 언덕 꼭대기에 올라 험한 계곡 아래로 떨어지면서 살겠다고 하는 것일 테니 틀림없이 살아남기 어려울 것이다."

안전과 위험의 길이 이처럼 명확한데도 좌우가 어찌 능히 거짓말로 임금을 현혹시킬 수 있겠으며, 백관들이 어찌 감히 탐욕으로써 아래 백성을 수탈할 수 있겠는가?

이로써 신하들은 충성을 펴 보일 수 있으며 임금도 가려지지 않을 것이요, 아래에서는 그 직분을 지켜 원한이 없게 될 것이다.

이것이 바로 관중管仲이 제齊나라를 다스릴 수 있었던 이유이며, 상군商君이 진秦나라를 강하게 만들 수 있었던 까닭이다.

〈商君(商鞅, 衛鞅, 公孫鞅)〉

夫有術者之爲人臣也, 得效度數之言, 上明主法, 下困姦臣, 以尊主安國者也.

是以度數之言得效于前, 則賞罰必用後矣.

人主誠明於聖人之術, 而不苟於世俗之言, 循名實而定是非, 因參驗而審言辭.

是以左右近習之臣, 知僞詐之, 不可以得安也, 必曰:「我不去姦私之行, 盡力竭智以事主, 而乃以相與比周, 妄毁譽以求安, 是猶負千鈞之重, 陷於不測之淵而求生也, 必不幾矣.」

百官之吏亦知爲姦利之不可以得安也, 必曰:「我不以清廉方正奉法, 乃以貪汚之心枉法以取私利, 是猶上高陵之顚, 墮峻谿之下而求生, 必不幾矣.」

安危之道, 若此其明也, 左右安能以虛言惑主, 而百官安敢以貪漁下?

是以臣得陳其忠而不弊, 下得守其職而不怨.

此管仲之所以治齊, 而商君之所以强秦也.

【效道數】 '效'는 '바쳐 올려 진술하다'의 뜻. '度數'는 법도와 술수.

【苟】 '拘'와 같음. '구애받다. 구속되다'의 뜻.

【比周】 偏黨을 지음. '比'는 '近', '周'는 '密'의 뜻. 가까운 자들끼리 친밀히 하여 이익을 공유하고자 하는 모임들. "結黨營私曰比周"라 함. 朋黨과 같음.

【千鈞之重】 鈞은 무게의 단위. 《說文》에 "鈞, 三十斤也"라 하였으며 '千鈞'은 아주 무거운 중량을 비유하는 표현.

【顚】 '巓'과 같으며 '꼭대기, 정상'.

【漁】 '漁'는 '捕魚'의 뜻이나 引申하여 收奪함을 뜻함.

【管仲】 춘추시대 齊나라 인물. 管夷吾. 仲은 字. 齊 桓公을 첫 霸者로 성취시킨 인물. 처음 齊나라에 난이 일어나 公子들이 뿔뿔이 흩어질 때 管仲은 公子 糾를 모시고 魯나라로 피신하였으며 鮑叔은 小白을 모시고 거나라로 피신함. 뒤에 난이 끝나고 먼저 귀국하는 자가 왕위에 오르게 되어 있었으며 이 때 管仲은 小白 일행이 오는 길목을 지키다가 활로 小白을 쏘았으나 小白이 허리띠 고리에 맞고 죽은 척 쓰러져 있다가 지름길로 들어가 먼저 왕위에 올랐으며 이가 환공임. 이에 공자 규와 관중 일행은 귀국하지 못하고 처벌을 기다렸으나 鮑叔의 추천으로 환공의 재상이 되어 제나라를 부강하게 만들었으며 재상에 오름. 환공이 그를 높여 仲父라 칭하였음. 《史記》 管晏列傳 및 《列子》 등을 참조할 것. '管鮑之交' 등의 많은 고사를 남겼으며 그의 사상과 언행을 기록한 《管子》가 전함.

【商君】 公孫鞅. 戰國시대 衛나라의 庶孼 公子로 衛鞅으로도 불림. 성은 公孫, 이름은 鞅. 刑名法術을 익혀 秦 孝公을 섬겨 法治의 공으로 商, 오(於) 땅에 봉을 받은 商鞅. 商君으로도 불리며 《商君書》가 전함. 뒤에 車裂刑을 당함. 《史記》 商君列傳 참조.

074(14-4)

이루離婁와 사광師曠

이로 말미암아 보건대 성인이 나라를 다스림에는 진실로 사람들이 나를 사랑하기 때문에 일하지 않을 수 없도록 하는 도를 가지고 있어, 사람들이 사랑으로 나를 위하기를 믿지 않는다.

남들이 사랑으로 나를 위하기를 믿는 것은 위험하지만 내가 하지 않을 수 없도록 함을 믿는 것은 안전하다.

무릇 군신 사이에는 골육과 같은 친밀함이 아니므로 정직한 도로써 이익을 얻을 수 있다면 신하들은 온 힘을 다해 임금을 섬기지만 정직한 도로써 해도 안전을 얻을 수 없다면 신하들은 사리를 써서 임금에게 다가가려 할 것이다.

현명한 군주는 이를 알기 때문에 이익과 손해의 길을 설치하여 천하에 보여주면 될 뿐이다.

무릇 이로써 임금은 비록 입으로 백관을 가르치지 않고, 눈으로 간사姦衺한 자를 찾으려 들지 않아도 나라는 이미 잘 다스려지게 되는 것이다.

군주란 이루離婁와 같은 눈을 가지고 있어야 눈이 밝은 것이 아니며, 사광師曠과 같은 귀를 가지고 있어야 귀가 밝은 것이 아니다.

술수에 맡기지 않고 자신의 눈으로 보기만을 기다려 밝다고 여긴다면 보이는 것이 적으니 이는 불폐不蔽의 술책이 될 수가 없으며, 형세에 근거하지 않고 귀에 들리는 것만을 기다려 귀가 밝다고 여긴다면 들리는 것이 적으니 이는 불기不欺의 도가 될 수가 없다.

현명한 군주는 천하로 하여금 자기 자신이 볼 수 없도록 하지 않으며, 천하로 하여금 자기 자신이 듣지 못하도록 하지 않는다.

그러므로 자신은 깊은 궁중에 있으면서도 온 사해四海 안을 밝게 비추어 천하가 능히 가려질 수 없도록 하며, 능히 속일 수 없도록 하는 것은 무슨 까닭이겠는가?

어둡고 혼란한 길은 폐기되고, 귀 밝고 눈 밝은 형세가 흥하기 때문이다.

그러므로 세勢에 잘 맡기면 나라가 안전하고 그 세에 근거할 줄 모르면 나라가 위태롭게 되는 것이다.

옛날 진秦나라 풍속은 신하들이 법은 폐기하고 사사로운 이득을 위해 복무하였으니 이 까닭으로 나라는 혼란에 빠지고 무력은 약해졌으며 임금은 낮아진 것이다.

상군商君이 진秦 효공孝公에게 법을 바꾸고 풍속을 고쳐, 공도公道를 밝히며, 간악한 자를 고발하는 자에게 상을 내리며 말작末作은 줄이고 본사本事를 이익으로 여기도록 설득하였다.

그 무렵 진나라 백성들은 죄가 있어도 면할 수 있었고, 공이 없어도 높은 지위와 명예를 얻을 수 있었던 오랜 관습에 익숙해져 신법新法을 가볍게 여기며 이를범하였다.

그러자 법을 범한 자를 엄중히 처벌하여 기필코 실행하였으며 고발한 자에게 내리는 상은 후하면서도 믿음을 주었다.

그 때문에 간악한 짓을 한 자로서 잡히지 않는 자가 없이 형벌을 받은 자가 많아지자 백성들은 미워하고 원망하여 많은 비난이 날로 들려왔다.

효공이 이를 듣지 않은 채 상군의 법을 그대로 시행하자 백성들은 뒤에야 죄가 있으면 반드시 처벌받는다는 것을 알게 되었으며 간악한 일을 고발하는 자가 많아져서 그 때문에 백성들은 죄를 범하지 않게 되었고 형벌을 가할 데가 없게 되었던 것이다.

이로써 나라는 잘 다스려지고 병력은 강해졌으며 영토는 넓어지고 군주의 권위도 높아졌다.

이렇게 된 까닭은 죄를 숨겨주었다가 받는 벌은 무겁고 간악한 일을 고발하여 받는 상은 후했기 때문이다.

이 또한 천하로 하여금 반드시 나 자신을 위해 보고 듣도록 하는 방법이다.

나라를 지극히 잘 다스리기는 법술法術이 이미 이와 같이 명확하건만 세속의 학자들은 이를 모르고 있다.

從是觀之, 則聖人之治國也, 固有使人不得不愛我之道, 而不恃人之以愛爲我也.

恃人之以愛爲我者危矣, 恃吾不可不爲者安矣.

夫君臣非有骨肉之親, 正直之道可以得利, 則臣盡力以事主; 正直之道, 不可以得安, 則臣行私以干上.

明主知之, 故設利害之道, 以示天下而已矣.

夫是以人主雖不口教百官, 不目索姦衺, 而國已治矣.

人主者, 非目若離婁乃爲明也, 非耳若師曠乃爲聰也.

不任其數, 而待目以爲明, 所見者少矣, 非不弊之術也; 不因其勢, 而待耳以爲聰, 所聞者寡矣, 非不欺之道也.

明主者, 使天下不得不爲己視, 使天下不得不爲己聽.

故身在深宮之中, 而明照四海之內, 而天下弗能蔽·弗能欺者, 何也?

闇亂之道廢, 而聰明之勢興也.

故善任勢者國安, 不知因其勢者國危.

古秦之俗, 群臣廢法而服私, 是以國亂兵弱而主卑.

商君說秦孝公以變法易俗, 而明公道·賞告姦, 困末作而利本事.

當此之時, 秦民習故俗之有罪可以得免, 無功可以得尊顯也, 故輕犯新法.

於是犯之者其誅重而必, 告之者其賞厚而信.

故姦莫不得而被刑者衆, 民疾怨而衆過日聞.

孝公不聽, 遂行商君之法, 民後知有罪之必誅, 而私姦者衆也, 故民莫犯, 其刑無所加.

是以國治而兵强, 地廣而主尊.

此其所以然者, 匿罪之罰重, 而告姦之賞厚也.

此亦使天下必爲己視聽之道也.

至治之法術已明矣, 而世學者弗知也.

【利害之道】 법을 따르면 상을 받고 법을 어기면 벌을 받는 이득과 손해를 제시하여 통치하는 방법.

【衺】 '邪'자와 같음.

【離婁】 고대에 눈이 매우 밝았던 사람. '離朱'로도 불림. 《孟子》 離婁篇(上)에 "孟子曰: 「離婁之明, 公輸子之巧, 不以規矩, 不能成方員; 師曠之聰, 不以六律, 不能正五音; 堯舜之道, 不以仁政, 不能平治天下"라 하였고, 《愼子》 內篇에도 "離朱之明, 察毫末於百步之外"라 함. 역시 《莊子》 天地篇·騈拇篇에도 '離朱'로 되어 있으며 司馬彪는 「離朱. 黃帝時人, 百步見秋毫之末. 《孟子》作離婁」라 함.

【師曠】 晉 平公을 도왔던 樂師. 太師. 자는 子野. 장님이었으며 바른 말을 잘 했음.

【明·聽】 '明'은 눈이 밝은 것. '聽'은 귀가 밝은 것. 《尙書》 堯典에 「昔在帝堯, 聰明文思, 光宅天下」라 하였고, 孔穎達의 疏에 「言聰明者, 據人近驗, 則聽遠爲聰, 見微爲明. ……以耳目之聞見, 喩聖人之智慧, 兼知天下之事」라 함.

【服私】 '服'은 '行'자와 같음. 사사로운 이득을 위해 복무함.

【商君】 公孫鞅. 戰國시대 衛나라의 庶孽 公子로 衛鞅으로도 불림. 성은 公孫, 이름은 鞅. 刑名法術을 익혀 秦 孝公을 섬겨 法治의 공으로 商, 오(於) 땅에 봉을 받은 商鞅. 商君으로도 불리며 《商君書》가 전함. 뒤에 車裂刑을 당함. 《史記》 商君列傳 참조.

【孝公】 전국시대 秦나라 군주, 獻公의 아들이며 이름은 渠梁. B.C.361~B.C.338년까지 24년간 재위하였으며 惠文王이 그 뒤를 이음. 商鞅을 등용하여 變法을 단행한 끝에 秦나라를 부강하게 함.

【困末作】 '末作'은 末業, 즉 상공업을 가리키며 그것을 하지 못하도록 괴롭힘. 《史記》 商君列傳에 "僇力本業, 耕織致粟帛多者復其身. 事末利及怠而貧者, 擧以爲收孥"라 함.

【利本事】 '本事'는 本業, 耕織. 즉 農業·養蠶·織組 등 생업에 직접 관련된 일. 농사짓는 일이 유리하도록 해줌.

【衆過】 많은 이들이 지나치다고 비난함.

【私姦者衆也】 〈今註本〉에는 "告姦者衆也"라 하여 "간악한 자를 고발하는 자가 많다"로 보았으며 〈集解〉에는 "顧廣圻曰: 私下當有告字. 先愼曰: 商君之法賞告姦, 則告姦非私也. 私卽告之誤"라 함. 그러나 尹桐陽은 "私, 同伺, 伺察也"라 하여 '간악한 자를 살펴보다'의 뜻으로 보았음.

참고 및 관련 자료

1. 《群書治要》를 볼 것.

075(14-5)
정의가 비난을 받는 이유

게다가 세상의 어리석은 학자들은 치란의 실정도 모르면서 쓸데없이 수다스럽게 옛 책을 읊어대면서 당대의 정치를 어지럽히고 있으며, 지려智慮는 함정에 빠져드는 것조차 피하기에 모자라면서도 마구 법술을 터득한 선비를 비난하고 있다.

그들 의견을 받아들이는 자는 위태롭게 되고 그들 책략을 채용하는 자는 혼란에 빠지게 되니 이 또한 매우 우매한 짓이며 환난의 지극함이 심한 것들이다.

그들은 법술을 가진 선비와 함께 담설로 이름이 나 있지만 실상 그 차이는 천만이나 되도록 멀다.

이는 무릇 이름은 같으나 실질은 다르다고 하는 것이다.

대체로 세상의 어리석은 학자들을 법술을 가진 선비와 비교한다는 것은 마치 개미무덤을 큰 언덕과 비교하는 것과 같아 그 차이가 아주 크다.

그러나 성인이란 시비의 실질을 깊이 따져보고 치란의 실정을 잘 살핀다.

그러므로 나라를 다스림에는 명확한 법을 바르게 하고 엄격한 형벌을 제시하여 앞으로 그것으로 모든 사람의 혼란을 구제하고 천하의 재앙을 물리쳐 강자가 약자를 침해하지 못하도록 하며, 다수가 소수에게 포악하게 굴지 못하도록 하며 기로耆老들도 천수를 누릴 수 있도록 하고 어린 고아가 자라도록 하며, 변경이 침략당하지 않도록 하고, 임금과 신하가 서로 친하도록 하며, 아비와 자식이 서로 보호하도록 하여 죽임을 당하거나 포로가 되는 환난이 없도록 하는 것이니 이 또한 공적이 매우 두터운 것이리라!

우매한 자는 이를 모른 채 도리어 그렇게 하는 것을 포악하다고 여기고 있다.

어리석은 자도 본래는 다스려지기를 바라기는 하면서도 그 다스리는 방법을 싫어하는 것이며, 모두가 위험한 것을 싫어하면서도 그 위험해지는 방법을 좋아하고 있는 것이다.

어떻게 그것을 알 수 있는가?

무릇 엄혹한 형과 무거운 벌은 백성이 싫어하는 바이기는 하지만 나라는 이로써 다스려지는 것이요, 백성을 가련히 여겨 형벌을 가볍게 하는 것은 백성이 좋아하는 바이기는 하지만 나라는 이로써 위험해지는 것이다.

성인은 나라에 법을 시행함에는 반드시 세속의 뜻을 거꾸로 하지만 도와 덕에는 따른다.

이를 아는 자는 의義에 동의하고 세속을 반대하지만 그것을 모르는 자는 의에 대하여 이견을 보이며 세속에 동조한다.

천하에 이를 아는 자가 적으면 정의가 비난을 받는다.

且夫世之愚學, 皆不知治亂之情, 讘詖多誦先古之書, 以亂當世之治; 智慮不足以避穽井之陷, 又妄非有術之士.

聽其言者危, 用其計者亂, 此亦愚之至大而患之至甚者也.

俱與有術之士, 有談說之名, 而實相去千萬也.

此夫名同而實有異者也.

夫世愚學之人, 比有術之士也, 猶螘垤之比大陵也, 其相去遠矣.

而聖人者, 審於是非之實, 察於治亂之情也.

故其治國也, 正明法, 陳嚴刑, 將以救群生之亂, 去天下之禍, 使强不陵弱, 衆不暴寡, 耆老得遂, 幼孤得長, 邊境不侵, 君臣相親, 父子相保, 而無死亡係虜之患, 此亦功之至厚者也!

愚人不知, 顧以爲暴.

愚者固欲治而惡其所以治, 皆惡危而喜其所以危者.

何以知之?

夫嚴刑重罰者, 民之所惡也, 而國之所以治也; 哀憐百姓, 輕刑罰者, 民之所喜, 而國之所以危也.

聖人爲法國者, 必逆於世, 而順於道德.

知之者, 同於義而異於俗; 弗知之者, 異於義而同於俗.

天下知之者少, 則義非矣.

【譎詃】'譎'은 '多言', '詃'은 '妄語'를 뜻함.《韻會》에 "譎, 多言貌; 詃, 妄語也"라 함.

【穽井】井穽과 같음. 陷穽. 법술로 다스리지 않아 혼란이 생기고 위험에 빠지는 함정.

【螘垤】'의질'로 읽으며, 螘塚과 같음. 개미뚝. 개미무덤. 구릉에 비해 아주 작은 모습을 대비시킨 것.

【耆老】'耆'는 60 이상, '老'는 70 이상의 노인.《禮記》曲禮(上)에 "六十曰耆, 七十曰老"라 함.

【得遂】'遂'는 천수를 누림. 다른 사고나 전쟁 따위로 죽는 일이 없도록 함.

【係虜】'係'는 '繫'와 같음. 포로가 되어 묶음. 결박을 당함.

【世】여기서는 세속의 의견을 가리킴.

【道德】法術의 기초를 뜻함. 사회국가를 유지하기 위한 원리. 儒家에서 말하는 道德이 아님. 法家에서의 正義.

076(14-6)
모함에 능한 춘신군의 애첩

도道로 인정받지 못하는 자리에 있어 많은 사람의 입으로 헐뜯기고, 세속에 영합하는 언론에 빠져들면서 지엄한 천자를 상대하여 안전을 구하고자 한다면 어찌 어렵지 않겠는가?

이것이 바로 지사智士가 죽음에 이르면서도 세상에 드러나지 못하는 까닭이다.

초楚 장왕莊王의 아우 춘신군春申君에게는 여余라는 애첩과 갑甲이라는 본처의 아들이 있었다.

애첩 여는 춘신군에게 그 본처를 버리도록 하고자 일부러 자신의 몸에 상처를 입힌 다음 이를 춘신군에게 보여주며 이렇게 울면서 말하였다.

"저는 그대의 첩이 될 수 있어서 아주 행복합니다. 그렇지만 부인의 비위를 맞추자니 그대를 섬길 수 없고, 그대에게 맞추자니 부인을 섬길 수 없습니다. 저는 불초하여 두 분 주인의 마음에 들기에 역부족입니다. 형세로 보아 두 분 모두에게 맞출 수 없어 부인에게 죽임을 당하느니 차라리 그대가 앞에서 죽음을 내려주시느니만 못합니다. 저에게 죽음을 내려주시고 만약 다행히 다시 그대의 좌우 측근 누군가를 총애하게 되시거든 원컨대 그대께서는 반드시 잘 살피시어 남의 웃음거리가 되지 않도록 하십시오."

춘신군은 애첩 여의 거짓말을 믿고 본처를 버렸다.

여는 다시 갑을 죽이고 나서 자신이 낳은 자식을 후계로 삼고자 스스로 자신의 속옷 안쪽을 찢어 춘신군에게 보이고 울면서 이렇게 말하였다.

"제가 그대께 총애를 받아 온 지 오래되었음은 갑도 모르는 바가 아닙니다. 그런데 지금 나를 강제로 희롱하고자 하여 제가 반항을 하다가 저의 옷이 찢기기에 이르렀으니 이는 자식으로서의 불효가 이보다 더한 것은 없습니다."

춘신군이 노하여 갑을 죽였다.

그러므로 본처는 애첩 여의 거짓말 때문에 버려진 것이요, 자식은 그 때문에 죽임을 당한 것이다.

이로 말미암아 보건대 아비의 자식 사랑도 오히려 헐뜯음으로써 해칠 수가 있는 것이다.

임금과 신하 사이는 아비와 자식 관계처럼 친한 것도 아니며 여러 신하들의 헐뜯는 말은 첩 하나의 입에 비길 바가 아니니 현성賢聖들이 죽임을 당하는 것을 어찌 괴이히 여기겠는가!

이것이 상군商君이 진秦나라에서 거열형車裂刑을 당한 이유이며 오기吳起가 초楚나라에서 지해枝解를 당한 까닭이다.

무릇 남의 신하된 자는 죄가 있어도 굳이 처벌을 받지 않기를 바라며, 공적 없는 자도 모두 높은 지위나 명예를 얻고 싶어한다.

그러나 성인의 나라 다스림에는 공적 없는 자에게 포상이 주어지는 일이 없고 죄 있는 자에게는 반드시 형벌이 행해진다.

그렇다면 술수術數를 가진 자가 남을 위해 일할 경우 마땅히 좌우 간신의 상해를 입게 되기에 현명한 군주가 아니면 능히 법술을 가진 자의 주장을 들어보지도 못하게 된다.

處非道之位, 被衆口之譖, 溺於當世之言, 而欲當嚴天子而求安, 幾不亦難哉!

此夫智士所以至死而不顯於世者也.

楚莊王之弟春申君, 有愛妾曰余, 春申君之正妻子曰甲.

余欲君之棄其妻也, 因自傷其身以視君而泣, 曰:「得爲君之妾, 甚幸. 雖然, 適夫人非所以事君也, 適君非所以事夫人也. 身故不肖, 力不足以適二主, 其勢不俱適, 與其死夫人所者, 不若賜死君前. 妾以賜死, 若復幸於左右, 願君必察之, 無爲人笑.」

君因信妾余之詐, 爲棄正妻.

余又欲殺甲, 而以其子爲後, 因自裂其親身衣之裏, 以示君而泣, 曰:「余之得幸君之日久矣, 甲非弗知也, 今乃欲强戱余, 余與爭之, 至裂余之衣, 而此子之不孝莫大於此矣.」

君怒, 而殺甲也.

故妻以妾余之詐棄, 而子以之死.

從是觀之, 父子愛子也, 猶可以毁而害也.

君臣之相與也, 非有父子之親也, 而群臣之毁言, 非特一妾之口也, 何怪夫賢聖之戮死哉!

此商君之所以車裂於秦, 而吳起之所以枝解於楚者也.

凡人臣者, 有罪固不欲誅, 無功者皆欲尊顯.

而聖人之治國也, 賞不加於無功, 而誅必行於有罪者也.

然則有術數者之爲人也, 固左右姦臣之所害, 非明主弗能聽也.

【處非道之位】 法術의 正道를 인정받지 못하는 위치에 있음.

【幾】 '幾'는 '豈'와 같음. 王引之《經典釋詞》에 "豈, 詞之安也, 焉也. 字或作几"라 함. 그러나 陳奇猷는 幾는 冀와 같아 庶幾 즉 希望을 나타내는 副詞로 보았음.

【楚莊王】 春秋五霸의 하나로 이름은 侶(旅). 穆王(商臣)의 아들. 孫叔敖 등을 기용하여 나라를 부강시켰으며 邲戰에서 晉나라를 격파하고 패권을 차지함. B.C.613~B.C.591년까지 23년간 재위하고 그 뒤를 共王(審)이 이어감. 莊王은 매우 英明하였으며 '絶纓', '三年不飛', '樊姬諫言' 등 많은 고사를 남김.

【春申君】 戰國四公子의 하나였던 黃歇과는 다른 인물임. 黃歇은 戰國 후기 楚 頃襄王 때의 인물이며 왕의 아우도 아니었음. 楚 莊王은 春秋시대 왕으로 시기적으로 3백여 년의 차이가 있음. 尹桐陽은 申 땅에 봉해진 公子로 보았음. 한편 申은 姜姓의 나라이며 지금의 河南 南陽 申城에 있었음. 顧廣圻는 "與楚世家·春申君列傳皆不合"이라 함.

【余】 春申君의 애첩 이름이거나 혹은 성씨임.

【甲】 정식 이름일 수도 있으나 흔히 구체적으로 이름을 알 수 없을 때 쓰는 인명. 〈萬石君傳〉 "長子建, 次子甲, 次子乙"의 注에 "史失其名, 故曰甲乙"이라 함.

【商君】 公孫鞅. 戰國시대 衛나라의 庶孽 公子로 衛鞅으로도 불림. 성은 公孫, 이름은 鞅. 刑名法術을 익혀 秦 孝公을 섬겨 法治의 공으로 商, 오(於) 땅에 봉을 받은 商鞅. 뒤에 車裂刑을 당함. 商君으로도 불리며 《商君書》가 전함. 《史記》 商君列傳 참조.

【吳起】 孫子(孫臏)와 더불어 대표적인 병법가. 戰國時代 衛나라 左氏(지금의 山東 曹縣) 출신으로 용병과 병법에 뛰어나 처음 魯나라 장수를 거쳐 魏 文侯의 장수가 되어 中山을 정벌하고 秦나라 5개성을 점령, 西河太守가 되기도 함. 그러나 武侯가 즉위하여 미움을 받자 楚나라로 도망, 楚 悼王을 도와 개혁정책을 실현하고 令尹에 오름. 그러나 悼王이 죽고 宗室의 亂에 枝解(支解)의 형을 당하여 생을 마침. 병법서 《吳子》 6편을 남김. 《史記》 吳起列傳 참조.

【聖賢之戮死】 賢人이나 聖人조차도 참언 때문에 형벌을 받아 죽게 됨.

【非明主不能聽】 현명한 군주가 아니면 법술지사의 의견을 들을 수 없음. 좌우 간신들에 의해 법술지사를 만나볼 수 있는 길이 원천적으로 막히게 됨.

077(14-7)
인의仁義와 혜애惠愛

세속의 학자들은 임금에게 유세를 펴면서 "위엄의 세를 타고 간신들을 곤혹하게 하라"고는 말하지 않고 모두가 "인의仁義와 혜애惠愛가 있을 뿐"이라고 말하고 있다.

한편 세상의 군주들은 인의라는 명분에 이끌려 그 실상을 살피지 못하고 있으니 이는 크게는 나라가 망하고 제 몸이 죽을 짓이며, 작게는 국토가 깎이고 임금이 비천해질 일이다.

무엇으로 이를 증명하는가?

무릇 빈곤한 자에게 베풀어 주는 것, 이를 일러 세상에서는 인의라 하며, 백성을 애련哀憐하게 여기면서 차마 주벌하지 못하는 것, 이를 두고 세상에서는 혜애라 한다.

대체로 빈곤한 자에게 베풀어 주면 공적 없는 자가 상을 받게 되고, 처벌을 차마 하지 못하면 난폭한 일이 끊이지 않는다.

나라에 아무런 공도 없이 상을 받는 자가 있게 되면 백성은 밖으로는 적과 맞서 목을 베려고 힘쓰지 않으며, 안으로는 서둘러 힘이 드는 농사일을 하려들지 않을 것이며, 모두가 뇌물을 써서 부귀한 자를 섬기거나 사사롭게 선행을 하여 명예를 얻어 높은 벼슬자리와 후한 봉록을 받으려 할 것이다.

그러므로 간악하고 사악한 신하는 갈수록 늘어날 것이요, 난폭한 무리는 더욱 기승을 부릴 것이니 망하지 않고 무엇을 기다리겠는가?

무릇 엄혹한 형벌은 백성이 두려워하는 것이요, 무거운 벌은 백성이 싫어하는 것이다.

그러므로 성인은 그들이 두려워하는 것을 제시하여 그것으로써 사심衺心을 금지하고 그 싫어하는 것을 세워서 그것으로써 간악姦惡을 막는 것이니 이로써 나라는 안정되고 난폭한 일은 일어나지 않는 것이다.

나는 이로써 인의와 혜애를 치도에 쓰기에는 모자라며, 엄한 형벌과 중한 벌로써만이 나라를 다스릴 수 있다고 밝혀 말하는 것이다.

매와 채찍의 위협과 재갈과 말뚝의 설비가 없다면 비록 조보造父라 해도 능히 말을 복종시킬 수 없으며, 규구規矩의 법도나 승묵繩墨의 기준이 없다면 비록 왕이王爾라 할지라도 능히 네모나 원을 그려낼 수 없듯이 위엄威嚴의 세나 상벌의 법이 없다면 비록 요堯와 순舜일지라도 능히 세상을 다스릴 수 없는 법이다.

지금 세상의 군주들은 모두가 중벌과 엄형은 가볍게 던져버리고 애정과 혜택을 실행하여 패왕의 공적을 이루려 하지만 이 또한 기대할 수 없다.

그러므로 잘 다스리는 군주는 상을 분명히 밝혀 이익을 내세워 권면하여 백성들로 하여금 공적이 있어서 상을 받도록 하지 인의를 베푸는 것으로써 하지는 않으며, 엄한 형과 중한 벌로써 이를 금하여 백성들로 하여금 죄에 대한 벌로써 하도록 하지 애정과 은혜의 사면이 내려지는 것으로써 하도록 하지는 않는다.

이로써 공이 없는 자가 상을 바라지 않으며, 죄를 지은 자는 요행을 바라지 않게 된다.

서거犀車와 양마良馬의 등에 의탁하면 뭍에서는 험난한 언덕길의 어려움도 갈 수 있으며, 안전한 배를 타고 노를 잡는 편리함을 이용하면 물에서는 강이나 하수의 험난함도 끊고 건널 수 있듯이 법술의 책략을 잡고 중벌과 엄형을 실행하면 패왕의 공적을 이룰 수 있는 것이다.

나라를 다스리는 데에 법술과 상벌을 갖춘다는 것은 마치 육지를 가면서 서거나 양마를 이용하고 물길을 가면서 가벼운 배와 편리한 노를 이용하는 것과 같아 이를 타고 가는 자는 어디라도 갈 수 있는 것과 같다.

이윤伊尹이 이를 터득하였기에 탕湯이 왕이 될 수 있었고, 관중管仲이 이를 터득하였기에 제齊나라가 패자霸者가 될 수 있었으며, 상군商君이 이를 터득하였기에 진秦나라가 강국强國이 될 수 있었던 것이다.

이 세 사람은 모두 패왕이 되는 술책에 밝았고 강하게 다스리는 방책을 알았기에 세속의 언론에 견제당하지 않았던 것이며 당세 현명한 군주의 뜻과 맞아 곧바로 포의의 선비로서 임용되어 경상卿相의 자리까지 오르게 된 것이며, 나라를 다스리는 위치가 되자 임금을 높이고 국토를 넓히는 실제 공을 세운 것이니 이를 일러 '족귀지신足貴之臣'이라 한다.

탕은 이윤을 얻어 백리의 작은 땅으로써 일어서 천자가 될 수 있었고, 환공은 관중을 얻어 오패五霸의 수장이 되어 구합제후九合諸侯하고 일광천하一匡天下할 수 있었으며, 효공孝公은 상군을 얻어 땅을 넓히고 병력을 강하게 할 수 있었던 것이다.

그러므로 충신이 있으면 밖으로는 적국에게 침공당하는 환난이 없을 것이요, 안으로는 난신이 일을 저지를 근심이 없게 되어 길이 천하에 안전을 누리며 그 이름이 후세에 길이 전해지게 될 것이니 이를 일러 '충신'이라 한다.

이를테면 예양豫讓이 지백智伯의 신하가 되어서는 위로는 능히 군주를 설득시켜 그로 하여금 법술과 도수度數의 도리를 뚜렷이 알아 화난禍難의 재난을 피하도록 해 주지 못하고, 아래로는 능히 그 무리를 이끌어 나라를 안정시키지 못한 채, 양자襄子가 지백을 죽임에 이르러서야 예양은 스스로 이마에 먹물을 들이고 코를 베어 그 얼굴 모양을 얼그려뜨려 지백을 위해 양자에게 복수를 한 것이라 여겼으니, 이는 비록 잔혹한 형벌에 자신을 죽이는 것으로써 주인을 위하였다는 명분은 있을지라도 실제로는 지백에게 마치 털끝만큼의 이익도 되지 못한 셈이었다.

이런 것은 나는 아주 낮추어 보는 것이지만 세상의 군주들은 충성되다고 여겨 높이 사고 있다.

옛날 백이伯夷와 숙제叔齊라는 형제가 있어 무왕武王이 천하를 물려주고자 하였으나 받지 않은 채 두 사람이 수양산首陽山에서 굶어 죽었다.

이와 같은 신하라면 무거운 형벌도 두려워하지 않고 후한 상도 이익이라 여기지 않은 것으로서 형벌로도 금할 수 없고 상으로도 부릴 수 없으니 이를 일러 '무익한 신하'라 하는 것이다.

나는 하찮게 여기며 물리치는 자이지만 세상의 군주들은 많은 칭찬을 하며 찾고 있다.

世之學術者說人主, 不曰「乘威嚴之勢, 以困姦之臣」, 而皆曰「仁義惠愛而已矣」.

世主美仁義之名而不察其實, 是以大者國亡身死, 小者地削主卑.

何以明之?

夫施與貧困者, 此世之所謂仁義; 哀憐百姓, 不忍誅罰者, 此世之所謂惠愛也.

夫有施與貧困, 則無功者得賞; 不忍誅罰, 則暴亂者不止.

國有無功得賞者, 則民不外務當敵斬首, 內不急力田疾作, 皆欲行貨財, 事富貴, 爲私善, 立名譽, 以取尊官厚俸.

故姦私之臣愈衆, 而暴亂之徒愈勝, 不亡何待?

夫嚴刑者, 民之所畏也; 重罰者, 民之所惡也.

故聖人陳其所畏, 以禁其衺, 設其所惡, 以防其姦, 是以國安而暴亂不起.

吾以是明仁義愛惠之不足用, 而嚴刑重罰之可以治國也.

無捶策之威·銜橛之備, 雖造父不能以服馬; 無規矩之法·繩墨之端, 雖王爾不能以成方圓; 無威嚴之勢·

賞罰之法, 雖堯舜不能以爲治.

今世主皆輕釋重罰嚴誅, 行愛惠, 而欲霸王之功, 亦不可幾也.

故善爲主者, 明賞設利以勸之, 使民以功賞而不以仁義賜; 嚴刑重罰以禁之, 使民以罪誅而不以愛惠免.

是以無功者不望, 而有罪者不幸矣.

託於犀車良馬之上, 則可以陸犯阪阻之患; 乘舟之安, 持檝之利, 則可以水絶江河之難; 操法術之數, 行重罰嚴誅, 則可以致霸王之功.

治國之有法術賞罰, 猶若陸行之有犀車良馬也, 水行之有輕舟便檝也, 乘之者遂得其成.

伊尹得之, 湯以王; 管仲得之, 齊以霸; 商君得之, 秦以强.

此三人者, 皆明於霸王之術, 察於治强之數, 而不以牽於世俗之言; 適當世明主之意, 則有直任布衣之士, 立爲卿相之處; 處位治國, 則有尊主廣地之實: 此之謂足貴之臣.

湯得伊尹, 以百里之地, 立爲天子; 桓公得管仲, 立爲五霸主, 九合諸侯, 一匡天下; 孝公得商君, 地以廣, 兵以强.

故有忠臣者, 外無敵國之患, 內無亂臣之憂, 長安於天下, 而名垂後世, 所謂忠臣也. 若夫豫讓爲智伯臣也, 上不能說人主, 使之明法術度數之理, 以避禍難之患, 下不能領御其衆, 以安其國; 及襄子之殺智伯也, 豫讓乃自黔劓, 敗其形容, 以爲智伯報襄子之仇, 是雖有殘刑殺身以爲人主之名, 而實無益於智伯, 若秋毫之末.

此吾之所下也, 而世主以爲忠而高之.

古有伯夷·叔齊者, 武王讓以天下而弗受, 二人餓死首陽之陵.

若此臣者, 不畏重誅, 不利重賞, 不可以罰禁也, 不可以賞使也, 此之謂無益之臣也.

吾所少而去也, 而世主之所多而求也.

【世之學術者】 그 무렵 유행하던 儒家와 墨家를 가리킴. 仁義와 惠愛를 주장하지만 韓非는 현실적으로 功效가 적다고 여긴 것.

【禁其衺】 '衺'는 '邪'와 같음. 비뚤어짐. 邪惡함.

【捶策】 '捶'는 '매질하다'의 뜻이며 '棰', '箠'는 매질하는 기구로 互換하여 쓰기도 함. '策'은 '채찍질하다'의 뜻.

【銜橛】 '銜'은 '재갈', '橛'은 말뚝. 말을 다루고 복종시키는 기구나 설비. 그러나 '橛'은 또한 재갈의 일종으로 양끝이 굽은 쇠붙이인데 흔히 馬鑣라고도 함.

【造父】 趙父로도 표기하며 고대에 말을 잘 부리던 사람. 周 穆王(穆天子)을 섬김. 趙氏의 조상이 됨. 《史記》 秦本紀에 "皐狼生衡父, 衡父生造父. 造父以善御幸於周繆王, 得驥·溫驪·驊騮·騄耳之駟, 西巡狩, 樂而忘歸. 徐偃王作亂, 造父爲繆王御, 長驅歸周, 一日千里以救亂. 繆王以趙城封造父, 造父族由此爲趙氏. 自蜚廉生季勝已下五世至造父, 別居趙. 趙衰其後也"라 하였고, 〈趙世家〉에는 "季勝生孟增. 孟增幸於周成王, 是爲宅皐狼. 皐狼生衡父, 衡父生造父. 造父幸於周繆王. 造父取驥之乘匹, 與桃林盜驪·驊騮·綠耳, 獻之繆王. 繆王使造父御, 西巡狩, 見西王母, 樂之忘歸. 而徐偃王反, 繆王日馳千里馬, 攻徐偃王, 大破之. 乃賜造父以趙城, 由此爲趙氏"라 함. 그러나 고대 史書에 말 다루는 솜씨가 뛰어난 자의 代名詞로 더 널리 쓰임.

【規矩之法】 工人의 製圖에 方圓을 도안할 때 쓰는 도구. 곱자나 굽자.

【繩墨之端】 목수가 굽은 나무를 먹줄로 그어 바르게 켜거나 깎음.

【王爾】 고대의 유명한 匠人의 이름. 《淮南子》 本經訓 注에 "古之巧匠"이라 함.

【堯】 전설상 上古시대 五帝의 하나. 陶唐氏. 唐堯로도 부름. 祁姓이며 이름은 放勳. 帝嚳의 아들. 《十八史略》(1)에 "帝堯陶唐氏: 伊祁姓, 或曰名放勛, 帝嚳子也.

其仁如天, 其知如神, 就之如日, 望之如雲, 都平陽. 茆茨不剪, 土階三等. 有草生庭, 十五日以前, 日生一葉, 以後日落一葉, 月小盡, 則一葉厭而不落, 名曰蓂莢, 觀之以知旬朔"이라 함.《史記》五帝本紀를 볼 것.

【舜】 고대 五帝의 하나. 有虞氏. 姓은 姒氏, 이름은 重華. 虞舜으로도 부름. 堯임금으로부터 천하를 물려받아 帝位에 오름. 瞽瞍의 아들로 孝誠이 뛰어났던 분으로 널리 알려져 있으며 儒家에서 聖人으로 추앙함.《十八史略》(1)에 "帝舜有虞氏: 姚姓, 或曰名重華, 瞽瞍之子, 顓頊六世孫也. 父惑於後妻, 愛少子象, 常欲殺舜. 舜盡孝悌之道, 烝烝乂不格姦"이라 함.《史記》五帝本紀를 볼 것.

【犀車】 犀는 외뿔소. 그 가죽으로 막을 친 튼튼한 수레.《漢書》馮奉世傳 注에 "犀, 堅也"라 함.

【犯阪阻之患】 험한 고갯길의 어려움을 헤쳐 나감.《爾雅》釋詁에 "犯, 勝也"라 함. '阪阻'는 험난한 비탈길.

【檝之利】 '檝'은 배를 젓는 노. '棹'와 같은 뜻.

【絶江河之難】 '絶'은 '물을 가로질러 건너다'의 뜻. 江河는 長江과 黃河. 큰 물을 비유한 것.

【伊尹】 殷나라 湯王의 재상. 이름은 摯. 湯이 有莘氏의 딸을 아내로 맞을 때 媵臣으로 따라가면서 조리기구를 짊어지고 가서 주방장이 되어 湯에게 접근하였음. 뒤에 탕에게 발탁되어 재상에 올랐으며 夏의 末王 桀을 쳐서 殷왕조를 일으키는 데에 큰 공을 세웠음.《史記》殷本紀 및《墨子》尙賢篇을 볼 것.

【湯】 원래 夏나라 때의 諸侯. 亳을 근거로 발전하여 夏나라 末王 桀의 무도함을 없애고 伊尹을 등용하여 殷(商)을 세운 개국군주. 儒家에서 聖人으로 받듦.《史記》殷本紀를 참조할 것.《十八史略》(1)에는 "殷王成湯: 子姓, 名履. 其先曰契, 帝嚳子也. 母簡狄, 有娀氏女, 見玄鳥墮卵呑之, 生契. 爲唐虞司徒, 封於商, 賜姓"이라 함.

【管仲】 춘추시대 齊나라 인물. 管夷吾. 仲은 그의 字. 齊 桓公을 첫 霸者로 성취시킨 인물. 처음 齊나라에 난이 일어나 公子들이 뿔뿔이 흩어질 때 管仲은 公子糾를 모시고 魯나라로 피신하였으며 鮑叔은 小白을 모시고 거나라로 피신함. 뒤에 난이 끝나고 먼저 귀국하는 자가 왕위에 오르게 되어 있었으며 이 때 管仲은 小白 일행이 오는 길목을 지키다가 활로 小白을 쏘았으나 小白이 허리띠 고리에 맞고 죽은 척 쓰러져 있다가 지름길로 들어가 먼저 왕위에 올랐으며 이가 환공임. 이에 공자 규와 관중 일행은 귀국하지 못하고 처벌을 기다렸으나 鮑叔의 추천으로 환공의 재상이 되어 제나라를 부강하게 만들었으며 재상에 오름. 환공이

그를 높여 仲父라 칭하였음.《史記》管晏列傳 및《列子》등을 참조할 것. '管鮑之交' 등의 많은 고사를 남겼으며 그의 사상과 언행을 기록한《管子》가 전함.

【商君】公孫鞅. 戰國시대 衛나라의 庶孽 公子로 衛鞅으로도 불림. 성은 公孫, 이름은 鞅. 刑名法術을 익혀 秦 孝公을 섬겨 法治의 공으로 商·於(오) 땅에 봉을 받은 商鞅. 뒤에 車裂刑을 당함. 商君으로도 불리며《商君書》가 전함.《史記》商君列傳 참조.

【足貴之臣】족히 귀함을 인정받을 만한 신하.

【桓公】春秋五霸의 첫 首長인 齊桓公. 이름은 小白. 齊나라에 난이 일어나자 鮑叔이 모시고 莒나라로 피신, 管仲은 公子 糾를 모시고 魯나라로 피신함. 뒤에 난이 진압되고 먼저 귀국하는 자가 왕이 될 수 있는 기회에 小白이 오는 길을 管仲 일행이 막고 활을 쏘아 소백의 허리띠 고리에 맞추자 소백은 죽은 척 쓰러져 있다가 지름길로 귀국하여 왕위에 오름. 뒤에 포숙의 추천으로 관중을 등용하여 제나라를 부강하게 하여 九合諸侯, 一匡天下하여 첫 패자가 됨. B.C.685~B.C.643년까지 43년간 재위함.《史記》齊太公世家를 참조할 것.

【孝公】전국시대 秦나라 군주, 獻公의 아들이며 이름은 渠梁. B.C.361~B.C.338년까지 24년간 재위하였으며 惠文王이 그 뒤를 이음. 商鞅을 등용하여 變法을 단행한 끝에 秦나라를 부강하게 함.

【豫讓】晉의 六卿인 智伯의 후한 예우에 보답하려고 지백을 죽인 趙襄子에게 끝까지 암살하고자 하다가 실패한 인물. '呑炭漆身'의 고사로 유명함. 참고란을 볼 것.

【智伯】춘추 말기 晉나라 六卿의 하나. '知伯'으로도 표기하며 원래 이름은 荀瑤. 知襄子. 智襄子. 晉나라 대부. 知躒의 손자. 시호는 襄子. 智는 采邑 이름. 지금의 山西 解縣.《左傳》杜預 注에 "荀瑤. 荀躒之孫, 知伯襄子"라 함. 六卿 가운데 가장 세력이 강하여 먼저 范氏와 中行氏를 멸하고 趙氏를 멸하려다가 韓·魏·趙 三卿이 연합하여 知氏를 멸하여 망하게 됨.

【襄子】趙襄子. 趙襄主. 춘추 말 晉나라 六卿의 하나. 이름은 無恤. 趙簡子(趙鞅)의 아들. 趙는 봉읍의 이름. 晉陽(지금의 山西 太原)을 근거지로 발전하였으나 智伯(知伯)의 공격을 받아 포위되었다가 韓·魏의 도움으로 지백을 멸하고 三晉의 반열에 올랐으며 戰國七雄의 하나가 됨. 뒤에 도읍을 邯鄲으로 정함.

【黥劓】'黥'은 '黥'과 같으며 죄인의 이마에 먹물을 들이는 형벌. '劓'는 코를 베는 형벌.

【敗其形容】얼굴 모양을 망가뜨림. 豫讓이 스스로 몸에 옻칠을 하여 피부가

망가지도록 하였으며 타는 숯을 먹어 벙어리가 됨.

【秋毫之末】 짐승의 가을 털갈이 때에는 매우 가는 털이 나며 그러한 털의 끝이라는 뜻으로 매우 미세함을 비유함. 《孟子》 梁惠王(上)에 "吾力足以擧百鈞, 而不足以擧一羽; 明足以察秋毫之末, 而不見輿薪"라 함.

【伯夷·叔齊】 殷나라 말 孤竹國의 王子. 아우 叔齊와 서로 임금 자리를 양보하다가 周 文王의 어짊을 듣고 찾아갔으나 문왕은 이미 죽고 그 아들 武王이 殷의 紂를 정벌하러 나서는 것을 보고 下剋上이라 여겨 곡식을 먹지 않겠다고 首陽山에 올라 採薇하다가 굶어죽음. 고결한 사람으로 널리 거론됨. 《孟子》 公孫丑(下)에 "伯夷, 非其君不事, 非其友不友. 不立於惡人之朝, 不與惡人言. 立於惡人之朝, 與惡人言, 如以朝衣朝冠, 坐於塗炭. 推惡惡之心, 思與鄕人立, 其冠不正, 望望然去之, 若將浼焉"이라 함. 《史記》 伯夷列傳을 참조할 것. 한편 무왕이 이들에게 천하를 양보하려 하였다는 고사는 史書에 전혀 언급이 없어 韓非가 강조하기 위해 말한 것일 뿐임.

〈伯夷〉《三才圖會》

【武王】 姬發. 文王(姬昌, 西伯)의 아들. 殷末 周民族의 領袖. 아버지의 뜻을 이어 庸·蜀·羌 등 부족과 연합하여 殷의 紂를 멸하고 西周의 封建王朝를 건립함. 周公(姬旦)의 형이며 成王(姬誦)의 아버지. 周初의 文物制度를 완비하여 儒家에서 흔히 三代의 개국시조 夏禹·商湯·周文武로 칭하며 추앙받기도 함.

【首陽之陵】 首陽山 언덕. 수양산을 가리킴. 수양산은 여러 설이 있으나 雷首山의 남쪽에 있는 산으로 지금의 山西 永濟縣 남쪽이라 함.

참고 및 관련 자료

1. 《戰國策》 趙策(1)

晉畢陽之孫豫讓, 始事范·中行氏而不說, 去而就知伯, 知伯寵之. 及三晉分知氏, 趙襄子最怨知伯, 而將其頭以爲飮器. 豫讓遁逃山中, 曰: 「嗟乎! 士爲知己者死, 女爲悅己者容. 吾其報知氏之讎矣.」 乃變姓名, 爲刑人, 入宮塗厠, 欲以刺襄子. 襄子如厠, 心動, 執問塗者, 則豫讓也. 刃其扜, 曰: 「欲爲知伯報讎!」 左右欲殺之. 趙襄子曰: 「彼義士也, 吾謹避之耳. 且知伯已死, 無後, 而其臣至爲報讎, 此天下之賢人也.」 卒釋之. 豫讓又漆身爲厲, 滅鬚去眉, 自刑以變其容, 爲乞人而往乞, 其妻不識, 曰:「狀貌不似吾夫, 其音何類吾夫之甚也?」又呑炭爲啞, 變其音. 其友謂之曰:「子之道甚難而無功, 謂子有志則然矣, 謂子智則否. 以子之才, 而善事襄子, 襄子必近幸子; 子之得近而行所欲, 此甚易而功必成.」豫讓乃笑而應之曰:「是爲先知報後知, 爲故君賊新君, 大亂君臣之義者, 無此矣. 凡吾所謂爲此者, 以明君臣之義, 非從易也. 且夫委質而事人, 而求弑之, 是懷二心以事君也. 吾所爲難, 亦將以愧天下後世人臣懷二心者.」居頃之, 襄子當出, 豫讓伏所當過橋下. 襄子至橋而馬驚, 襄子曰:「此必豫讓也.」使人問之, 果豫讓. 於是趙襄子面數豫讓曰:「子不嘗事范·中行氏乎? 知伯滅范·中行氏, 而子不爲報讎, 反委質事知伯. 知伯已死, 子獨何爲報讎之深也?」豫讓曰:「臣事范·中行氏, 范·中行氏以衆人遇臣, 臣故衆人報之; 知伯以國士遇臣, 臣故國士報之.」襄子乃喟然歎泣曰:「嗟乎, 豫子! 豫子之爲知伯, 名旣成矣, 寡人舍子, 亦以足矣. 子自爲計, 寡人不舍子.」使兵環之. 豫讓曰:「臣聞明主不掩人之義, 忠臣不愛死以成名. 君前已寬舍臣, 天下莫不稱君之賢. 今日之事, 臣故伏誅, 然願請君之衣而擊之, 雖死不恨. 非所望也, 敢布腹心.」於是襄子義之, 乃使使者持衣與豫讓. 豫讓拔劍三躍, 呼天擊之, 曰:「而可以報知伯矣.」遂伏劍而死. 死之日, 趙國之士聞之, 皆爲涕泣.

2.《史記》刺客列傳

豫讓者, 晉人也, 故嘗事范氏及中行氏, 而無所知名. 去而事智伯, 智伯甚尊寵之. 及智伯伐趙襄子, 趙襄子與韓·魏合謀滅智伯, 滅智伯之後而三分其地. 趙襄子最怨智伯, 漆其頭以爲飮器. 豫讓遁逃山中, 曰:「嗟乎! 士爲知己者死, 女爲說己者容. 今智伯知我, 我必爲報讎而死, 以報智伯, 則吾魂魄不愧矣.」乃變名姓爲刑人, 入宮塗廁, 中挾匕首, 欲以刺襄子. 襄子如廁, 心動, 執問塗廁之刑人, 則豫讓, 內持刀兵, 曰:「欲爲智伯報仇!」左右欲誅之. 襄子曰:「彼義人也, 吾謹避之耳. 且智伯亡無後, 而其臣欲爲報仇, 此天下之賢人也.」卒醳去之.

居頃之, 豫讓又漆身爲厲, 呑炭爲啞, 使形狀不可知, 行乞於市. 其妻不識也. 行見其友, 其友識之, 曰:「汝非豫讓邪?」曰:「我是也.」其友爲泣曰:「以子之才, 委質而臣事襄子, 襄子必近幸子. 近幸子, 乃爲所欲, 顧不易邪? 何乃殘身苦形, 欲以求報襄子, 不亦難乎!」豫讓曰:「旣已委質臣事人, 而求殺之, 是懷二心以事其君也. 且吾所爲者極難耳! 然所以爲此者, 將以愧天下後世之爲人臣懷二心以事其君者也.」

旣去, 頃之, 襄子當出, 豫讓伏於所當過之橋下. 襄子至橋, 馬驚, 襄子曰:「此必是豫讓也.」使人問之, 果豫讓也. 於是襄子乃數豫讓曰:「子不嘗事范·中行氏乎?

智伯盡滅之, 而子不爲報讎, 而反委質臣於智伯. 智伯亦已死矣, 而子獨何以爲之報讎之深也?」 豫讓曰: 「臣事范·中行氏, 范·中行氏皆衆人遇我, 我故衆人報之. 至於智伯, 國士遇我, 我故國士報之.」 襄子喟然歎息而泣曰: 「嗟乎, 豫子! 子之爲智伯, 名旣成矣, 而寡人赦子, 亦已足矣. 子其自爲計, 寡人不復釋子!」 使兵圍之. 豫讓曰: 「臣聞明主不掩人之美, 而忠臣有死名之義. 前君已寬赦臣, 天下莫不稱君之賢. 今日之事, 臣固伏誅, 然願請君之衣而擊之, 焉以致報讎之意, 則雖死不恨. 非所敢望也, 敢布腹心!」 於是襄子大義之, 乃使使持衣與豫讓. 豫讓拔劍三躍而擊之, 曰: 「吾可以下報智伯矣!」 遂伏劍自殺. 死之日, 趙國志士聞之, 皆爲涕泣.

3. 《說苑》 復恩篇

智伯與趙襄子戰於晉陽下而死, 智伯之臣豫讓者怒, 以其精氣能使襄子動心, 乃漆身變形, 呑炭更聲, 襄子將出, 豫讓僞爲死人, 處於梁下, 駟馬驚不進, 襄子動心, 使使視梁下得豫讓, 襄子重其義不殺也. 又盜, 爲抵罪, 被刑人赭衣, 入繕宮. 襄子動心, 則曰必豫讓也, 襄子執而問之曰: 「子始事中行君, 智伯殺中行君, 子不能死, 還反事之; 今吾殺智伯, 乃漆身爲癘, 呑炭爲啞, 欲殺寡人, 何與先行異也?」 豫讓曰: 「中行君衆人畜臣, 臣亦衆人事之; 智伯朝士待臣, 臣亦朝士爲之用.」 襄子曰: 「非義也? 子壯士也!」 乃自置車庫中, 水漿毋入口者三日, 以禮豫讓, 讓自知, 遂自殺也.

4. 《十八史略》(1)

襄子漆知伯之頭, 以爲飮器. 知伯之臣豫讓, 欲爲之報仇, 乃詐爲刑人, 挾匕首, 入襄子宮中塗厠. 襄子如厠心動, 索之獲讓, 問曰: 「子不嘗事范·中行氏乎? 知伯滅之, 子不爲報讐, 反委質於知伯. 知伯死, 子獨何爲報仇之深也?」 曰: 「范·中行氏衆人遇我, 我故衆人報之. 知伯國士遇我, 我故國士報之.」 襄子曰: 「義士也, 舍之. 謹避而已.」 讓漆身爲厲, 呑炭爲啞, 行乞於市, 其妻不識也. 其友識之曰: 「以子之才, 臣事趙孟, 必得近幸. 子乃爲所欲爲, 顧不易邪? 何乃自若如此?」 讓曰: 「不可! 旣委質爲臣, 又求殺之, 是二心也. 凡吾所爲者極難耳. 然所以爲此者, 將以愧天下後世, 爲人臣懷二心者也.」 襄子出, 讓伏橋下, 襄子馬驚, 索之得讓, 遂殺之.

078(14-8)
문둥병자가 임금을 불쌍히 여긴다

속담에 “문둥병 환자가 임금을 불쌍히 여긴다”라 하였다.

이것은 불손한 말이기는 하지만 비록 그렇기는 해도 예부터 헛된 속담은 없으니 잘 살피지 아니할 수 없다.

이는 협박당하거나 시해되어 목숨을 잃은 임금을 두고 하는 말이다.

임금으로서 법술도 없이 그 신하를 제어하면, 비록 나이가 많고 훌륭한 재능이 있다 해도 대신들은 오히려 권세를 쥐고 일을 마음대로 판단하여 저마다 자신들의 사욕을 이루려 한다.

게다가 부형과 호걸의 인물들은 임금의 권력을 빌려 자신들이 하는 일을 금지하거나 죽일까봐 두려워하여, 그 때문에 현명하고 나이 든 자는 시해해버리고 어리고 약한 자를 세우거나, 적자를 폐하고 서얼을 세우기도 하는 것이다.

그 때문에 《춘추春秋》에는 이렇게 기록되어 있다.

“초楚나라 왕자 위圍가 정鄭나라에 초빙되어 갈 때 국경을 채 넘기도 전에 왕이 병이 들었다는 소식을 듣고는 되돌아와서 들어가 문병을 하러 들어가 자신의 갓끈으로 임금을 목졸라 죽이고 드디어 스스로 임금 자리에 섰다. 제齊나라 최처崔杼의 아내가 미색이 있어 장공莊公이 그녀와 사통하며 자주 최씨 집을 드나들었다. 장공이 그 집에 갈 때를 노려 최저의 무리 가거賈擧가 최저의 무리를 인솔하고 장공을 공격하였다. 장공이 집 안으로 도망쳐 들어가 나라의 반을 주겠다고 제의하였지만 최저가 들어주지 않자,

장공이 다시 조상 묘당廟堂에서 자결하게 해달라고 청하였으나 최저는 역시 들어주지 않았다. 이에 장공이 달아나 북쪽 담장을 뛰어넘다가 가거가 쏜 화살에 다리를 맞아 장공은 굴러떨어지고 말았다. 최저의 무리들은 창으로 공을 쳐서 장공은 죽고 말았으며, 그 아우 경공景公을 세웠다."

근세에 볼 수 있던 예로도 이태李兌가 조趙나라에서 권력을 잡자 주보主父를 백일 동안 굶겨서 죽였으며, 요치淖齒가 제齊나라의 실권을 잡자 민왕湣王의 힘줄을 뽑아 묘당 들보에 매달아 하룻밤 만에 죽이고 말았다.

그러므로 문둥병 환자는 비록 온 몸에 종기와 부스럼이 나고 머리까지 헐더라도 위로 《춘추》의 기록에 비하면 목이 졸리거나 허벅다리에 화살을 맞는 데까지는 이르지 않은 것이며, 또 아래로 근세에 비하면 굶어 죽거나 힘줄이 뽑히는 데에는 이르지 않은 것이다.

따라서 겁살을 당하여 죽는 임금의 이러한 마음의 두려움과 육체의 고통이란 틀림없이 문둥병 환자보다 심할 것이다.

이로 말미암아 보건대 비록 "문둥병 환자가 임금을 불쌍히 여긴다"라고 말할지라도 그 말은 그럴 만하다.

諺曰:「厲憐王.」

此不恭之言也, 雖然, 古無虛諺, 不可不察也.

此謂劫殺死亡之主言也.

人主無法術以御其臣, 雖長年而美材, 大臣猶將得勢, 擅事主斷, 而各爲其私急.

而恐父兄豪傑之士, 借人主之力, 以禁誅於己也, 故弑賢長而立幼弱, 廢正的而立不義.

故《春秋》記之曰:「楚王子圍將聘於鄭, 未出境, 聞王病而反, 因入問病, 以其冠纓絞王而殺之, 遂自立也. 齊崔杼其妻美, 而莊公通之, 數如崔氏之室. 及公往, 崔子之徒賈擧, 率崔子之徒而攻公. 公入室, 請與之分國, 崔子不許; 公請自刃於廟, 崔子又不聽; 公乃走, 踰於北牆, 賈擧射公, 中其股, 公墜, 崔子之徒以戈斫公而死之, 而立其弟景公.」

近之所見: 李兌之用趙也, 餓主父百日而死; 卓齒之用齊也, 擢湣王之筋, 懸之廟梁, 宿昔而死.

故厲雖癰腫疕瘍, 上比於《春秋》, 未至於絞頸射股也; 下比於近世, 未至餓死擢筋也.

故劫殺死亡之君, 此其心之憂懼, 形之苦痛也, 必甚於厲矣.

由此觀之, 雖「厲憐王」可也.

【厲憐王】'厲'는 '癘'와 같으며 '癩病'을 가리킴. 문둥병을 앓고 있는 환자가 여러 방법으로 시해를 당하여 죽는 임금을 도리어 가련하게 여김.

【長年而美材】 나이가 들고 재능이 뛰어남.

【父兄】 임금의 숙부·백부 등과 서공자 등을 일컫는 말.

【禁誅】 임금이 자신들이 하는 일을 막아 방해하거나 심지어 죽음에 몰아넣기도 함.

【正的】'的'은 '嫡'과 같음. 正妻 所生의 嫡子. 〈藏本〉에는 '正嫡'으로 되어 있으며, 《戰國策》과 《韓詩外傳》에는 '正適'으로 되어 있음.

【不義】 宗法 繼承 원칙에 어긋나는 신분. 庶孽이나 순서에 맞지 않은 자를 후계로 세움을 뜻함.

【春秋】 孔子가 魯나라 紀年을 중심으로 春秋시대 각 나라의 역사적 사실을 편찬한 史書. 모두 12편으로 되어 있으며 기간은 魯 隱公 원년(B.C.722)으로부터 哀公 14년(B.C.482)까지 242년간, 12명의 公의 역사임. 뒤에 이를 풀이한 《左傳》, 《公羊傳》, 《穀梁傳》이 있으며 이를 '春秋三傳'이라 함.

【王子圍】 春秋시대 楚 共王(審)의 둘째아들이며 康王의 아우. 이름은 熊虔. 康王이 죽자 강왕의 아들 子員이 뒤를 이어 이가 郟敖이며, 子圍는 令尹이었음. 子圍가

鄭나라에 초빙되어 가는 길에 왕 郟敖가 병이 들었다는 소식을 듣고 되돌아와서 겹오를 시살하고 자립함. 이가 靈王이며 B.C.540~B.C.529년까지 12년간 재위하고 平王이 그 뒤를 이음. 이상의 내용은 《左傳》 昭公 원년에 자세히 실려 있음.

【王】 楚王 郟敖를 가리킴. 이름은 熊麇. B.C.544~B.C.541년까지 4년이나 재위하였지만 諡號를 받지 못하고 郟敖라 불렸으며 이는 葬地의 지명을 넣어 부른 것으로 보임. 《史記》 楚世家에 의하면 '敖'자를 칭호로 쓴 왕은 若敖(熊儀)·霄敖(熊坎)·杜敖(堵敖)·郟敖(熊麇) 등 넷이나 있음. '敖'는 馬融과 鄭玄은 '獒'와 같으며 이는 초나라 방언으로 '酋長'의 뜻이라 하였으며 顧頡剛은 '丘陵'의 뜻이라 하였음.

【崔杼】 齊나라 대부. 齊 莊公(B.C.553~B.C.548)이 그의 아내와 사통하자 崔杼는 그를 弑害하고 景公을 세워 자신은 宰相이 되는 등 춘추 후기 제나라 역사를 뒤흔든 인물. 晏子(晏嬰)와 여러 차례 부딪치는 등 많은 일화를 낳았음. 뒤에 慶封의 공격을 당하자 목을 매어 자결하였으며 시호는 武子. 이는 《左傳》 襄公 25년을 볼 것.

【莊公】 齊 莊公. 이름은 光. 齊 靈公의 뒤를 이었으며 B.C. 553~B.C.548년까지 6년간 재위하고 崔杼의 무리에게 시해를 당하여 생을 마침. 景公(杵臼)이 그 뒤를 이음.

【賈擧】 莊公의 근신으로 두 명의 賈擧가 있었음. 하나는 侍從 賈擧이며 하나는 莊公이 시해를 당할 때 함께 죽은 賈擧임. 《左傳》 襄公 25년을 볼 것.

【李兌】 戰國시대 趙나라의 실권자. 司寇 벼슬을 하였으며 趙 武靈王이 자리를 아들 子何(惠文王)에게 물려주고 자신은 主父로 칭하고, 장자 章은 安陽君에 봉하자 章이 불만을 품고 반란을 일으킴. 이에 李兌가 公子 成과 함께 章을 공격하자 章은 아버지 主父가 머물던 沙丘宮으로 피신. 이태와 공자 성은 이에 사구궁을 석 달간 포위하여 끝내 章을 죽이고 主父는 감금한 채 풀어주지 않고 굶겨 죽였음. 《戰國策》 및 《史記》 趙世家를 참조할 것.

【主父】 전국시대 趙나라 肅侯를 이어 임금이 된 武靈王. 이름은 雍. B.C.325~B.C.299년까지 27년간 재위하였으며 胡服으로 기마병을 길러 군력을 강화하였고 조나라 영토를 크게 넓혔음. 살아 있을 때 아들 何(惠文王)에게 왕위를 넘겨주고 자신은 主父라 칭하였음. 그러나 公子 成과 李兌가 난을 일으켜 군사를 이끌고 沙丘宮을 포위한 채 석 달을 풀어주지 않아 결국 餓死하고 말았음. 《史記》 趙世家 및 《戰國策》 趙策 등을 참조할 것.

【卓齒】'卓'는 '淖'자의 簡化形. 원래 楚나라 頃襄王의 장수로 초나라가 齊나라를 도와 재상이 되도록 한 인물. 燕나라 장수 樂毅가 五國과 연합하여 齊나라에 쳐들어오자 湣王이 莒로 달아나 楚나라에게 구원을 청하였으며 이 때 楚나라가 장군 淖齒를 보내 구해 주었던 것임. 그러자 민왕이 감격하여 그를 재상으로 삼자 요치는 齊나라 땅을 燕나라와 반으로 나눌 셈으로 莒에서 湣王을 죽여 그 筋骨을 뽑아 대들보에 달아 죽였음. 뒤에 淖齒는 齊나라 대부 王孫賈에게 피살당하고 말았음. 《史記》 田單列傳 및 《戰國策》 齊策 등을 참조할 것.

【湣王】戰國시대 齊 宣王의 아들이며 이름은 地(田地). B.C.300~B.C.284년까지 17년간 재위하고 襄王이 그 뒤를 이음. 湣王은 부국강병을 이루어 주실까지 병탄하고 천자가 되고자 하였으나 연나라 장수 악의가 연·진·한·위·조 5국이 연합하여 쳐들어오자 거성으로 달아나 초나라의 도움을 받음.

【宿昔】'昔'은 '夕'자와 같음. 하룻밤을 뜻하는 雙聲連綿語.

【癕腫】'癕'은 '癰'자와 같음. 大瘡. 腫氣. 腫脹.

【疕瘍】머리가 헐어 종기가 남. 頭瘡. 《韓詩外傳》에는 '痂疵'로 되어 있음.

참고 및 관련 자료

1. 《戰國策》 楚策(4)

客說春申君曰:「湯以絀, 武王以句, 皆不過百里以有天下. 今孫子, 天下賢人也, 君籍之以百里勢, 臣竊以爲不便於君. 何如?」春申君曰:「善.」於是使人謝孫子. 孫子去之趙, 趙以爲上卿. 客又說春申君曰:「昔伊尹去夏入殷, 殷王而夏亡. 管仲去魯入齊, 魯弱而齊强. 夫賢者之所在, 其君未嘗不尊, 國未嘗不榮也. 今孫子, 天下賢人也. 君何辭之?」春申君又曰:「善.」於是使人請孫子於趙. 孫子爲書謝曰:「癘人憐王, 此不恭之語也. 雖然, 不可不審察也. 此爲劫弑死亡之主言也. 夫人主年少而矜材, 無法術以知奸, 則大臣主斷國私以禁誅於己也, 故弑賢長而立幼弱, 廢正適而立不義. 春秋戒之曰:「楚王子圍聘於鄭, 未出竟, 聞王病, 反問疾, 遂以冠纓絞王, 殺之, 因自立也. 齊崔陽之妻美, 莊公通之. 崔陽帥其君黨而攻. 莊公請與分國, 崔陽不許; 欲自刃於廟, 崔陽不許. 莊公走出, 踰於外牆, 射中其股, 遂殺之, 而立其弟景公.」近代所見: 李兌用趙, 餓主父於沙丘, 百日而殺之; 榧齒用齊, 擢閔王之筋, 縣於其廟梁, 宿夕而死. 夫襄雖癰腫胞疾, 上比前世, 未至絞纓射股; 下比近代, 未至擢筋而餓死也. 夫劫弑死亡之主也, 心之憂勞, 形之困苦, 必甚於襄矣. 由此觀之, 襄雖憐王可也.」因爲賦曰:「寶珍隋珠, 不知佩兮. 禕布與絲, 不知異兮. 閭姝子奢, 莫知媒兮. 吊母求之, 又甚喜之兮. 以螺爲明, 以聾爲聰, 以是爲非, 以吉爲凶. 嗚呼上天, 曷惟其同!」詩曰:「上天甚神, 無自瘵也.」

2.《韓詩外傳》(4)

客有說春申君者曰:「湯以七十里, 文王百里, 皆兼天下, 一海內. 今夫孫子者, 天下之賢人也. 君藉之百里之勢, 臣竊以爲不便於君. 若何?」春申君曰:「善.」於是使人謝孫子. 去而之趙, 趙以爲上卿. 客又說春申君曰:「昔伊尹去夏之殷, 殷王而夏亡; 管仲去魯而入齊, 魯弱而齊强. 由是觀之, 夫賢者之所在, 其君未嘗不善, 其國未嘗不安也. 今孫子, 天下之賢人, 何謂辭而去?」春申君又云:「善.」於是使請孫子. 孫子因僞喜謝之:「鄙語曰:「癘憐王.」此不恭之語也, 雖不可不審也, 非比爲劫殺死亡之主者也. 夫人主年少而放, 無術法以知奸, 卽大臣以專斷圖私, 以禁誅於己也, 故捨賢長而立幼弱, 廢正直而用不善. 故春秋之志曰: 楚王之子圍聘於鄭, 未出境, 聞王疾, 返問疾, 遂以冠纓絞王而殺之. 因自立. 齊崔杼之妻美, 莊公通之. (崔杼帥其黨而攻莊公, 莊公請與分國,) 崔杼不許, 欲自刃於廟, (崔杼又不許,) 莊公走出, 踰於外牆, 射中其股, 遂弑而立其弟景公. 近世所見: 李兌用趙, 餓主父於沙丘, 百日而殺之. 淖齒用齊, 擢閔王之筋, 而懸之於廟, 宿昔而殺之. 夫癘雖癰腫痂疵, 上比遠世, 未至絞頸射股也; 下比近世, 未至擢筋餓死也. 夫劫殺死亡之主, 心之憂勞, 形之苦痛, 必甚於癘矣. 由此觀之, 癘雖憐王, 可也.」因爲賦曰:「琁玉瑤珠不知珮, 雜布與錦不知異, 閭娵子都莫之媒, 嫫母力父是之喜. 以盲爲明, 以聾爲聰, 以是爲非, 以吉爲凶. 嗚呼上天! 曷維其同!」詩曰:「上帝甚蹈, 無自瘵焉.」

3.《左傳》昭公 元年 傳

楚公子圍使公子黑肱·伯州犁城犨·櫟·郟. 鄭人懼. 子産曰:「不害. 令尹將行大事, 而先除二子也. 禍不及鄭, 何患焉?」冬. 楚公子圍將聘于鄭, 伍擧爲介. 未出竟, 聞王有疾而還, 伍擧遂聘. 十一月己酉, 公子圍至, 入問王疾, 縊而弑之, 遂殺其二子幕及平夏. 右尹子干出奔晉, 宮廏尹子晳出奔鄭. 殺大宰伯州犁于郟, 葬王於郟. 謂之郟敖, 使赴于鄭. 伍擧問應爲後之辭焉, 對曰:「寡大夫圍.」伍擧更之曰:「共王之子圍爲長.」子干奔晉, 從車五乘, 叔向使與秦公子同食, 皆百人之餼. 趙文子曰:「秦公子富.」叔向曰:「厎祿以德, 德鈞以年, 年同以尊. 公子以國, 不聞以富. 且夫以千乘去其國, 彊禦已甚.《詩》曰:『不侮鰥寡, 不畏彊禦.』秦·楚, 匹也.」使后子與子干齒, 辭曰:「鍼懼選, 楚公子不獲, 是以皆來, 亦唯命. 且臣與羈齒, 無乃不可乎? 史佚有言曰:『非羈, 何忌?』」

4.《左傳》襄公 25年

經: 夏五月乙亥, 齊崔杼弑其君光.

傳: 齊棠公之妻, 東郭偃之姊也. 東郭偃臣崔武子. 棠公死, 偃御武子以弔焉. 見棠姜而美之, 使偃取之. 偃曰:「男女辨姓, 今君出自丁, 臣出自桓, 不可.」武子筮之, 遇困☵之大過☴. 史皆曰:「吉.」示陳文子, 文子曰:「夫從風, 風隕妻, 不可娶也. 且其繇曰:『困于石, 據于蒺藜, 入于其宮, 不見其妻, 凶.』困于石, 往不濟也; 據于蒺藜, 所恃傷也; 入于其宮, 不見其妻, 凶, 無所歸也.」崔子曰:「嫠也, 何害? 先夫當之矣.」遂取之. 莊公通焉, 驟如崔氏, 以崔子之冠賜人. 侍者曰:「不可.」公曰:「不爲崔子, 其無冠乎?」崔子因是, 又以其間伐晉也, 曰:「晉必將報.」欲弑公以說于晉, 而不獲間. 公鞭侍人賈舉, 而又近之, 乃爲崔子間公. 夏五月, 莒爲且于之役故, 莒子朝于齊. 甲戌, 饗諸北郭. 崔子稱疾, 不視事. 乙亥, 公問崔子, 遂從姜氏. 姜入于室, 與崔子自側戶出. 公拊楹而歌. 侍人賈舉止衆從者而入, 閉門. 甲興, 公登臺而請, 弗許; 請盟, 弗許; 請自刃於廟, 弗許. 皆曰:「君之臣杼疾病, 不能聽命. 近於公宮, 陪臣干掫有淫者, 不知二命.」公踰牆, 又射之, 中股, 反隊, 遂弑之. 賈舉·州綽·邴師·公孫敖·封具·鐸父·襄伊·僂堙皆死. 祝佗父祭於高唐, 至, 復命, 不說弁而死於崔氏. 申蒯, 侍漁者, 退, 謂其宰曰:「爾以帑免, 我將死.」其宰曰:「免, 是反子之義也.」與之皆死. 崔氏殺鬷蔑于平陰. 晏子立於崔氏之門外, 其人曰:「死乎?」曰:「獨吾君也乎哉! 吾死也?」曰:「行乎?」曰:「吾罪也乎哉! 吾亡也?」曰:「歸乎?」曰:「君死, 安歸? 君民者, 豈以陵民? 社稷是主. 臣君者, 豈爲其口實? 社稷是養. 故君爲社稷死, 則死之; 爲社稷亡, 則亡之. 若爲己死, 而爲己亡, 非其私暱, 誰敢任之? 且人有君而弑之, 吾焉得死之? 而焉得亡之? 將庸何歸?」門啓而入, 枕尸股而哭. 興, 三踊而出. 人謂崔子,「必殺之!」崔子曰:「民之望也, 舍之, 得民.」盧蒲癸奔晉, 王何奔莒. 叔孫宣伯之在齊也, 叔孫還納其女於靈公, 嬖, 生景公. 丁丑, 崔杼立而相之, 慶封爲左相. 盟國人於大宮, 曰:「所不與崔·慶者……,」晏子仰天歎曰:「嬰所不唯忠於君, 利社稷者是與, 有如上帝.」乃歃. 辛巳, 公與大夫及莒子盟. 大史書曰:「崔杼弑其君.」崔子殺之. 其弟嗣書, 而死者二人. 其弟又書, 乃舍之. 南史氏聞大史盡死, 執簡以往. 聞旣書矣, 乃還. 閭丘嬰以帷縛其妻而載之, 與申鮮虞乘而出. 鮮虞推而下之, 曰:「君昏不能匡, 危不能救, 死不能死, 而知匿其暱, 其誰納之?」行及弇中, 將舍. 嬰曰:「崔·慶其追我.」鮮虞曰:「一與一, 誰能懼我?」遂舍, 枕轡而寢, 食馬而食, 駕而行. 出弇中, 謂嬰曰:「速驅之! 崔·慶之衆, 不可當也.」遂來奔. 崔氏側莊公于北郭. 丁亥, 葬諸士孫之里, 四翣, 不蹕, 下車七乘, 不以兵甲.

5.《戰國策》秦策(5)

淖齒管齊之權, 縮閔王之筋, 縣之廟梁, 宿昔而死. 李兌用趙, 減食主父, 百日而餓死.

6.《史記》趙世家

三年, 滅中山, 遷其王於膚施. 起靈壽, 北地方從, 代道大通. 還歸, 行賞, 大赦, 置酒酺五日, 封長子章爲代安陽君. 章素侈, 心不服其弟所立. 主父又使田不禮相章也. 李兌謂肥義曰:「公子章彊壯而志驕, 黨衆而欲大, 殆有私乎? 田不禮之爲人也, 忍殺而驕. 二人相得, 必有謀陰賊起, 一出身徼幸. 夫小人有欲, 輕慮淺謀, 徒見其利而不顧其害, 同類相推, 俱入禍門. 以吾觀之, 必不久矣. 子任重而勢大, 亂之所始, 禍之所集也, 子必先患. 仁者愛萬物而智者備禍於未形, 不仁不智, 何以爲國? 子奚不稱疾毋出, 傳政於公子成? 毋爲怨府, 毋爲禍梯.」肥義曰:「不可, 昔者主父以王屬義也, 曰:『毋變而度, 毋異而慮, 堅守一心, 以歿而世.』義再拜受命而籍之. 今畏不禮之難而忘吾籍, 變孰大焉. 進受嚴命, 退而不全, 負孰甚焉. 變負之臣, 不容於刑. 諺曰『死者復生, 生者不愧』. 吾言已在前矣, 吾欲全吾言, 安得全吾身! 且夫貞臣也難至而節見, 忠臣也累至而行明. 子則有賜而忠我矣, 雖然, 吾有語在前者也, 終不敢失.」李兌曰:「諾, 子勉之矣! 吾見子已今年耳.」涕泣而出. 李兌數見公子成, 以備田不禮之事. 異日肥義謂信期曰:「公子與田不禮甚可憂也. 其於義也聲善而實惡, 此爲人也不子不臣. 吾聞之也, 姦臣在朝, 國之殘也; 讒臣在中, 主之蠹也. 此人貪而欲大, 內得主而外爲暴. 矯令爲慢, 以擅一旦之命, 不難爲也, 禍且逮國. 今吾憂之, 夜而忘寐, 飢而忘食. 盜賊出入不可不備. 自今以來, 若有召王者必見吾面, 我將先以身當之, 無故而王乃入.」信期曰:「善哉, 吾得聞此也!」四年, 朝群臣, 安陽君亦來朝. 主父令王聽朝, 而自從旁觀窺群臣宗室之禮. 見其長子章傫然也, 反北面爲臣, 詘於其弟, 心憐之, 於是乃欲分趙而王章於代, 計未決而輟. 主父及王游沙丘, 異宮, 公子章卽以其徒與田不禮作亂, 詐以主父令召王. 肥義先入, 殺之. 高信卽與王戰. 公子成與李兌自國至, 乃起四邑之兵入距難, 殺公子章及田不禮, 滅其黨賊而定王室. 公子成爲相, 號安平君, 李兌爲司寇. 公子章之敗, 往走主父, 主父開之, 成·兌因圍主父宮. 公子章死, 公子成·李兌謀曰:「以章故圍主父, 卽解兵, 吾屬夷矣.」乃遂圍主父. 令宮中人「後出者夷」, 宮中人悉出. 主父欲出不得, 又不得食, 探爵鷇而食之, 三月餘而餓死沙丘宮. 主父定死, 乃發喪赴諸侯.

7.《史記》田單列傳

田單者, 齊諸田疏屬也. 湣王時, 單爲臨菑市掾, 不見知. 及燕使樂毅伐破齊,齊湣王出奔, 已而保莒城. 燕師長驅平齊, 而田單走安平, 令其宗人盡斷其車軸末而傅鐵籠. 已而燕軍攻安平, 城壞, 齊人走, 爭塗, 以軎折車敗, 爲燕所虜, 唯田單宗人以鐵籠故得脫, 東保卽墨. 燕旣盡降齊城, 唯獨莒·卽墨不下. 燕軍聞齊王在莒, 幷兵攻之. 淖齒旣殺湣王於莒, 因堅守, 距燕軍, 數年不下. 燕引兵東圍卽墨, 卽墨大夫出與戰, 敗死. 城中相與推田單, 曰:「安平之戰, 田單宗人以鐵籠得全, 習兵.」立以爲將軍, 以卽墨距燕.

8.《史記》田敬仲完世家

四十年, 燕·秦·楚·三晉合謀, 各出銳師以伐, 敗我濟西. 王解而卻. 燕將樂毅遂入臨淄, 盡取齊之寶藏器. 湣王出亡, 之衛. 衛君辟宮舍之, 稱臣而共具. 湣王不遜, 衛人侵之. 湣王去, 走鄒·魯, 有驕色, 鄒·魯君弗內, 遂走莒. 楚使淖齒將兵救齊, 因相齊湣王. 淖齒遂殺湣王而與燕共分齊之侵地鹵器.

15. 망징亡徵

국가가 멸망할 징조에 대한 분석이다.

망할 징조 47가지를 들고, 법치를 이룬 나라는 그러한 망할 나라를 겸병할 수 있다는 전국시대 특유의 형세를 설명한 것이다.

079(15-1)
나라가 망할 징조

무릇 군주의 나라는 작은데 대부의 집은 크거나 군주의 권력은 약한데 신하의 권세는 강할 경우, 그러한 나라는 망할 수도 있다.

법과 금령禁令은 간략히 하면서 모략에만 힘쓰거나, 국내 정치를 황폐하게 하면서 외교를 통한 원조를 믿을 경우, 그러한 나라는 망할 수도 있다.

신하들은 학문을 하면서 귀족의 자제들은 변설만을 좋아하며 상인들은 재화를 국외에 쌓아두고 서민들은 안에서 곤핍할 경우, 그러한 나라는 망할 수도 있다.

궁실·대사臺榭·피지陂池를 좋아하고 수레·복식·기물과 완상품에 열중하면서 백성들을 피폐하게 하여 재화를 탕진시킬 경우, 그러한 나라는 망할 수도 있다,

시일의 금기를 따지고 귀신을 받들며 복서卜筮를 믿고 제사만 좋아할 경우, 나라가 망할 수도 있다.

작위를 기준으로 의견을 들어주고 많은 사람의 말은 참험參驗하려 들지 않으며 한 사람만을 중용하여 문호門戶로 삼을 경우, 나라가 망할 수도 있다.

관직은 중신들을 통해 구할 수 있고 작록은 뇌물로 얻을 수 있을 경우, 나라가 망할 수도 있다.

마음을 느슨하게 가져 아무 것도 이루지 못하고 유약하고 부드럽기만 하여 결단을 내리지 못하며 확고하게 서 있을 바가 없을 경우, 나라가 망할

수도 있다.

도탐饕貪에 빠져 싫증을 낼 줄 모르며 이익을 가까이 하고 얻기만을 좋아할 경우, 나라가 망할 수도 있다.

마구 형벌을 내리기를 좋아하며 두루 법에 맞추어보지 않거나 변설만을 좋아하면서 그 실용은 요구하지 않고, 꾸밈과 화려함을 넘치게 하면서 공적은 돌아보지 않을 경우, 나라가 망할 수도 있다.

임금이 천박하여 남이 그의 의중을 알아보기 쉽거나 비밀을 누설하여 숨기는 것이 없으며 주도면밀하지 못하여 신하들과 말을 터놓고 할 경우, 나라가 망할 수도 있다.

고집이 세어 화합하지 못한 채 간언을 거슬리게 여기거나 이기기를 좋아하며 사직은 돌아보지 않고 경솔하게 자신을 내세울 경우, 나라가 망할 수도 있다.

외교의 원조만 믿고 이웃나라를 가볍게 대하거나 강대국의 구원救援을 기대하며 곁에 붙은 나라를 모멸할 경우, 나라가 망할 수도 있다.

기려羈旅나 교포로 와서 사는 인사가 그 처자식은 중히 여겨 밖에 두면서 위로 나라의 모책이나 계획에 간여하고 아래로는 백성의 일에 참여할 경우, 나라가 망할 수도 있다.

백성들이 재상은 믿으면서 아래가 위를 따르지 않는데도 임금이 그 재상을 총애하여 신임하면서 능히 폐출시키지 못할 경우, 나라가 망할 수도 있다.

국내의 호걸은 받들지 않으면서 나라밖의 선비만 찾으며, 공벌功伐로써 시험해보지 않은 채 명성만으로 진퇴를 물어보기 좋아하고 기려는 귀하게 되는데 예부터 있던 인재는 능멸할 경우, 나라가 망할 수도 있다.

적정자適正子는 가볍게 보고 서자는 대등하게 여기거나 태자가 결정되지 않은 상태에 임금이 세상을 떠날 경우, 나라가 망할 수도 있다.

대범하기만 하고 뉘우칠 줄 모르며 나라가 어지러운데도 자신의 자랑만 늘어놓으며, 나라 안의 자원은 헤아려보지도 않은 채 이웃 대등한 나라를 쉽게 여길 경우, 나라가 망할 수도 있다.

나라가 작은데도 겸손하게 낮출 줄 모르며, 힘이 모자란 데도 강한 상대를 두려워하지 않거나, 예를 갖출 줄 모르면서 큰 이웃을 모멸하고, 탐퍅貪愎하며 외교를 졸렬하게 할 경우, 나라가 망할 수도 있다.

태자가 이미 세워졌는데도 강한 적국에 새로 장가들어 후처로 삼으면 태자가 위험해질 것이니, 이와 같이 하면 신하들이 생각이 바뀌게 되어 나라가 망할 수도 있다.

겁이 많아 지키기에 나약하며, 앞일을 미리 내다보고 마음을 약하게 먹으며, 생각으로는 옳다고 알고 있으면서도 결단에는 과감히 실행하지 못할 경우, 나라가 망할 수도 있다.

망명하여 군주가 국외에 있는데도 나라 안에서 다른 자를 군주로 세우거나, 태자가 인질로 잡혀가서 아직 돌아오지 않았는데 임금이 태자를 바꿀 경우, 이와 같이하면 나라는 갈라질 것이요, 나라가 갈라지면 나라가 망할 수도 있다.

군주가 대신들을 좌절시키고 굴욕을 주면서 마구 친압親狎하거나 서민을 죽이면서 그들을 마구 부리며, 노기를 품고 치욕을 떠올리게 하고 오로지 버릇대로만 하게 되면 적해賊害할 자가 생겨날 것이니 적해하는 자가 생기면 나라가 망할 수도 있다.

대신들이 권력을 둘로 갈라 대립하고 부형父兄들이 무리를 이루어 강해지며, 안으로 당파를 짓고 밖으로 외세의 원조를 받아 세력을 다툴 경우, 나라가 망할 수도 있다.

비첩의 말을 듣거나 임금의 애완을 부추기는 지혜가 채용되거나 안팎이 비통함과 안타까움을 느끼고 있는데도 자주 불법을 행할 경우, 나라가 망할 수도 있다.

대신들에게 함부로 대하면서 모욕을 주거나 부형들에게 무례하게 굴거나 백성을 노고롭게 하거나 무고한 자를 마구 죽일 경우, 나라가 망할 수도 있다.

스스로 똑똑하다고 여겨 법을 고치기 좋아하고 때마다 공무를 뒤섞으며 법령과 금제를 바꾸고 수없이 명령만 내릴 경우, 나라가 망할 수도 있다.

지형의 견고함이 없고 성곽도 허술하며 비축된 식량도 없으며 재물도 적은데 막아 낼 준비도 없이 경솔하게 공격이나 정벌에 나설 경우, 나라가 망할 수도 있다.

혈족이 단명하여 임금마다 일찍 죽어 어린아이가 임금이 되어 대신이 전권을 휘두르며 기려들을 세워 자신의 당파를 형성하고 자주 땅을 할양하여 외교를 가진 나라의 힘을 기다릴 경우, 나라가 망할 수도 있다.

태자가 존경을 받고 명성이 있어 무리들이 많고 강하며, 많은 강대국과 외교를 맺고 있어 그 위세가 너무 일찍 갖추어질 경우, 나라가 망할 수도 있다.

임금이 변덕이 심하고 치우치며 성미가 급하고 가볍게 화를 내며 쉽게 행동으로 옮기며, 격분하는 마음을 참지 못하여 앞뒤를 따져볼 줄 모를 경우, 나라가 망할 수도 있다.

군주가 노기를 자주 내어 출병하기 좋아하며 본업을 가르치기에 소홀하면서 공격 전투에 경솔하게 나설 경우, 나라가 망할 수도 있다.

귀족들이 서로 질투가 심하고 대신들이 세력이 강해져 밖으로 적국에 기대고 안으로 백성을 곤핍하게 하면서 자신의 사사로운 원수를 공격하고 있음에도 임금이 이를 주벌하지 않을 경우, 나라가 망할 수도 있다.

임금은 불초한데 측실側室은 똑똑하며, 태자는 경박하고 서자가 그에 맞서거나 관리는 약한데 백성들이 사나울 경우, 이와 같으면 나라가 시끄럽게 되고, 나라가 시끄러우면 나라가 망할 수도 있다.

군주가 노기를 가슴에 묻어둔 채 겉으로 드러내지 않거나 죄를 분명히 드러내어 놓고도 처벌하지 않아 신하들이 속으로 그를 미워하면서도 더욱 근심과 두려움에 떨고 있음에도 오래도록 임금이 이를 모르고 있을 경우, 나라가 망할 수도 있다.

군대를 출동시키면서 장수에게 너무 크게 권한을 주거나, 변방 수령의 지위가 너무 높아 제 마음대로 결정하고 명령을 내릴 수 있도록 하여 지름길로 임금과 통하여 다른 사람은 소청所請의 통로가 없을 경우, 나라가 망할 수도 있다.

왕후나 본처가 음란하고 주모主母도 추행을 쌓아 안팎이 뒤섞여 정을 통하며 남녀의 구분이 없을 경우, 이를 일러 임금이 둘이라 하며, 임금이 둘이면 나라가 망할 수도 있다.

왕후나 본처는 출신이 비천하고 도리어 비첩이 귀한 신분이거나, 태자는 비천하고 서자가 존귀한 혈통이거나, 상실相室은 가볍고 전알典謁이 중시를 받을 경우, 이와 같으면 안팎의 질서가 뒤틀리며, 안팎의 질서가 뒤틀리면 나라가 망할 수도 있다.

대신의 지위가 심히 높아 편당을 지어 무리가 강하여 임금의 결정을 막고 가려 제멋대로 국정을 휘두를 경우, 나라가 망할 수도 있다.

사문私門은 관직에 등용되면서 마부馬府의 후손은 폐출당하고, 향곡鄕曲의 작은 선행은 표창되면서 관직에 있는 자의 공로는 무시당하며, 사사로운 개인의 행동은 귀함을 받으면서 공적인 공적은 천시당할 경우, 나라가 망할 수도 있다.

공가公家는 텅 비어 있는데 대신들의 곳간은 가득 차 있고, 정식 주민은 가난한데 외지에서 온 사람들은 부유하거나, 농부와 전사들은 곤핍한데 말작末作에 종사하는 사람들은 이익을 보고 있을 경우, 나라가 망할 수도 있다.

군주가 큰 이익이 됨을 알면서도 이를 추구하지 않고, 화가 될 단서임을 듣고도 이에 대비하지 않거나, 전쟁과 방어의 임무는 천박하게 여기면서 인의로써 자신을 수식하는 데에만 힘쓸 경우, 나라가 망할 수도 있다.

임금으로서의 효행은 무시하고 필부의 효행은 사모하거나, 사직의 이익은 돌아보지 않고 태후의 명령만 들으며, 여인들이 국정을 움직이고 환관들이 정권을 뒤흔들 경우, 나라가 망할 수도 있다.

군주가 언변은 좋지만 법에 맞지 않으며, 똑똑하기는 하지만 술術은 없거나, 임금이 능력은 많으나 법도를 지켜야 함에도 그렇게 하지 못할 경우, 나라가 망할 수도 있다.

새로 들어온 신하는 승진하고 오래 복무한 자가 퇴출되거나, 불초한 자가 정치를 휘둘러 현량한 자는 엎드려 있거나, 공이 없는 자는 귀한 신분이 되고 고생한 자는 천해지는 경우, 이렇게 되면 아랫사람들이 원망을 갖게 되며, 아랫사람들이 원망을 갖게 되면 나라가 망할 수도 있다.

부형과 대신들의 봉록과 서열이 공적 있는 자에 비해 지나치게 높거나 신분 등급을 넘어선 차림을 하거나, 집과 음식이 너무 사치스러운데도 군주가 이를 막지 않는다면 신하들의 욕심이 끝이 없게 될 것이니 신하들의 욕심이 끝이 없게 될 경우, 나라가 망할 수도 있다.

임금의 사위나 손주들이 민간 마을에 더불어 살면서 이웃들에게 난폭하고 오만하게 굴 경우, 나라가 망할 수도 있다.

凡人主之國小而家大, 權輕而臣重者, 可亡也.

簡法禁而務謀慮, 荒封內而恃交援者, 可亡也.

群臣爲學, 門子好辯, 商賈外積, 小民內困者, 可亡也.

好宮室臺榭陂池, 事車服器玩好, 罷露百姓, 煎靡貨財者, 可亡也.

用時日, 事鬼神, 信卜筮, 而好祭祀者, 可亡也.

聽以爵, 不以衆言參驗, 用一人爲門戶者, 可亡也.

官職可以重求, 爵祿可以貨得者, 可亡也.

緩心而無成, 柔茹而寡斷, 好惡無決, 而無所定立者, 可亡也.

饕貪而無饜, 近利而好得者, 可亡也.

喜淫刑而不周於法, 好辯說而不求其用, 濫於文麗而不顧其功者, 可亡也.

淺薄而易見, 漏泄而無藏, 不能周密, 而通群臣之語者, 可亡也.

很剛而不和, 愎諫而好勝, 不顧社稷而輕爲自信者, 可亡也.

恃交援而簡近隣, 怙强大之救, 而侮所迫之國者, 可亡也.

羈旅僑士, 重帑在外, 上間謀計, 下與民事者, 可亡也.

民信其相, 下不能其上, 主愛信之而弗能廢者, 可亡也.

境內之傑不事, 而求封外之士, 不以功伐課試, 而好以名問擧錯, 羈旅起貴, 以陵故常者, 可亡也.

輕其適正, 庶子稱衡, 太子未定而主卽世者, 可亡也.

大心而無悔, 國亂而自多, 不料境內之資而易其鄰敵者, 可亡也.

國小而不處卑, 力少而不畏强, 無禮而侮大鄰, 貪愎而拙交者, 可亡也.

太子已置, 而娶於强敵以爲後妻, 則太子危, 如是則群臣易慮者, 可亡也.

怯懾而弱守, 蚤見而心柔懦, 知有謂可, 斷而弗敢行者, 可亡也.

出君在外而國更置, 質太子未反而君易子, 如是則國攜; 國攜者, 可亡也.

挫辱大臣而狎其身, 刑戮小民而逆其使, 懷怒思恥而專習則賊生; 賊生者, 可亡也.

大臣兩重, 父兄衆强, 內黨外援以爭事勢者, 可亡也.

婢妾之言聽, 愛玩之智用, 外內悲惋而數行不法者, 可亡也.

簡侮大臣, 無禮父兄, 勞苦百姓, 殺戮不辜者, 可亡也.

好以智矯法, 時以行襍公, 法禁變易, 號令數下者, 可亡也.

無地固, 城郭惡, 無畜積, 財物寡, 無守戰之備而輕攻伐者, 可亡也.

種類不壽, 主數卽世, 嬰兒爲君, 大臣專制, 樹羈旅以爲黨, 數割地以待交者, 可亡也.

太子尊顯, 徒屬衆强, 多大國之交, 而威勢蚤具者, 可亡也.

變褊而心急, 輕疾而易動發, 心悁忿而不訾前後者, 可亡也.

主多怒而好用兵, 簡本敎而輕戰攻者, 可亡也.

貴臣相妬, 大臣隆盛, 外藉敵國, 內困百姓, 以攻怨讎, 而人主弗誅者, 可亡也.

君不肖而側室賢, 太子輕而庶子伉, 官吏弱而人民桀, 如此則國躁; 國躁者, 可亡也.

藏怒而弗發, 懸罪而弗誅, 使群臣陰憎而愈憂懼, 而久未可知者, 可亡也.

出軍命將太重, 邊地任守太尊, 專制擅命, 徑爲而無所請者, 可亡也.

后妻淫亂, 主母畜穢, 外內混通, 男女無別, 是謂兩主; 兩主者, 可亡也.

后妻賤而婢妾貴, 太子卑而庶子尊, 相室輕而典謁重, 如此則內外乖; 內外乖者, 可亡也.

大臣甚貴, 偏黨衆强, 壅塞主斷而重擅國者, 可亡也.

私門之官用, 馬府之世絀; 鄕曲之善擧, 官職之勞廢; 貴私行, 而賤公功者, 可亡也.

公家虛而大臣實, 正戶貧而寄寓富, 耕戰之士困, 末作之民利者, 可亡也.

見大利而不趨, 聞禍端而不備, 淺薄於爭守之事, 而務以仁義自飾者, 可亡也.

不爲人主之孝, 而慕匹夫之孝, 不顧社稷之利, 而聽主母之令, 女子用國, 刑餘用事者, 可亡也.

辭辯而不法, 心智而無術, 主多能而不以法度從事者, 可亡也.

親臣進而故人退, 不肖用事而賢良伏, 無功貴而勞苦賤, 如是則下怨; 下怨者, 可亡也.

父兄大臣祿秩過功, 章服侵等, 宮室供養太侈, 而人主弗禁, 則臣心無窮; 臣心無窮者, 可亡也.

公壻公孫與民同門, 暴慠其鄰者, 可亡也.

【國小而家大】 고대 國은 제후국, 家는 경대부의 采邑을 뜻하였음.

【爲學】 儒家나 墨家의 학문을 익히고 닦음. 韓非가 부정적으로 본 것.

【門子】 卿·大夫 貴族들의 嫡子를 가리킴. 《周禮》 小宗伯에 "其正室皆謂之門子"라 하였고, 注에 "正室, 嫡子也"라 함.

【商賈】 '상고'로 읽으며, '賈'는 고대 "行賣曰商, 坐賣曰賈"라 하였음.

【小民內困】 〈乾道本〉에는 '小民右仗'으로 되어 있음. 王先愼은 "〈乾道本〉內困作右仗, 盧文弨云: 「右仗, 〈淩本〉作內困.」 今據改"라 하여 이를 따름. 그러나 〈校注〉에는 "右, 崇尙. 仗, 兵器的總稱. 右仗, 喜歡私鬪"라 하였음.

【臺榭陂池】 누대. 높고 화려하게 지어 즐기기 위한 건축물과 둑을 쌓아 만든 못. 《尙書》 泰誓篇 孔安國 傳에 "土高曰臺, 有木曰榭, 澤障曰陂, 停水曰池"라 함.

【罷露】 疲勞, 疲羸와 같음.

【煎靡】 모두 지지고 짜내어 낭비함. '煎'은 《廣雅》 釋詁에 "煎, 盡也"라 함. '靡'는 낭비함을 뜻함.

【用時日】 사계절의 때와 날짜를 점쳐서 길흉을 점침. 날짜에 대한 禁忌를 중시함.

【卜筮】 '卜'은 거북등으로 치는 점. '筮'는 蓍草로 치는 점.

【聽以爵】 남의 의견을 들을 때 그 작위의 높낮음을 기준으로 함.

【爲門戶】 정보를 듣는 창구로 삼음.

【柔茹】 '나약하다'의 뜻을 나타내는 雙聲連綿語. 《廣雅》에 "茹, 柔也"라 함.

【饕貪】 탐욕이 지극함을 뜻하는 雙聲連綿語. 《漢書》 禮樂志 注에 "甚貪曰饕"라 하였고, 《左傳》 文公 18년 杜預 注에는 "貪財爲饕"라 함.

【易見】 남들이 그의 속마음을 쉽게 알아볼 수 있음.

【很剛】 '很'은 남의 말을 듣지 않음. 고집이 세며 억셈. 《莊子》 漁父篇에 "見過不更, 聞諫愈甚, 謂之很"이라 하였으며 廣韻에는 "很, 很戾也, 俗作狠"이라 함.

【所迫之國】 곁에 맞붙어 있는 이웃 나라.

【羈旅】 '羇旅'로도 표기하며 본국 출신이 아닌 자가 남의 나라에 가서 살거나 잠깐 벼슬하는 것. 말을 매어놓고 잠시 벼슬하는 사람이라는 뜻. 《左傳》 杜預 注에 "羈, 寄; 旅, 客也"라 함.

【僑士】 僑民으로 와서 사는 外來人.

【重帑在外】 '帑'은 '孥'와 같음. 처자식을 뜻함. 이들은 소중히 여겨 국외 안전한 곳에 둠. 그러나 '帑'은 글자 그대로 "중요한 재물은 외국으로 빼돌리다"의 뜻으로도 볼 수 있음.

【擧錯】 '錯'은 '措'와 같음. 黜陟·任免·昇降·進退 등과 같은 뜻임. 《論語》 爲政篇에 "擧直錯諸枉則民服, 擧枉錯諸直則民不服"이라 함.

【怯懾】 '겁을 내다'의 疊韻連綿語.

【國攜】 '攜'는 '携'와 같으며 '離'의 뜻. 나라가 나뉘어 갈라짐.

【褋公】 公私를 뒤섞음. '褋'은 '雜'과 같음.

【訾】 '생각하다, 헤아리다'의 뜻. 《禮記》 少儀 注에 "訾, 思也"라 함.

【側室】 宗室 이외는 모두 側室이라 부르며 주로 임금의 傍系로서의 叔父들.

【伉】 맞섬, 대등함. 서자가 태자와 대등한 대접을 받거나 그러한 세력을 갖게됨.

【桀】 '거칠고 드세다'의 뜻.

【后妻】 임금의 王后(公后)나 正妻.

【主母】 태후. 임금의 어머니. 아들이 군주가 되어 있을 때 영향력을 발휘하기도 하고 남편이 없어 음란한 행동을 하는 경우가 많았음.

【相室】 춘추 말 晉나라 六卿의 家臣 大夫로서 그중 三晉(韓·魏·趙)이 諸侯로 승격하고 나서 그들의 相國을 여전히 相室로 불렀음. 여기서는 재상을 말함.

【典謁】 임금 곁에 典儀를 담당하는 가까운 신하와 객을 안내하는 謁者.

【馬府】 군사 업무를 보는 관서. 혹 幕府를 뜻함. 여기서는 공을 세운 將軍들을 뜻함. 〈集解〉에 "軍馬之府, 立功者也"라 함. 한편 "馬府之世絀"은 일부 판본에는

"馬府之世"로만 되어 있으며 顧廣圻는 "藏本同, 今本世下有紲字. 按世下脫字, 未詳其所當作"이라 함.

【鄕曲】 鄕黨과 部曲. 고대 마을 행정 단위.

【末作】 耕戰에 상대하여 商工을 가리킴. 상공인이 이익을 챙기는 것을 뜻함.

【刑餘】 宦官·內侍·閹官을 가리킴. 고대 宮刑을 받아 살아남은 사람들이라는 뜻. 궁궐 여인들의 안전에 문제가 없다고 하여 출입이 자유로웠으며 뒤에 임금의 측근이 되어 정치에 큰 영향을 미치는 집단으로 성장하기도 하였음.

080(15-2)
요나 걸이 동시에 둘씩이라면

나라가 멸망할 징조라는 것은 반드시 멸망한다는 것이 아니라 멸망할 수 있음을 말한 것이다.

무릇 두 사람의 요堯 같은 사람이 있다면 둘 모두 왕이 될 수 없고, 두 사람의 걸桀이 있다면 둘 모두 망하는 것은 아니니 망할 것인가 왕이 될 것인가 하는 기틀이란 모름지기 그 치란과 그 강약의 한쪽으로 치우치게 될 때에 달려 있다.

나무가 꺾이는 것은 반드시 벌레 때문이며, 담이 무너지는 것은 반드시 빈틈 때문이다.

그러나 나무가 비록 벌레가 먹었다 해도 질풍이 불지 않으면 꺾이지 아니하고, 담에 틈이 생겼다 해도 큰 비가 아니면 무너지지 않는다.

만승의 임금이 능히 술을 활용하고 법을 실행하여 망할 징조가 있는 임금에게 부는 비바람을 삼는다면 그가 천하를 겸병하기는 어렵지 않을 것이다.

亡徵者, 非曰必亡, 言其可亡也.

夫兩堯不能相王, 兩桀不能相亡; 亡王之機, 必其治亂, 其强弱相踦者也.

木之折也必通蠹, 牆之壞也必通隙.

然木雖蠹, 無疾風不折; 牆雖隙, 無大雨不壞.

萬乘之主, 有能服術行法, 以爲亡徵之君風雨者, 其兼天下不難矣.

【堯】 전설상 上古시대 五帝의 하나. 陶唐氏. 唐堯로도 부름. 祁姓이며 이름은 放勳. 帝嚳의 아들. 《十八史略》(1)에 "帝堯陶唐氏: 伊祁姓, 或曰名放勛, 帝嚳子也. 其仁如天, 其知如神, 就之如日, 望之如雲, 都平陽. 茆茨不剪, 土階三等. 有草生庭, 十五日以前, 日生一葉, 以後日落一葉, 月小盡, 則一葉厭而不落, 名曰蓂莢, 觀之以知旬朔"이라 함. 《史記》 五帝本紀를 볼 것.

【桀】 夏나라 末王. 이름은 癸. 妹喜에게 빠져 무도한 짓을 저질렀으며 殷의 湯王에게 망함. 殷나라 末王 紂와 함께 '桀紂'라 하여 폭군의 전형으로 거론됨. 《史記》 夏本紀를 참조할 것. 《十八史略》(1)에 "孔甲之後, 歷王皐·王發·王履癸. 號爲桀, 貪虐, 力能伸鐵鉤索. 伐有施氏, 有施以末喜女焉, 有寵, 所言皆從, 爲傾宮瑤臺, 殫民財. 肉山脯林, 酒池可以運船, 糟堤可以望十里, 一鼓而牛飮者三千人, 末喜以爲樂. 國人大崩, 湯伐夏, 桀走鳴條而死"라 함.

【亡王之機】 망하거나 혹은 임금이 될 계기.

【相踦】 '踦'는 '倚'와 같음. 원래는 까치발을 뜻함. 《說文》에 "踦, 一足也"라 함. 한쪽으로 치우쳐서 양립할 수 없는 상황.

【通蠹】 陶鴻慶은 '通'은 '道'의 誤字라 하였음. '由'와 같으며 '원인', '말미암다'의 뜻.

【服術行法】 術을 사용하고 法을 시행함. '服'은 '用'과 같음.

16. 삼수三守

군주로서 반드시 지켜야 할 3가지 사안을 거론한 것이다.
《韓子迂評》注에는 "守固密, 毋漏言; 守獨威獨福, 不聽他人毁譽; 守自親政, 毋移大臣"이라 하였다.
특히 이를 제대로 지키지 못하면 삼겁三劫, 즉 명겁名劫·사겁事劫·형겁刑劫을 당하게 된다는 주장이다.

081(16-1)
반드시 지켜내야 할 세 가지

군주가 지켜야 할 세 가지가 있다.

세 가지를 모두 지켜내면 나라는 안정되고 자신은 영광을 얻을 것이나, 세 가지를 제대로 지켜내지 못하면 나라는 위험해지고 자신도 위태로워진다.

무엇을 일러 세 가지 지켜야 할 것이라 하는가?

신하 가운데 요직에 있는 자의 실책, 정사를 맡은 자의 과실, 신하로서의 진정함에 대한 거론 등을 논의할 때, 임금은 그것을 마음에 간직하지 아니한 채 측근이나 총애하는 사람에게 흘리게 되면, 신하들 가운데 말하고 싶은 것이 있는 신하로 하여금 감히 아래로 측근이나 총애하는 사람의 마음에 들도록 하지 않고서는 위로 임금에게 그 말을 들려줄 수 없게 된다.

그렇게 되면 바른 말을 곧바로 하고자 할 사람은 임금을 만나볼 수 없으며 충직한 사람은 날로 임금에게서 멀어지게 될 것이다.

임금이 아끼는 자에게 독단으로 이익을 주지 못하고 좌우의 칭찬을 기다린 뒤에 이익을 주거나, 미워하는 사람을 독단으로 처리하지 못하고 비난을 기다린 뒤에야 그에게 손해를 주는 경우이다. 이렇게 되면 군주에게 위엄은 없어지고 권력중심이 좌우 측근에게 있게 된다.

군주 자신이 직접 다스리는 노고를 싫어하여 신하들로 하여금 정사를 처리하는 곳으로 모여들게 한다면 그로 인해 임금의 권한과 자리가 신하들에게 이전되어 살생殺生의 기틀과 탈여奪予의 요체가 대신들에게 있게 되어, 이렇게 했다가는 침해를 당하고 만다.

이를 일러 세 가지 지켜야 할 것을 완전히 해내지 못한 것이라 한다.

세 가지 지켜야 할 것이 완전하지 못하면 군주가 겁살劫殺을 당할 낌새가 나타나게 된다.

人主有三守.

三守完, 則國安身榮; 三守不完, 則國危身殆.

何謂三守?

人臣有議當途之失, 用事之過, 擧臣之情, 人主不心藏而漏之近習能人, 使人臣之欲有言者, 不敢不下適近習能人之心, 而乃上以聞人主.

然則端言直道之人不得見, 而忠直日疏.

愛人, 不獨利也, 待譽而後利之; 憎人, 不獨害也, 待非而後害之.

然則人主無威, 而重在左右矣.

惡自治之勞憚, 使群臣輻湊用事, 因傳柄移藉, 使殺生之機·奪予之要在大臣, 如是者侵.

此謂三守不完.

三守不完, 則劫殺之徵也.

【能人】 임금에게 능력이 있다고 인정받는 신하.

【輻湊】 한 곳으로 몰려듦. 실권이 있는 부서로 신하들이 몰려듦.

【傳柄移藉】 '柄'은 상벌의 권한. '藉'는 勢位. 자리. 高亨은 "藉者, 勢位也"라 함. '籍'과 같음.

참고 및 관련 자료

1. 《意林》(1)

愛人, 不得獨利, 待譽而後利之; 憎人, 不得獨害, 待非而後害之.

082(16-2)
협박의 세 종류

무릇 협박에는 세 가지가 있다.

즉 명겁明劫·사겁事劫·형겁刑劫이다.

신하 가운데 대신의 존귀함을 가지고 밖으로 국정을 조종하면서 다른 신하들이 그를 의탁하여 국내외의 일을 자신이 아니면 행할 수 없도록 한다.

이러한 경우 비록 현량한 자가 있다 해도 그에게 거역할 경우 반드시 화를 입고, 그에게 순종할 경우에는 반드시 이익을 보게 된다.

그렇게 되면 신하들은 곧바로 임금에게 향한 충성이나 나라를 걱정하여 사직의 이해를 다투는 말을 함부로 할 수가 없게 된다.

군주가 비록 현명하다 해도 혼자서 정사를 계획할 수는 없는 것인데, 신하가 감히 임금에게 충성을 바치지 않는다면 그러한 나라는 망해가는 나라가 될 것이다.

이를 일러 나라에 신하가 없다고 하는 것이다.

나라에 신하가 없다는 것이 어찌 낭중郎中이 없고 조정에 신하가 적은 것을 두고 하는 말이겠는가!

신하들은 봉록을 쥐고서 남과 교류하며 사사로운 일만 처리할 뿐 공적인 충성을 다하지 않는 것을 일러 명겁明劫이라 한다.

임금의 총애를 팔아 제멋대로 권력을 휘두르고 국외의 일을 거짓으로 꾸며 국내를 이겨내며, 화복과 득실의 형태를 험악하게 말하여 임금의 호오好惡에 아첨을 부린다.

임금은 이를 듣고 자신을 낮추고 나라를 가벼이 여기면서 그들 말을 바탕으로 여기다가 일이 실패하면 그 환난을 임금과 나누지만, 성공하면 신하 자신이 이를 독차지한다.

여러 정사를 분담하는 사람들이 한결같은 마음으로 같은 말을 하며 그를 칭찬한다면 임금은 그의 악함을 말해주는 자가 있어도 그의 말을 믿지 않게 되니 이를 일러 사겁事劫이라 한다.

나아가 법을 맡은 부서·감옥·금제禁制와 형벌에 관한 일까지도 신하가 휘두른다면 이를 일러 형겁刑劫이라 한다.

이러한 세 가지 지켜야 할 일이 완전하지 못하면 세 가지 협박이 일어나게 되며, 지켜야 할 세 가지 일이 완전하게 되면 그러한 세 가지 협박은 그치게 될 것이다.

세 가지 협박이 그쳐지고 막혀버린다면 임금이 될 것이다.

凡劫有三:

有明劫, 有事劫, 有刑劫.

人臣有大臣之尊, 外操國要以資群臣, 使外內之事, 非己己得行.

雖有賢良, 逆者必有禍, 而順者必有福.

然則群臣直莫敢忠主憂國, 以爭社稷之利害.

人主雖賢, 不能獨計, 而人臣有不敢忠主, 則國爲亡國矣.

此謂國無臣.

國無臣者, 豈郎中虛而朝臣少哉!

群臣持祿養交, 行私道而不效公忠, 此謂明劫.

鬻寵擅權, 矯外以勝內, 險言禍福得失之形, 以阿主之好惡.

人主聽之, 卑身輕國以資之, 事敗與主分其禍, 而功成則臣獨專之.

諸用事之人, 壹心同辭, 以語其美, 則主言惡者必不信矣, 此謂事劫.

至於守司囹圄, 禁制刑罰, 人臣擅之, 此謂刑劫.

三守不完, 則三劫者起; 三守完, 則三劫者止.

三劫止塞, 則王矣.

【明劫】 '名劫'이어야 함. 陶小石의 《讀韓非子札記》에 "明, 當爲名字之誤"라 하였으며 명칭에 의해 임금을 脅劫하는 사례를 뜻함.
【事劫】 공적을 근거로 하는 임금을 협박함.
【刑劫】 형벌의 권한을 장악하여 임금을 협박함.
【資】 '資'는 '賴'와 같음. 그를 의지함. 의탁함.
【郎中】 관직 이름으로 임금의 측근을 가리킴.
【守司】 법을 처리하는 부서.
【囹圄】 감옥을 뜻함.

17. 비내備內

궁궐 안의 후비后妃·부인夫人·적자嫡子를 방비하여야 함을 주장한 것이다.

혈육조차도 믿을 수 있는 것이 아니며 아무리 가까운 측근도 경계의 대상으로 삼아, 처자를 과신해서도, 대신들에게 권한을 빌려주어서도 안 된다는 논리를 펴고 있다.

083(17-1)
잘못 믿으면 제압당한다

임금의 재앙은 사람을 믿는 데에 있다.

사람을 믿으면 그로부터 제압을 받게 된다.

신하는 그 임금에게 골육骨肉과 같은 친함이 있는 것이 아니라 권세에 얽매어서 어쩔 수 없이 섬기는 것이다.

그러므로 신하된 자는 임금의 마음을 살피느라 잠시도 쉬지 못하지만 임금은 게으르고 오만하게 그 윗자리에 있으니 이것이 세상에서 임금을 협박하고 군주를 시해하는 일이 생기는 원인이다.

임금이 되어 그 아들을 지나치게 믿게 되면 간악한 신하들이 그 아들을 이용하여 자신의 사욕을 채우게 되는 것이니 그 때문에 이태李兌는 조왕趙王에게 빌붙어 주보主父를 굶겨 죽였던 것이다.

임금이 되어 자신의 아내를 지나치게 믿게 되면 간악한 신하들이 그 아내를 이용하여 자신의 사욕을 이루게 되는 것이니 그 때문에 우시優施가 여희驪姬에게 빌붙어 신생申生을 죽이고 해제奚齊를 세우게 된 것이다.

무릇 아내만큼 가까운 사이나 아들만큼이나 친한 사이임에도 오히려 믿지 못하는 것이니 그 나머지는 믿을 만한 자가 있을 수 없다.

人主之患在於信人.

信人, 則制於人.

人臣之於其君, 非有骨肉之親也, 縛於勢而不得不事也. 故爲人臣者, 窺覘其君心也無須臾之休, 而人主怠傲處其上, 此世所以有劫君弑主也.

爲人主而大信其子, 則姦臣得乘於子以成其私, 故李兌傅趙王而餓主父.

爲人主而大信其妻, 則姦臣得乘於妻以成其私, 故優施傅麗姬殺申生而立奚齊.

夫以妻之近與子之親而猶不可信, 則其餘無可信者矣.

【窺覘】 窺와 覘 두 글자 모두 '엿보고 살피다'의 뜻.

【李兌】 趙나라의 실권을 장악하여 司寇 벼슬을 하였으며 公子 成과 作黨하여 武靈王을 沙丘宮에 석 달을 포위하여 굶겨 죽였음. 《戰國策》 및 《史記》 趙世家를 참조할 것.

【傅】 '附'자를 假借하여 쓴 것. 物雙松은 "傅, 非傅保之傅, 當訓附也"라 함.

【趙王】 戰國시대 趙나라 惠文王을 가리킴. 이름은 何. 武靈王이 막내아들 何에게 임금 자리를 물려주고 자신은 스스로 主父라 칭하면서 맏이 章을 安陽君에 봉하자 이에 불만을 품은 章이 난을 일으켰음. 그러자 公子 成과 李兌가 章을 치자 章은 沙丘宮으로 달아나 그곳에 있던 主父(武靈王)에게 도움을 청함. 공자성과 이태가 다시 군사를 일으켜 사구궁을 포위하여 공자 章은 죽고 主父는 그곳에서 餓死하고 말았음.

【主父】 전국시대 趙나라 肅侯를 이어 임금이 된 武靈王. 이름은 雍. B.C.325~B.C.299년까지 27년간 재위하였으며 胡服으로 기마병을 길러 군력을 강화하였으며 조나라 영토를 크게 넓혔음. 살아 있을 때 아들 何(惠文王)에게 왕위를 넘겨주고 자신은 主父라 칭하였음. 그러나 公子 成과 李兌가 난을 일으켜 군사를 이끌고 沙丘宮을 포위, 석 달을 풀어주지 않아 결국 餓死하고 말았음. 《史記》 趙世家 및 《戰國策》 趙策 등을 참조할 것.

【優施】 晉 獻公을 섬기던 배우 이름. '優'는 俳優·倡優·優伶. 음악과 기예로 연회 등에서 활동하는 藝人. 施는 그의 이름이며 흔히 이를 묶어 優施라 부름. 驪姬와

사통하면서 여희의 꿈을 이루어주기 위해 온갖 악행을 저지름. 《國語》 晉語(1)를 볼 것.

【麗姬】 驪姬. 驪戎 출신의 여자로 獻公의 총애를 받음. 뒷날 晉나라의 國基를 흔든 여자. 驪姬의 난을 일으켜 태자 申生을 모함하여 죽이고 자신의 소생 奚齊를 태자로 세웠으며 公子들을 쫓아냄. 《國語》·《左傳》·《史記》 등에는 모두 驪姬로 표기되어 있음.

【申生】 獻公의 아들이며 重耳의 형. 그 무렵 晉나라 태자였음. 驪姬에게 핍박을 받아 자결함. 《左傳》 僖公 5년에 "晉侯殺其世子申生"이라 함.

【奚齊】 驪姬와 獻公 사이에 난 아들. 어머니의 奸計로 태자 申生이 죽고 자신이 태자에 올랐으나 뒤에 里克에게 살해됨.

084(17-2)
아버지가 일찍 죽기를 바라는 아들

게다가 만승의 군주나 천승 나라 임금의 후비后妃나 부인夫人, 혹은 적자嫡子로 태어나 태자가 된 이들 가운데에는 혹 그 임금이 일찍 죽기를 바라는 자도 있을 수 있다.

무엇으로 그러함을 알 수 있는가?

무릇 아내란 골육의 은혜가 있었던 것은 아니어서 사랑하면 친해지고 사랑하지 않으면 멀어지게 마련이다.

속담에 "그 어머니가 좋으면 그 자식도 안아 준다"라고 하였다.

그렇다면 그와 상반될 경우 그 어머니가 미우면 그 자식도 버리게 되는 것이다.

장부는 50이 되어도 색을 좋아함이 줄어들지 않지만 부인은 30이 되면 미색이 쇠하고 만다.

미색이 쇠한 부인으로서 색을 좋아하는 장부를 섬기게 되면 자신이 소외되고 천시하며 자신이 낳은 자식이 후계자가 되지 못할까 의심을 하게 된다.

이것이 후비와 부인들이 그 임금이 죽기를 바라는 이유이다.

오직 어머니가 태후太后가 되고 자식이 군주가 되면 명령이 행해지지 않는 데가 없고 금하면 그치지 않는 것이 없으며 남녀 사이의 즐거움도 선군先君 생전보다 감소하지 않을 것이고, 만승의 나라를 휘두르며 어떤 의심도 가질 필요가 없으니 이것이 짐독鴆毒이나 액매扼昧까지도 서슴지 않고 쓰는 이유이다.

그러므로 《도좌춘추桃左春秋》에 "임금이 병으로 죽는 경우가 그 절반을 차지하지 못한다"라 하였다.

임금이 이를 알지 못한다면 난이 일어날 경우가 많아진다.

그러므로 "임금의 죽음을 이롭다고 여기는 사람이 많아지면 그 임금은 위태롭게 된다"라 할 수 있다.

그 때문에 왕량王良이 말을 사랑하고 월왕越王 구천勾踐이 백성을 사랑한 것은 그들을 전쟁에 사용하고 잘 달리게 하기 위한 것이었다.

의원이 사람의 종기를 빨아내면서 그 나쁜 피를 입에 머금는 것은 골육의 친애 때문이 아니라 이익을 얻을 수 있기 때문이다.

그러므로 가마 만드는 사람은 가마를 만들면서 사람들이 부귀해지기를 바라는 것이며, 관을 짜는 사람은 관을 만들면서 사람들이 일찍 죽기를 바라는 것이다.

가마 만드는 사람이 어질고 관 짜는 사람이 악해서가 아니라, 사람들이 귀해지지 않으면 가마가 팔리지 않고, 사람이 죽지 않으면 관이 팔리지 않기 때문이다.

정으로 사람을 미워해서가 아니라 사람이 죽는 데에 이득이 있기 때문이다.

그러므로 후비·부인·태자의 당파가 형성되어 그 임금이 죽기를 바라는 것도 임금이 죽지 않으면 자신들의 세력이 중시를 받지 못하기 때문이다.

진정으로 임금이 미워서가 아니라 임금이 죽는 곳에 자신들의 이익이 있기 때문이다.

그러므로 임금은 자신의 죽음을 이익으로 여기는 자들에게 더욱 주의하는 마음을 가중시키지 않으면 안 된다.

그 때문에 "해무리와 달무리가 그 주위를 에워싸도 적은 그 안에 있는 것이며 미워하는 자를 방비한다 해도 화근은 사랑하는 자에게 있게 되는 것"이라 한 것이다.

이 까닭으로 현명한 임금은 참증할 수 없는 일은 하지 않으며, 평소와 다른 음식은 먹지 않으며, 먼 데까지 귀를 기울이고 가까운 데도 잘 살펴 조정 안팎의 실책을 따져 보아 같고 다른 의견을 되돌아보아 붕당의 구분을 알아내어야 하며, 삼오參伍의 징험을 대조하여, 진언한 실적을 책임지우며, 뒤에 거둔 성과를 잡고 앞서 한 말과 상응 여부를 맞추어 보고, 법을 근거로 무리를 다스리며, 무리의 단서로써 살펴보며, 사士에게는 요행의 상이 주어지는 일이 없도록 하고 지나친 행동을 하지 않으며, 죽일 자는 반드시 처단하며 죄를 지은 자는 사면하지 않으면 간사함을 자신들의 사사로움에 용납되지 않게 될 것이다.

且萬乘之主, 千乘之君, 后妃·夫人·適子爲太子者, 或有欲其君之蚤死者.

何以知其然?

夫妻者, 非有骨肉之恩也, 愛則親, 不愛則疏.

語曰:「其母好者其子抱.」

然則其爲之反也, 其母惡者其子釋.

丈夫年五十而好色未解也, 婦人年三十而美色衰矣.

以衰美之婦人事好色之丈夫, 則身見疏賤, 而子疑不爲後.

此后妃·夫人之所以冀其君之死者也.

唯母爲後而子爲主, 則令無不行, 禁無不止, 男女之樂不減於先君, 而擅萬乘不疑, 此鴆毒扼昧之所以用也.

故《桃左春秋》曰:「人主之疾死者不能處半.」

人主弗知, 則亂多資.

故曰:「利君死者衆, 則人主危.」

故王良愛馬, 越王勾踐愛人, 爲戰與馳.

醫善吮人之傷, 含人之血, 非骨肉之親也, 利所加也.

故輿人成輿, 則欲人之富貴; 匠人成棺, 則欲人之夭死也.

非輿人仁而匠人賊也, 人不貴, 則輿不售; 人不死, 則棺不買.

情非憎人也, 利在人之死也.

故后妃·夫人·太子之黨成而欲君之死也, 君不死, 則勢不重.

情非憎君也, 利在君之死也.

故人主不可以不加心於利己死者.

故「日月暈圍於外, 其賊在內, 備其所憎, 禍在所愛.」

是故明王不擧不參之事, 不食非常之食; 遠聽而近視以審內外之失, 省同異之言以知朋黨之分, 偶參伍之驗, 以責陳言之實; 執後以應前, 按法以治衆, 衆端以參觀; 士無幸賞, 無踰行; 殺必當, 罪不赦; 則姦邪無所容其私矣.

【越王】 춘추 후기 勾踐을 가리킴. 勾踐(句踐)은 越王 允常의 아들로 闔廬(闔閭)를 이어 越王이 됨. 麾下에 大夫 文種과 范蠡 등의 모신을 두고 吳王 夫差의 伯嚭, 伍子胥와 대칭을 이루어 吳越鬪爭, 吳越同舟, 臥薪嘗膽 등의 많은 고사를 남김. 뒤에 결국 吳나라를 멸하고 南方 霸者가 되었다가 楚나라에게 망함. 한편 越나라는 《史記》 越世家에 “其先禹之苗裔而夏后帝少康之庶子也”라 함. 姒姓으로 지금의 浙江 紹興(옛 會稽)을 중심으로 句踐 때 크게 발전하였으며 일부 春秋五霸에서 宋 襄公 대신 句踐을 넣기도 함.

【鴆毒】 酖毒과 같음. 鴆鳥의 독. 그 깃털로 술을 젓기만 해도 사람이 죽을 정도라 하여 독살용으로 씀.

【扼昧】 암암리에 絞殺함. '扼'은 '縊'과 같음. '昧'는 〈宋本〉 注에 "暗中絞縊也"라 함. 그러나 《公羊傳》 襄公 26년 "昧雉彼視"의 何休 注에 "昧, 割也"라 하였고, 〈釋文〉에는 "昧, 舊音刎, 亡粉反"이라 하여 '刎'자와 같다 하여 '베어죽임'을 뜻함.

【桃左春秋】 《桃兀春秋》의 오기가 아닌가 함. 兪樾의 《諸子平議》에 "疑「左」爲「兀」字之誤"라 함. 《桃兀》은 楚나라 역사책 《檮杌》을 가리킴. 춘추는 고대 역사책을 일컫는 일반 명사였음.

【王良】 王子期·王於期·王子於期로 표기하기도 함. 春秋시대 趙襄子의 마부. 於期는 그의 字. 《左傳》 哀公 2년 "郵無恤御簡子"의 杜預 注에 "郵無恤, 王良也"라 하였고, 같은 곳에서 다시 '子良'이라 불렀음. 《孟子》 滕文公(下)에는 "昔者, 趙簡子使王良與嬖奚乘"이라 하여 郵無恤·王良·子良·王子期·王子於期·王於期는 모두 같은 사람으로 보이며 곳에 따라 趙襄子와 趙簡子의 마부로 엇갈림.

【輿人】 가마를 만드는 사람.

【暈圍】 해무리와 달무리.

【參伍】 '參'은 '三'과 같으며 '伍'는 '五'와 같음. 셋씩 다섯씩 서로 묶여 뒤섞인 상태를 표현하는 말. 그러나 參은 參證과 같으며 伍는 서로 뒤섞인 事物에서 짝을 이루는 것끼리 묶어 사실 여부를 판단함을 뜻함. 〈乾道本〉 注에 "參, 比驗也; 伍, 偶會也"라 함.

참고 및 관련 자료

1. 《意林》(1)

輿人欲人富貴, 棺人欲人死喪, 人不貴, 則輿不用; 人不死, 則棺不買, 非有仁賊, 利在其中.

085(17-3)
요역이 많아지면

요역徭役이 많아지면 백성들이 고통을 느끼고 백성들이 고통을 느끼면 요역을 관리하는 자들이 권력을 행사할 기회가 생기며, 권력을 행사하게 되면 요역 면제에 대한 권세가 중해지며, 요역 면제의 권세가 중해지면 지위가 높은 그러한 자들이 부유해진다.

백성을 고통스럽게 하면서 귀한 신분을 부유하게 하고, 세력을 일으켜 백성을 깔고 앉을 자리까지 마련해 주는 것은 천하의 장구한 이익이 될 수 없다.

그러므로 "요역이 줄어들면 백성이 편안해지고, 백성이 편안해지면 아래에서 권세를 부릴 기회가 없어지며, 아래에서 권세를 부릴 구실이 없어지면 그러한 권세는 사라질 것이며, 그러한 권세가 사라지고 나면 모든 덕이 임금에게 있게 된다"라고 말할 수 있다.

지금 무릇 물이 불을 이긴다는 것은 명백한 사실이지만, 가마솥을 물과 불 사이에 두면 물은 그 위에서 끓어 다 사라지는데도 불은 그 아래에서 계속 타오를 경우, 물은 불을 이기는 능력을 잃게 될 것이다.

지금 무릇 법치로 간악함을 금할 수 있다는 것은 이보다 더 명백한 일이지만, 그러나 법을 지켜 다루는 신하가 가마솥과 같은 역할을 한다면 법은 다만 임금의 가슴 속에서만 명백할 뿐, 이미 간악함을 금지시킬 능력을 잃고 마는 것이다.

상고 시대부터 전해오는 말이나 《춘추春秋》에 기록된 것으로도 법을 범하고 반역을 저질러 큰 간악함을 이룬 자는 일찍이 존귀한 신하로부터 나오지 않은 적이 없다고 하였다.

그런데도 법령이 대비하고 있는 대상과 형벌이 처벌하고 있는 대상은 언제나 비천한 자들이니, 이 때문에 그 백성들은 절망하며 어디에 호소할 곳도 없다.

대신들은 당을 지어 임금의 이목을 가리기에 하나가 되고, 속으로는 서로 좋은 관계를 가지고 있으면서 겉으로는 서로 미워하는 척하여 서로가 사사로움이 없는 듯 임금에게 보이면서, 자신들끼리는 서로 이목이 되어 임금의 틈을 엿보고 있어 임금은 엄폐된 채 어디에 소식을 들을 곳이 없어 임금은 이름만 가지고 있을 뿐 실질은 없고, 신하는 법을 제멋대로 하며 이를 행사하고 있으니 주周 천자가 바로 이런 경우이다.

이처럼 그 권세를 치우치게 빌려 주게 되면 위아래 자리가 바뀌고 마는 것이니, 이것이 "신하에게 권세를 빌려 주어서는 안 된다"고 하는 것이다.

徭役多則民苦, 民苦則權勢起, 權勢起則復除重, 復除重則貴人富.

苦民以富貴人, 起勢以藉人臣, 非天下長利也.

故曰:「徭役少則民安, 民安則下無重權, 下無重權則權勢滅, 權勢滅則德在上矣.」

今夫水之勝火亦明矣, 然而釜鬵間之, 水煎沸竭盡其上, 而火得熾盛焚其下, 水失其所以勝者矣.

今夫治之禁姦又明於此, 然守法之臣爲釜鬵之行, 則法獨明於胸中, 而已失其所以禁姦者矣.

上古之傳言,《春秋》所記, 犯法爲逆以成大姦者, 未嘗不從尊貴之臣也.

而法令之所以備, 刑罰之所以誅, 常於卑賤, 是以其民絶望, 無所告愬.

大臣比周, 蔽上爲一, 陰相善而陽相惡, 以示無私, 相爲耳目, 以候主隙, 人主掩蔽, 無道得聞, 有主名而無實, 臣專法而行之, 周天子是也.

偏借其權勢, 則上下易位矣, 此言:「人臣之不可借權勢.」

【傜役】 노동력을 바쳐 일하는 노역이나 부역.

【復除】 '復'은 노역이나 부세를 면제함을 뜻함. 《漢書》 高帝紀 "復勿租稅二歲"의 注에 "復者, 除其賦役也"라 하였고, 〈刑法志〉의 "中試則復其戶"의 注에도 "復, 謂免其賦稅也"라 함.

【釜鬵】 가마솥을 뜻함. 심(鬵)은 鬲과 같음.

【春秋】 원래 魯나라의 역사 기록물. 公子가 이를 재정리하여 隱公 원년부터 哀公 14년까지 242년간의 史實을 微言과 褒貶의 의미를 넣어 정리한 것. 六經의 하나이며 漢代 이후 《左傳》·《公羊傳》·《穀梁傳》 등 三傳으로 발전함. 중국 최초의 編年體 史書이기도 함.

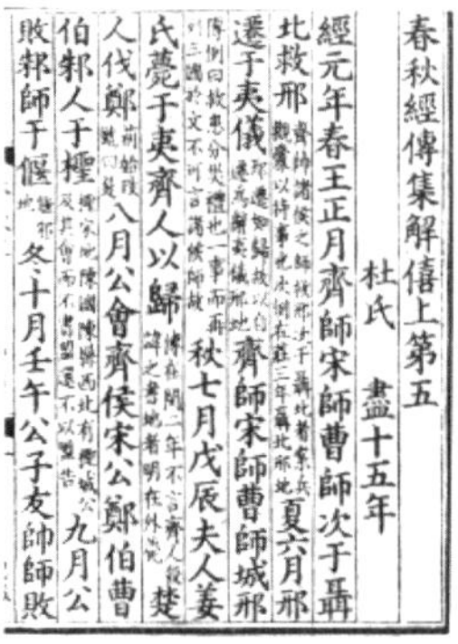
春秋經傳集解僖上第五
杜氏 盡十五年
經元年春王正月齊師宋師曹師次于聶
北救邢 夏六月邢
遷于夷儀 齊師宋師曹師城邢
秋七月戊辰夫人姜
氏薨于夷齊人以歸 楚
人伐鄭 八月公會齊侯宋公鄭伯曹
伯邾人于檉 九月公
敗邾師于偃 冬十月壬午公子友帥師敗

《春秋經傳集解》(杜預)

【告愬】 '愬'는 '訴'와 같음. 호소함.

【比周】 作黨함. 《論語》 爲政篇에 "子曰: 「君子周而不比, 小人比而不周.」"라 함. 원래 '比'는 親近, '周'는 周密의 뜻을 가지고 있으며 '서로 친근한 이들끼리 빈틈 없는 결속을 다짐'을 뜻함.

【候】 '엿보다, 기다리다'의 뜻.

【周天子】 東周의 후반기 즉 戰國시대 周나라는 명의만 天子일 뿐 제후국의 지위만도 못하였음. 이를 두고 비유한 것.

【此言人臣之不可借權勢也】 尹桐陽은 이 11자는 舊注가 正文으로 잘못 삽입된 것이라 하였음.

18. 남면南面

'南面'이란 군주의 자리를 뜻한다.

본편은 군주로서 중히 여겨야 할 임무를 거론하였으며 그중에 명법明法·책실責實·변법變法에 관심과 주권을 가지고 나라를 이끌어야 함을 강조하고 있다.

086(18-1)

명법明法

임금의 과실은 이미 신하에게 일을 맡겨놓고 다시 반대로 반드시 그러한 일을 맡지 않은 자에게 이를 대비하여 감시하도록 하는 데에 있으니 이러한 논리라면 그 일을 맡은 자와는 틀림없이 원수가 될 것이며, 임금은 도리어 그 일을 맡지 않은 자에게는 제압을 당하게 될 것이니 지금 함께 남을 대비하는 자가 지난 번 또한 대비를 당했던 자이기 때문이다.

임금이 능히 법을 분명히 하여 대신의 위세를 견제하지 못하면 서민의 믿음을 얻어낼 길이 없게 된다.

임금이 법을 놓아두고 신하로 하여금 다른 신하를 대비하도록 한다면 서로 친한 사이끼리는 당을 지어 서로 칭찬할 것이요, 서로 미워하는 사이끼리는 붕당을 지어 서로를 비난할 것이다.

이처럼 비방과 칭찬이 서로 다투어 일어나면 임금은 미혹하게 되어 혼란에 빠지고 만다.

신하란 명예를 얻거나 청탁을 하지 않고는 진급하거나 현달할 수가 없으며, 법을 어기거나 전제를 쓰지 않고는 위세를 가질 수 없으며, 충신을 가장하지 않고서는 금하지 않은 일이라 하여 제 뜻대로 할 수가 없으니, 이 세 가지는 임금을 혼미하게 하여 법을 파괴할 바탕이 되는 것이다.

임금은 신하가 비록 지혜와 능력을 갖추었더라도 법을 어겨가며 제 맘대로 전제할 수 없도록 해야 하며, 비록 현명한 행동이 있다 해도 공적을 뛰어넘어 앞서 포상을 해서는 안 되며, 비록 충성과 믿음이 있다 해도 법을 버리고 금하지 않은 것을 해도 되도록 해서도 안 되는 것이니 이를 일러 명법明法이라 한다.

人主之過, 在己任在臣矣, 又必反與其所不任者備之, 此其說必與其所任者爲讐, 而主反制於其所不任者, 今所與備人者, 且曩之所備也.

人主不能明法而以制大臣之威, 無道得小人之信矣.

人主釋法而以臣備臣, 則相愛者比周而相譽, 相憎者朋黨而相非.

非譽交爭, 則主惑亂矣.

人臣者, 非名譽請謁無以進取, 非背法專制無以爲威, 非假於忠信無以不禁, 三者, 惛主壞法之資也.

人主使人臣雖有智能, 不得背法而專制; 雖有賢行, 不得踰功而先勞, 雖有忠信, 不得釋法而不禁, 此之謂明法.

【備之】 일을 맡기지 않은 다른 사람에게 그를 대비하여 감시하도록 함.

【小人之信】 다른 판본에는 '小臣之信'으로 되어 있음. '小人'은 일반 서민을 뜻함.

【相非】 '非'는 '誹'와 같음. 비방함.

【請謁】 뇌물을 보내어 드러나지 않게 청탁함.

【進取】 승진하여 일을 처리해 나감.

【不禁】 법으로 금하지는 않았으나 신하가 恣意로 專制를 부릴 수 있는 행정 부분. 그러나 王先謙은 "不以無心之過爲解, 而不加罪"라 함.

【踰功而先勞】 공적을 뛰어넘어 앞서 미리 포상함. 《管子》 山權數 "勞若以百金"의 注에 "勞, 賜也"라 함.

참고 및 관련 자료

1. 《意林》(1)

相愛者, 則比周而相譽; 相憎者, 則比黨而相誹. 誹譽交爭, 則主惑亂矣.

087(18-2)
유혹

임금은 새로운 사업에 유혹을 받는 경우가 있고, 말하는 자에게 도리어 옹폐될 수 있으니 이 두 가지는 잘 살피지 않으면 안 된다.

신하로서 사업을 쉽다고 말하는 자는 비용을 적게 요구하며 그 일로 임금을 속이는 것인데도 임금이 유혹을 받아 살피지 아니한 채 많은 비용을 주면, 이는 신하가 도리어 그 일로써 임금을 견제하게 된다.

이와 같이 되는 경우를 일러 '유혹'이라 하며, 일에 유혹을 받은 자는 환난으로 고통을 받게 되니 진언할 때 적은 비용을 말했다가 물러서서는 많은 비용을 요구하기 때문이다.

이 경우 비록 공적이 있다 해도 그 진언한 말은 믿을 수 없으며 믿을 수 없는 자는 죄를 주어야 한다.

그리고 사업에 공을 이룬 자에게는 반드시 상을 내린다면 신하들이 함부로 말을 꾸며서 임금을 혼미하게 하지 못할 것이다.

임금이 도로 삼아야 할 것은, 신하로 하여금 앞서 말한 것이 뒤에 이룬 사업과 일치하지 않거나, 뒤에 하는 말이 앞서 이룬 사업과 일치하지 않을 경우, 비록 성과가 있다 해도 반드시 죄를 물어야 하는 것이니, 이를 일러 아랫사람에게 맡긴다고 하는 것이다.

人主有誘於事者, 有壅於言者, 二者不可不察也.
人臣易言事者, 少索資, 以事誣主, 主誘而不察, 因而多之, 則是臣反以事制主也.

如是者謂之誘, 誘於事者, 困於患, 其進言少, 其退費多.

雖有功, 其進言不信, 不信者有罪.

事有功者必賞, 則群臣莫敢飾言以惽主.

主道者, 使人臣前言不復於後, 後言不復於前, 事雖有功, 必伏其罪, 謂之任下.

【易言】 매우 쉽게 이룰 것처럼 계획을 進言함.

【其退費多】 물러서서 실제 일을 할 때는 많은 비용을 요구함.

【任下】 王先愼은 "人主之患在於任臣. 然以言責事, 以事責功, 不專任一臣, 凡下之人皆得而任之, 故謂之任下"라 함.

088(18-3)
발언하지 않은 책임

신하가 임금을 위하여 일을 계획하면서 비난이 두려우면 먼저 나서서 말을 하되 말을 만들어 "이 일을 두고 말이 많은 자는 이 일에 대하여 질투를 하는 자"라고 한다.

임금은 이 말을 속에 담아둔 채 다른 신하들의 말을 다시 들으려 하지 않으며, 신하들도 이 말이 두려워 함부로 그 일을 거론하지 않는다.

이 두 가지 형세를 쓰게 되면 충신의 말은 듣지 않게 되며 평판이 좋은 신하만 홀로 신임을 받게 된다.

이와 같은 경우를 일러 '언론에 귀를 막는다'라고 하며 언론에 귀가 막히면 신하에게 제압을 당하게 된다.

임금이 도로서 삼아야 할 것은, 신하로 하여금 반드시 발언에 책임을 지도록 하는 것을 넘어 발언하지 않은 책임도 물어야 한다.

발언에 처음과 끝이 맞지 않고 변론에 경험도 없는 것을 일러 '말의 책임'이라 하며, 발언을 하지 않은 채 책임을 피하면서 중요한 직위를 그대로 유지하는 경우, 이를 '발언하지 않은 책임'이라 한다.

임금은 신하로 하여금 발언한 자에 대해서는 반드시 그 시작을 알고 있다가 그 실적의 책임을 따져야 하며, 발언하지 않은 자에게는 그 찬동 여부를 물어 이를 책임질 일로 삼아야 한다.

그렇게 되면 신하는 함부로 망언을 하지 못할 것이며 또한 그렇다고 침묵도 지킬 수 없을 것이니, 발언과 침묵에는 모두가 책임이 따르게 되어 있기 때문이다.

人臣爲主設事而恐其非也, 則先出說, 設言曰:「議是事者, 妬事者也.」

人主藏是言, 不更聽群臣; 群臣畏是言, 不敢議事.

二勢者用, 則忠臣不聽, 而譽臣獨任.

如是者謂之壅於言, 壅於言者制於臣矣.

主道者, 使人臣有必言之責, 又有不言之責.

言無端末辯無所驗者, 此言之責也; 以不言避責持重位者, 此不言之責也.

人主使人臣言者必知其端以責其實, 不言者必問其取舍以爲之責.

則人臣莫敢妄言矣, 又不敢默然矣, 言·默則皆有責也.

【設言】 말을 만들어 미리 선수를 침.

【藏是言】 발언한 내용을 가슴속에 묻어 두고 발설하지 않음.

【端末】 始終과 같음. '端'은 '緖'의 뜻이며 末은 終의 뜻.

【持重位】 중요한 자리를 유지하고 있음.

【取舍】 찬성, 혹 반대의 양자택일.

【言默】 발언과 침묵.

089(18-4)
수입과 지출

임금이 일을 하고자 하나 시작과 끝을 통탈하지 못한 채 자신이 하고자 하는 것을 미리 밝혔다가는, 그 일을 하는 자는 그 일을 하면서도 이익을 얻지 못하고 틀림없이 손해가 돌아올 것이다.

이를 하는 자라면 일의 원칙에 맡기고 욕심을 버려야 한다.

일을 벌이는 데는 정해진 도가 있으니 수입은 많게 하고 지출은 적도록 계획을 짜야 그 일을 할 수 있다.

미혹함에 빠진 임금은 그렇지 않으니 수입만을 계산하고 그 지출은 계산하지 않아 지출이 비록 배가 되더라도 그 손해를 알아차리지 못한다면 이는 명목만의 이득이고 실제는 없는 것이다.

이와 같을 경우 공은 작고 손해는 크다.

무릇 공이란 수입은 많고 지출이 적어야만 이에 공이라고 말할 수 있다.

지금 크게 비용을 들이고도 죄가 되지 않은 채 얻는 것은 적더라도 공으로 인정을 받는다면 신하들은 큰 비용을 써서 작은 공을 이루려 할 것이니, 작은 공만 이루면 임금은 역시 손해를 보는 것이다.

人主欲爲事, 不通其端末, 而以明其欲, 有爲之者, 其爲不得利, 必以害反.

知此者, 任理去欲.

擧事有道, 計其入多, 其出少者, 可爲也.

惑主不然, 計其入, 不計其出, 出雖倍其入, 不知其害, 則是名得而實亡.

如是者功小而害大矣.

凡功者, 其入多, 其出少, 乃可謂功.

今大費無罪而少得爲功, 則人臣出大費而成小功, 小功成而主亦有害.

【端末】 始末, 本末과 같음. 일의 發端과 結末. 일의 全過程과 結果에 대한 예측.

【明其欲】 〈集解〉에 "王先謙曰: 「明其欲者, 群下之意同曉然於主心"이라 함.

【以害反】 '反'은 '返'의 뜻. 손해가 되는 결과로 돌아옴.

【擧事有道】 일의 수행에 정해진 규정이 있음.

【惑主】 사물의 도리를 가리지 못하는 군주.

090(18-5)
변혁과 불변

통치를 모르는 자는 틀림없이 "옛것을 바꾸지 말 것이며, 상법常法을 고치지 말아야 한다"라고 말한다.

변혁과 불변에 대하여 성인은 듣지 않았으며 바르게 다스릴 뿐이었다.

그렇다면 옛것을 바꾸지 말아야 할 것과 상법을 고치지 말아야 할 것은, 상법이나 옛것이 옳고 그름의 여부에 달려 있다.

이윤伊尹이 은殷나라를 변혁시키지 못하였고 태공太公이 주周나라를 변화시키지 못하였다면, 탕湯이나 무왕武王은 왕자王者가 되지 못하였을 것이며, 관중管仲이 제齊나라를 바꾸지 못하였고 곽언郭偃이 진晉나라를 변화시키지 못하였다면, 환공桓公이나 문공文公은 패자霸者가 되지 못하였을 것이다.

무릇 사람들이 옛것을 고치기를 어렵게 여기는 것은 백성들이 편안히 여기는 것을 바꾸기를 꺼려 하였기 때문이다.

무릇 옛것을 고치지 않는다는 것은 혼란의 자취를 그대로 답습하는 것이며, 백성의 마음만 따르는 것은 사악한 행동을 제멋대로 하도록 내버려 두는 것이다.

백성은 우둔하여 혼란을 알지 못하며 군주는 나약하여 고치지 못하니, 이것이 바로 통치의 실책이다.

군주란 그 현명함이 통치를 능히 알아내어야 하며 위엄은 기필코 실행에 옮겨야 하는 것이니, 그 때문에 비록 백성의 마음에 거슬린다 해도 그 통치 방법을 세워야 한다.

그 예로 상군商君이 조정 안팎에 철수鐵殳를 비치하고 여러 겹의 방패로써 미리 경비를 한 예가 있다.

그러므로 곽언이 새로이 정치를 맡게 되자 문공에게 관졸을 마련하였으며, 관중이 새로이 정치를 맡게 되자 환공에게 무장한 수레를 마련하였던 것이니, 이는 백성을 경계하는 방비였던 것이다.

이 까닭으로 우둔하고 게으른 백성은 적은 비용이 드는 것조차 싫어하여 큰 이익을 잊는 것이니 그 때문에 인호夤虎는 비방을 받은 것이며, 작은 변화가 두려워 길이 누릴 편익을 잃고 마는 것이니 그 때문에 추고鄒賈는 원정의 군사행동을 비난한 것이며, 난세에도 견디기에 익숙하여 그대로 다스림을 수용하고 살기 때문에 정鄭나라 사람들은 돌아갈 집이 없게 된 것이다.

不知治者, 必曰:「無變古, 毋易常.」

變與不變, 聖人不聽, 正治而已.

然則古之無變, 常之毋易, 在常古之可與不可.

伊尹毋變殷, 太公毋變周, 則湯·武不王矣; 管仲毋易齊, 郭偃毋更晉, 則桓·文不霸矣.

凡人難變古者, 憚易民之安也.

夫不變古者, 襲亂之迹; 適民心者, 恣姦之行也.

民愚而不知亂, 上懦而不能更, 是治之失也.

人主者, 明能知治, 嚴必行之, 故雖拂於民心, 立其治.

說在商君之內外而鐵殳, 重盾而豫戒也.

故郭偃之始治也, 文公有官卒; 管仲始治也, 桓公有武車, 戒民之備也.

是以愚贛窳墮之民, 苦小費而忘大利也, 故夤虎受阿謗; 而輾小變而失長便, 故鄒賈非載旅; 狎習於亂而容於治, 故鄭人不能歸.

【伊尹】殷나라 湯王의 재상. 이름은 摯. 湯이 有莘氏의 딸을 아내로 맞을 때 媵臣으로 따라가면서 조리기구를 짊어지고 가서 주방장이 되이 湯에게 접근하였음. 뒤에 탕에게 발탁되어 재상에 올랐으며 夏의 末王 桀을 쳐서 殷왕조를 일으키는 데에 큰 공을 세웠음. 《史記》殷本紀 및 《墨子》尙賢篇을 볼 것.

【太公】周나라 공신 太公望 呂尙. 자는 子牙. 周 武王을 도와 殷의 紂를 멸하고 천하를 안정시킴. 성은 姜. 先代가 呂 땅에 살아 呂를 성으로 삼기도 함. 이름은 尙. 자는 尙父. 齊나라에 봉을 받아 춘추시대 齊나라 시조가 됨.

【湯】원래 夏나라 때의 諸侯. 亳을 근거로 발전하여 夏나라 末王 桀의 무도함을 없애고 伊尹을 등용하여 殷(商)을 세운 개국군주. 儒家에서 聖人으로 받듦. 《史記》殷本紀를 참조할 것. 《十八史略》(1)에는 "殷王成湯: 子姓, 名履. 其先曰契, 帝嚳子也. 母簡狄, 有娀氏女, 見玄鳥墮卵呑之, 生契. 爲唐虞司徒, 封於商, 賜姓"이라 함.

【武王】姬發. 文王(姬昌, 西伯)의 아들. 殷末 周民族의 領袖. 아버지의 뜻을 이어 庸·蜀·羌 등 부족과 연합하여 殷의 紂를 멸하고 西周의 封建王朝를 건립함. 周公(姬旦)의 형이며 成王(姬誦)의 아버지. 周初의 文物制度를 완비하여 儒家에서 흔히 三代의 개국시조 夏禹·商湯·周文武로 일컬으며 추앙받기도 함.

【管仲】춘추시대 齊나라 인물. 管夷吾. 仲은 그의 字. 齊 桓公을 첫 霸者로 성취시킨 인물. 처음 齊나라에 난이 일어나 公子들이 뿔뿔이 흩어질 때 管仲은 公子糾를 모시고 魯나라로 피신하였으며 鮑叔은 小白을 모시고 거나라로 피신함. 뒤에 난이 끝나고 먼저 귀국하는 자가 왕위에 오르게 되어 있었으며, 이 때 管仲은 小白 일행이 오는 길목을 지키다가 활로 小白을 쏘았으나 小白이 허리띠 고리에 맞고 죽은 척 쓰러져 있다가 지름길로 들어가 먼저 왕위에 올랐는데 이 사람이 환공임. 이에 공자 규와 관중 일행은 귀국하지 못하고 처벌을 기다렸으나 鮑叔의 추천으로 환공의 재상이 되어 제나라를 부강하게 만들었으며 재상에 오름. 환공이 그를 높여 仲父라 일컬었음. 《史記》管晏列傳

및 《列子》 등을 참조할 것. '管鮑之交' 등의 많은 고사를 남겼으며 그의 사상과 언행을 기록한 《管子》가 전함.

【郭偃】 춘추시대 晉나라 대부. 獻公부터 襄公 때까지 掌卜大夫를 지냈으며 그 때문에 卜偃으로도 부름. 점술과 예언에 뛰어났었음. 《國語》 및 《左傳》을 볼 것.

【齊桓公】 春秋五霸의 첫 首長. 이름은 小白. 齊나라에 난이 일어나자 鮑叔이 모시고 莒나라로 피신, 管仲은 公子 糾를 모시고 魯나라로 피신함. 뒤에 난이 진압되고 먼저 귀국하는 자가 왕이 될 수 있는 기회에 小白이 오는 길을 管仲 일행이 막고 활을 쏘아 소백의 허리띠 고리에 맞추자 소백은 죽은 척 쓰러져 있다가 지름길로 귀국하여 왕위에 오름. 뒤에 포숙의 추천으로 관중을 등용하여 제나라를 부강하게 하여 九合諸侯, 一匡天下하여 첫 패자가 됨. B.C.685~B.C.643년까지 43년간 재위함. 《史記》 齊太公世家를 참조할 것.

【文公】 晉 文公. 重耳. 獻公의 둘째아들. 驪姬의 핍박으로 19년간 해외 망명을 거쳐 귀국, 왕위에 오름. 뒤에 齊 桓公에 이어 春秋五霸의 지위에 오름. B.C.636~B.C.628년까지 9년간 재위함. 《史記》 晉世家에 "重耳母, 翟之狐女也; 夷吾母, 重耳母女弟也. …自獻公爲太子時, 重耳固以成人矣"라 하였고, 《國語》는 重耳의 망명 생활에 대하여 매우 많은 양을 자세히 싣고 있으며 晉語(4)에는 "狐氏出自唐叔. 狐姬, 伯行之子也, 實生重耳"라 함. 《左傳》·《國語》·《史記》 등을 참조할 것.

【商君】 商鞅, 公孫鞅. 衛鞅으로도 불림. 戰國 중기 秦 孝公을 섬겨 法治의 공으로 商於 땅 15읍을 봉지로 받아 商君으로 불림. 초기 法家의 대표적 인물로 《商君書》가 전함. 그러나 孝公이 죽고 惠文王이 즉위하자 車裂刑을 당함. 《史記》 商君列傳 참조.

【鐵殳】 鐵로 만든 병기. '殳'는 자루가 긴 병기의 하나. 원래 구리로 만들었으나 춘추시기에는 철제로 바뀜.

【武車】 무장한 수레. 환공을 경호하기 위해 무장한 수레를 사용할 것을 관중이 건의하고 제도로 만듦.

【愚贛窳墯】 '贛'은 '戇', '窳'는 찌그러짐. '墯'는 판본에 따라 '墮'·'惰' 등 여러 표기가 있으며 모두 '怠'의 뜻임.

【龠虎】 인명으로 보이나 구체적인 내용은 알 수 없음. 太田方의 《韓非子翼毳》에 "龠虎未詳, 或曰: 陳大夫慶龠·慶虎, 見《左傳》襄二十年·二十叄年"이라 함. 盧文弨의 《群書拾補》에도 역시 "以下多不可曉, 疑有脫誤"라 하였으며, 顧廣圻의 《韓非子識誤》에는 "按此皆未詳. 自上文說在商君云云以下句例, 全與儲說之經

相同, 必韓子此下尙有其說, 亦如儲說之說者, 而今佚之耳"라 하였고, 王先愼의 〈集解〉에는 "顧說是. 外儲說左下鄭人賣豚云云, 當卽鄭人不能歸佚文"이라 함.

【阿謗】'阿'는 '訶'의 가차로 봄. 《說文》에 "訶, 大言而怒也"라 함.

【輾】'震'과 같으며 '두려워하다, 겁내다'의 뜻. 尹桐陽은 "輾, 懼也, 言懼變法之難"이라 하였고 高亨의 《韓非子補箋》에도 "輾, 當作震. 震, 懼也"라 함. 그러나 顧廣圻는 《韓非子識誤》에 "輾字有誤, 未詳所當作"이라 함.

【鄒賈非載旅】鄒賈는 鄒나라 출신의 商人으로 보이나 구체적인 내용은 알 수 없음. 高亨은 "鄒賈非載旅, 各家都沒注"라 함. 그러나 '載旅'는 전체 내용으로 미루어 군주가 과감히 결정한 '군사행동'이거나 '征兵'으로 보이며 이를 비난한 것이 아닌가 함.

【狎習】습관을 편안히 여겨 익숙함. 개혁하려 들지 않음. 《左傳》 昭公 23년 "民狎其野"의 注에 "狎, 安習也"라 함.

【容於治】'容'은 '吝'의 오기로 보기도 함. 高亨은 "容, 當作吝. 形近而誤"라 하였고, 《韓非子纂聞》에는 "謂不務治也"라 함.

【鄭人不能歸】구체적 내용은 알 수 없음. 王先愼의 〈集解〉에 "外儲說左下鄭人賣豚云云"이라 하여 496의 "鄭縣人賣豚, 人問其穀. 曰: 「道遠日暮, 安暇語汝?」"의 사례를 들고 있음.

19. 식사飾邪

'飭邪'로도 표기해 왔으며 '식'飾은 진기유陳奇猷의 《韓非子集釋》에 "飾, 同飭. 戒也"라 하여 경계警戒, 계비戒備의 뜻이라 하였으며, '사'邪는 복서卜筮나 점성占星 같은 미신을 가리킨다.

따라서 군주가 이러한 미신에 현혹당하지 않도록 경계를 늦추지 않아야 하며 미신을 타파하고 오직 법치를 펴야 한다고 주장한 것이다.

그러나 마무리에 선왕先王을 일컬으면서 "以道爲常"이라 한 말을 두고 역대로 혹 이는 한비韓非가 주장한 것이 아닐 것이라는 의심을 나타내기도 하였다.

091(19-1)

미신迷信

거북 등을 뚫고 시초蓍草 줄기를 세어 점을 쳤더니 점괘가 '대길大吉'이라 나오자 연燕나라를 친 것은 조趙나라였다.

거북 등을 뚫고 시초 줄기를 세어 점을 쳤더니 점괘가 '대길'이라 나오자 조나라를 공격한 것은 연나라였다.

극신劇辛이 연나라를 섬겼으나 공이 없어 사직이 위태롭게 되었으며, 추연鄒衍도 연나라를 섬겼으나 역시 성과가 없어 치국의 도가 끊어지고 말았다.

조나라는 먼저 연나라에게 뜻을 두어 성공한 뒤에 제齊나라에 대하여 뜻을 두어 나라는 비록 혼란했으나 자신을 높이 여겨 스스로 진秦나라와 맞설 정도라 여겼으니 조나라 거북의 신령하고 연나라 거북이 속인 것이 아니다.

조나라는 또 일찍이 거북 등을 뚫고 시초 줄기를 세어 북쪽 연나라를 쳐서 앞으로 연나라를 협박, 진나라를 맞아 싸우겠다고 하자 점괘가 '대길'이라 나왔다.

처음에 대량大梁을 공격하자 진나라는 상당上黨으로 진출했고 조나라 군대가 이釐 땅에 이르렀을 때 조나라 여섯 성城이 진나라에게 함락당하고 말았으며, 양성陽城에 이르렀을 때는 진나라가 업鄴을 함락시켜, 방난龐援이 군사를 되돌려 남으로 돌아왔을 때는 보루들이 모두 함락된 뒤였다.

나는 그 때문에 "조나라의 거북점이 비록 멀리 연나라까지는 내다보지 못했을지라도 가까이 진나라에 대해서는 의당 맞았어야 했다"라고 말한 것이다.

진나라는 그 '대길'이라는 점괘로써 영토를 넓히는 실익을 거두고 게다가 연나라 구출의 명성까지 얻었으나 조나라는 같은 '대길'이라는 점괘 때문에 영토를 깎이고 군대는 치욕을 당했으며 게다가 임금은 뜻을 이루지 못한 채 죽고 말았다.

이 또한 진나라의 거북이 신령하고 조나라의 거북이 속인 것이 아니다.

처음에 위魏나라가 여러 해에 걸쳐 동쪽을 향하여 정도定陶와 위衛 땅을 공략하였으나 다시 여러 해에 걸쳐 서쪽을 향하다가 그 때문에 국토를 잃고 말았던 것이니, 이는 풍륭豐隆·오행五行·태일太一·왕상王相·섭제攝提·육신六神·오괄五括·천하天河·은창殷搶·세성歲星 등의 별들이 여러 해 동안 서쪽에 있었기 때문이 아니었다.

또한 천결天缺·호역弧逆·형성刑星·형혹熒惑·규奎·태台 등의 별들이 여러 해 동안 동쪽에 있었기 때문도 아니었다.

그러므로 이렇게 말할 수 있다.

"거북점이나 시초 점의 점괘나 귀신의 도움 따위는 족히 승리를 이루어 주는 것이 아니며, 좌우와 앞뒤의 별자리도 그것을 믿고 오로지 전쟁에 매달리기에는 부족하다. 그런데도 그것을 믿는다면 어리석음이 이보다 더한 것은 없다."

鑿龜數筴, 兆曰「大吉」, 而以攻燕者, 趙也.

鑿龜數筴, 兆曰「大吉」, 而以攻趙者, 燕也.

劇辛之事燕, 無功而社稷危; 鄒衍之事燕, 無功而國道絶.

趙代先得意於燕, 後得意於齊, 國亂節高, 自以爲與秦提衡, 非趙龜神而燕龜欺也.

趙又嘗鑿龜數筴而北伐燕, 將劫燕以逆秦, 兆曰「大吉」.

始攻大梁而秦出上黨矣, 兵至釐而六城拔矣; 至陽城, 秦拔鄴矣; 龐援揄兵而南, 則鄣盡矣.

臣故曰: 「趙龜雖無遠見於燕, 且宜近見於秦.」

秦以其「大吉」, 辟地有實, 救燕有有名; 趙以其「大吉」, 地削兵辱, 主不得意而死.

又非秦龜神而趙龜欺也.

初時者, 魏數年東鄕攻盡陶·衛, 數年西鄕以失其國, 此非豐隆·五行·太一·王相·攝提·六神·五括·天河·殷搶·歲星, 非數年在西也.

又非天缺·弧逆·刑星·熒惑·奎台, 非數年在東也.

故曰: 「龜筴鬼神不足擧勝, 左右背鄕不足以專戰. 然而恃之, 愚莫大焉.」

【鑿龜數筴】'鑿'은 '鑽'과 같음. 거북 등뼈에 불 송곳으로 구멍을 뚫어 생긴 균열로써 점을 치는 것. '筴'은 '策'과 같음. 數筴은 시초(蓍草)의 줄기를 세어 치는 점. 《莊子》 外物篇에 "乃刳龜, 七十二鑽, 而无有筴"이라 하였고, 《荀子》 王制篇 "鑽龜陳卦"의 楊倞 注에는 "鑽龜, 謂以火爇荊葉灼之也"라 함. 《博物志》(9)에 "蓍一千歲而三百莖同本, 以老, 故知吉凶. 蓍末大於本爲上吉, 筮必沐浴齋潔燒香, 每朔望浴蓍, 必五浴之. 浴龜亦然"라 함.

【趙攻燕】顧廣圻의 《韓非子識誤》에 "《史記》趙世家, 悼襄王三年, 龐煖(龐援)將攻燕, 禽其將劇辛, 卽其事, 詳見〈燕世家〉"라 함.

【兆】점친 결과의 豫言. 점괘.

【劇辛】전국시대 趙나라 사람으로 燕 昭王을 섬겨 趙나라를 치다가 패하여 龐援에게 피살당함. 《史記》 燕世家에 "燕昭王於破燕之後卽位, 卑身厚幣, 以招賢者. ……樂毅自魏往, 鄒衍自齊往, 劇辛自趙往, 士爭趨燕"이라 함. 그러나 劇辛은

燕王 喜 13년(B.C.242)에 죽어 昭王이 賢者를 誘致한 때와 70여 년 차이가 남.

【鄒衍】 전국시대 齊나라 사람으로 陰陽家의 대표적 인물. 역시 燕 昭王을 섬겼으나 惠王 때 참훼를 입어 옥에 갇히기도 하였음.

【趙先得意於燕】 悼襄王 3년 燕나라 장수 劇辛을 잡자 이듬해 龐煖이 趙·楚·魏·燕의 군사를 이끌고 齊나라를 공격함.

【提衡】 대등하게 맞섬. 抗衡과 같음.

【北伐燕】 顧廣圻의 《韓非子識誤》에 "〈趙世家〉: 悼襄王九年攻燕, 取貍·陽城; 兵未罷, 秦攻鄴, 拔之. 又〈年表〉云: 秦拔我閼與·鄴, 取九城. 卽其事也"라 함.

【大梁】 원래 魏나라의 도읍. 지금의 河南 開封市. 魏 惠王 때 魏나라는 이곳으로 도읍을 옮겼음. 따라서 같은 이름의 다른 燕나라 지명으로 보임. 지금의 河北 保定縣 근처가 아닌가 함.

【上黨】 戰國시대 韓나라 땅. 뒤에 趙나라에 귀속되었음. 지금의 山西 長治縣 일대 전체를 上黨이라 불렀음. 국제적인 분쟁지역으로 유명한 곳이기도 하였음. 秦나라가 韓나라를 공격하자 그 무렵 上黨太守 馮亭이 17개 城으로 趙나라에 항복, 趙나라 땅이 되었다가 뒤에 秦나라가 다시 상당을 공략하면서 長平之戰을 벌여 趙나라 군사 40만 명을 생매장하기도 하였던 곳임.

【貍】 지명. 지금의 河北 任邱縣 서북.

【陽城】 지금의 河北 淸苑縣 동남쪽 陽城鎭.

【鄴】 지금의 河南 臨漳縣 근처.

【龐援】 '龐援'은 '龐煖'으로도 표기하며 趙나라 장수. 龐涓의 다른 표기. 盧文弨는 "龐援卽龐煖, 亦作龐涓"이라 하였고, 顧廣圻의 《韓非子識誤》에 "援, 讀爲煖. 《史記》燕·趙世家, 《漢書》人表·藝文志, 皆作煖, 援·煖同字耳"라 하여 '난'으로 읽도록 하였음.

【揄兵】 '揄'는 '引'과 같음. 《說文》에 "揄, 引也"라 함. 군대를 되돌림.

【郭】 城砦. 堡壘.

【陶衛】 지금의 山東 定陶縣. 周 武王의 아우 振鐸이 봉지로 받아 曹나라를 세워 도읍으로 삼았던 곳.

【衛】 원래 나라 이름. 周 武王의 아우 康叔이 세웠던 나라로 원래 朝歌(지금의 河南 淇縣)이었으나 文公 때 楚丘(지금의 河南 滑縣)로 옮겼다가 成公 때 다시 帝丘(지금의 河北 濮陽縣 서남 顓頊城)로 옮겼음.

【豐隆】 별 이름. 혹은 雷神, 또는 雲師라고도 함. 《幼學瓊林》에 "雲師系是豐隆, 雪神乃是滕六"이라 하였고, 《春秋緯》에는 "豐隆, 大陰. 大陰者, 蒼龍之舍也,

五帝車也"라 함.

【五行】 金木水火土. 또는 '五潢'이라는 별자리를 가리킨다 함.

【太一】 太乙. 별 이름. 《漢書》 天文志에는 '泰一'로 표기하였음. 物雙松의 《讀韓非子》에 "太乙, 卽帝座也. 天官書: 中宮天極星, 其一明者, 太乙常居也"라 하였음. 그러나 尹桐陽은 "王良也. 天官書漢中四星曰天駟, 旁一星曰王良"이라 함.

【攝提】 별 이름. 《史記》 天官書에 "大角者, 天王帝廷, 其兩旁各有三星, 鼎足句之, 曰攝提"라 함. 원래 '攝提'는 十干으로 寅(동방). 太歲(木星)가 寅의 위치에 있을 때를 '攝提格'이라 함. 攝提는 地支(子丑寅卯辰巳午未辛酉戌亥)에서 寅을 뜻하는 古甲子 명칭이며 방위로는 동쪽. 木星이 정동에 떴을 때를 一年의 시작으로 삼아 紀元을 설정함. 《爾雅》 釋天에 「大歲在甲曰閼逢, 在乙曰旃蒙, 在丙曰柔兆, 在丁曰强圉, 在戊曰著雍, 在己曰屠維, 在庚曰上章, 在辛曰重光, 在壬曰玄黓, 在癸曰昭陽. 大歲在寅曰攝提格, 在卯曰單閼, 在辰曰執徐, 在巳曰大荒落, 在午曰敦牂, 在未曰協洽, 在申曰涒灘, 在酉曰作噩, 在戌曰閹茂, 在亥曰大淵獻, 在子曰困敦, 在丑曰赤奮若」이라 함. 亢宿에 속함.

【六神】 여섯 별 이름. 津田鳳卿의 《韓非子解詁》에 "天官書: 斗魁戴匡六星, 曰文昌宮, 一曰上將, 二曰次將, 三曰貴相, 四曰司命, 五曰司中, 六曰司祿, 是"라 함.

【五括】 별 이름. 尹桐陽은 "五括卽五車, 天官書: 樓庫有五車"라 함. 畢宿에 속함.

【天河】 별 이름. 《韓非子纂聞》에 "天官書: 天高西一星曰天河"라 함.

【殷搶】 별 이름. '殷槍'으로도 표기함. '天槍'. 《韓非子纂聞》에 "天官書: 天槍色赤而有角, 其國昌"이라 함.

【歲星】 木星. 木星은 週期가 12년으로 고대에는 이를 기준으로 '歲星紀年法'을 썼음. 그러나 실제로는 11.86년으로 정확하게 맞지 않아 이를 漢나라 때 劉歆이 발견하고 그 오류를 바로잡기 위해 144년에 한 번씩 '超辰法'으로 맞추어 東漢 順帝 이후에는 歲星紀年法을 쓰지 않음. 王先謙 〈集解〉에 "天文志: 歲星所在國, 不可伐, 可以伐人"이라 함. 한편 《史記》 天官書 索隱에 《物理論》을 인용하여 "歲行一次, 謂之歲星, 則十二歲而星一周天也"라 함.

【非數年在西也】 '非'자는 衍文임. 〈集解〉에 "數字上不當有「非」字, 承上此「非」而言; 下「非」數年在東也, 「非」字亦衍"이라 하여 다음 문장의 "非數年在東也"의 '非'자도 연문임. 《韓非子翼毳》에 "言豐隆以下, 所在國勝야. 西, 指秦也"라 하여 이상의 별들은 分野를 뜻하며 그 별이 해당하는 分野에 있는 나라는 승리함을 상징함.

【天缺】 별 이름. 天闕.《史記》天官書에 "兩河天闕間爲關梁"이라 하였고, 정이에 "闕·丘二星, 在河南, 天子之雙闕, 諸侯之兩觀. 金·火守之, 主兵戰闕下也"라 함.

【弧逆】 활처럼 휜 별 이름.《史記》天官書에 "狼下有四星曰弧, 直狼"이라 하였으며 9개 별 가운데 밖으로 휜 것을 '弧', 가운데 3개 별을 '矢'라 하여 '弧矢'로도 부름. 戰亂을 상징하는 별로 張守節은 "弧九星, 在狼東南, 天之弓也, 以伐叛懷遠, ……引滿, 則天下盡兵也"라 함.

【刑星】 金星. 刑殺을 담당하는 별. 尹桐陽은 "太白也, 星經, 太白主刑殺"이라 함.

【熒惑】 火星. 罰을 담당하는 별.《韓非子翼毳》에 "《廣雅》: 熒惑謂之罰星"이라 하였고, 王先謙 〈集解〉에는 "天文志: 熒惑出則有大兵, 入則兵散, 周還止息, 迺爲其死喪寇亂, 在其野者, 亡地, 以戰不勝"이라 함.

【奎台】《史記》天官書에 "奎曰封豕, 爲溝瀆. ……魁下有六星兩兩相比者, 名曰三能(三台), 三能色齊君臣和, 不齊爲乖戾"라 함. 이상 별들에 대해《韓非子翼毳》에는 "天缺以下, 所在國負也"라 하였고, 張守節은 "奎, 十六星. 太白守奎, 胡貊之憂, 可以伐之; 熒惑星守之, 則有水之憂"라 함.

【擧勝】 擧는 皆와 같음. 완전히 승리함.

【左右背鄕】 背鄕은 前後와 같음. 背는 뒤, 鄕(嚮)은 앞. 刑星을 왼쪽 앞에, 德星을 오른쪽 뒤에 방향을 맞추어 진을 배치해 싸워야 승리한다고 믿었던 고대 전투에 대한 迷信.

092(19-2)
거북점

옛날 선왕은 백성을 친히 하기에 온 힘을 기울이면서 일에는 법을 명확히 하는 데에 노력하였다.

그 법이 명확하면 충신들이 권면하게 되고 벌이 반드시 행해지면 사악한 신하들이 악행을 멈추었던 것이다.

충신들이 권면하고 사악한 이들이 악행을 멈추어 영토가 넓어지고 임금이 존중을 받았던 나라가 진秦나라이며, 신하들이 작당하여 자신들끼리 무리를 이루어 정도를 은폐하고 사곡私曲을 일삼아 땅이 깎이고 임금이 낮아진 나라는 바로 산동山東 여러 나라들이다.

혼란과 취약함에 빠진 나라가 망하는 것은 사람 사는 세상의 본성이며, 다스려지면서 강한 나라가 왕자가 되는 것은 예부터 내려온 이치이다.

월왕越王 구천勾踐은 대붕大朋의 비싼 거북의 계시를 믿고 오吳나라와 싸우다 이기지 못하여 자신이 오나라에 신하로 들어가 섬기다가, 풀려서 귀국하자 그 거북을 버리고 법을 명확히 하며 백성을 친히 하고 나서 오나라에게 보복하여 부차夫差가 도리어 포로가 되고 말았다.

이 까닭으로 귀신에 의지하는 자는 법을 등한히 하게 되며, 제후들에게 기대는 자는 그 나라를 위태롭게 만든다.

조曹나라는 제齊나라를 믿고 송宋나라 의견을 듣지 않았으므로 제나라가 초楚나라를 공격하는 틈을 노려 송나라가 조나라를 멸망시켰다.

형邢나라는 오吳나라를 믿고 제나라 요구를 듣지 않았으므로 월越

나라가 오나라를 치는 틈에 제나라가 형나라를 멸망시켰다.

허許나라는 초나라를 믿고 위魏나라를 따르지 않았으므로 초나라가 송나라를 공격하는 틈에 위나라가 허나라를 멸망시켰다.

정鄭나라는 위나라를 믿고 한韓나라 의견을 따르지 않았으므로 위나라가 초나라를 공격하는 틈에 한나라가 정나라를 멸망시켰다.

지금 한나라는 약소국으로서 강대국만을 믿고 임금은 거만한 채 진나라와 위나라를 듣고 있으며, 제나라와 초나라를 의지한 채 그들에게 이용을 당하고 있으니 약한 나라는 더욱 쉽게 망할 수밖에 없는 것이다.

그러므로 남을 믿고는 땅을 넓힐 수 없는데도 한나라는 이를 알아차리지 못하고 있는 것이다.

초나라가 그들을 위해 위나라를 공격하여 허許·언鄢에 군대를 증원하고, 제나라가 임任·호扈를 공략하여 위나라 영토를 깎고 있더라도 그것으로는 정읍鄭邑을 지켜낼 수 없는데도 한나라는 이를 알아차리지 못하고 있다.

이는 모두가 법령과 금제를 뚜렷이 하여 그러한 방법으로 나라를 다스리지는 않고, 밖으로 외국에 의존하다가 그 사직을 멸망시키는 원인이 될 것이다.

古者, 先王盡力於親民, 加事於明法.

彼法明, 則忠臣勸; 罰必, 則邪臣止.

忠勸邪止而地廣主尊者, 秦是也; 群臣朋黨比周, 以隱正道, 行私曲而地削主卑者, 山東是也.

亂弱者亡, 人之性也; 治强者王, 古之道也.

越王勾踐恃大朋之龜, 與吳戰而不勝, 身臣入宦於吳; 反國棄龜, 明法親民以報吳, 則夫差爲擒.

故恃鬼神者慢於法, 恃諸侯者危其國.

曹恃齊而不聽宋, 齊攻荊而宋滅曹.

荊恃吳而不聽齊, 越伐吳而齊滅荊.

許恃荊而不聽魏, 荊攻宋而魏滅許.

鄭恃魏而不聽韓, 魏攻荊而韓滅鄭.

今者韓國小而恃大國, 主慢而聽秦·魏, 恃齊·荊爲用, 而小國愈亡.

故恃人不足以廣壤, 而韓不見也.

荊爲攻魏而加兵許·鄢, 齊攻任·扈而削魏, 不足以存鄭, 而韓弗知也.

此皆不明其法禁以治其國, 恃外以滅其社稷者也.

【秦】 원래 서쪽에 치우친 약한 나라였으나 법치로써 이끌어 강대국이 되었음을 강조한 것.

【山東】 전국시대 山東은 戰國七雄 가운데 서쪽 秦나라를 제외한 동쪽의 韓·魏·趙·楚·齊·燕 여섯 나라를 가리킴. '山東'은 崤山 函谷關의 동쪽, 혹은 太行山 동쪽을 일컫는 말. 尹桐陽은 "七國除秦外, 地皆在華山以至殽塞諸山之東, 故曰山東"이라 함.

【越王勾踐】 춘추 후기 越은 會稽(지금의 浙江 紹興)를 중심으로 발달한 나라로 勾踐에 이르러 크게 성장하여 春秋五霸에 들기도 함. 勾踐(句踐)은 越王 允常의 아들로 闔廬를 이어 越王이 됨. 麾下에 大夫 文種과 范蠡 등의 모신을 두고 吳王 夫差의 伯嚭, 伍子胥와 대칭을 이루어 吳越鬪爭·吳越同舟·臥薪嘗膽 등의 많은 고사를 남김. 뒤에 결국 吳나라를 멸하고 南方 霸者가 되었다가 楚나라에게 망함. 한편 越나라는《史記》越世家에 "其先禹之苗裔而夏后帝少康之庶子也"라 함. 姒姓으로 지금의 浙江 紹興(옛 會稽)을 중심으로 句踐 때 크게 발전하였으며 일부 春秋五霸에서 宋 襄公 대신 句踐을 넣기도 함.

【大朋之龜】 朋은 고대 조개를 화폐로 쓸 때 5貝를 1朋이라 하여 매우 값이 비싼 거북을 뜻함.《周易》損卦 "或益之十朋之龜"의 崔璟 注에 "故用元龜, 價値二十大貝, 龜之最神貴者"라 함.

【報吳】夫差는 원래 夫椒(지금의 江蘇 吳縣 太湖)의 전투에서 越나라를 이기고 굴복시킨 다음 자신의 세력을 믿고 北伐을 감행, 艾陵(지금의 山東 萊蕪縣)에서 齊나라 군사를 격파함. 그 기세를 이어 黃池(지금의 河南 開封)에서 제후들과 회맹을 열어 晉나라와 霸者의 지위를 다툴 때 越王 勾踐이 그 틈을 노려 吳나라 도읍 姑蘇城(지금이 江蘇 蘇州)를 함락시키자 급히 돌아온 부차는 포로가 되었다가 자결하고 吳나라는 망하고 말았음.(B.C.473년)

〈吳王夫差〉

【夫差】吳王 闔廬의 아들로 뒤를 이어 吳王이 되어 春秋 말기를 장식한 오나라 마지막 임금. B.C.495~473년까지 23년간 재위함. 伍子胥와 太宰 伯嚭를 등용하여 越王 句踐의 范蠡와 文種을 대항하여 치열한 투쟁을 벌였으나 결국 越王 句踐에게 나라가 망함.

【曹】周 武王의 아우 振鐸이 봉을 받았던 나라로 陶丘(지금의 山東 定陶縣)를 도읍으로 하였음.

【宋】周 武王이 殷의 紂를 멸한 다음 그 후손 微子 啓를 찾아 제사를 받들도록 봉한 나라로 지금의 商丘(河南 商丘縣)를 도읍으로 하였음. 戰國시대 齊·楚·魏 세 나라 연합군의 공격을 받아 멸망함.《史記》宋世家에 "宋景公三十年, 曹倍宋, 又倍晉, 宋伐曹, 晉不救, 遂滅曹有之"라 함.

【荊恃吳】'荊'은 '邢'의 오기로 봄. 그 뒤의 '齊滅荊'의 '荊'자도 '邢'자여야 함. 顧廣圻의《韓非子識誤》에 "二荊字皆當作邢"이라 함. 邢은 제후국 이름으로 지금의 河北 邢臺縣 서남쪽에 있었음. 齊나라에게 멸망함. 그러나 '莒'자의 오류가 아닌가 여기기도 함.《韓非子纂聞》에 "荊字必誤, 或莒字訛"라 함.

【許恃荊】許는 姬姓의 제후국으로 지금의 河南 許昌縣에 처음 도읍을 정했으나 鄭나라의 공격에 밀려 여러 차례 도읍을 옮김. 남쪽 楚나라의 북진 정책과 북쪽 中原 여러 나라들의 세력 확장에 끼어 많은 고통을 받았었음.

【鄭恃魏】鄭나라는 周 宣王의 庶弟 姬友가 봉을 받았던 나라로 원래 陝西 華縣에 있었으나 뒤에 河南 新鄭으로 옮겨 子產에 의해 한때 중흥을 이루었으나 전국시대 韓나라에 의해 멸망하여 新鄭은 韓나라 屬邑이었다가 도읍이 됨.

【韓國】三晉의 하나로 원래 安邑을 도읍으로 하였으나 鄭나라를 멸한 뒤 新鄭을 도읍으로 삼음. 그 때문에 흔히 戰國시대 鄭은 韓나라를 가리키는 말로 쓰임.

【許】지금의 河南 葉縣 서쪽에 있던 작은 나라. 許나라의 명맥이 이어지던 곳이어서 許라 부름.

【鄢】 원래 周나라 때의 작은 제후국이었으나 鄭나라에게 멸망당하고 鄢陵이라 불렀음. 河南 鄢陵縣.

【任】 원래는 제후국이었음. 뒤에 魏나라 땅이 됨. 지금의 河北 任縣, 혹은 山東 濟寧縣이라 함.

【扈】 원래는 작은 제후국이었으나 전국시대 魏나라 읍이 됨. 지금의 河南 原武縣.

【存鄭】 鄭은 新鄭. 韓나라가 鄭나라를 멸하고 安邑에서 이곳으로 도읍을 옮겨 흔히 韓나라를 鄭이라 부름. 《韓非子纂聞》에 "此鄭, 亦韓也, 互文耳. 〈韓世家〉索引引《紀年》云: 魏武侯二十一年, 韓滅鄭, 明年, 晉桓公邑韓愛侯於鄭, 引改號曰鄭. 故《國策》謂韓惠王曰鄭惠王, 猶魏徙都大梁稱梁王然也. 謂荊陽爲攻魏而取其許鄢, 齊亦攻魏, 而取其任扈. 蓋是時魏攻韓, 韓救援於齊荊, 故齊荊爲發兵伐魏, 名爲救韓, 而其實各營私利, 削取魏地, 而韓不知二國不足恃以存國也. 然此史傳未有所考"라 함.

093(19-3)
법을 버려두고

그 때문에 나는 이렇게 말하는 것이다.

"임금이 통치의 술수에 밝으면 나라가 비록 작다 해도 부유해질 것이며, 상벌을 존중하고 믿음이 있도록 한다면 백성의 수가 비록 적더라도 강해질 것이며, 상벌에 원칙이 없으면 나라가 비록 크다 해도 군대가 약해져 자신이 가진 땅이 자신의 영토가 아니며 자신이 가진 백성도 자신의 백성이 아니다."

영토도 없고 백성도 없다면 요堯·순舜일지라도 왕도를 펼 수 없으며 삼대三代도 강한 나라가 될 수 없다.

임금이 게다가 과하게 상을 주며, 백성은 백성대로 한갓 취하기만 한다.

법률을 버려두고 말로만 선왕을 일컬으며 명군의 공덕을 밝히는 자를 임금은 그에게 나라를 맡겨 임용하고 있다.

그 때문에 나는 이렇게 말하는 것이다.

"이는 옛날 공덕을 원하여 옛날 상을 주던 방법으로 지금 사람에게 상을 주고자 하는 것이다."

군주가 이 때문에 많은 상을 내리는 것이며 신하는 이로써 한갓 하는 일 없이 상을 받고 있는 것이다.

임금이 지나치게 상을 주면 신하는 갈수록 요행을 바라며, 신하가 하는 일 없이 상을 받게 되면 공을 세운 사람은 존중을 받지 못한다.

공이 없는 자가 상을 받게 되면 재정이 고갈되더라도 백성은 바라기만

하며, 재정이 고갈되었는데도 백성이 바라기만 한다면 백성은 자신의 힘을 다하려 들지 않는다.

그러므로 상을 지나치게 내리는 자는 백성을 잃을 것이요, 형벌을 지나치게 가중시키는 자는 백성이 두려워하지 않게 될 것이다.

상이 있어도 족히 힘을 쓰도록 권면할 수 없고 형벌이 있어도 족히 금지시킬 수가 없다면 나라가 비록 크다고 할지라도 반드시 위험에 처하게 된다.

臣故曰:「明於治之數, 則國雖小, 富; 賞罰敬信, 民雖寡, 强. 賞罰無度, 國雖大, 兵弱者, 地非其地, 民非其民也.」

無地無民, 堯·舜不能以王, 三代不能以强.

人主又以過予, 人臣又以徒取.

舍法律而言先王, 以明君之功者, 上任之以國.

臣故曰:「是願古之功, 以古之賞, 賞今之人也.」

主以是過予, 而臣以此徒取矣.

主過予, 則臣偸幸; 臣徒取, 則功不尊.

無功者受賞, 則財匱而民望; 財匱而民望, 則民不盡力矣.

故用賞過者失民, 用刑過者民不畏.

有賞不足以勸, 有刑不足以禁, 則國雖大, 必危.

【治之數】 통치의 術數.

【堯】 전설상 上古시대 五帝의 하나. 陶唐氏. 唐堯로도 부름. 祁姓이며 이름은 放勳. 帝嚳의 아들. 《十八史略》(1)에 "帝堯陶唐氏: 伊祁姓, 或曰名放勛, 帝嚳子也. 其仁如天, 其知如神, 就之如日, 望之如雲, 都平陽. 茆茨不剪, 土階三等. 有草生庭,

十五日以前, 日生一葉, 以後日落一葉, 月小盡, 則一葉厭而不落, 名曰蓂莢, 觀之以知旬朔"이라 함.《史記》五帝本紀를 볼 것.

【舜】 고대 五帝의 하나. 有虞氏. 姓은 姒氏, 이름은 重華. 虞舜으로도 부름. 堯임금으로부터 천하를 물려받아 帝位에 오름. 瞽瞍의 아들로 孝誠이 뛰어났던 분으로 널리 알려져 있으며 儒家에서 聖人으로 추앙함.《十八史略》(1)에 "帝舜有虞氏: 姚姓, 或曰名重華, 瞽瞍之子, 顓頊六世孫也. 父惑於後妻, 愛少子象, 常欲殺舜. 舜盡孝悌之道, 烝烝乂不格姦"이라 함.

【敬信】 존중하고 믿어줌.

【三代】 夏·殷·周의 개국 군주시대. 즉 禹·湯·文武를 가리킴.

【僥幸】 幸은 倖의 뜻. 僥倖을 노림.

【匱】 고갈됨. 결핍함.

〈舜〉

094(19-4)
전투 중에 술에 취한 장수

그러므로 이렇게 말할 수 있다.

"소지小知로 하여금 일을 도모하게 할 수 없고, 소충小忠으로 하여금 법을 주관하도록 해서는 안 된다."

초楚 공왕恭王이 진晉 여공厲公과 언릉鄢陵에서 전투를 벌여 초나라 군사가 패하고 공왕은 상처를 입었다.

전투가 한창일 때 장수 사마자반司馬子反이 목이 말라 마실 것을 찾자 그의 시종 곡양穀陽이 술이 든 큰 잔을 들고 가서 바쳤다.

그러자 자반이 말하였다.

"치워라. 이것은 술이다."

곡양이 말하였다.

"아니다."

자반은 그것을 받아서 마셨다.

자반은 사람됨이 술을 좋아하여 달게 여기면서 이를 입에서 뗄 수 없었으며 결국 취하여 누워 잠이 들어버렸다.

한편 공왕은 다시 전투를 벌이고자 모책을 짜면서 사람을 보내어 자반을 불러오도록 하였지만 자반은 가슴이 아프다는 이유로 가지 않았다.

공왕이 수레를 타고 가서 살펴보고자 막사 안으로 들어갔다가 술 냄새를 맡고 되돌아와서는 이렇게 말하였다.

"오늘 전투에서 나는 눈에 상처를 입었다. 믿을 사람은 사마자만이었는데 사마자기 또한 이와 같으니 이는 초나라 사직을 잊은 채 우리 백성을 불쌍히 여기지 않는 것이다. 나는 함께 다시 전투를 벌이지 않겠노라."

이에 군사를 풀어 그곳을 떠나 돌아와 자반을 참수하여 본보기를 보였다.

그러므로 이렇게 말할 수 있다.

"곡양이 술을 바친 것은 고의로 자반을 미워해서가 아니라 마음속 그대로 그에게 충심과 애정을 바친 것이지만 도리어 족히 그를 죽이기에 이르렀을 따름이다."

이것은 소충小忠을 행하려다가 대충大忠을 해친 경우이다.

그러므로 이렇게 말하는 것이다.

"소충은 대충의 적이다."

만약 소충으로 하여금 법을 다루도록 한다면 틀림없이 죄를 지은 자를 용서해 주어 서로 아끼는 관계가 되고자 할 것이니 이는 아랫사람에게 관용을 베푸는 것이지만 그러나 백성을 다스림에는 방해가 되는 것이다.

故曰:「小知不可使謀事, 小忠不可使主法.」

荊恭王與晉厲公戰鄢陵, 荊師敗, 恭王傷.

酣戰, 而司馬子反渴而求飮, 其友豎穀陽奉卮酒而進之.

子反曰:「去之, 此酒也.」

豎穀陽曰:「非也.」

子反受而飮之.

子反爲人嗜酒, 甘之, 不能絶之於口, 醉而臥.

恭王欲復戰而謀事, 使人召子反, 子反辭以心疾.

恭王駕而往視之, 入幄中, 聞酒臭而還, 曰:「今日之戰, 寡人目親傷. 所恃者司馬, 司馬又如此, 是亡荊國之社稷而不恤吾衆也. 寡人無與復戰矣.」

罷師而去之, 斬子反以爲大戮.

故曰:「豎穀陽之進酒也, 非以端惡子反也, 實心以忠愛之, 而適足以殺之而已矣.」

此行小忠而賊大忠者也.

故曰:「小忠, 大忠之賊也.」

若使小忠主法, 則必將赦罪, 以相愛, 是與下安矣, 然而妨害於治民者也.

【荊恭王】〈十過篇〉에는 楚共王으로 되어 있음. 春秋시대 楚 莊王의 아들이며 이름은 審. B.C.590~B.C.560년까지 31년간 재위하고 康王으로 이어짐.

【晉厲公】春秋시대 晉나라 군주. 晉 景公의 아들. 이름은 壽曼, 혹은 州蒲. B.C.580~B.C.573년까지 8년간 재위하고 悼公으로 이어짐.

【鄢陵】鄭나라 지명. 지금의 河南 鄢陵縣. 鄭나라가 晉나라를 배반하고 楚나라와 결맹을 맺자 晉나라가 B.C.575년 鄭나라를 공격, 그러자 楚나라가 鄭나라를 구원하고자 나서서 鄢陵에서 전투를 벌임. 이 때 楚 共王은 눈에 상처를 입고 퇴각함. 《左傳》 成公 16년에 자세히 실려 있음.

【酣戰】전투가 한창 벌어지고 있는 상황.

【司馬子反】司馬는 군사 책임자. 자반은 楚나라 公子 側. 그 무렵 《左傳》 宣公 12년을 볼 것.

【友豎】'豎'는 '竪'로도 표기하며 侍從·小使를 뜻함. 《左傳》 正義에 "豎, 未冠之名"이라 함. 〈十過篇〉에는 '友'자가 없음. 〈集解〉에 "友字, 當爲衍文"이라 함.

【穀陽】인명. 《淮南子》와 《呂氏春秋》·《史記》 등에는 '陽穀'으로 표기되어 있음.

【巵酒】巵는 둥글고 큰 잔.

【心疾】가슴이 아프다는 핑계를 댐. 술이 아직 깨지 않은 것임.

【是亡】'亡'은 '忘'의 가차.

【大戮】큰 죄목을 붙여 본보기로 처형함.

【端】'端'은 '故'와 같음. 〈乾道本〉 注에 "端, 故也"라 함.

【實心】 陳奇猷는 "實心, 中心也"라 함.
【適】 副詞로 '마침, 공교롭게도'의 뜻.
【下安】 아랫사람에게 관대함이나 寬容을 베풂.《後漢書》安帝紀 注에 "寬容和平曰安"이라 함.

참고 및 관련 자료

1. 이는 〈十過篇〉(044)과 내용이 거의 같음.

奚謂小忠? 昔者, 楚共王與晉厲公戰於鄢陵, 楚師敗, 而共王傷其目. 酣戰之時, 司馬子反渴而求飮, 豎穀陽操觴酒而進之. 子反曰:「嘻! 退, 酒也.」陽曰:「非酒也.」子反受而飮之. 子反之爲人也, 嗜酒而甘之, 弗能絶於口, 而醉. 戰其罷, 共王欲復戰, 令人召司馬子反, 司馬子反辭以心疾. 共王駕而自往, 入其幄中, 聞酒臭而還, 曰:「今日之戰, 不穀親傷. 所恃者, 司馬也, 而司馬又醉如此, 是亡楚國之社稷而不恤吾衆也! 不穀無與復戰矣.」於是還師而去, 斬司馬子反以爲大戮. 故豎穀陽之進酒, 不以讐子反也, 其心忠愛之, 而適足以殺之. 故曰:「行小忠, 則大忠之賊」也.

2. 《左傳》成公 16年 傳

旦而戰, 見星未已. 子反命軍吏察夷傷, 補卒乘, 繕甲兵, 展車馬, 鷄鳴而食, 唯命是聽. 晉人患之. 苗賁皇徇曰:「蒐乘·補卒, 秣馬·利兵, 脩陳·固列, 蓐食·申禱, 明日復戰!」乃逸楚囚. 王聞之, 召子反謀. 穀陽豎獻飮於子反, 子反醉而不能見. 王曰:「天敗楚也夫! 余不可以待.」乃宵遁. 晉入楚軍, 三日穀. 范文子立於戎馬之前, 曰:「君幼, 諸臣不佞, 何以及此? 君其戒之! 〈周書〉曰:『惟命不于常.』有德之謂.」楚師還, 及瑕, 王使謂子反曰:「先大夫之覆師徒者, 君不在. 子無以爲過, 不穀之罪也.」子反再拜稽首曰:「君賜臣死, 死且不朽. 臣之卒實奔, 臣之罪也.」子重使謂子反曰:「初隕師徒者, 而亦聞之矣. 盍圖之!」對曰:「雖微先大夫有之, 大夫命側, 側敢不義? 側亡君師, 敢忘其死?」王使止之, 弗及而卒. 戰之日, 齊國佐·高無咎至于師, 衛侯出于衛, 公出于壞隤.

3. 《呂氏春秋》權勳篇

昔荊龔王與晉厲公戰於鄢陵, 荊師敗, 龔王傷. 臨戰, 司馬子反渴而求飮, 豎陽穀操黍酒而進之. 子反叱曰:「訾, 退! 酒也.」豎陽穀對曰:「非酒也.」子反曰:「亟退卻也.」豎陽穀又曰:「非酒也.」子反受而飮之. 子反之爲人也嗜酒, 甘而不能絶於口以醉. 戰旣罷, 龔王欲復戰而謀, 使召司馬子反, 子反辭以心疾. 龔王駕而往視之, 入幄中, 聞酒臭而還, 曰:「今日之戰, 不穀親傷, 所恃者司馬也, 而司馬又若此, 是忘荊國之社稷而不恤吾衆也. 不穀無與復戰矣.」於是罷師去之, 斬司馬子反以爲戮. 故豎陽穀之進酒也, 非以醉子反也, 其心以忠也, 而適足以殺之. 故曰:「小忠, 大忠之賊也.」

4.《淮南子》人間訓

何謂欲利之而反害之? 楚恭王與晉人戰於鄢陵, 戰酣, 恭王傷而休. 司馬子反渴而求飮. 豎陽穀奉酒而進之. 子反之爲人也, 嗜酒而甘之, 不能絶於口, 遂醉而臥. 恭王欲復戰, 使人召司馬子反, 辭以心痛. 王駕而往視之, 入幄中而聞酒臭, 恭王大怒曰:「今日之戰, 不穀親傷, 所恃者司馬也, 而司馬又若此, 是亡楚國之社稷而不率吾衆也, 不穀無與復戰矣.」於是罷師而去之, 斬司馬子反爲僇. 故豎陽穀之進酒也, 非欲禍子反也, 誠愛而欲快之也; 而適足以殺之, 此所謂欲利之而反害之者也.

5.《國語》楚語(上)

司馬子期欲以妾爲內子, 訪之左史倚相, 曰:「吾有妾而願, 欲笄之, 其可乎?」對曰:「昔先大夫子囊違王之命諡; 子夕嗜芰, 子木有羊饋而無芰薦. 君子曰:『違而道.』穀陽豎愛子反之勞也, 而獻飮焉, 以斃於鄢; 芋尹申亥從靈王之欲, 以隕於乾谿. 君子曰:『從而逆.』君子之行, 欲其道也, 故進退周旋, 唯道是從. 夫子木能違若敖之欲, 以之道而去芰薦, 吾子經營楚國, 而欲薦芰以干之, 其可乎?」子期乃止.

6.《史記》晉世家

六年春, 鄭倍晉與楚盟, 晉怒. 欒書曰:「不可以當吾世而失諸侯.」乃發兵. 厲公自將, 五月度河. 聞楚兵來救, 范文子請公欲還. 郤至曰:「發兵誅逆, 見彊辟之, 無以令諸侯.」遂與戰. 癸巳, 射中楚共王目, 楚兵敗於鄢陵. 子反收餘兵, 拊循欲復戰, 晉患之. 共王召子反, 其侍者豎陽穀進酒, 子反醉, 不能見. 王怒, 讓子反, 子反死. 王遂引兵歸. 晉由此威諸侯, 欲以令天下求霸.

7.《史記》楚世家

二十三年, 莊王卒, 子共王審立. 共王十六年, 晉伐鄭. 鄭告急, 共王救鄭. 與晉兵戰鄢陵, 晉敗楚, 射中共王目. 共王召將軍子反. 子反嗜酒, 從者豎陽穀進酒醉. 王怒, 射殺子反, 遂罷兵歸.

8.《說苑》敬愼篇

楚恭王與晉厲公戰於鄢陵之時, 司馬子反渴而求飮, 豎穀陽持酒而進之. 子反曰:

「退, 酒也.」穀陽曰: 「非酒也.」子反又曰: 「退, 酒也.」 穀陽又曰: 「非酒也.」子反受而飮之, 醉而寢. 恭王欲復戰, 使人召子反, 子反辭以心疾. 於是恭王駕往入幄, 聞酒臭曰: 「今日之戰, 所恃者司馬, 司馬至醉如此, 是亡吾國而不恤吾衆也, 吾無以復戰矣!」於是乃誅子反以爲戮, 還師.」夫穀陽之進酒也, 非以妬子反, 忠愛之, 而適足以殺之. 故曰: 「小忠, 大忠之賊也; 小利, 大利之殘也.」

095(19-5)

각 나라의 법률

위魏나라가 바야흐로 〈입벽立辟〉이라는 법을 포명하고 헌령憲令에 따라 법을 시행할 때에 공이 있는 자에게는 반드시 상을 내리고 죄가 있는 자는 반드시 벌을 내려 천하를 강하게 바로잡았으며 위엄이 사방 이웃나라까지 시행되었으나 법이 태만해지고 마구 상을 내리는 때에 이르자 나라는 날로 깎여 줄어들게 되었다.

조趙나라가 바야흐로 〈국률國律〉이라는 법을 포명하고 그에 따라 대군을 거느리던 그 시기에는 백성은 수가 많아지고 병력도 강해져서 제齊나라와 연燕나라 쪽으로 토지를 넓혀 나갔으나 그 〈국률〉이 허술해지고 담당자가 나약해짐에 이르러서는 나라가 날로 깎여 줄어들게 되었다.

연燕나라가 바야흐로 〈봉법奉法〉을 만들어 포명하고 관서의 결재를 심의하여 판단할 때에는 동쪽 제나라를 현縣으로 삼고 남쪽은 중산中山의 땅을 다 차지하였으나 그 〈봉법〉이 사라지자 관에서의 판단은 이를 쓰지 않아, 좌우 신하들이 서로 다투어 상벌의 기준을 논하면서 아랫사람의 의견을 따르게 되어 병력은 약해지고 토지는 깎였으며 나라는 이웃나라의 적에게 제압당하고 말았다.

그러므로 "법을 밝게 쓰는 자는 강해지고 법을 태만히 여기는 자는 약해진다"라고 말하는 것이다.

강약의 원인이 이처럼 뚜렷하건만 세속의 군주들은 그렇게 하지 않으니 나라가 망하는 것은 당연한 것이다.

속담에 "집안에 일정한 생업이 있으면 비록 기근이 들어도 굶지 않을 것이며, 나라에 상법常法이 있으면 비록 위험에 처한다 해도 망하지 않는다" 라고 하였다.

무릇 상법을 버려두고 사사로운 개인의 의견을 따르게 되면 신하들은 자신의 지혜와 능력을 꾸미게 되는 것이니 그렇게 되면 법령과 금령은 제대로 설 수가 없다.

이는 망령의 길만 성행할 뿐 치국의 도는 폐기되고 마는 것이다.

치국의 도로써 법을 해치는 자들을 없앨 수 있다면 지혜나 능력에 현혹되지 않을 것이며, 명분이나 칭찬에 속임을 당하지 않게 될 것이다.

옛날 순舜임금이 홍수로 넘치는 물을 관리로 하여금 터서 흘려보내도록 하려던 차에 미처 명령을 내리기도 전에 공을 세운 자가 있어 순은 그를 사형시킨 일이 있었으며, 우禹임금이 제후 군주들의 조회를 받고자 회계會稽에 모이도록 하였는데 방풍씨防風氏의 군주가 늦게 오자 우는 그를 참형에 처한 일이 있었다.

이로써 보건대 명령에 먼저 앞서는 자도 사형을 당하고 명령에 뒤늦은 자도 참형을 당하였으니 그렇다면 옛날에는 무엇보다 명령대로 하는 것을 귀히 여겼던 것이다.

그러므로 거울이 깨끗함을 유지하여 아무 일이 없으면 아름답고 추함이 그에 따라 비교되며, 저울이 바른 상태를 유지하여 아무 일이 없으면 경중이 저절로 그에 맞게 실리는 것이다.

무릇 거울을 흔들면 투명해질 수 없으며 저울을 흔들면 정확해질 수 없는 것이니 법을 가리켜 말한 것이다.

그러므로 선왕은 도를 원칙으로 삼고 법을 근본으로 삼았던 것이다.

근본이 잘 다스려지는 자는 명성이 높아지고 근본이 어지러운 자는 명성이 끊어진다.

대체로 지혜나 능력이 명통하여 쓰일 데가 있으면 기능대로 하지만 쓰일 데가 없으면 쓸모가 없게 된다.

그러므로 지혜와 능력이란 끝까지 다한다 해도 남에게 전할 수가 없는 것이다.

도와 법이면 모든 것이 안전하지만 지혜나 재능이면 실패가 많다.

무릇 저울대를 바르게 매달아 평형을 알고 규척規尺을 마련하여 동그라미를 알아내는 것이 만전을 기하는 방법이다.

현명한 군주는 백성으로 하여금 도를 잘 수식하여 도의 그러함을 알도록 하므로 편안히 있어도 성과를 거둘 수 있는 것이다.

규칙을 버리고 재주에 맡기거나 법을 버리고 지혜에 맡기는 것은 미혹함과 혼란을 부르는 길이다.

혼란한 군주는 백성으로 하여금 지혜만을 잘 꾸밀 뿐 도의 그러함을 알도록 해 주지 않으므로 힘은 힘대로 들고 성과는 없는 것이다.

금법禁法을 버리고 청탁을 듣는다면 신하들은 위로는 관직을 팔고 아래로는 보상을 취하려 할 것이니 이로써 이익은 개인에게 있게 되고 위엄은 신하들에게 있게 되는 것이다.

그러므로 백성은 힘을 다해 군주를 섬기고자 하는 마음이 없어지고 윗사람과 교제에만 매달릴 것이다.

백성이 윗사람과의 교제만을 선호하게 되면 재화는 교묘한 말재주에만 능한 사람이 등용된다.

이와 같이 되면 공을 세울 자는 갈수록 줄어들고, 간악한 신하들만 갈수록 승진하고 재능있는 신하는 퇴출을 당할 것이니 그렇다면 군주는 미혹함에 빠져 어떻게 행동해야 할지 알 수 없으며 백성이 모여들어도 어느 길로 이끌어야 할지 알지 못하게 된다.

이는 법률과 금령을 폐기하고 공로는 뒤로 미루며, 명성만 듣고 거용하며, 청탁만을 들어주는 데서 생기는 실책이다.

무릇 법을 깨뜨리는 자는 틀림없이 거짓을 꾸미고, 사물에 구실을 대며 임금에게 가까이 하려 하며, 또 세상에 흔하지 않은 일을 말하기 좋아한다.

이것이 폭군이나 어리석은 군주들이 현혹되는 원인이며, 신하들과 똑똑하다는 보좌들이 군주의 권한을 침해하는 이유이다.

그러므로 신하로서 이윤伊尹이나 관중管仲의 공적을 들먹인다면 이는 법을 배반하고 지혜를 꾸며대어 그것을 바탕으로 삼는 자의 유형이며, 비간比干이나 오자서伍子胥가 충성을 다했건만 살해를 당한 일을 들먹인다면 이는 억지로 강하게 간하려는 태도를 앞세우는 짓일 뿐이다.

무릇 위로 현명함을 들먹이거나 아래로 폭란을 들먹이는 것은 취할 유형이 아니며 이와 같은 자는 가까이 오지 못하도록 금해야 할 대상이다.

군자가 법을 세운 것은 옳은 일을 위한 것인데, 지금 신하들은 자신의 사사로운 지혜를 내세워 법을 앞세워 옳지 않다고 한다면, 이는 지혜로써 사악한 짓을 하는 것이며 법을 넘어 지혜를 세우겠다는 자들이다.

이와 같은 경우라면 가까이 오지 못하도록 하는 것이 임금이 취해야 할 방법이다.

當魏之方明〈立辟〉·從憲令行之時, 有功者必賞, 有罪者必誅, 强匡天下, 威行四鄰; 及法慢, 妄予, 而國日削矣.

當趙之方明〈國律〉·從大軍之時, 人衆兵强, 辟地齊·燕; 及《國律》慢, 用者弱, 而國日削矣.

當燕之方明〈奉法〉·審官斷之時, 東縣齊國, 南盡中山之地; 及〈奉法〉已亡, 官斷不用, 左右交爭, 論從其下, 則兵弱而地削, 國制於鄰敵矣.

故曰:「明法者强, 慢法者弱.」

强弱如是其明矣, 而世主弗爲, 國亡宜矣.

語曰:「家有常業, 雖飢不餓; 國有常法, 雖危不亡.」

夫舍常法而從私意, 則臣下飾於智能; 臣下飾於智能, 則法禁不立矣.

是妄意之道行, 治國之道廢也.

治國之道, 去害法者, 則不惑於智能, 不矯於名譽矣.

昔者, 舜使吏決鴻水, 先令有功而舜殺之; 禹朝諸侯之君, 會稽之上, 防風之君, 後至而禹斬之.

以此觀之, 先令者殺, 後令者斬, 則古者先貴如令矣.

故鏡執清而無事, 美惡從而比焉; 衡執正而無事, 輕重從而載焉.

夫搖鏡, 則不得爲明; 搖衡, 則不得爲正, 法之謂也.

故先王以道爲常, 以法爲本.

本治者名尊, 本亂者名絶.

凡智能明通, 有以則行, 無以則止.

故智能單道, 不可傳於人.

而道法萬全, 智能多失.

夫懸衡而知平, 設規而知圓, 萬全之道也.

明主使民飾於道之故, 故佚而有功.

釋規而任巧, 釋法而任智, 惑亂之道也.

亂主使民飾於智, 不知道之故, 故勞而無功.

釋法禁而聽請謁, 群臣賣官於上, 取賞於下, 是以利在私家而威在群臣.

故民無盡力事主之心, 而務爲交於上.

民好上交, 則貨財上流, 而巧說者用.

若是, 則有功者愈少, 姦臣愈進而材臣退, 則主惑而不知所行, 民聚而不知所道.

此廢法禁·後功勞·擧名譽·聽請謁之失也.

凡敗法之人, 必設詐託物以來親, 又好言天下之所希有.

此暴君亂主之所以惑也, 人臣賢佐之所以侵也.

故人臣稱伊尹·管仲之功, 則背法飾智有資; 稱比干·子胥之忠而見殺, 則疾强諫有辭.

夫上稱賢明, 下稱暴亂, 不可以取類, 若是者禁.

君子立法以爲是也, 今人臣多立其私智, 以法爲非者, 是邪以智, 過法立智.

如是者禁, 主之道也.

【立辟】 魏나라의 刑名書. 魏 文侯와 武侯 때 제정한 법률 명칭으로 보임.

【國律】 역시 趙나라의 법률 명칭. 趙 武靈王 때 胡服 착용이 법이 아닌가 함.

【奉法】 역시 燕나라의 법률 명칭. 燕 昭王 때 치국을 위한 법이 아닌가 함.

【中山】 춘추시대 鮮虞國. 전국시대 中山으로 개칭하였으며 白狄이 세운 나라. 지금의 河北 定縣 일대에 있었음. 魏 文侯가 한때 멸하고 그 막내아들 摯를 봉했으나 뒤에 趙 武靈王이 다시 이를 병탄함.《戰國策》中山策 참조.

【舜】 고대 五帝의 하나. 有虞氏. 姓은 姒氏, 이름은 重華. 虞舜으로도 부름. 堯임금으로부터 천하를 물려받아 帝位에 오름. 瞽瞍의 아들로 孝誠이 뛰어났던 분으로 널리 알려져 있으며 儒家에서 聖人으로 추앙함.《十八史略》(1)에 "帝舜有虞氏: 姚姓, 或曰名重華, 瞽瞍之子, 顓頊六世孫也. 父惑於後妻, 愛少子象, 常欲殺舜. 舜盡孝悌之道, 烝烝乂不格姦"이라 함.

【鴻水】 洪水와 같음. 大洪水. 舜은 물길을 소통시키는 방법의 치수를 택하였음.

【禹】 中國 최초의 왕조 夏나라의 시조. 夏后氏 부락의 領袖였으며 姒姓. 大禹·夏禹 등으로도 불리며 이름은 文命. 鯀의 아들. 鯀이 물을 막는 방법으로 治水에 실패하여 죽임을 당한 뒤 禹는 물을 소통시키는 방법으로 성공을 거둔 다음 舜임금으로부터 천하를 물려받아 夏王朝를 세움. 뒤에 천하를 순시하다가 會稽에서 생을 마침. 그는 益에게 천하를 물려주려 하였으나 아들 啓의 무리가 난을 일으켜 益을 죽이고 世襲王朝를 시작함. 이로부터 禪讓(公天下)의 제도가 마감되고 世襲(家天下)의 역사가 시작됨. 이를 "傳子而不傳賢"이라 함.《史記》에서는 五帝本紀 다음 첫 왕조로 夏本紀가 시작됨.《十八史略》(1)에 "夏后氏禹:

姒姓, 或曰名文命, 鯀之子, 顓頊孫也. 鯀湮洪水, 舜擧禹代鯀, 勞身焦思, 居外十三年, 過家門不入"이라 함.

【會稽】 지금의 浙江 紹興 동남쪽의 산 이름. 禹가 천하를 순시할 때 이곳에 이르러 제후들을 불러 모아 朝會를 열었음. 한편 會稽는 뒤에 越나라의 도읍이 되었음.

【防風】 防風氏. 지금의 浙江 武康縣 일대에 무리를 이루었던 씨족으로 舜의 조회에 늦게 도착하여 그 氏族長이 참형을 당함. 원래 북방민족으로 南遷하면서 이름이 바뀐 부락국가. 《說文》에 "鄋, 北方長狄國也. 在夏爲防風氏, 在殷爲汪芒氏"라 함. 《竹書紀年》에는 "帝禹八年春, 會諸侯於會稽, 殺防風氏"라 함.

【智能單道】 '單'은 '殫'과 같음. 모두 소진함.

【伊尹】 殷나라 湯王의 재상. 이름은 摯. 湯이 有莘氏의 딸을 아내로 맞을 때 媵臣으로 따라가면서 조리기구를 짊어지고 가서 주방장이 되어 湯에게 접근하였음. 뒤에 탕에게 발탁되어 재상에 올랐으며 夏의 末王 桀을 쳐서 殷왕조를 일으키는 데에 큰 공을 세웠음. 《史記》 殷本紀 및 《墨子》 尙賢篇을 볼 것.

【管仲】 춘추시대 齊나라 인물. 管夷吾. 仲은 그의 字. 齊 桓公을 첫 霸者로 성취시킨 인물. 처음 齊나라에 난이 일어나 公子들이 뿔뿔이 흩어질 때 管仲은 公子糾를 모시고 魯나라로 피신하였으며 鮑叔은 小白을 모시고 거나라로 피신함. 뒤에 난이 끝나고 먼저 귀국하는 자가 왕위에 오르게 되어 있었으며 이 때 管仲은 小白 일행이 오는 길목을 지키다가 활로 小白을 쏘았으나 小白이 허리띠 고리에 맞고 죽은 척 쓰러져 있다가 지름길로 들어가 먼저 왕위에 올랐으며 이가 환공임. 이에 공자 규와 관중 일행은 귀국하지 못하고 처벌을 기다렸으나 鮑叔의 추천으로 환공의 재상이 되어 제나라를 부강하게 만들었으며 재상에 오름. 환공이 그를 높여 仲父라 칭하였음. 《史記》 管晏列傳 및 《列子》 등을 참조할 것. '管鮑之交' 등의 많은 고사를 남겼으며 그의 사상과 언행을 기록한 《管子》가 전함.

【比干】 殷나라 王子. 紂의 叔父로 紂의 惡政을 諫하다가 心臟이 찢기는 변을 당함. 《史記》 殷本紀에는 "比干乃强諫紂. 紂怒曰: 「吾聞聖人心有七竅, 剖比干觀其心.」"이라 하였고, 《十八史略》(1)에도 "紂淫虐甚, 庶兄微子數諫, 不從, 去之. 比干諫, 三日不去, 紂怒曰: 「吾聞聖人之心有七竅.」 剖而觀其心, 箕子佯狂爲奴, 紂囚之, 殷大師, 持其樂器祭器奔周"라 함.

【子胥】 춘추시대 楚나라 伍子胥(伍員). 그 아버지 伍奢와 형 伍尙이 자신으로 인해 平王에게 살해당하자 吳나라로 달아난 뒤 楚나라를 쳐서 원수를 갚기도

하였으며, 吳王을 도와 越王 句踐에게 승리를 거두는 등 큰 활약을 하였으나 마침내 夫差에게 죽임을 당함.《史記》伍子胥列傳을 볼 것.

참고 및 관련 자료

1.《意林》(1)

家有常業, 雖饑不餓; 國有常法, 雖危不亡. 若捨法從私意, 則臣下飾其智能; 飾其智能, 則法禁不立矣.

浙江 紹興 會稽山 입구의 大禹陵 비석

096(19-6)
계산으로 맺어진 군신 관계

금하는 것은 임금이 쥐고 있어야 할 도이며 반드시 공사의 구분을 뚜렷이 하여야 하고, 법제를 명시하며 사사로운 은정을 없애야 한다.

무릇 명령이 반드시 행해지고 금지하는 것은 반드시 그치게 하는 것이 임금으로서의 공의公義이며, 모름지기 사사로움으로써 행동하고 붕우에게 믿음을 사려 하며, 상으로도 권면할 수 없고 벌로도 제지하지 못한다면 이는 신하로서의 사의私義이다.

사의가 행해지면 어지러워지고 공의가 행해지면 다스려는 것이니 그 때문에 공과 사는 구분되어야 하는 것이다.

신하에게는 사심이 있다 해도 공의는 있는 것이다.

자신을 결백하게 닦고 행동을 공정하게 취하며 관직에 거하면서도 사사로움이 없는 것이 신하로서의 공의이며, 더러운 행동을 하고 싶은 대로 하고, 제 몸의 안전과 집안의 이익만을 꾀하는 것이 신하의 사심私心이다.

현명한 군주가 윗자리에 있으면 신하가 사심을 버리고 공의를 행하지만, 어리석은 군주가 윗자리에 있으면 신하는 공의를 버리고 사심을 행사한다.

그 때문에 임금과 신하가 저마다 마음을 달리하여 임금은 계산을 하면서 신하를 기르고, 신하 또한 계산을 하면서 임금을 섬기는 것이니 임금과 신하의 교제는 결국 계산이다.

자신은 손해를 보면서 나라에는 이익이 된다 해도 신하는 이를 하지 않으며, 나라에 해가 되고 자신에게는 이익이 된다 해도 임금은 하지 않는다.

신하의 속마음은 자신의 손해가 이로울 수 없으며, 임금의 속마음은 나라에 해가 되는 것을 친히 할 수 없는 것이다.

임금과 신하 사이란 계산을 가지고 결합된 것이다.

무릇 어려움을 당하여 반드시 죽기를 각오하고 지혜를 다 짜내어 힘을 다바치는 것은 법이 그렇게 하도록 하기 때문이다.

그러므로 선왕은 상을 명확히 하여 권면하고 엄한 벌을 내세워 위엄을 행사하였던 것이다.

상과 벌이 명확하면 백성은 죽을힘을 다하며, 백성이 죽을힘을 다하면 병력은 강해지고 임금은 높임을 받게 된다.

벌과 상이 명확하지 않으면 백성들은 공도 없이 상을 받으려 하고, 죄를 지은 자는 요행을 바라게 되는 것이니 그렇게 되면 병력은 약해지고 임금은 지천해지고 만다.

그 때문에 선왕의 현명한 보좌들은 온 힘을 다하여 지혜를 짜내었던 것이다.

그러므로 "공과 사를 분명히 구별하지 않을 수 없으며 법률과 금령은 잘 살피지 않을 수 없다"라 하였으니 선왕들은 이를 알고 있었던 것이다.

禁, 主之道, 必明於公私之分, 明法制, 去私恩.

夫令必行, 禁必止, 人主之公義也; 必行其私, 信於朋友, 不可爲賞勸, 不可爲罰沮, 人臣之私義也.

私義行則亂, 公義行則治, 故公私有分.

人臣有私心, 有公義.

修身潔白而行公行正, 居官無私, 人臣之公義也; 汙行從欲, 安身利家, 人臣之私心也.

明主在上, 則人臣去私心, 行公義; 亂主在上, 則人臣去公義行私心.

故君臣異心, 君以計畜臣, 臣以計事君, 君臣之交, 計也.
害身而利國, 臣弗爲也; 害國而利臣, 君不爲也.
臣之情, 害身無利; 君之情, 害國無親.
君臣也者, 以計合者也.
至夫臨難必死, 盡智竭力, 爲法爲之.
故先王明賞以勸之, 嚴刑以威之.
賞刑明, 則民盡死; 民盡死, 則兵强主尊.
刑賞不察, 則民無功而求得, 有罪而幸免, 則兵弱主卑.
故先王賢佐盡力竭智.
故曰:「公私不可不明, 法禁不可不審.」先王知之矣.

【私義】公義에 대칭이 되는 사조직의 주장.
【從欲】縱欲과 같음. 욕심을 마구 풀어놓고 행동함.
【求得】무리하게 상을 받으려고 요구함.
【幸免】'幸'은 '倖'과 같음. 요행으로 형벌을 면하고자 함.
【盡力竭智】陳奇猷는《韓非子集釋》에서 이 다음에 "於公私之分, 法禁之立"의 9자가 누락되었다고 보았음.

참고 및 관련 자료

1.《意林》(1)

君以計畜臣, 臣以計事君. 害身而利國, 臣弗爲也; 害國而利臣, 君不爲也.

임동석(茁浦 林東錫)

慶北 榮州 上茁에서 출생. 忠北 丹陽 德尙골에서 성장. 丹陽初中 졸업. 京東高 서울教大 國際大 建國大 대학원 졸업. 雨田 辛鎬烈 선생에게 漢學 배움. 臺灣 國立臺灣師範大學 國文硏究所(大學院) 博士班 졸업. 中華民國 國家文學博士(1983). 建國大學校 教授. 文科大學長 역임. 成均館大 延世大 高麗大 外國語大 서울대 등 大學院 강의. 韓國中國言語學會 中國語文學硏究會 韓國中語中文學會 會長 역임. 저서에 《朝鮮譯學考》(中文) 《中國學術槪論》《中韓對比語文論》. 편역서에 《수레를 밀기 위해 내린 사람들》《栗谷先生詩文選》. 역서에 《漢語音韻學講義》《廣開土王碑硏究》《東北民族源流》《龍鳳文化源流》《論語心得》〈漢語雙聲疊韻硏究〉 등 학술 논문 50여 편.

임동석중국사상100

한비자韓非子 ⑤

韓非 撰 / 林東錫 譯註

1판 1쇄 발행/2013년 7월 1일
2쇄 발행/2017년 5월 1일
발행인 고정일
발행처 동서문화사
창업 1956. 12. 12. 등록 16-3799
서울중구다산로12길6(신당동,4층) ☎546-0331~5 (FAX)545-0331
www.dongsuhbook.com
잘못 만들어진 책은 바꾸어 드립니다.

*

*

사업자등록번호 211-87-75330
ISBN 978-89-497-0821-8 04080
ISBN 978-89-497-0542-2 (세트)